ARRESTS
CHOISIS
DE LA COUR

SOUVERAINE

DE LORRAINE ET BARROIS,

Contenant la Décision de plusieurs Questions Notables.

On y a joint divers Actes publics, concernant les Duchez
de Lorraine & de Bar.

A NANCY,

Chez Jean-Baptiste Cusson, Imprimeur-Libraire
Ordinaire de S. A. R. sur la Place, au Nom de Jesus.

M. DCCXVII.
AVEC PERMISSION.

LE LIBRAIRE AU LECTEUR.

E s Arrefts de la Cour Souveraine fe trouvant déja en partie Imprimez, en partie Manufcrits, entre les mains de plufieurs perfonnes, on a cru rendre fervice au Public, & particulierement à ceux qui exercent la Profeffion du Barreau, de les comprendre dans ce Recueil, pour les avoir tous fous la main. Il eût été à fouhaiter que l'Edition eût été accompagnée de l'expofition des raifons de part & d'autre, & des motifs de tous ces Arrefts : Mais outre que les Titres expliquent la queftion, ce travail ne pouvoit être fait que par ceux qui ont eu part à ces mêmes Arrefts. Tout le monde eft informé qu'un Magiftrat de grand mérite, l'un des plus dignes fujets de la même Cour, avoit commencé cet Ouvrage ; mais une mort précipitée ayant éteint cette lumiere de la Jurifprudence, le Public a été privé du fruit de fes veilles. On a joint à ce Recueil divers Actes publics, concernant les Duchez de Lorraine & de Bar ; & quoi que ces Actes foient communs, c'eft toujours une facilité de les trouver tous enfemble.

ã ij

TABLE

DES

ARRESTS ET AUTRES ACTES

CONTENUS DANS CE RECUEIL.

ET AUTRES ACTES.

ã iij

TABLE DES ARRESTS

ET AUTRES ACTES.

TABLE DES ARRESTS

Arrêt,

ET AUTRES ACTES.

c̄

TABLE DES ARRESTS

ET AUTRES ACTES.

TABLE DES ARRESTS ET AUTRES ACTES.

Fin de la Table.

ARRESTS

ARRESTS
CHOISIS
DE LA COUR
SOUVERAINE
DE LORRAINE ET BARROIS.

ARREST
DE LA COUR SOUVERAINE

de St Mihiel, qui a jugé que les Decimateurs de la Mere-Eglise n'étoient tenus de contribuer aux Réparations de l'Annexe, ny à la fourniture des Ornemens en icelle, quoi qu'ils y fussent pareillement Décimateurs.

Du 22 Decembre 1609.

ENRY par la grace du Dieu Duc de Lorraine, Marchis, Duc de Calabre, Bar, Gueldres, Marquis de Pont à Mousson, Comte de Provence, Vaudémont, Blamont, Zutphen, &c. A tous ceux qui ces Presentes verront, SALUT. Procés a été mû & commencé en la Cour

A

de notre Prévôté de la Chauffée , entre Petrement Bonnet, &
Chriftophe Ancel Echevin en l'Eglife de Battilly, & le Subftitut de notre Procureur General du Barrois en ladite Prévôté,
joint, Demandeurs, d'une part ; Et les Venerables Princier,
Doyen, Chanoines & Chapitre de la Cathedrale de Metz, comme ayant pris le fait & caufe de Jacquemin Jenin, demeurant
audit Battilly, Défendeurs, d'autre part : pour & à raifon de ce
que lefdits Demandeurs auroient dit par leurs fins & conclufions par eux fournies , que par tout le Bailliage dudit S. Mihiel,
étoit pratiqué de Droit & de Coûtume, que les Dixmiers des Bans
& Paroiffes , étoient attenus aux réfections & entretenemens des
Nefs des Eglifes Paroiffiales, fous les Bans & Paroiffes defquels
ils percevoient les Dixmes, comme au préalable des Ornemens
neceffaires à la décoration du faint Service Divin ; les Curez attenus à l'entretenement des Chœurs ; & les Habitans & Communauté, des Clochers. Les Défendeurs avoient & percevoient
deux neuviémes és Dixmes groffes & menuës du Ban & Paroiffe
dudit Battilly, & par confequent étoient attenus des deux neuviémes des réfections de la Nef de la Parochiale dudit lieu, comme des Ornemens neceffaires ; laquelle Nef étoit tellement dé-
molie, qu'elle tendoit à une éminente ruine, fi en bref elle n'é-
toit réparée; ce qui auroit occafionné les Demandeurs, d'obtenir
une Saifie de toutes les Dixmes dudit Battilly ; la récolte defquelles venant, les Défendeurs, & autres leurs Compagnons Dixmiers dudit Battilly, auroient, pour avoir main-levée, donné
pour Caution ledit Jenin , laquelle à ce moyen ils auroient obtenuë, fans que d'icelle foit intervenuë aucune oppofition ny empêchement aux fins d'icelle, tant de la part defdits Défendeurs
qu'autres. Toutefois, comme aprés un bien long temps les Demandeurs euffent fait convenir ledit Jenin aux fins d'être condamné aux Réparations de la Nef dudit Battilly, comme caution de tous lefdits Dixmiers, tous auroient acquiefcé aux fins
des Demandeurs, chacun à la rate & contingent qu'ils percevoient defd. Dixmes, fors & excepté lefdits Défendeurs ; qu'étoit
la caufe que lefdits Demandeurs concluoient contr'eux à ce qu'ils

foient condamnez aux deux neuviémes de toutes les réfections
& réparations neceffaires de la Nef de l'Eglife dud. Battilly, comme des Ornemens requis; & cependant qu'ils ayent à convenir
d'Experts; pour à leurRapport de la neceffité defdites réparations,
fournir leur part en deniers, au Greffe de ladite Prévôté; fi donc
ils n'aimoient mieux eux-mêmes faire faire lefdites réfections en
leur pur & privé nom; & qu'ils foient auffi condamnez à continuer à toujours mais; & aux dépens de l'Inftance, dommages &
interêts; offrans, en cas de difconvention, prouver. Pour Réponfes, lefdits Défendeurs dénioient aufdits Demandeurs, que
géneralement les Dixmiers des Bans foient tenus aux réfections
des Nefs des Eglifes; & difoient de plus, que l'Eglife dudit Battilly étoit feulement Annexe à celle de Hoüaville, qui étoit la
Mere-Eglife & Parochiale, la Nef de laquelle Eglife de Hoüaville
étoit entretenuë par lefdits Défendeurs, en telle forte qu'il n'y
avoit aucune plainte, déniant être tenus aux réparations de celle
dudit Battilly, ny qu'ils ayent jamais contribué jufqu'à prefent,
& n'en fçauroient lefdits Demandeurs faire paroître fuffifamment; auffi ayant en l'an mil cinq cent quatre-vingt & quatre
été queftion des mêmes réparations dont prefentement étoit dif-
pute, les Sieurs Venerables de S. Sauveur & de S. Symphorien de
Metz, comme ayant les deux tiers aux groffes Dixmes dudit Battilly, y avoient été condamnez, & non lefdits Défendeurs, qui
n'avoient que les deux neuviémes avec le Curé du lieu éfdites
Dixmes; d'où réfultoit, que quand bien il faudroit qu'ils con-
tribuaffent aufdites réfections pour la portion qu'ils avoient éfdites Dixmes, ne devoit être à la Nef, ains au Chœur avec leurdit
Curé; leur part, & celle dudit Curé, faifant le tiers enfemble-
ment contre les deux tiers defdits de S. Sauveur & de S. Symphorien. Or lefdits Demandeurs procedant à la faifie defdites Dixmes pour la réfection de la Nef de ladite Eglife, en vertu de la
Sentence obtenuë par leurs devanciers audit temps 1584. contre
lefdits de S. Sauveur & de S. Symphorien, avoient auffi bien fait
faifir injuftement la part defdits Défendeurs, qui n'y avoient jamais été condamnez, ny moins y contribué, comme celle defd.

A ij

de S. Sauveur & de S. Symphorien : Toutes faisies & executions
se faisoient avec connoissance de cause ; la cause étoit connuë à
à l'égard desdits de Saint Sauveur & de Saint Symphorien, qui
étoient condamnez par ladite Sentence, & non desdits Défendeurs, qui n'y avoient été ouis ny appellez ; au moyen de quoi
lesdits Défendeurs maintenoient, que la Saisie sur leur portion
des Dixmes de Battilly, seroit & devroit être declarée tortionnaire, mal & injustement impetrée, de laquelle leur seroit fait
main-levée, avec dépens, dommages & interêts, à quoi ils concluoient. Repliquant de la part desdits Demandeurs, avoit été
dit, qu'il n'étoit plus à disputer de la Saisie, laquelle lesdits Défendeurs avoient souffert : chose qu'ils n'avoient opposée dans
le terme introduit, aprés qu'elle leur avoit été signifiée : aussi
n'avoit-elle été faite que pour amener cette cause en action réelle, & tendre aux fins ausquelles les Demandeurs tendoient, qui
étoient purement réelles ; de sorte que de ladite saisie, n'ayant
dérivé aucune opposition, ils étoient bien fondez d'avoir sim-
plement fait appeller la Caution desdits Défendeurs, & agi contre elle aux fins de leurs conclusions. C'étoit donc en vain que
lesdits Défendeurs se prenoient en leursdites Réponses, d'inferer que la saisie étoit mal décernée pour les causes qu'ils y dé-
duisoient : Qu'encore que Battilly soit Annexe de Hoüaville, &
que les Défendeurs entretiennent la Nef de l'Eglise dudit Hoüaville, ne s'ensuivoit qu'ils soient pourtant exempts d'entretenir
celle dudit Battilly : Que s'ils entretenoient la Nef & l'Eglise dudit
Hoüaville, pour ce qu'ils percevoient les Dixmes du Ban, pourquoi n'entretiendroient-ils pas la Nef de l'Eglise dudit Battilly,
pourtant aussi qu'ils percevoient les Dixmes dud. lieu, au prorata
que lesd. Demandeurs l'avoient articulé en leur conclusion ? C'é-
toient divers Bans, diverses Paroisses, & chacune Eglise Parochiale. N'avoient lesdits Défendeurs que faire de nier, comme
ils faisoient, qu'ils ayent jamais contribué ausdites réfections &
fournitures : car il se verifieroit qu'autrefois ils y avoient contribué, & fourni de Missel & Ornemens necessaires ; ou du moins
le sieur Cerchier de ladite Cathedrale, à qui appartenoit le Droit

de Dixme, que les Défendeurs ont audit Battilly, & duquel ils l'avoient retiré, & en réduit la rente qui en procedoit, au Corps communal de leur Chapitre, soit parce que ledit Cerchier abondoit en superfluité de Rentes, ou pour autre cause ; d'où s'ensuivroit qu'il n'étoit Curé dudit Battilly, comme ils le vouloient dire, & que sans s'arrêter à leur réponse, ils devoient être condamnez aux Réparations de la Nef de l'Eglise dudit Battilly, au contenu, & comme il étoit porté és fins & conclusions desdits Demandeurs, ausquelles pourtant ils persistoient, avec dépens, dommages & interêts, & offroient preuve. Lesdits Défendeurs pour dupliques, auroient dénié avoir jamais contribué à la réparation de la Nef de l'Eglise dudit Battilly, eux ny les Cerchiers de leur Eglise ; & consequemment, cela étant, ils n'y devoient ny pouvoient être contraints, encore que lesdits Demandeurs pourroient verifier, ce que n'étoit à présumer, que ledit Cerchier ait fourni de Missel, Calice ou Chasuble ; cela n'étoit relevant : car telle fourniture ne procedoit point à cause des Dixmes, mais de la Cure primitive, ou de la Collation, pour être le Collateur chargé de telle fourniture, ou bien les Curez primitifs ; en laquelle qualité les Venerables Défendeurs possedoient grand nombre d'Eglises çà & là, où ils étoient Curez primitifs, & y faisoient administrer les Sacremens par leurs Curez subalternes. N'étoit l'Eglise de Battilly Eglise Parochiale, ains Annexe, & Fille dépendante de la Mere-Eglise de Hoüaville, à laquelle lesdits Venerables Défendeurs étoient obligez, & non à la Fille. C'étoit un point de Droit, & ne sçauroient lesd. Echevins Demandeurs, prouver autrement que ladite Eglise de Hoüaville ne soit la Mere-Eglise, où le Curé réside ; & celle de Battilly en étoit la Fille & Annexe ; & leur étoit dénié que celle dudit Battilly soit ou fût jamais été Mere-Eglise Parochiale separée, ains elle avoit toujours été Fille dépendante de Hoüaville, & étoient raisons si prégnantes de Droit, outre la possession prescrite, en laquelle étoient lesdits Venerables de ne contribuer à la Nef, que lesdits Echevins Demandeurs devoient être declarez non recevables à leurs fins, & desquelles les Défendeurs de-

A iij

voient être renvoyez avec dépens. Tripliquant par lefdits Demandeurs, qu'eux difoient, que comme la faifie faite à leur Requête avoit été bien & legitimement décernée fur les Dixmes de
queftion, auffi lefdits Défendeurs n'avoient formé oppofition à
ladite faifie ; les Dixmes étoient de droit, & d'obfervance invio-
lable obligées & affectées à la réparation des Eglifes, décoration, & Ornemens neceffaires d'icelles ; & ne fervoit aufdits Défendeurs d'alleguer qu'ils n'avoient jamais contribué à la réparation de la Nef de l'Eglife dudit Battilly, ains devoient y contribuer tant plutôt cette fois, puifque le Droit les y obligeoit. Con-
venoient lefdits Demandeurs, que lefdits Défendeurs percevoient
un tiers des groffes Dixmes avec le Curé dudit Battilly ; fçavoir,
eux pour les deux tiers, & ledit Curé pour l'autre tiers : mais il
ne s'enfuivroit de là, & ne leur concederoit jamais ledit Curé,
qu'il ne foit que leur Vicaire, & eux Curez primitifs ; les deux
autres tiers étoient poffedez par les Venerables de S. Sauveur &
de S. Symphorien, lefquels ne faifoient aucune difficulté de contribuer aux réfections de la Nef de ladite Eglife, pour leur part
& avenant ; tellement qu'il n'y avoit que lefdits Défendeurs,
qui refufent d'y contribuer. Etoit l'Eglife dudit Battilly autant
bien érigée en Titre d'Eglife, que celle de Hoüaville, ayant Fonts
Baptifmaux, & toutes autres marques d'une vraye Eglife, voire
même que celle de Hoüaville. Et ores que ce feroit une Annexe de celle de Hoüaville, lefdits Défendeurs ne feroient pour
cela moins tenus aux réfections d'icelle. Ils ne manquoient pas
d'y lever leur part des Dixmes, auffi-bien qu'audit Hoüaville : partant perfiftoient lefdits Demandeurs à leurs fins, & à toutes autres
pertinentes, avec dépens, dommages & interêts. Et lefdits Défendeurs, pour quadruplique, maintenoient que le Droit les obligeoit feulement à l'entretenement des Meres-Eglifes, mais non
pas des Annexes, ou Filles en dépendantes ; parce qu'icelles
étoient pour la commodité des Habitans, & permifes à leurs in-
ftantes prieres : autrement, fi en tous les Villages, où il y avoit
Eglife dépendante d'une Mere-Eglife, ou principale, il faloit entretenir les Eglifes particulieres, le Collateur & Seigneur des Dix-

mes, seroit trop grévé, & à peine y pourroit-il satisfaire. Cela se voyoit clairement par la Coûtume & Reglement de l'Evêché de Metz, en tant de lieux non inconnus aux Demandeurs, comme Sponville, les Défendeurs entretenants l'Eglise de Neublan, qui étoit la Mere-Eglise, mais non celle dudit Sponville, ny Xonville, qui en dépendoient; & fournissoient les Peres Jesuites à Dommartin, qui étoit Mere-Eglise, & non à Charé qui étoit Annnexe, & ainsi par-tout l'Evêché dudit Metz. La Coutume generale dudit Evêché y étoit formelle, à laquelle il falloit s'arrêter en tel cas, qui n'obligeoit les Dixmes aux réfections, sinon des Meres-Eglises; comme les Défendeurs offroient vérifier par les Visiteurs, & Ordonnances des visites faites audit Evêché. Puis donc que lesd. Défendeurs entretenoient l'Eglise de Hoüaville, qui étoit la Mere-Eglise, ils ne pouvoient être obligez à celle de Battilly, ores qu'ils y recevroient quelques portions aux Dixmes, pour qu'elle ne soit la Mere-Eglise; & que lesd. Défendeurs n'y avoient jamais contribué, & n'étoient en possession d'y contribuer: mais lesdits Demandeurs s'en devoient adresser à ceux qui de tout temps avoient soulu entretenir lesdites réfections, & non ausdits Défendeurs. Et ce qui faisoit totalement & sans replique pour eux Défendeurs, étoit la possession immemoriale en laquelle ils se retrouvoient de n'avoir jamais fourni és réfections de la Nef; & qu'en tout cas lesdits Demandeurs s'en devoient adresser à ceux qui y avoient satisfait de tout temps jusqu'à present: mais les Demandeurs auroient encore d'autant plus failly, vû qu'ils avoient fait saisir la part des Dixmes desdits Défendeurs, pour la refection de la Nef, & toutefois leurdite part ne regardoit la Nef, ains étoient joints avec celle de leur Curé subalterne de Hoüaville, qui indubitablement leur étoient données pour l'administration des Sacremens qu'ils y faisoient administrer par leurdit Curé; & ainsi s'étoient lesdits Demandeurs trompez de saisir leur part pour ladite Nef, à laquelle, en tout cas, leur part n'étoit & ne pouvoit être attenuë, suivant la Coutume generale dudit Evêché de Metz; qui étoit que les Pasteurs & Curez, qui avoient part aux Dixmes, n'étoient tenus qu'aux réfections du Chœur seulement. Partant lesdits Défendeurs maintenoient qu'ils devoient être renvoyez quittes & absous, & à quoi ils concluoient. Lesquelles Ecritures ayant été fournies, & mises en Cour, & les Parties pris droit sur icelles, si faire se pouvoit sans preuve, seroit intervenuë Sentence interlocutoire, renduë & prononcée le 27. Avril 1607, par François Depoüilly Ecuyer Lieutenant en ladite Prévôté de la Chauslée, par laquelle auroit été ordonné, que dedans la quinzaine les Parties feroient preuve des faits par elles alleguez en leurs Ecritures, & desquels elles n'avoient convenus ; pour ce fait, & duëment instruit, juger diffinitivement, ou autrement ordonner sur icelui ce que de raison. Pour satisfaire auquel Appointement, lesdites Parties auroient fait assigner plusieurs Témoins, qui auroient été ouïs par ledit Depouilly Lieutenant, les 14, 28, & pénultiéme May audit an 1607. Puis ayant conclû en Enquête, ont de plus lesdits Défendeurs produit plusieurs piéces aux fins de l'Inventaire joint, servant d'Etiquet, & fourny des Rejets d'Enquête, Reproches, Contredits, Validité, Soûtenement, & Salvations, & conclû derechef sur ledit Procés ; ledit Dépouilly, par autre Sentence interlocutoire, du 19 Avril 1608, auroit ordonné que les Demandeurs mettroient en Cour la Sentence mentionnée au Procés Verbal, contenant la Saisie de question ; comme aussi lesdits Défendeurs les Lettres de Provision, si faire le pouvoient, de Messire François Empoire, Curé de Hoüaville, l'endossement desquelles ils auroient produit, concernant la prise de possession du Benefice dudit Hoüaville ; ou copie duëment collationnée, avec autres Provisions, si aucunes ils avoient, des précedents Curez ; & autres Titres concernans lesdits Benefices, & droit d'Annexe par eux prétendus, conviendroient ou disconviendroient du contenu en l'article 8 des Repliques des Demandeurs, depuis ces mots, *En est ledit Sr Curé*, jusqu'à la fin dudit article ; & lesdits Demandeurs, de l'article dernier des Réponses fournies par lesdits Défendeurs, portant qu'ils sont Curez primitifs dudit Battilly, Annexe dudit Hoüaville, & celui qui administre les Sacremens, est seulement Vicaire perpetuel ; pour en cas de dis-

convention

convention, être lesdites Parties respectivement appointées à prouver, comme en ce cas il les y auroit appointez. A laquelle Sentence ayant lesdites Parties satisfait, elles auroient de nouveau conclû & demandé droit sur ledit Procés, sur lequel ledit Depouilly faisant droit diffinitivement, auroit par Sentence du 27 Septembre audit an 1608, dit que les Demandeurs auroient suffisamment fait paroître des faits par eux posez,& mis en avant: & en leur adjugeant leurs fins & conclusions par eux prinses,condamné lesd.Défendeurs à contribuer aux frais des réfections qu'il convenoit faire en la Nef de lad. Eglise de Battilly, pour leur part & portion qu'ils prenoient és Dixmes grosses & menuës dudit Battilly, sçavoir pour deux neuviémes ; ensemble à la fourniture d'Ornemens necessaires pour faire le Service Divin en ladite Eglise de Battilly, à même proportion, & ce nonobstant choses dites & proposées au contraire par lesdits Défendeurs, dont il les auroit deboutez, & condamnez aux dépens, dommages & interêts envers les Demandeurs, autres que ledit Substitut ; la taxe d'iceux reservée pardevers lui. De laquelle Sentence lesdits Défendeurs s'étant portez pour Appellans, lesdits Demandeurs Nous auroient presenté Requête aux fins d'anticiper ledit Appel, & par même moyen évoquer la cause pardevant nos trés-chers & feaux les Presidens & Conseillers tenant notredite Cour Souveraine de S. Mihiel ; ce que leur aurions octroyé par notre Decret du 15 Janvier 1609, entheriné par Acte du 27 Février suivant ; & lesdits Venerables Appellants , appointez à fournir de Griefs : à quoi ils auroient satisfait, & par iceux dit, qu'encore que la Saisie de question, fût nulle de droit, & par trop précipitamment ordonnée, ils n'en auroient voulu appeller, afin de vuider l'affaire au plutôt, bien qu'ils eussent avis de le faire ; estimant que par le moyen des fondemens, défenses & exceptions qu'ils avoient amplement déduit & discouru au Procés de premiere Instance, ils empêcheroient fort bien l'effet de cette Saisie, & rendroient vaines les prétentions desdits Intimez, Demandeurs originaires pour l'égard des prétenduës réparations ; & pour raison de quoi on se seroit en effet opposé à ladite saisie, & sur icelle long-temps plaidé à fins contraires, & tant que nonobstant que ledit Adjourné ait pû ou dû être suffisamment instruit des Droits desdits Appellants au fait de question, il auroit neanmoins, sans s'y arrêter, adjugé ausdits Intimez leurs fins, en quoi il auroit fait plusieurs Griefs ausdits Appellants, mais particuliérement trois manifestes & notoires, & pour raison de quoi ils auroient prins resolution d'en appeller, sous l'esperance qu'ils auroient que la Cour reconnoissant l'équité de leur cause, répareroit le tort à eux fait, & remettroit le tout au point du droit & de la raison ; à l'effet de quoi, & pour en faciliter l'entrée, & justifier leurdit Appel, ils supplioient trés-humblement la Cour daigner prendre la peine de s'arrêter aux considerations cy-aprés déduites. Les premieres touchoient l'injuste condamnation de contribuer par lesdits Venerables aux réfections de la Nef de l'Eglise dudit Battilly. Les secondes, la condamnation pernicieuse de fournir les Ornemens necessaires à y faire celebrer le saint Service ; les troisiémes & dernieres, la condamnation tortionnaire de dépens, dommages & interêts du Procés de premiere Instance. Donc pour venir au premier, qu'étoit le principal desdits Griefs, il avoit été posé & articulé en fait audit Procés de premiere Instance, & comme estiment lesdits Appellants avoir suffisamment verifié, que ladite Eglise de Battilly n'étoit qu'une Fille & Annexe de celle de Hoüaville, Mere-Eglise, d'où dépendoit ladite Eglise de Battilly. Les Provisions & Permutations faites de la Cure & Benefice dudit Battilly, & dont copie se trouvoit audit Procés dont étoit appel, le témoignoient assez ; en ce que par icelles, (comme jamais ne se trouveroit avoir été autrement,) ladite Eglise étoit qualifiée & dénommée pour Fille & Annexe dépendante de celle dudit Hoüaville, Mere & principale Eglise. Cet Argument étoit fort, & auquel en ce cas il convenoit s'arrêter : car l'Eglise en toute Provision de Benefice étoit singulierement curieuse & conforme à retenir & conserver la qualité & nature desdits Benefices, qualifiant les Eglises de leur vraie dénomination ; & ne se trouveroit jamais la Fille & Annnexe, illustrée du nom de Mere-Eglise, encore qu'en beaucoup de lieux les Annexes foient plus riches & relevées que les Meres-Eglifes dont elles dépendoient ; de ce fait même,qu'au cas de queftion, quand il étoit parlé, & venoit à propos du Benefice dudit Hoüa-ville & Battilly, ou qu'il étoit vaquant, l'on ne le qualifioit, ny ceux qui le poffedoient, ou qui l'avoient poffedé, d'autre nom & dénomination que la Cure deHoüaville, le Curé de Hoüaville; fous laquelle dénomination étoit comprife l'Eglife dud. Battilly, comme Annexe & dépendance de lad. Cure. Ne faifoit rien à pro-pos pour perfuader du contraire,ce que lesIntimez avoient mis en avant,qu'en lad. Eglife de Battilly il y avoit des FontsBaptifmaux; voulant de là conclure que ladite Eglife étoit vraiment Mere & Parochiale, fous cette marque, & en tirer & déduire cette illa-tion, que lefdits Appellans ayant les deux neuviémes en gros & menus Dixmes de ladite prétendüe Paroiffe (ainfi la qualifioient lefdits Intimez,) étoient obligez & attenus, pour pareille cotte, aux réfections de la Nef de ladite Eglife de Battilly ; mais ils n'a-vifoient à l'impertinence de leur conclufion & illation: car au feul prétexte, qu'en une Eglife il y a des Fonts Baptifmaux, de dire que ce foit une marque fuffifante, pour de là inferer que ce foit une Eglife & Paroiffe diftincte & feparée , c'étoit chofe dont l'experience journaliere faifoit voir tout le contraire ; les iftances & exemples en étoient frequens & familiers. L'Eglife de Billé étoit Fille & Annexe de celle dudit S. Mihiel,& neanmoins y avoit Fonts Baptifmaux. Celle de Rouvroy étoit Fille, & dé-pendoit de l'Eglife de Maizey, & toutefois & l'une & l'autre avoient leurs Fonts Baptifmaux; & étoient les Curez & Pafteurs pourvûs defdits Benefices, tenus adminiftrer éfdites Annexes les Sacremens, & y celebrer les faints Services és jours folemnels, auffi-bien que le Curé de Hoüaville à fon Annexe de Battilly. La raifon de l'établiffement defd. Fonts Baptifmaux éfdites Egli-fesAnnexes,étoit prifede la diftance d'icelles à leursMeres-Eglifes; de la multitude du Peuple, & des grandes incommoditez & in-conveniens qui pouvoient arriver au défaut & manquemens defd. Fonts, à l'égard des petits Enfans, lefquels il feroit fort hazar-deux de porter loin , & en temps difficile & injurieux , en la

B ij

Mere-Eglife, pour leur conferer le faint Baptême. D'ailleurs, fi l'Eglife de Battilly n'étoit Annexe de celle de Hoüaville, ains une Paroiffe diftincte & feparée, il s'enfuivroit que le Curé dudit Hoüaville étoit pourvû & poffedoit deux Benefices incompatibles, & Paroiffes ayant charges d'ames, ce qui étoit directement contre les Conftitutions Canoniques. Il faloit donc neceffairement avoüer, que l'Eglife de Battilly étoit Annexe, & comme Fille, dépendoit de celle de Hoüaville ; autrement il demeureroit à la charge defdits Intimez, de verifier que celle dudit Battilly ait de fon origine & inftitution été érigée en Paroiffe diftincte & feparée, & que depuis elle ait été, de l'autorité du Saint Siege, unie & incorporée à celle dudit Hoüaville. De ce difcours lefdits Appellans vouloient conclure & inferer, que nonobftant qu'ils ayent part és groffes & menuës Dixmes dudit Battilly, ils n'étoient toutefois obligez & ne pouvoient juridiquement être contraints à contribuer aux réfections de la Nef de l'Eglife dudit lieu, & moins encore à la fourniture des ornemens neceffaires à la celebration du faint fervice. Mais pour l'égard de celle de Hoüaville, ils n'avoient jamais fait difficulté ni refus, ains étoient prêts, & offroient toutes fois & quantes le cas & neceffité le requereroit, de contribuer aux réfections & réparations, à leurs avenans, pource qu'elle étoit Mere-Eglife, & non pour celle de Battilly, Fille & dépendante d'icelle, bâtie & édifiée pour la feule commodité & faveur des Habitans dud. Battilly, éloignez de leur Mere-Eglife ; d'autant que le contraire ne pouvoit être foutenu en bon Canonifte ou Jurifconfulte. Le fait de la prétenduë Coutume alleguée & mife en avant par lefd. Intimez, és fins & conclufions par eux fournies en premiere inftance, & laquelle ils difoient être telle par tout le Bailliage dudit St. Mihiel, que les Dixmiers des Bans & Paroiffes étoient attenus aux réparations & entretenement des Nefs des Eglifes, fur les bans & Paroiffes defquelles ils percevoient leurs Dixmes, & à la fourniture des ornemens neceffaires au Service divin ; les Curez à l'entretenement des Chœurs, & les Habitans & Communauté, des Clochers ; & fur quoi ils avoient appuyé le principal fondement de leur intention

& pourſuite ; leur avoit été purement & abſolument dénié, & n'eſtimé leſdits Appellans que tel fait de prétenduë Coutume ait été duëment verifié par leſdits Intimez, & comme il apparte-noit, pour là-deſſus leur adjuger leurs fins & concluſions, ainſi que ledit Adjourné avoit fait. Cette prétenduë Coutume ne ſe trouveroit être rédigée par écrit, ni homologuée par l'autorité du Souverain ; dont, pour venir à la preuve d'icelle, il falloit que cela ſe faſſe par témoins ouïs en tourbe, & non par témoins ſin-guliers ; qu'il y ait deux tourbes pour le moins, & qu'en chacu-ne deſquelles il y ait dix témoins non reprochables, qui dépo-ſent pertinemment & unanimement, de telle prétenduë Coûtu-me ou Uſage ; n'étant chacune deſd. tourbes comptée que pour un témoin. Or les Intimez n'avoient tenu ni ſuivi ce moyen, en la preuve qu'ils eſpéroient avoir faite de ce prétendu Uſage ou Coûtume : donc ils demeuroient de ce côté, ſans fondement; joint auſſi, qu'en tout cas ce point ne pourroit être juſtifié quant à ce qui touchoit les Egliſes Annexes, leſquelles ne venoient & n'étoient entenduës ſous le nom & appellation d'Egliſe Pa-rochiale, ainſi qu'il étoit notoire & trivial. Que ſi par cy-devant un Sieur Cerchier de ladite Egliſe Cathedrale, à l'office duquel étoient deſtinez & députez leſdits deux neuviémes, és groſſes & menuës Dixmes dudit Battilly, depuis remis & réduits au Corps de ladite Egliſe, avoit donné à ladite Egliſe de Battilly quelque Miſſel, Calice, ou autre choſe ſemblable ; n'avoit été de charge ny d'obligation qu'il y eût, ains de pure liberalité & devotion, ſans y être aucunement attenu ; & ne ſçauroient leſdits Intimez verifier du contraire : mêmement, quand il avoit fait telle don-nation gratuite, devote & liberale, ç'avoit toujours été avec proteſtation qu'il faiſoit, que cela ne le pouvoit aſſujettir à l'a-venir de contribuer, ny à d'autres choſes. A ce même propos faiſoit, que par cy-devant, quand il avoit été queſtion de faire quelque réfection en ladite Egliſe de Battilly, jamais ledit Cha-pitre de ladite Cathédrale, ny celui d'entre ceux qui portoient l'Office de Cerchier, n'avoient été ſommez ny interpellez d'y ſatisfaire ; tant s'en falloit qu'ils y ayent été contraints, ny que l'on se soit mis en devoir de leur faire contribuer quelque chose. De dire, comme ils faisoient, que les Abbez de St Symphorien & Chanoines de St Sauveur contribuoient ausdites réfections, ce n'étoit pour conclure que lesdits Appellans soient obligez de faire le même : car outre que la charge qu'ils avoient de fournir à la réparation de ladite Mere-Eglise, les exemptoit assez de celle de ladite Annexe, il étoit d'ailleurs évident, qu'étant, comme ils étoient, Curez primitifs de ladite Eglise Annexe, comme dépendante de l'autre sa Mere, ils ne pouvoient, au pis aller, être contraints, que de contribuer à la réparation du Chœur. Et pour un peremptoire, disoient lesdits Appellants, qu'en tout le Diocese & Evêché de Metz, étoit reçû, tenu & pratiqué pour usage, coutume & observation ancienne, approuvée comme Loy ou Constitution non écrite, mais stable, que les grosses Dixmes des lieux où étoient érigées & bâties Eglises, Filles & Annexes, avoient été de temps dont n'étoit memoire du contraire, tenuës franches, & exemptes de réfections & réparations desdites Eglises Annexes, & n'y avoient onques été assujetties ny obligées, ains que les Habitans desdites Annexes avoient toujours été tenus & obligez ausdites réfections, & autres necessitez d'icelles, & à l'occurence des cas, avoient fourni les frais necessaires à ce, si donc il n'y avoit pas accord, traité, ou transaction faite au contraire, entre les Maîtres & Seigneurs desdites Dixmes, & lesdits Habitans des lieux, & situatious desdites Annexes. Cet usage & coûtume immemoriale seroit duëment verifié par les anciens Prelats, & autres gens notables & de remarque, qui l'avoient ainsi vû pratiquer audit Diocese, étoit de plus de trente, quarante, cinquante & plus d'années, qui l'avoient appris de leurs Prédecesseurs ésdites Prélatures ; & autres gens âgez & de jugement, qu'ainsi toujours ils l'avoient vu pratiquer, & entendu d'autres, qu'il se pratiquoit auparavant le cas y écheant, & que cela étoit tenu pour chose notoire & commune ; que personne n'en doutoit, ny faisoit difficulté: Que si le contraire s'étoit quelquefois pratiqué, ce seroit été par accord & traité, au moyen desquels les Parties à qui le fait touchoir, auroient particulierement & volontairement dérogé à ladite coûtume & usage, sans neanmoins avoir pû en cette part faire préjudice au Corps & à la Généralité. Finalement étoient lesdits Appellans grévez par ladite Sentence dont étoit Appel, en ce qu'il apparoissoit par les piéces du Procés de premiere Instance, que jaçoit que la Requête presentée par lesdits Intimez ait été dressée aussi-bien contre lesdits de Saint Sauveur & de Saint Symphorien, que contre lesdits Appellans ; & le Procez Verbal contenant la saisie, dressé contre les uns & les autres indistinctement, & même que la Cause seroit plaidée contre tous, ainsi qu'il en apparoissoit assez ; si étoit-ce que ledit Dépoüilly adjourné les auroit condamnez à tous les dépens du Procés, ce que se trouveroit injuste & tortionnaire. Pour ces Causes, & autres qu'il plairoit à la Cour suppléer de son Office Noble, lesdits Appellans concluoient, à fins de bien appellé & mal jugé ; que la Sentence dont étoit Appel, fût infirmée ; les Intimez soûtenant icelle, condamnez à l'amende du mal-jugé, & aux dépens de la presente cause d'appel ; & qu'en retenant la connoissance de la matiere au principal, & faisant ce que par ledit adjourné avoit dû être fait, il fût dit qu'à tort il avoit été procedé à la saisie de question, à la Requête desdits Intimez Demandeurs ; bien opposé & empêché à icelle par lesdits Appellans ; que lad. saisie fût ôtée, & pleine & entiere main-levée ausd. Appellans ; leur Caution déchargée, & lesd. Intimez condamnez à l'Amende, & envers eux à tous dépens, dommages & interêts raisonnables ; lesquels, pour y parvenir, employent pour plus ample grief, les Procés & Sentence dont étoit Appel, en ce qui faisoit pour eux, & non autrement : si concluoient à toutes autres fins juridiques, & mieux afferantes à leur qualité. Pour réponse ausquels griefs, disoient lesdits Intimez, que le discours fait par lesdits Appellants touchant la saisie, étoit vain ; d'autant qu'il n'y avoit eû Appel de ladite saisie, ni opposition formée à icelle par les Demandeurs, ny autres ; & ores qu'il y eût eû Appel ou opposition par les Chapelains, il est certain qu'ils eussent été trés mal fondez, consideré la qualité du fait, qui étoit de soi privi-

legié, & demandoit provifion & célerité. C'étoit la voye ordinaire d'y proceder par faifie, quand il conftoit des démolitions
des Eglifes, & ce pour deux raifons : l'une, parce que les Dixmes étoient nommément affectées pour ce ; l'autre, afin que les
Echevins & Paroiffiens des Eglifes, qui payoient journellement
les Dixmes de leurs fruits & labeurs, ne foient contraints d'aller
pourfuivre & plaider à grands frais en diverfes Cours & Jurifdictions, ceux à qui ils payoient les Dixmes, pour venir réparer
leur Eglife, & leur fournir les chofes neceffaires au Service Divin.
Quant aux griefs que les Appellants difoient leur avoir été infé-
rez par ledit Adjourné, & lefquels neanmoins ils reduifoient à
trois ; le premier, difoient-ils, concernoit la condamnation de
contribuer par eux à la réfection de la Nef de l'Eglife dudit Battilly, felon la part & portion qu'ils prenoient és Dixmes groffes
& menuës dudit lieu ; le fecond touchoit la condamnation de
fournir les Ornemens neceffaires à y faire & celebrer le S. Service, pour même part & portion ; & le troifiéme regardoit la
condamnation des dépens, dommages & interêts du Procés de
premiere Inftance : Difoient lefdits Intimez, que s'ils pouvoient
montrer qu'il avoit été bien jugé pour l'un de ces chefs, c'étoit
fans douté que les autres paffoient de même fuite : car les Dixmes, ou ceux qui les emportoient, étoient auffi-bien tenus de
fournir les Ornements neceffaires, que de contribuer aux réparations de l'Eglife ; & fe trouvant à ce attenus, aprés avoir foûtenu le contraire, ils devoient les dépens, dommages & interêts raifonnables. A l'égard de la principale raifon que lefdits
Demandeurs mettoient en avant, difant que ladite Eglife de
Battilly n'étoit que la Fille & Annexe de celle de Hoüaville, &
& qu'elle avoit été bâtie pour la feule commodité des Habitans
dudit lieu ; répondoient lefdits Intimez, que l'Eglife de Battilly
étoit autant bien Mere-Eglife que celle de Hoüaville ; qu'elle
avoit toutes les marques & enfeignemens d'Eglife principale,
comme les Fonts Baptifmaux, les faintes Onctions du Baptême
& Extrême-Onction, Cimetiere, même le ban diftinct & feparé,
& n'avoit rien de commun avec celle de Hoüaville, finon un
même

même Curé ; & ne sçauroit - on dire laquelle étoit la premiere & la plus ancienne ; & y avoit apparence que les deux
Eglises avoient autrefois été unies sous un même Pasteur, afin
de le rendre plus aisé & commode, parce qu'alors les Dixmes n'étoient si copieux comme ils avoient été depuis, aprés
que la terre avoit été cultivée ; joint que les deux Eglises n'é-
toient pas plus éloignées l'une de l'autre que de la portée d'un
Mousquet : Que si celle de Hoüaville étoit la Mere, & celle
de Battilly la Fille seulement, (que non,) ceux de Battilly
ne seroient exempts de contribuer aux necessitez de la Mere-
Eglise : mais tant s'en falloit, qu'il ne se trouveroit que jamais les
Paroissiens dudit Battilly ayent contribué aucune chose à l'Eglise
de Hoüaville, soit pour la Tour, ou pour les Cloches, ou pour
autres occasions, quelles elles soient. Et ne servoit aux Demandeurs, d'alleguer que par les Provisions de quelques Curez, on
avoit appellé l'Eglise de Battilly Annexe de celle de Hoüaville,
cette dénomination ne préjudiciant en rien à la vérité de la chose : joint que cette diction d'Annexe, en sa propre signification,
ne diminuoit en rien de la dignité ou antiquité de l'Eglise dudit
Battilly, ains seulement de montrer qu'elle avoit été unie à celle
deHoüaville, ou bien celle de Hoüaville à elle, pour l'égard seulement de laCure & gardePastorale : car quant au reste,elle étoit
distincte & separée. Mais quel pretexte pouvoient avoir lesdits
Demandeurs, de refuser de contribuer à une chose juste & raisonnable ? considéré que leurs Comparsonniers ésdites Dixmes,
contribuoient librement ausdites réfections & Ornemens,à leurs
advenants, & à quoi ils auroient été condamnez dés le dernier
jour de Juin de l'année 1584. comme apparoissoit par la Sentence que lesdits Intimez avoient produite au Procés de premiere
Instance ; & n'y avoit point de doute, que dés-lors il en eût été
dit de même. A l'égard du Sr Cerchier de ladite Eglise Cathédrale, duquel lesdits Sieurs Appellants avoient presentement le
droit ; si volontairement & sans figure de Procés, il n'eût dés-
lors contribué pour son avenant, à ce qui étoit necessaire à ladite Eglise de Battilly, comme il avoit fait depuis ; ce n'étoit

C

pas pour l'Eglise seule de Battilly, que lesd. Demandeurs avoient fait refus de contribuer; ils en avoient fait de même pour celle de Hoüaville, qu'ils disoient être la Mere-Eglise; si bien que les Echevins dudit Hoüaville ayant été contraints de faire même poursuite que faisoient lesdits Intimez, aprés avoir longuement plaidé lesdits Venerables, iceux auroient enfin été contraints s'en accorder avec lesdits de Hoüaville, & se ranger à la raison. Employent lesdits Défendeurs, entant que faisoit pour eux, & non autrement, le Procés de premiere Instance, & concluoient à ce qu'il fût dit, que mal & sans grief avoit été appellé par les Demandeurs, bien jugé par l'Adjourné, le Jugement duquel partant seroit confirmé, & à lui renvoyé, pour le faire mettre en execution; les Appellans condamnez à l'amende de leur Appel, & aux dépens du Procés. Par Acte du 23 Juin audit an 1609. le Decret obtenu par lesd. Appellans, en date du 17 dudit mois, portant admission à prouver plus amplement, & par témoins supernumeraires, auroit été entheriné, lesdits Impetrans condamnez aux dépens du Procés retardé, & appointez à prouver plus amplement; ensuite de quoi ils auroient fait assigner plusieurs témoins, qui auroient été oüis en témoignage au lieu de Metz, les 9 & 10 Juillet audit an 1609, par notre trés-cher & feal Conseiller d'Etat, & en notredite Cour, commis & député par Elle en cette partie, Pierre Galloy; & le 13 Août audit an, lesdits Appellants ayant conclu en Enquête, & produit plusieurs piéces, lesdits Intimez auroient été appointez à bailler rejets d'Enquête, Reproches & Contredits, dont ils auroient fourni; & lesdits Appellans de Moyens de validité, Soûtenemens, & Salvations, qui par Acte du 15 Octobre audit an, auroient aussi requis l'Entherinement dudit Decret, du 17 Juin, pour le chef de reprocher plus amplement; à quoi lesdits Intimez auroient consenti, & receu les Reproches plus amplement à eux fournis ledit jour par lesdits Appellans, & les rapportez répondus par Salvations le 26 Novembre audit an, auquel jour les Parties auroient conclu sur ledit Procés; lequel ayant été instruit, vû & reconnu par notredite Cour, en toutes les piéces cy-devant rapportées, & à voir & considerer : S ç a v o i r faisons, qu'Elle a, en faisant droit sur icelui, Dit, qu'en vertu des preuves faites par lesdits Appellans, tant audit Procés de premiere Instance, qu'en la Cause d'Appel, il a été bien appellé par eux, mal jugé par ledit Lieutenant en la Prévôté de la Chaussée, la Sentence duquel elle a infirmé, & condamné lesdits Echevins soutenant icelle, à l'amende du mal jugé ; & en retenant la connoissance de la matiere principale, & faisant ce que ledit Lieutenant devoit faire, Elle a dit, que mal & tortionnairement lesdits Intimez ont fait proceder à la saisie des deux neuviémes appartenantes ausdits Appellants és Dixmes dudit Battilly, pour les contraindre à fournir & contribuer pour deux neuviémes aux frais des réfections de la Nef de l'Eglise dudit Battilly, & des Ornemens & autres choses necessaires à la celebration du Service Divin en icelle ; laquelle Saisie ladite Cour a ôtée & levée pleinement, au profit desdits Appellants, & déchargé Jacquemin Jenin leur Caution ; & lesquels Appellans, au moyen de la Coûtume generale du Diocése de Metz, par eux posée & vérifiée, Elle a declaré n'être, à l'occasion de ladite portion de Dixmes, tenus de fournir & contribuer aux frais susdits, pour n'être ladite Eglise de Battilly qu'Annexe à la Cure & Eglise Parochiale de Hoüaville ; & lesquels Appellans partant, ensemble ledit Jenin leur Caution, ladite Cour a renvoyez des fins & conclusions contre eux prises par lesdits Intimez, aud. Procés de premiere Instance, & a condamné lesdits Echevins aux dépens raisonnables, soûtenus par lesdits Appellans, tant audit Procés de premiere Instance, qu'en la Cause d'Appel, autres neanmoins que les Adjugez, la taxe d'iceux reservée pardevers ladite Cour. S i D o n n o n s e n M a n d e m e n t au premier Huissier de notredite Cour sur ce requis, à la Requête desdits Appellans, il mette le present Arrest en execution dûë & raisonnable, en ce qui gît à executer, en y gardant & observant les solemnitez au cas requises & accoûtumées. De ce faire lui donnons pouvoir & mandement special. En témoignage de quoi Nous avons fait mettre & appendre le Scel ordonné par notredite Cour, audit pre-

sent Arrêt ; lequel fut fait , donné & prononcé à l'Audience du
22 Decembre 1609, en prefence de Venerable Perfonne Meffire Jean de Belchamps, Chanoine & Archidiacre de Sarbourg en
ladite Eglife Cathedrale de Metz, comparant pour les Appellans, affifté de Maître Jean Tiffelin leur Avocat & Confeil ; &
de la Reauté pour lefdits Intimez , qui a confenti que lefdits Appellans fourniffent declaration des dépens adjugez, aux jours. Par
la Cour, B E R T I N Commis, avec paraphe.

ARREST

DE LA COUR SOUVERAINE
de Lorraine & Barrois, féante à Nancy, qui a
jugé de même pareille Queftion.

Au Rapport de Mr Olivier.

Du 19 Mars 1707.

LEOPOLD par la grace de Dieu Duc de Lorraine & de
Bar , Roi de Jerufalem, Marchis, Duc de Calabre & de
Gueldres , Marquis de Pont-à-Mouffon & de Nommeny , Comte de Provence, Vaudémont, Blamont, Zutphen,
Sarwerden, Salm, Falkenftein, &c. A tous ceux qui ces Prefentes verront, S A L U T. Sçavoir faifons, que vû par notre Cour
Souveraine de Lorraine & Barrois, le Procés d'entre les Doyen,
Chanoines & Chapitre de l'Eglife Collegiale de Gorze , Demandeurs en oppofition , fuivant les fins de leur Requête du 30 Octobre 1703 d'une part ; & les Doyen, Chanoines & Chapitre de
l'Eglife de S. Thiebaut de Metz, & les Habitans & Communauté
de Pufieux, Défendeurs, d'autre part ; & encore entre lefdits
Doyen, Chanoines & Chapitre de S. Thiebaut, Demandeurs en
entérinement de Lettres en forme de Requête Civile, obtenuës
de Nous contre l'Arrêt de notredite Cour, du 12 Juin 1703, d'une

part, & lefdits Chanoines & Chapitre de Gorze, Défendeurs, d'autre part : Ladite Requête en oppofition defdits Chanoines & Chapitre de Gorze, tendante à ce qu'ils foient reçus oppofants à l'Arrêt de notredite Cour dudit jour 12 Juin 1703 ; ce faifant leur permettre de faire affigner, tant lefdits Doyen, Chanoines, & Chapitre de S. Thiebault, que lefdits Habitans, pour voir recevoir lefdits Chanoines & Chapitre de Gorze oppofans audit Arrêt obtenu par lefdits Habitans de Pufieux contre ledit Chapitre de S. Thiebaut, comme Décimateurs dudit Pufieux ; ayant égard à leur oppofition, & y faifant droit, maintenir & garder ledit Chapitre de Gorze au droit & poffeffion d'exemption de contribuer à la fourniture des Ornemens & entretiens de l'Eglife de Pufieux ; & pour l'injufte entreprife, condamner les Habitans aux dépens. Decret au bas de ladite Requête, dudit jour 30 Octobre 1703, par lequel notredite Cour auroit ordonné, que les Parties feroient affignées. Exploits d'Affignation, du 5 Novembre fuivant, controllé à Thiocourt le même jour. L'Acte de la Barre, du 17 dudit mois de Novembre, par lequel les Commiffaires Députez à ladite Barre, auroient appointé les Parties en droit à écrire, produire, contredire & fauver, de quinzaine à autre, joint les fins de non recevoir, & défenfes au contraire. La Requête des Prévôt, Doyen, Chanoines & Chapitre de l'Eglife Collegiale de S. Thiebaut, tendante à ce qu'ayant égard aux Lettres en forme de Requête Civile du 7 Juin 1704, & icelles entérinant, il plût à la Cour remettre les Parties au même & femblable état qu'elles étoient auparavant ledit Arrêt ; en confequence mettre les Appellations interjettées par lefdits Habitans & Communauté de Pufieux, des Sentences renduës en notre Bailliage de Pont-à-Mouffon les 6 Septembre & 30 Decembre 1701, au neant ; condamner lefdits Habitans à l'amende, aux dommages & interêts defdits de S. Thiebault, & aux dépens. Decret au bas de ladite Requête du 11 dudit mois de Juin, par lequel notredite Cour, fur la demande en enterinement de Lettres en forme de Requête Civile incidente, auroit appointé les Parties à donner caufes & moyens de Requête Civile, écrire, produire, contredire, & fauver, de huitaine à autre, & joint à l'inftance d'oppofition. Exploit de fignification du même jour. L'Arrêt dudit jour 12 Juin 1703, par lequel les Appellations & Sentences dont étoit Appel, auroient été mifes au neant; émendant, ayant aucunement égard à la demande, laCour auroit condamné lefd. Prévôt, Chanoines & Chapitre de S. Thiebault Intimez, de faire inceffamment travailler aux Réparations qui font à faire dans la Nef de l'Eglife dudit Pufieux, fuivant la vifite qui en fera faite ; à l'effet de quoi les Parties conviendroient d'Experts dans la quinzaine, fi non feroient dénommez d'office ; en confequence declaré la Saifie bien faite, & abandonnée jufqu'à la concurrence du prix defdites Réparations ; ordonné que la fourniture des Ornemens neceffaires pour la celebration du Service Divin fe prendra fur les revenus de la Fabrique ; & fubfidiairement, & en cas d'infuffifance, fera faite par les Intimez; condamné lefdits Intimez à la moitié des dépens des Caufes principales & d'Appel, l'autre compenfée. Les Piéces fur lefquelles ledit Arrêt a été rendu. Autre Arrêt du 18 Août de ladite année 1703, par lequel notredite Cour, en adjugeant le profit du Défaut obtenu par lefdits Habitans contre ledit Chapitre de S. Thiebault, auroit ordonné que fon Arrêt dudit jour douziéme Juin feroit executé ; ce faifant, qu'il feroit inceffamment procedé à la vifite ordonnée par ledit Arreft, par Charles Royer, Maffon réfidant à Thiocourt, & Philippe Beauvais, Maître Charpentier demeurant à la Tour en Voipvre, Experts dénommez par lefdits Habitans & Communauté; & par Martin Cordonnelle Maître Maffon, & Jacques Hultz Maître Charpentier, demeurans à Malatour qu'elle a dénommez d'Office ; Ordonné que lefdits Experts prêteront leur affirmation pardevant le Prévôt de la Chauffée, ou fon Lieutenant, qu'Elle a commis pour cet effet ; pour, leur rapport fait, être ordonné ce que de raifon. Les piéces fur lefquelles ledit Arrêt a été rendu. L'Acte d'Affirmation defdits Experts, du 20 dudit mois d'Août. Le Rapport de Vifite defdits Experts, fait en confequence le troifiéme Septembre fuivant. La Sentence renduë en notre Bailliage de Pont-à-Mousson, le 6 Septembre 1701, par laquelle, avant faire droit sur la demande, lesdits Habitans Demandeurs sont admis à faire preuve pardevant le Sr Harmant Conseiller, dans la huitaine, comme depuis quarante ans en çà, les Défendeurs ont fourni des Chasubles, Missels, ou autres Ornemens à l'Eglise de Pusieux; ont fait travailler aux Réparations de la même Eglise, ou se sont soumis à le faire, & fournir les choses necessaires ; Permis aux Défendeurs de faire preuve contraire, si bon leur semble, dans pareil délai; dépens réservez. Autre Sentence du Bailliage, du trentiéme Decembre suivant, par laquelle les Chanoines de Saint Thiebaut sont renvoyez de la Demande contre eux formée, avec pleine & entiere main-levée de la Saisie sur eux faite ; toutes cautions dechargées, les Habitans de Pusieux condamnez aux dépens. Les Piéces sur lesquelles lesdites deux Sentences sont intervenuës. Les Lettres en forme de Requête civile, obtenuës ledit jour 7 Juin 1704. L'Inventaire de production fourni par lesd. Chanoines & Chapitre de Gorze, & Piéces y énoncées. Autre Inventaire de production, fourni par les Habitans de Pusieux. Inventaire desdits Chanoines de S. Thiebaut contre lesdits Habitans de Pusieux. Requête desdits Chanoines de Gorze en production nouvelle, avec le Decret au bas, portant reception de la production nouvelle, pour être contredite & sauvée dans les délais de l'appointement, & acte de l'emploi. Exploit de signification de ladite Requête, & Décret du 26 Avril 1704. Les Piéces nouvellement produites. Contredits fournis par lesd. Chanoines de Gorze, signifiez le 11 Juin suivant. Autre Inventaire de production, servant de Demande en entérinement, fourni par lesd. Doyen, Chanoines & Chapitre de Saint Thiebault, & piéces y énoncées & jointes. Réponses & fins de non recevoir desdits Habitans de Pusieux. Requête en production nouvelle desdits Prévôt, Doyen, Chanoines, & Chapitre de St Thiebault, avec les piéces nouvellement produites. Decret au bas, du 12 Juillet 1706, par lequel notredite Cour auroit ordonné que ladite production nouvelle seroit reçuë pour être contredite & sauvée de trois jours à autre, & donné Acte de l'emploi. Exploit de signification du dix-feptiéme. Requête defdits Habitans, fervant de contredit. Acte fignifié de la part dudit Chapitre de Gorze, le premier Decembre fuivant, par lequel ils employent pour toutes Ecritures, celles des Chanoines de S. Thiebault de Metz. Requête d'emploi & de production nouvelle du Chapitre de Gorze. Decret au bas du 11 Février dernier, par lequel notredite Cour avoit ordonné que ladite production nouvelle feroit reçuë,pour être contredite & fauvée de trois jours à autres, & donné Acte de l'emploi, fignifié le douziéme. Les Piéces nouvellement produites, jointes à ladite Requête. Requête defdits Habitans, fervant de Réponfe aux dernieres écritures des Chanoines de St Thiebault, & de Contredits à la production nouvelle de ceux de Gorze. Requête d'emploi defd. de S. Thiebault, & de production nouvelle. Decret au bas,du 20 dud. mois de Février, par lequel notred.Cour auroit ordonné que lad.Production nouvelle feroit reçuë,pour être contredite & fauvée de trois jours à autres, & donné acte de l'emploi. Exploit de fignification du deuxiéme du prefent mois de Mars. Les Piéces nouvellement produites, jointes à ladite Requête. Autre Requête d'emploi & de production nouvelle defdits Chanoines de Gorze. Decret au bas, du 12. dudit prefent mois, par lequel notredite Cour auroit ordonné que ladite production nouvelle feroit reçuë pour être contredite & fauvée dans le jour, attendu l'état du Procés, & donné acte de l'emploi. Exploit de fignification du même jour. Les Piéces nouvellement produites. Autre Requête defdits Habitans, fervant de Contredits aufdites Productions nouvelles, fignifiée le fixiéme. Autre Requête en production nouvelle defdits Chanoines de Gorze. Decret au bas, du 18 Mars prefent mois, par lequel notredite Cour auroit auffi ordonné que ladite Production nouvelle feroit reçuë, pour être contredite & fauvée dans le jour, attendu l'état du Procés, fignifiée le même jour. Requête d'emploi, fervant de Contredits à ladite production nouvelle, fournie par lefdits Habitans. Acte fignifié de la part defdits Chanoines de Gorze pour Salvations, declarant au furplus, qu'ils employent ce qu'ils ont dit & écrit au Procés. Les Piéces &

Pro-

Productions des Parties au contenu de l'Inventaire du Procés ; & autres, produites du depuis. Conclusions de notre Procureur General. Acte signifié, portant que ledit Procés étoit distribué au Sr Olivier d'Hadonviller, Conseiller. Tout vû & consideré :

NOTREDITE COUR, ayant égard à l'opposition des Chanoines & Chapitre de Gorze, & aux Lettres en forme de Requête Civile des Doyen, Chanoines & Chapitre de Saint Thiebault de Metz, & icelles entérinant, a remis les Parties au même & semblable état qu'elles étoient avant l'Arrêt du 12. Juin 1703. & en consequence, sans s'arrêter à l'appel de la Sentence du 6. Septembre 1701, auquel elle a declaré les Habitans de Pusieux non recevables, a mis sur l'appel de la Sentence du 30 Decembre 1701, les Parties hors de Cour ; Ordonné que l'amende consignée par les Chanoines de S. Thiebault sera renduë. A compensé les dépens de la presente Instance, les épices à la charge des Habitans de Pusieux. SI MANDONS au premier Huissier, ou Sergent des lieux de notredite Cour, ou autre Huissier sur ce requis, resident dans nos Pays & Etats, de faire pour l'execution du present Arrêt tous Exploits necessaires. FAIT à Nancy sous le grand Scel de notredite Cour, le dix-neuviéme jour du mois de Mars l'an mil sept cens sept. PAR LA COUR ; *Signé*, VAULTRIN. Avec paraphe.

ARREST

DE LA COUR SOUVERAINE,

Concernant l'Election à l'Abbaye de Clairlieu.

Du 23 May 1698.

ENTRE Dom Nicolas Bonnet, Religieux de l'Abbaye de Clairlieu, pourvû de ladite Abbaye, opposant, suivant son

D

Acte du 13. Mars dernier ; & Dom Pierre Charlot , Religieux Profés de l'Abbaye de Morimond , Bachelier en la Faculté de Paris, aussi pourvû de ladite Abbaye , Défendeur ; & encore entre ledit Dom Pierre Charlot, Demandeur en Requête du 14. dudit mois de Mars , & ledit Dom Nicolas Bonnet Défendeur ; & encore entre les Prieur & Religieux de lad. Abbaye, Demandeurs en Requête à fin d'intervention , du 4 Avril aussi dernier, contre ledit Charlot Défendeur ; sans que les qualitez puissent nuire ni préjudicier. Aprés que Barret, pour Dom Bonnet, a conclu à ce qu'il plaise à la Cour le recevoir opposant à la possession prise par Dom Charlot du temporel de ladite Abbaye de Clairlieu ; ayant égard à son opposition , & y faisant droit , sans s'arrêter aux Bulles par lui obtenuës, qui seront declarées nulles & subreptices , ni à tout ce qui s'en est ensuivi, maintenir sa Partie en la possession & joüissance paisible dans laquelle elle est de ladite Abbaye ; faire défenses audit Dom Charlot de l'y troubler ; & pour l'avoir fait, le condamner aux dépens. Mathieu, pour les Prieur & Religieux de ladite Abbaye intervenans, a conclu à ce qu'ayant égard à son intervention, & y faisant droit , & sans s'arrêter à la prise de possession de Dom Charlot, ny à sa prétenduë élection à la Coadjutorie dudit Clairlieu, la Partie de Barret sera maintenuë & gardée en la possession paisible où elle est de son benefice, avec défense audit Dom Charlot , & à tous autres, de l'y troubler ; & pour l'avoir fait, qu'il sera condamné aux dommages & interêts des Parties , & aux dépens. Le Févre pour Dom Charlot , a conclu , à ce que sans avoir égard à l'intervention formée par les Parties de Mathieu, à laquelle elles seront declarées non recevables , & condamnées aux dépens ; celle de Barret sera déboutée de l'opposition par elle formée à la prise de possession du temporel de ladite Abbaye de Clairlieu, & en consequence qu'elle sera condamnée à lui rendre compte des revenus qu'elle a perçûs & touchez depuis son intrusion dans ladite Abbaye , avec dépens à cet égard. De Mory Substitut, pour le Procureur General, aprés avoir fait récit du fait de la procedure, & des moyens des Parties, a estimé y avoir lieu, sans s'arrêter à l'intervention formée par les Parties de Mathieu, ni à l'oppofition de celle de Barret, ayant égard à la Requête de la Partie de le Févre, & y faifant droit, de maintenir & garder ladite Partie de le Fé-vre au poffeffoire de l'Abbaye de Clairlieu; condamner la Par-tie de Barret de rendre compte des fruits qu'elle en tirez depuis que les Parties font en caufe, & que la Caufe a été plaidée pen-dant cinq grandes Audiances : LA COUR a ordonné que les piéces feront mifes fur le Bureau; & du depuis, icelles vuës.

LA COUR, fans s'arrêter à l'intervention, non plus qu'à l'oppofition de la Partie de Barret, a maintenu & gardé, main-tient & garde celle de le Févre en la poffeffion de l'Abbaye de Clairlieu; fait défenfe à Frere Nicolas Bonnet de l'y troubler en aucune forte & maniere ce puiffe être; à charge neanmoins que Frere Charlot fe retirera devers Son Alteffe Sereniffime, pour obtenir des Lettres de naturalité, qu'il prefentera à ladite Cour dans fix mois, à peine de faifie du temporel de ladite Abbaye; condamné ledit Bonnet à rendre & reftituer audit Charlot tous les fruits par lui perçus de tous les revenus, depuis le 12 Mars der-nier, jour de la prife de poffeffion, en vertu de l'Ordonnance de ladite Cour du jour précedent. SI MANDONS au premier Huiffier de notredite Cour, de faire pour l'execution du prefent Arrêt, tous Exploits requis & neceffaires. FAIT à Nancy fous le grand Scel de ladite Cour, le vingt-troifiéme jour du mois de May mil fix cens quatre - vingt dix - huit. PAR LA COUR; *Signé*, VAULTRIN.

ARREST

DE LA COUR SOUVERAINE DE Lorraine & Barrois, qui a jugé que les Biens des Ecclesiastiques décedez, sont exempts des Droits de Main-morte.

Du 12 Decembre 1701.

ENTRE Christophe Clein, Henry Courtois, & François Chevalier, Fermiers du Domaine d'Arches, Appellans d'une Sentence renduë au Bailliage de Vosges, le 11. Janvier 1700, par laquelle, sans s'arrêter à l'intervention du Sr. Antoine Blaise Lieutenant S. Pierre en l'Eglise de Remiremont; faisant droit sur celle des Doyen & Curé de la Chrétienté d'Epinal, ensemble sur l'Appel; il est dit qu'il a été mal & nullement jugé par la Sentence du Prévôt d'Arches du 29 Août 1699, bien appellé; émendant, les Intimez cy-aprés nommez sont renvoyez des fins & conclusions contre eux prises, avec dépens tant des causes principales que d'Appel; & faisant droit sur les Conclusions du Substitut du Procureur General audit Bailliage, défenses sont faites aux Officiers de la Prévôté d'Arches de prendre à l'avenir connoissance de semblables matieres, d'une part. Contre Maître Bernard Gerard, Prêtre Curé de Charmes, & M. Antoine Gerard, cy-devant Lieutenant de la Prévôté d'Arches, & les Doyen & Curez de la Chrétienté, d'Epinal Intimez d'autre. Et encore entre ledit Mᵉ Antoine Blaise en qualité de Lieutenant S. Pierre de l'Eglise de Remiremont, Seigneur en partie du Village d'Archette, en ce qui est de la Prévôté d'Arches, Demandeur en Requête à fin d'intervention, & Appellant de ladite Sentence du 11 Janvier 1700, d'une part. Contre lesdits Bernard & Antoine les Gerard, & lesdits Doyen & Curez de la Chrétienté d'Epinal, lesdits Clein & Consorts Défendeurs & Intimez, d'autre part. Et encore entre les Doyen & Curez des Chrétientez de Lorraine, Demandeurs en Requête à fin d'intervention, à ce que sans s'arrêter à celle dudit Sr Blaife, non plus qu'à son Appellation, ni à l'appellation principale ; la Sentence du 11 Janvier 1700, soit executée ; ce faifant, les Doyen & Curez maintenus & gardez au droit & poffeffion d'exemption de la Main-morte de meubles, & lefdits Srs Blaife, Clein, & Confors, condamnez aux dépens, d'une part ; Contre lefdits Clein, Courtois, Chevalier, Blaife, & lefdits Bernard, Défendeurs, fans que les qualitez puiffent nuire ni préjudicier.

Aprés que Guyot Avocat defdits Clein, Courtois & Chevalier, a été ouï ; Abram Avocat dudit fieur Blaife, a dit que feu Me Nicolas Gerard, Prêtre Curé d'Archette, étant né audit lieu d'Archette, en ce qui dépend de la Prévôté d'Arches, où le Domaine de S. A. R. & l'Eglife de Remiremont par le Lieutenant Saint Pierre, l'un de fes Officiers, font Seigneurs hauts Jufticiers, moyens & bas, avec Droit de Main-morte de meubles fur tous les originaires & domiciliez audit lieu ; & ledit Me Nicolas Gerard y étant mort au mois de Janvier 1699, les Appellans auroient donné leur Requête au mois de May fuivant, & fait affigner en la Prévôté d'Arches lefdits Maîtres Bernard & Antoine les Gerard, fes Freres germains & fes heritiers préfomptifs, qui s'étoient emparez de la Succeffion mobiliaire dud. défunt Nicolas Gerard ; pour être condamnez de la reftituer aux Appellans à titre & droit de main-morte ; où ils ont obtenu Sentence adjudicative de leurs fins, le 29. Août 1699, de laquelle lefdits Sieurs Gerard ayant porté l'Appel au Bailliage de Vofges, Sentence y eft intervenuë le 11 Janvier 1700, par laquelle celle du Prévôt d'Arches a été infirmée, & lefdits Gerard renvoyez de la demande des Appellants ; de quoi ayant porté l'Appel en ladite Cour, ils en foutiennent le mal jugé, & que celle de la Prévôté d'Arches doit être confirmée, avec amende & dépens ; & pour y parvenir ils foûtiennent que Me Nicolas Gerard étoit né & mort main-mortable de meubles, lefquels devoient être declarez à eux acquis, comme Seigneurs dudit Archette. Pour prouver cette

D iij

Propofition, ils ont dit en premier lieu, que feu Me Nicolas Gerard, par fa naiflance à Archette, auroit contracté la fervitude
de main-morte : car la confideration de la condition prétenduë
franche de fon Pere né au Village d'Arches, ne l'en a pas difpen-
fé. 1. Son Pere étant né au Village d'Arches, étoit lui-même main-
mortable , n'y ayant que les originaires de la Ville & Château
d'Arches qui foient francs. 2. Quand il feroit né franc , il feroit
devenu fujet à la Main-morte, par fon mariage & réfidence à Archette, où Nicolas Gerard fon fils eft né d'une mere originaire dudit Archette, & main-mortable : ainfi , fuivant la maxime de
Droit, *Partus fequitur conditionem matris* , conforme à plufieurs
Coûtumes, qui pour la Main-morte déterminent la condition de
l'Enfant par la condition fervile de l'un ou l'autre de fes Parens, il
eft né main-mortable. En 2. lieu, que Me Nicolas Gerard étant
main-mortable d'origine, eft mort de cette condition, puis que les
Intimez n'articulent pas qu'il en ait été formellement affranchi. Il
eft vray qu'ils prétendent que le caractère facerdotal a effacé en lui
le vice de fon origine main-mortable : mais cette propofition eft
fans fondement. De quelque élevation que foit la dignité du Sacerdoce, elle ne peut influer fur les biens patrimoniaux des Ecclefiaftiques, pour lefquels la Coûtume de Lorraine ne leur donne point
d'autres regles, que celles qu'elle établit pour les Laïcs, art. 8. tit. 9.
art. 2. tit. 11. & la Jurifprudence Canonique, point de Privileges,
s'ils ne font expreffément introduits par le Droit. Panorme, & autres
Docteurs, fur le Chapitre, *Ecclefia*, *de Conftitutionibus*. Or l'exemption de la Main-morte n'eft point prononcée par le Droit, en
faveur du Sacerdoce ; l'efpece de Main-morte, ufitée parmi nous,
n'étoit point connuë du temps des Loix Romaines, & des Conftitutions Canoniques. Nous trouvons bien des Regles prefcrites
dans l'un & l'autre Droit, pour le cas des Efclaves faits Prêtres.
Nous voyons que l'Eglife n'a pas fouffert que les Maîtres perdiffent
leur autorité, ny fur les perfonnes de leurs Efclaves faits Prêtres,
*Can. Servorum, diftinct. 54. cap. Nullus , de fervis non ordinan-
dis ;* ny fur leurs biens, *Can. Illorum & ex antiquis , eod. Ne Do-
minorum jura , vel privilegia ullâ ratione turbentur.* Les Loix

des Empereurs ont décidé la même chose. La Constitution 9. de l'Empereur Leon, conserve le Droit des Maîtres sur les personnes de leurs Esclaves faits Prêtres. Les Loix 3. 16. 20. & 37, au Code *de Episcopis & Clericis*, & le chap. 17. de la Novelle 123. en font de même sur les biens; d'ou l'on peut tirer cette conséquence, que le caractére Clerical ne devant rien ôter des Droits que les Maîtres avoient sur leurs Esclaves; si l'on argumente aujourd'huy de cette espece de servitude, à celle de la Main-morte, il faut convenir que la promotion au Sacerdoce ne fait pas perdre au Seigneur de Main-morte l'esperance & le droit qu'il a de succeder à son sujet main-mortable, quoy que fait Prêtre. Si de l'exemple tiré des dispositions du Droit, l'on examine la question par celles des Coûtumes, l'on trouvera que la Main-morte subsiste, nonobstant la promotion aux Ordres sacrez. Celles des Provinces de Bourgogne & de Nivernois le décident formellement. Ces Usages sont des Exemples voisins des Etats de S. A. R. Et comme nos Coûtumes ne décident pas cette question, l'on ne peut mieux faire que de suivre l'exemple de nos voisins. Chaline, dans sa Methode pour l'intelligence des Coûtumes, part. 3. de la 13. Regle, & tous les Auteurs qui ont traité cette question, sont de ce sentiment. Chassanée, sur l'art. 20. de la Coûtume de Bourgogne, tit. des Mainmortes; Coquille sur l'art. 17. du tit. des Main-mortes de la Coûtume de Nivernois, & dans sa question 283, soûtient même que le caractére Episcopal ne dispense pas de la Main-morte. Faber, seul Commentateur de notre Coûtume de Lorraine, est du même sentiment, sur l'art. 3. tit. 6. sur le mot *Main-morte*. Le Président de Chamberry, Guillaume de Oncieu, dans son Traité des Main-mortes, chap. 4. sur la fin, appuyant cette proposition, observe que l'inconvenient eût été trop grand, si se trouvant un serf Chrétien de sainte vie, & excellent en doctrine & érudition, il ne pouvoit être recu en l'administration des choses Ecclesiastiques; mais qu'il ne devoit pas être fait prejudice au Seigneur, le recevant purement à la liberté, par privation de toute esperance de profit pour son chef; & qu'ainsi il sembloit que l'on eût voulu pourvoir à l'un & à l'autre. *Si liber vivus serviret Christo, mor-*

tuus Domino scilicet, ut & quoad bona moreretur. La raison même milite en faveur de cette opinion. Les Main-mortes ne sont autre chose que des charges imposées dans la tradition primitive & originaire des fonds enclavez dans les Seigneuries ; c'est l'execution d'une ancienne convention faite entre le Seigneur & ses Justiciables : Or les Enfans Ecclesiastiques de ces Justiciables sont-ils moins tenus des faits & promesses de leurs Ancêtres, que les descendans Laïcs ? Ne succedent-ils pas à leurs parens Laïcs ? & par ce moyen n'empêchent-ils pas la joüissance actuelle de leurs biens, qui tomberoient directement aux Seigneurs, si lesdits Enfans Ecclesiastiques n'existoient pas ? Ne seroit-il donc pas injuste qu'un Sujet dispensé de la Main-morte par le Sacerdoce, ostât au Seigneur le droit actuel de succeder à son Pere, sans esperance de jamais r'avoir ce même bien, en la personne de l'Enfant ? Enfin l'Usage immémorial de la Province, est conforme à cette opinion. Les Appellans & les Intervenans ont quantité d'Actes, qui justifient que l'Eglise de Remiremont,& autres Seigneurs, ont emporté, par droit de Main-morte, les Successions mobiliaires des Ecclesiastiques ; & ce par des Actes de 1563, 1567, 1603, 1664, 1680, & 1690. Que cette seule possession équivaut à une Loy positive : *Optima legum interpres Consuetudo ;* & par consequent, que l'injustice de la Sentence dont est Appel, est évidente : partant conclud, aprés qu'il auroit plû à la Cour, recevoir sa Partie Intervenante en la cause , & abhérante à l'Appel interjetté par lesdits Clein & Consors, & y faisant droit, sans s'arrêter à l'intervention des Parties de Barret, de laquelle ils seroient débouttez, & condamnez aux dépens, mettre l'appellation, & Sentence dont a été appellé , au neant ; émendant, ordonner que la Sentence renduë en la Prévôté d'Arches le 29 Aoust 1699, sera exécutée selon sa forme & teneur ; condamner les Intimez aux dépens de Cause principale & d'appel.

Le Febvre, Avocat desdits Srs. Bernard & Antoine les Gerards; & Barret pour lesdits Srs. Doyens & Curez de Lorraine, ont dit, qu'il est vray que feu Maître Nicolas Gerard, de la succession mobiliaire duquel il s'agit , est né & mort au Village d'Archette,

Prévôté

Prevôté d'Arches, où ils ne conteſtent pas que la Main-morte ne
ſoit établie en faveur du Domaine , & du Lieutenant S. Pierre
de l'Egliſe de Remiremont : mais ont ſoûtenu, qu'il n'étoit pas
ſujet au Droit de Main-morte, ny par ſa naiſſance , ny par ſa mort;
principalement par ſa naiſſance, en ce que François Gerard ſon
Pere, étant né à Arches, il étoit né franc ; & que nonobſtant qu'il
ait épouſé Magdelaine Jacquin , fille née & réſidente audit Archette , du mariage deſquels le défunt & les Intimez étoient iſſus,
ils n'ont pas contraſté la tache de ſervitude & de Main-morte
par leur naiſſance , puis qu'en cette Province le fruit ſuit la condition du Pere , & non de la Mere,ſuivant l'art.10.tit.1. de la Coûtume Generale de Lorraine, conforme à celle de Vaudémont , art.
5. tit.4. de Chaſtel, art 17.tit.1. Ce qui eſt d'autant plus applicable
à la Cauſe,que les Coûtumes mêmes, qui ſemblent les plus favora-
bles pour la Main-morte,ont-établi ce principe , pour connoître
la condition libre ou ſervile des perſonnes qu'elles regiſſent; comme Bourgogne Duché , art. 3. tit. des Main-mortes , Bourgogne
Comté, art. 92. Nivernois, art. 16. tit. des ſervitudes & Main-mortes. Et comme la Coûtume de Lorraine n'a point introduit de regles ſpéciales pour les Main-mortes comme ont fait quantité d'autres, par ex. celles de Bourgogne & de Nivernois ci-deſſus citées ,
celles de Bourbonnois, Auvergne, la Marche , Vitry, & Châalons;
mais qu'au contraire elle les a voulu formellement déterminer
par les Titres , Poſſeſſions immémoriales , & Droits particuliers
de chacune Seigneurie , comme nous le voyons és articles 7. & 8.
du tit.1. conforme en cela , à celle de St. Mihiel , art. 8. 10. 11. &
12. & celle de Baſſigny dans les Etats de S. A. R. art. 39. & 40. &
celle de Baſſigny François , art. 3. & celle de Troye , art. 4. 5. &
6. il faut convenir, qu'à moins d'un Titre formel & ſpécial pour
la Seigneurie d'Archette, qui détermine que le fruit ſuit la condition de la Mere, & non celle du Pere, l'on doit s'en tenir à la Regle generale, que la Coûtume de Lorraine établit par des termes
qui ne peuvent recevoir aucune autre limitation que celle dont le
même article parle en faveur de l'ancienne Chevalerie, (Generalement le fruit ſuit la condition du Pere.) Donc François Gerard,

E

pere du défunt, étant né franc & libre, a communiqué sa liberté naturelle à ses Enfans : donc on ne peut pas prétendre que feu Maître Nicolas Gerard par sa naissance ait contracté la tache originelle de la Main-morte : donc le Bailliage de Vosges a bien jugé. Ils ont soûtenu en second lieu, & subsidiairement, que quand, par supposition, feu Maître Nicolas Gerard seroit né main-mortable, le caractére Sacerdotal a effacé & détruit cette servitude, & ses effects ; & par conséquent, que les Appellans sont encore également non recevables à demander la succession mobiliaire dudit Gerard. La proposition de Panorme, que les biens des Ecclésiastiques ne jouïssent pas des Privileges de l'Eglise, est détruite par la glosse du même chapitre *Ecclesia, de Constit.* sur le mot *Personis*, qui dit : *Eodem jure censeri debent bona Clericorum & Ecclesiarum ;* ce qui doit d'autant plus avoir lieu dans notre cas, que nous voyons, que par le Sacerdoce, non seulement la personne du Prêtre est souftraite à la jurisdiction du Seigneur dont il étoit justiciable auparavant, mais aussi que ses biens temporels sont élevez au dessus de l'autorité du simple Seigneur, & constituez immédiatement sous la puissance & la protection du Prince ; ainsi, que le simple Seigneur, perdant sans son fait, & malgré lui, la jurisdiction & l'autorité sur les biens du Prêtre, par sa promotion, rien n'empêche qu'il ne perde aussi le droit de Main-morte. Que les sujets de Main-mortes, telles qu'on les pratique à present dans plusieurs Coûtumes, ont beaucoup de rapport aux Esclaves des Romains, qui n'étoient affranchis que de l'espece qu'ils appelloient *Latini Juniani*, qui vivoient libres, & mouroient esclaves, en sorte que leurs Maîtres ou Patrons prenoient à leur mort tous leurs biens, *Jure peculii, institut. de Libertinis ;* ce que Justinien trouva si ridicule, qu'il l'abolit par la Loy unique au Code de *Latinâ libertate tollendâ,* où il reduisit tout Affranchy, à la qualité de Citoyen Romain, sans préjudice neanmoins de quelques autres droits beaucoup moins onereux, qu'il reserva aux Patrons. *Institut. de Succeff. Libertorum.* Or soit que l'on raisonne de la question qui se presente à juger, par les maximes du Droit écrit, Civil ou Canonique, introduites à l'occasion du Sacerdoce, des Escla-

ves & des Affranchis des Romains ; l'on trouvera que le Sacerdoce
non feulement les rendoit libres, mais même affranchiffoit leurs
biens , ôtant à leurs anciens Maîtres toute efperance d'y fucceder ,
comme ils euffent pû faire , fi ces Efclaves ou Affranchis n'avoient
point été promûs au Sacerdoce. Il eft vray que dans la naiffance
de l'Eglife , la charité ne permettoit pas que l'on dépouillât les
Maîtres de la proprieté de leurs Efclaves malgré eux ; c'étoit un
patrimoine , que l'on croyoit ne pouvoir leur être ôté que volontairement ; la politique même ne vouloit pas que l'établiffement
de la Religion fe fift avec une perte temporelle fi confiderable ,
dans la crainte de rebuter les Peuples où la fervitude étoit en ufage. Ce font les deux motifs que le Pape Gelafe I. en rapporte dans
une de fes Epitres : *Ne per Chriftiani nominis inftitutum , aut alie-
na pervadi , aut publica videatur difciplina perverti. Can. 12.
diftinct. 54.* C'eft pourquoy les anciens Peres de l'Eglife défen-
doient de recevoir aucun Efclave à la Cléricature , fans le confentement de fon Maître , *Can. 6. & can. 9. ead. dift. in princip.*
On y adjouta même , que fi l'Efclave, par artifice, s'étoit fait promouvoir, il fût dépofé. Cette peine fut enfuite reftreinte aux Ordres inferieurs , & non au Sacerdoce. *Can. 10. ead. dift.* Il falloit
alors des preuves du confentement formel du Maitre à l'Ordination : mais cette rigueur diminua dans la fuite ; & le confentement
tacite fut même eftimé fuffifant dés le commencement du fixiéme fiécle , *can. 20.* de la même diftinction ; & même , fi l'Ordination s'étoit faite à l'infçu du Maître , fon confentement étoit
préfumé , s'il ne s'en plaignoit pendant l'efpace d'un an. Les Conftitutions des Princes temporels autorifent en cela les Canoniques.
Juftinien , vers le milieu du même fiécle , ordonna la même chofe, *Novell.* 123. chap. 17. L'Ordination n'operoit pas un fimple
affranchiffement , mais une pleine & entiere liberté : *Ex hoc ipfo
quòd conftitutus eft in Clero , liber & ingenuus erit* ; ce qui n'o-
peroit pas feulement fur la perfonne de l'Efclave fait Prêtre , mais
auffi fur fes biens. Il eft vray que le Maître confentant à l'Ordination de fon Efclave , pouvoit retenir , ou lui laiffer fon pécule :

mais n'en faisant pas la réserve précise, il étoit censé le lui avoir donné. *Argument. L. unic. Cod. de pecul. ejus qui libert. meruit.* Le premier Concile de Tolede, tenu en 400, le décide; le Canon 8. de la même distinction 54. autorisée par Louis le pieux, fils de Charles-Magne, dans ses Capitulaires; qui y ajoute, que si depuis l'ordination, l'Esclave fait Prêtre, acquiert quelque bien, ce bien sera, à sa mort, reglé comme le patrimoine de ceux qui se font Prêtres, n'ayant aucun bien lors de leur promotion; lequel devoit après leur mort appartenir à l'Eglise, selon le Concile d'Arles, chap. 1. *de Peculio servor.* aux Decretales; en sorte qu'il ne restoit à leurs anciens Maîtres aucune esperance sur leurs biens, suivant le Chap. 2. *de servis non ordinandis*, aux mêmes Decretales; sur lequel Panorme dit: *Factus liber respectu divinorum, est liber censendus quoad omnia temporalia.* Ils avoient la liberté d'en disposer par Testament; ils laissoient pour heritiers legitimes leurs Parens; & ce n'étoit que faute de l'un & de l'autre, que les Maîtres, par grace, pouvoient en esperer quelque chose. *L. 20. Cod. de Episc. & Cleric.* quoy qu'à l'ordinaire, tout Affranchi fût obligé de laisser au moins le tiers de son bien à son Patron, soit par Testament, soit *ab intestat. L. 3. Cod. de bon. libert.* L'on voit même dans la Loy 4. du même titre, §. *Servus.* 6. que le Sacerdoce effaçoit dans l'Esclave jusqu'au droit de Patronage: *Si servus Clericatum sciente domino adeptus fuerit, potestate domini liberatur, & ingenuus fit, cessante jure patronatûs.* Le Droit de patronage s'effaçant par la Clericature de l'Esclave ou de l'Affranchi, il s'ensuit que l'effet de ce droit, qui est le pouvoir de succeder, s'efface aussi. Les Main-mortables ne se dérobent pas à leurs Seigneurs, pour prendre les Ordres. Le Chapitre de Remiremont a si bien sçu l'Ordination de Maître Nicolas Gerard, qu'il lui a donné un Benefice; c'est la Chapelle Sacerdotale de l'Hôpital d'Arches, dont il étoit Titulaire. C'est en vain qu'on objecte les Loix 3. & 16. au Cod. *de Episc. & Cler.* & l'Auth. *Adscriptitios.* Elles parlent des servitudes réelles, qui ne peuvent s'effacer par le Sacerdoce; icy il ne s'agit que d'une Main-morte personnelle de meubles, *quæ sequuntur personam.* La Loy 20. du même Titre est expliquée

cy-deſſus; elle préfere les Parens, même la diſpoſition Teſtamentaire du Prêtre, à ſon patron; ce qu'on ne veut pas accorder aux
Prêtres Main-mortables. Quant à la Novelle de l'Empereur Leon,
elle n'a pas force de Loy, ſuivant la remarque de Ricard, Traité
des Donations, partie 1. chap. 5. ſect. 9. n. 16. & 14. & d'ailleurs
elle ne parle que des Serfs fugitifs, qui à l'inſçu de leurs Maîtres,
& par fraude, ſe faiſoient promouvoir. Ainſi les Eſclaves, ou Affranchis, faits Prêtres, ayant été ſouſtraits, & perſonnellement, &
pour leurs biens, au pouvoir de leurs Maîtres, il faut à preſent dire
que les main-mortables faits Prêtres, acquierent une exemption,
& pleine liberté perſonnelle, & de leurs biens, du moins mobiliaires. L'exemple que les Appellans ont voulu tirer des Coûtumes
de Bourgogne & de Nivernois, ne peut être appliqué icy. Les
Main-mortes ſont infiniment plus réelles que perſonnelles, dans
ces trois Coûtumes. Dans les Coûtumes de Bourgogne, l'habita-
tion ſeule, ſans poſſeſſion d'héritages main-mortables, n'aſſujettit
pas à la Main-morte, art. 5. tit. des Main-mortes du Duché, &
art. 84. du Comté. On peut s'affranchir, en quittant les immeubles qu'on y poſſede, & le tiers de ſes meubles; Comté art. 8. Duché art. 9. *hic tit.* On ne peut même entre-vifs diſpoſer deſdits immeubles; Comté art. 95. Duché art. 10. Dans notre cas, il ny a rien
de tout cela. De plus, tout ce qu'il y a de perſonnel dans les main-
mortables de ces Coûtumes, eſt infiniment plus odieux qu'icy. Les
Main-mortables y ſont taillables haut & bas, corveables à volonté; Comté, art. 101. Duché, art. 18. Nivernois, art. 1. & 4. de
ce titre; & de pourſuite, même pour taille annuelle pendant leur
vie. C'eſt la réalité qui domine dans ces ſortes de Main-mortes:
ainſi il ne faut pas s'étonner ſi elles ont formellement décidé que
les Prêtres demeurent main-mortables. Or ſi c'eſt la réalité de la
ſervitude qui a donné lieu aux diſpoſitions de ces Coûtumes, l'on
ne peut les tirer à conſequence, icy, où l'obligation prétenduë
de laiſſer ſes meubles en mourant au Seigneur, eſt pure perſonnelle; Le Grand, ſur les articles 3. 5. & 59. de la Coûtume de
Troye. Et s'il a fallu dans ces Coûtumes mêmes, toutes rigoureu-
ſes qu'elles ſont pour la Main-morte, des diſpoſitions formelles

pour affujettir les Prêtres à la Main-morte, c'eft une preuve certaine, que de droit commun ils n'y auroient pû être fujets; car les Coûtumes ne fe rédigent ordinairement, que pour regler les Ufages contraires au Droit commun. Or la Coûtume de Lorraine, rédigée depuis celles-là, n'a pas trouvé à propos, non feulement d'affujettir formellement les Prêtres à la Main-morte; au contraire, elle n'a pas voulu même donner des Regles generales à la Main-morte, comme celles des Bourgognes, de Nivernois, de Bourbonnois, Auvergne, la Marche, Vitry, ny Châlons, plus voifines: mais à l'exemple de celles de Troye, de Chaumont en Baffigny, la Coûtume de Lorraine, art. 7. & 8. tit. 1. celle de St. Mihiel, art. 8. 10. 11. & 12. tit. 1. celle du Baffigny Lorrain, art. 39 & 40. fe font uniquement rapportées aux Titres de chacune Seigneurie, pour les attributs ou les effets de la Main-morte. Ainfi, à moins de prouver par Titres, que dans la Seigneurie en queftion, & même dans tout le refte de la Province, les Prêtres font main-mortables, on ne peut y appliquer l'exemple defdites Coûtumes de Bourgogne & Nivernois, exorbitantes en cela du Droit commun. Et fi l'on doit raifonner fur l'efprit des Coûtumes, touchant notre queftion, on trouvera que le Sacerdoce y eft incompatible avec la Main-morte. En effet, pourquoy les Coûtumes de Meaux, art. 79. Troye, art. 6. Chaumont, art. 3. défendent-elles aux main-mortables de fe faire Prêtres, finon parce qu'il y a incompatibilité entre l'un & l'autre? Sans cela cette prohibition feroit ridicule. Les fentimens de Chaffanée & de Coquille fur leurs Coûtumes, ne font d'aucune confideration. Ce font des Docteurs qui ont parlé felon les Loix municipales de leur Patrie; ils fe font efforcez de leur faire honneur, mais inutilement, par leur exorbitance du Droit commun, ne pouvant les verifier par aucune citation folide, ou qui dans la fuite des temps n'ait été abolie par les Conftitutions du Concile de Tribur, *dicto cap. 2. de Servis non ordinand.* & par les Ordonnances de Juftinien, *L. 4. Cod. de bonis libert.* Faber, fur l'art. 3. tit. 6. de la Coûtume de Lorraine, ne parle de la Main-morte, que par recit de ce qui fe pratique en Bourgogne, & dans d'autres Coûtumes Etrangeres; mais non par application à cette Province, dont il ne cotte ny Loix ny Ufages à cet égard. Quant à l'autorité du Préfident de Chamberry, outre qu'il ne décide pas la queftion ; qu'il ne fait que propofer fi un main-mortable peut-être fait Prêtre, & s'il ajoûte que l'on ne fait point de tort au Seigneur en lui donnant les Ordres ; c'eft parce que, fuivant les maximes de fon Pays, la Main-morte eft réelle, comme en Bourgogne & Nivernois, & n'a lieu qu'autant que l'ufage particulier de la queftion qui fe propofe, eft bien prouvé ; Faber, Préfident du même Sénat de Chamberry, dans fon Code, livre 7. tit. 1. *Defin.* 33. jufqu'à la fin dudit titre. L'objection tirée d'une raifon d'équité, qu'il eft injufte de priver le Seigneur, d'un droit à lui acquis, n'eft pas moins frivole. Il y a bien d'autres cas, qui privent le Seigneur de ce Droit de Main-morte, fans fon fait, & même malgré lui. L'ennobliffement d'un Sujet main-mortable, fe fait par le Prince, fans confulter le Seigneur. C'eft la reftitution *Natalium* des Romains. Loyfeau, Traité des Ordres, chap. 4. num. 42. Et c'eft, felon Ferrand, dans fon Traité *de Privileg. Reg. Franc.* un ouvrage digne d'un Monarque : *Regium munus eft, & Monarchâ dignum, fervos manumittere, fervitutis maculam delere, libertos natalibus reftituere, &c.* 2° La retraite du Main-mortable dans une Ville franche, comme Rome, Touloufe, Bourges, & autres, fuivant Boerius, dans fon Commentaire fur la Coûtume dudit Bourges. Epinal même dans cette Province, tant par fa Coûtume que fes Chartres, a ce Droit. 3° La prefcription dans plufieurs Coûtumes; Vitry, art. 146. par vingt ans ; Châlons, art. 18. par dix ans, à l'exemple de la prefcription introduite par le Droit Romain, contre le Maître qui permettoit que fon Efclave fût affranchi par un tiers. *L. ult. Cod. de his qui à non dominis manumiffi funt.* 4° Les Coûtumes les plus rigoureufes fur la main-morte, admettent des moyens de s'affranchir malgré le Seigneur. Celles de Bourgogne le permettent, en quittant les héritages main-mortables, & un tiers des meubles. Ici les Appellans ne prétendent autre moyen d'affranchiffement, que celui de leur bon plaifir. Par celle de Nivernois, art. 16. les Filles s'affranchiffent malgré le Seigneur,

en épousant des hommes francs. Ici le main-mortable n'épouse-
t-il pas l'Eglise, qui est libre & franche naturellement ? Enfin
l'esperance de la succession du main-mortable, est un Droit fort
éloigné, fort incertain, qui dépend du caprice de la fortune, &
de quantité d'accidens, où le Seigneur n'a point de part. Ainsi
l'obstacle à l'exercice de son droit, n'est pas un inconvenient capable d'asservir le caractere sacerdotal ; autrement il rendroit
l'Ecclesiastique plus malheureux en cela que le Laïc, qui peut,
en se mariant, exclurre le Seigneur de sa succession ; pendant que
l'Ecclesiastique obligé au célibat, ne pourroit éviter de tomber
dans le cas de cette servitude à sa mort. Or ce caractere émi-
nent ne doit pas tourner au désavantage de celui qui le porte.
Quant à la possession dont les Appellans se prévalent, elle est
absolument déniée. Nous sçavons qu'autrefois les Evêques prétendoient les biens des Prêtres en cette Province ; comme plusieurs autres Evêques, dont Chassanée sur ladite Coûtume, art.
tit .& Delvaux dans ses Paratitles des Decretales, tit. *de Successio-*
nibus ab intest. & Brodeau sur la Lettre E. num. 4. de Mr. Loüet,
font mention. Nous en trouvons une preuve dans l'Ordonnance
de 1629. & l'on accorde à l'Ordinaire un marc d'argent sur les
biens d'un Curé décedé. Or en ce temps a-t-on vû que les Seigneurs de Main-morte se fussent empressez à conserver les Droits
de Main-morte, depuis que cette prétention (condamnée par les
Reglemens faits pour la reformation du Clergé d'Allemagne en
1524, Thomassin tom. 3. L. 2. chap. 48. n. 9. & Brodeau au lieu
ci dessus cité,) a cessé en cette Province ; & que par notre Coûtume, rédigée en 1594, les biens des Prêtres n'ont eu d'autres Regles
que celles des Laïcs pour les Successions, soit Testamentaires,
art. 2. tit. 11. soit *ab intestat*, art. 8. tit. 9. Depuis ce temps, les Seigneurs de main-morte n'ont pas plus de possession contre les Ecclesiastiques qu'auparavant. Les Piéces qu'ils en apportent, ne
sont d'aucune consideration. Ce sont des Actes clandestins, que
des heritiers timides, ou des Ecclesiastiques voulans prévenir la
véxation que l'on auroit pû faire à leurs Parens, ont bien voulu
passer. On les a quitté pour des bagatelles. Par exemple, celuy

du

du 10 Mars 1593 , eſt le rachat d'une Main-morte pour 60 francs, & à charge par le Seigneur , de défendre contre le ſieur Evêque, en cas qu'il prétendroit les Biens du Prêtre ; un autre du même jour, pour 200 francs. Les Dames de Remiremont abandonnent la ſucceſſion d'un de leurs Chanoines , à ſes Neveux. Celui de 1597, eſt une énonciation informe, qui ne peut faire foi. En 1603 , un Curé ſe fait affranchir par la Dame Sonriere de Remiremont ; l'Acte porte, que les Habitans de Donfain , Ban de Baymont, dont il eſt natif, étant main-mortables en meubles, la Sonriere pourroit prétendre pareil droit ſur les ſiens aprés ſa mort, ſi le Caractére Presbyteral n'effaçoit telle ſervitude , comme il le prétend : Cependant deſirant mettre en repos ſes héritiers , il offroit une reconnoiſſance trés-modique , ſans préjudice ; ce qui eſt accepté par la Sonriere. Cet Acte porte ſans contredit. L'on y voit l'opinion de cet Eccleſiaſtique en faveur de ſon caractére ; & que ſi le droit du Seigneur avoit été bien ſolide, il ne ſe ſeroit pas contenté de ſi peu de choſe, & n'auroit pas voulu concevoir un affranchiſſement , d'une maniére auſſi préjudiciable à ſes droits, qu'eſt celui-là. En 1664 , les Appellans diſent avoir perçu deux mille francs pour la Main-morte du Sr du Cheſne Curé de Docelle ; c'eſt un Prêtre qui a laiſſé pour plus de quinze mille francs d'effets mobiliaires. Il avoit prêté deux mille francs à l'Egliſe de Remiremont ; on intimida ſes héritiers à ſa mort, qui pour rédimer véxation , cederent ces deux mille francs. L'Acte de 1680. eſt un Certificat donné par les Officiers des Seigneurs de Fontenoy, que les Parties ſont main-mortables. Il leur appartient bien de décider une queſtion auſſi importante ! Et d'ailleurs, c'eſt un Titre qu'ils eſperent de faire à leurs Seigneurs mêmes ; ainſi ils ſont ſuſpects. Il fut pris par le Chapitre de Remiremont, à l'occaſion de la Main-morte du SrCumin, Curé de Domp-Evre, né libre , mais qu'il prétendoit main-mortable , par ſa réſidence en Seigneurie de Main-morte : (prétention condamnée même en Bourgogne, par Ordonnance de Philippes II. du mois de Septembre 1598.) Ledit Chapitre abandonna cette pourſuite, & donna Acte aux Eccleſiaſtiques, déja intervenans, que le Traité

F

qu'il pourroit faire avec les Héritiers, ne porteroit aucun préjudice au Clergé. Voila comme les Seigneurs ont tâché jusqu'ici
d'empiéter, quand ils ont trouvé de la foiblesse, ou de la com-
plaisance. En 1690, il y eut aussi Transaction pour les meubles
du Sr François, Curé de Gircourt : mais jamais les Seigneurs
n'ont joüï tranquillement de cette prétention ; il y a toûjours eu
des contestations, qu'ils n'ont assoupi qu'en se contentant de si
peu de chose, que la prudence ne permettoit pas de soûtenir un
Procés, pour s'en dispenser à si peu de frais. De plus, ils n'en ont
pas joüï continuellement ; & leur prétention a été interrompuë
en quantité d'occasions, où ils se sont doutez de la vigueur &
de la fermeté des héritiers. Les Sieurs Blaise Chevrier, Curé de
Sauxure ; Antoine Oriot, Curé de Ravon ; Marc Marchal, Curé
de Champdray ; François Blaise, Curé de S. Nabor ;   Marchal, Curé de Vircourt ;   Thomas, Curé de Darney ;
Valdenaire, Curé de Docelles, tous nez main-mortables envers
l'Eglise de Remiremont, sont morts au voisinage de Remiremont ; leurs Parens ont pris leurs meubles sans contestation. Il
y a plus ; il se fait si souvent des main-mortables Religieux ; jamais les Seigneurs n'ont demandé pour un sol de leurs meubles.
Le nommé Grandemange, natif du Ban de Longchamp, Religieux Benedictin, est mort depuis quelques années, possedant
une Cure à une heure de Remiremont, & a laissé plus de mille
écus de meubles, que les Benedictins ont pris, sans que l'Eglise
de Remiremont, envers laquelle ce Religieux étoit né main-
mortable, ait rien prétendu. François Renault Godel, Joseph
Bexon, Joseph Maurice, Thomas Maurice, se sont faits Capucins,
& ont laissé leurs meubles à leurs Parens, à la Porte de Remiremont même, quoi que nez main-mortables envers l'Eglise de Remiremont ; parce que le Monachisme éteint la servitude de Main-
mortes, aussi-bien qu'il éteignoit la servitude chez les Romains,
Can. 20. dist. 54. & cap. 2. Novell. 50. Ainsi les Appellans ont
tort de se prévaloir de possession ; il faudroit, n'ayant point de
Titre, qu'elle fût au moins immémoriale, constante, bien suivie, sans contradiction, uniforme : au contraire, les Parens des

Prêtres ou Moines main-mortables, leur ont fuccedé; leurs Tefta-mens ont été executez , quant aux legs des meubles , au vû & fçû des Seigneurs main-mortables , fans réclamation de leur part. Ainfi le droit commun en leur faveur , fortifié par cet ufage , n'a rien à craindre ; & les Juges de Mircourt, en s'y conformant, ont fait juftice. Partant lefdits Intimez & Intervenans foûtiennent le bien Jugé , avec amende & dépens.

O u y pour le Procureur General , Pillement de Ruffange, Avocat General , lequel aprés avoir rapporté le fait & les raifons oppofées des Parties , a dit , Que quoi que la fervitude de Main-morte foit aujourd'hui differente de l'ancien efclavage , tel qu'il étoit ufité chez les Juifs & chez les Payens , cependant elle en a confervé les marques les plus odieufes , puifqu'elle affujettit en-core la perfonne & les biens , & qu'elle ravit la faculté de tefter; Qu'avant que d'entrer dans la queftion, fi le caractere du Sacer-doce releve un Prêtre de cette fervitude, il étoit convenable de difcuter le Droit de Maître Bernard Gerard en particulier. Qu'é-tant conftant dans le fait, que François Gerard fon Pere étoit libre de naiffance, quoi que fa Mere fût de condition main-mor-table , neanmoins il réputoit pour libres tous les enfans iffus de leur mariage. Que fon opinion étoit fondée fur le Droit com-mun & fur la Coûtume ; fur le Droit, qui établit deux Regles pour déterminer l'état de la naiffance. La premiere regarde ceux qui naiffent d'un mariage légitime , & regle la condition des En-fans par celle du Pere : *Qui nafcuntur ex juftis nuptiis , fequun-tur conditionem Patris ;* parce que le mariage étant un état civil, les effets qu'il produit fe communiquent du chef fur fa famille : *Pater eft quem Nuptiæ demonftrant.* Que l'on ne peut oppofer ici la feconde Regle, qui détermine l'état de l'enfant par celui de la mere : *Partus fequitur ventrem ;* attendu que cette maxime ne concernoit que les Enfans qui naiffoient hors du mariage , foit de la débauche, foit de cette union des Efclaves,que les Romains appelloient *Contubernium ;* ce qui eft contraire à nos mœurs , & hors de l'efpece de la Caufe.

Que la Coûtume de Lorraine n'y eft pas moins formelle , que

le Droit écrit ; puisqu’au Titre premier, Article X. il est dit , que generalement le fruit suit la condition du pere.

Quant à l’Intervention, qui fait la question generale, sçavoir, si les Prêtres doivent être assujettis au Droit de Main-morte ; il ne paroît pas que la main-morte soit de Droit commun en Lorraine. Les Coûtumes en font bien mention ; mais elles n’en établissent ni les regles generales, ni les bornes legitimes. L’Usage même n’a rien d’uniforme pour la main-morte des Laïcs. Quelquefois elle est attachée à la naissance , souvent c’est au domicile ; ici elle affecte les seuls meubles , là les immeubles, ailleurs tous les biens. En certains lieux, il y a droit de poursuites, de forfuyance, & de for-mariages ; en d’autres , tous ces droits sont inconnus : rien de certain, rien de positif, tout y est chancelant & mal assuré.

Les Appellans mêmes, loin de se fonder sur la Coûtume, ne peuvent produire aucun titre primordial & constitutif de leur prétendu droit ; ce qui seroit neanmoins necessaire au défaut du droit municipal. Que n’y ayant ni texte formel de la Coûtume, ni titre particulier, qui rende les personnes main-mortables, l’usage contraire est abusif, & sans fondement. Que la possession que les Appellans alleguent, ne prouve rien autre chose, sinon que quelques pauvres Villageois, foibles & timides , ont été contraints d’abandonner une partie de leurs droits aux Seigneurs de Main-morte, pour se rédimer de Procés & de vexations ; mais qu’au fond la question n’a jamais été décidée. Que d’ailleurs, ces conventions particulieres ne peuvent donner atteinte aux prérogatives de tout l’ordre Clerical.

Quant au Droit commun, comme S. Paul a ordonné que ceux qui seroient aggregez à la Clericature, fussent libres ; l’Eglise a toujours apporté une resistance inflexible à l’ordination des Esclaves , par deux raisons. La premiere est la grandeur & l’élevation du Sacerdoce , qui est déprimée, ou avilie par la bassesse de la servitude. La seconde est l’extrême liberté des fonctions Ecclesiastiques, qui se trouvoient troublées par l’autorité des Maîtres, lors qu’ils revendiquoient leurs Esclaves, comme étant ordonnez à leur inſçu. Que ſi par les ſoins de l'Egliſe, l'éminence du Sacerdoce répugne à la baſſeſſe de l'eſclavage ; ſi la pureté de l'un, & l'ignominie de l'autre ſont incompatibles ; il s'enſuit qu'une ordination légitime doit donner l'excluſion à ſon contraire, dans un même ſujet. Le Sacerdoce eſt canoniquement conferé à un mainmortable, par nos mœurs & par nos uſages ; la ſervitude demeure donc éteinte & anéantie.

Il eſt certain qu'autrefois l'Evêque ne pouvoit ordonner un Eſclave, ſans l'aveu de ſon Maître : mais auſſi-tôt que le Maître y avoit conſenti, l'Eſclave acqueroit neceſſairement, par ſon Ordination, une liberté parfaite & indépendante, qui le plaçoit même au rang des Ingenus. Aujourd'hui ce conſentement du Maître n'eſt plus requis pour rendre l'Ordination canonique : ainſi le ſerf, ou main-mortable, acquiert aujourd'hui la même liberté par ſon Ordination, qu'il acqueroit autrefois du conſentement de ſon Maître.

D'ailleurs, la Coûtume n'aſſujettit point les Prêtres à la mainmorte. L'on en reconnoît le ſens & l'eſprit, par la lecture entiere du tit. 1. des Droits, Etat & Condition des perſonnes ; où elle place les main-mortables dans la catégorie des Laïcs, & les Prêtres dans celle des Privilegiez.

Il eſt certain que la Nobleſſe, qui eſt une liberté par excellence, ne doit point être aſſujettie au Droit de Main-morte, qui eſt le dernier aviliſſement des Roturiers, & la marque la plus ignominieuſe du malheur de leur condition. Le caractere du Sacerdoce, qui eſt tout ſacré, & qui tire ſon inſtitution de Dieu-même, ne doit point emporter de moindres prérogatives que la Nobleſſe ; d'autant plus que par nos Coûtumes, les Eccleſiaſtiques & les Nobles ſont toujours dans un parallele égal quant aux Priviléges. Outre l'excellence du Sacerdoce, qui reſiſte à la main-morte, l'état du Célibat, qui eſt le plus parfait dans la Religion, comme étant ſanctifié par l'exemple du Seigneur, & de la plûpart de ſes Apôtres, ne doit point être d'une condition inferieure à l'état du Mariage. Il arriveroit neanmoins, que de deux Freres nez main-mortables, l'un ſeroit exempt des ſuites de cette ſervitude,

en fe procurant des enfans par le mariage ; & l'autre, en recevant l'Ordre de Prêtrife, y demeureroit affujetti, précifément à
caufe que le Célibat eft attaché au Sacerdoce. Les main-mortables qui entrent en Religion, pourront tefter de tous leurs
biens avant leurs vœux, ce qui s'eft pratiqué jufqu'à prefent, fans
que les Appellans ayent reclamé à l'encontre : cependant ce ne
font que de fimples Religieux, fouvent fans Prêtrife ; Èt quand ils
fe feroient promouvoir aux Ordres, l'état Ecclefiaftique feculier
emporte éminemment la primauté fur l'état Regulier. Les Femmes mêmes fe trouveroient plus avantagées que les Prêtres : car
elles peuvent fe relever de la fervitude de leur naiffance, en épou-
fant un homme Noble, ou de condition libre ; & les Prêtres n'en
fortiroient jamais. Cette confequence s'éleveroit encore plus loin.
Le libertinage & la débauche auroient des prérogatives au deffus
de la continence, puifque l'enfant d'un main-mortable, qui feroit peut-être le fruit de fon rapt ou de fa feduction, excluroit
le droit du fang & de la nature.

C'eft pourquoi il eftimoit y avoir lieu de mettre fur l'appel
les Parties hors de Cour, recevoir les Parties de Maître Barret
Intervenantes en la Caufe : ayant égard à leur Intervention, & y
faifant droit, les declarer exemptes du Droit de Main-morte.

Et aprés que la Caufe a été plaidée pendant neuf Audiances.

LA COUR a mis fur l'Appel les Parties hors de Cour ; a
reçu les Parties de Barret Intervenantes en la Caufe ; & ayant
égard à leur intervention, les a declarées exemptes du Droit de
Main-morte dont il s'agit, & neanmoins fans dépens. FAIT à Nancy le douze Decembre mil fept cens un. Collationné, *Signé,*
VAULTRIN, avec paraphe.

ARREST

DE LA COUR SOUVERAINE DE LORRAINE
& Barrois, concernant la Dignité de Secrette de l'Eglise Insigne, Collegiate & Seculiere des Dames Chanoinesses de Saint Pierre de Remiremont.

Du 5 Septembre 1707.

ENTRE Dame Anne de Stainville, ancienne Dame Chanoinesse de l'Insigne Eglise Collegiate & Seculiere de saint Pierre de Remiremont, immédiatement sujette au saint Siege Apostolique, pourvuë de la dignité de Secrette de la même Eglise, par Bulle de notre Saint Pere le Pape, du mois de Decembre dernier, par droit de dévolution à Sa Sainteté, attendu la nullité de l'Election faite par le Chapitre le huitiéme Août de l'année derniere 1706 ; Demanderesse en opposition, suivant les fins de la Requête par elle presentée à la Cour, le 30 Avril dernier, & Assignation donnée en consequence le 3 May suivant, par Petitpont, Huissier de la Cour, contrôllé à Remiremont le même jour, par Maljean ; comparante par Maîtres Thibaut & Pierre, ses Avocat & Procureur, d'une part.

Contre Dame Marguerite de Meschatain Lafaye, Dame Niece de Prébende de la même Abbaye, se prétendant éluë à la même dignité, Défenderesse ; comparante par Maîtres Mathieu & Pécheur, ses Avocat & Procureur, d'autre part.

Et Dame Bernarde de Clairon de Saffre, Doyenne de la même Abbaye, & autres Dames à elle jointes, faisant une partie dudit Chapitre, appellées en Cause aux fins de la Requête cy-dessus datée, par Exploit du même jour ; comparantes par Maîtres Boussemard & Froment, leur Avocat & Procureur, d'autre.

Et encore, entre Dame Heleine d'Haraucourt, Dame Sonriere de la même Abbaye ; Christine Princesse de Salm, ancienne

Dame Chanoineſſe & Adminiſtratrice du temporel de l'Abbaye, & autres, faiſans la plus grande & la plus ſaine partie du Chapitre de la même Egliſe ; Demandereſſes en Requête à fins d'intervention, preſentée à la Cour, & Aſſignation donnée en conſequence aux domiciles des Procureurs, pour ce non contrôllée ; comparantes par Maîtres Hurault de Moranville & Wary, leurs Avocat & Procureur, d'une part.

Et leſdites Dames Anne de Stainville, Marguerite de Meſchatin, & Dame de Saffre, & les Dames à elles jointes, Défendereſſes ſur ladite Intervention, d'autre part.

Et encore, entre leſdites Dames de Meſchatin, & Dame de Saffre, & les Dames à elles jointes, incidemment oppoſantes ſur le Barreau, à la priſe de poſſeſſion de lad. Dame de Stainville, en vertu deſdites Bulles, d'une part.

Et leſdites Dames de Stainville, de Haraucourt, Princeſſe de Salm, & autres intervenantes, Défendereſſes, d'autre.

Et encore, entre ladite Marguerite de Meſchatin, Demandereſſe incidemment & ſubſidiairement ſur le Barreau, à ce qu'il plaiſe à la Cour recevoir la Demande qu'elle forme en inſcription de faux, contre l'alteration qui ſe trouve ſur le Regiſtre Capitulaire, dans l'Acte d'Election du 8 Août de l'année derniere, ſuivant les Concluſions ci-aprés, d'une part.

Et ladite Dame Anne de Stainville, Dame Chriſtine Princeſſe de Salm, & autres Dames à elles jointes, Défendereſſes ſur lad. demande incidente, d'autre ; ſans que les qualitez puiſſent nuire ni préjudicier.

Thibault, Avocat de la Dame de Stainville, conclut à ce qu'il plût à la Cour, ſans s'arrêter à l'oppoſition deſdites Dames de Meſchatin, de Saffre Doyenne, & autres Dames à elle jointes, non plus qu'à la demande en inſcription de faux, par Requête non ſignifiée incidemment ſur le Barreau, entant que de beſoin, & ſubſidiairement, par ladite Dame de Meſchatin, dont il plaira à la Cour les débouter ; faiſant droit ſur l'oppoſition de ladite Dame de Stainville, à l'Arrêt ſur Requête, obtenu par ladite Dame de Meſchatin, qui lui a permis de prendre poſſeſſion de la
dignité

dignité dont il s'agit, la maintenir & garder en la poſſeſſion & joüiſſance de ladite dignité de Secrette ; faire défenſes auſdites Dames de Meſchatin, & toutes autres, de l'y troubler ; condamner la même Dame de Meſchatin à lui reſtituer les fruits qu'elle en a induëment perçus depuis ſon intruſion, & aux dépens.

Hurault de Moranville, Avocat deſdites Dames Heleine d'Haraucourt, Chriſtine Princeſſe de Salm, & autres Dames à elles jointes, intervenantes, a conclu à ce qu'il plût à la Cour recevoir ſes Parties intervenantes en la Cauſe ; ayant égard à leur Intervention, & y faiſant droit, maintenir & garder ladite Dame de Stainville en la poſſeſſion & joüiſſance de la dignité de Secrette en queſtion ; & pour l'y avoir troublée par ladite Dame de Meſchatin, la condamner en ſes dommages & intcrêts,& aux dépens.

O u y Mathieu pour ladite Dame de Meſchatin, qui a ſoutenu qu'il plaira à la Cour, ſans s'arrêter à l'intervention deſdites Dames Heleine d'Haraucourt, & Conſors, non plus qu'à l'oppoſition de ladite Dame de Stainville, des fins deſquelles elles ſeront déboutées, faiſant droit ſur l'oppoſition de ladite Dame de Meſchatin, la maintenir & garder en la poſſeſſion & joüiſſance de l'office civil de Secrette du Collége de Remiremont, & condamner leſdites Dames de Stainville, & Intervenantes, aux dépens ; ſubſidiairement, & en tout cas, recevoir ladite Dame de Meſchatin à s'inſcrire en faux contre le Procés verbal d'Election du 8 Août 1706, en ce qu'il énonce par fauſſeté, que ladite Dame de Stainville a eû vingt-huit voix, au lieu qu'elle n'en a eû que vingt-ſept, le mot *huit* étant ſurchargé ſur le *ſept*.

Bouſſemard, Avocat deſdites Dames de Saffre Doyenne, & autres Dames à elle jointes, a conclu à ce qu'il plût à la Cour, ſans avoir égard à l'intervention, non plus qu'à l'oppoſition de de ladite Dame de Stainville, faiſant droit ſur celle formée par la Dame de Meſchatin, & par ſes Parties, ladite Dame de Meſchatin ſoit maintenuë & gardée en la poſſeſſion de l'office de Secrette, & les Dames de Stainville, & Intervenantes, condamnées aux dépens.

B o u r c i e r de Villers, Avocat Général pour le Procureur

G

General, a dit : Meſſieurs, Nous pouvons dire, dés l'entrée de cette Cauſe, que l'Office ou Dignité de Secrete de l'Egliſe de Remiremont, dont il s'agit, a été dépuis long-temps, par une fatalité finguliere, la Pomme de diſcorde, qui a troublé la paix de cet illuſtre Collége. Elle a fait naître en moins de deux Siécles trois grands Procés, dont il y en a qui ont entretenu long-temps les premiers Tribunaux de la Chrétienté. Des cendres de ces trois Procés éteints, il en renaît un quatriéme, qui n'eſt pas pourſuivi avec moins d'ardeur. Le Chapitre, comme dans les précedens, s'eſt diviſé en deux partis. L'un & l'autre ont employé tous les moyens poſſibles pour réüſſir dans leur projet, & faire tomber cet employ ſur un Sujet favory. L'un d'eux n'a cherché ſon titre que dans le ſein même du Chapitre ; l'autre l'a puiſé dans la ſource de la puiſſance Eccleſiaſtique, & l'a demandé au Chef de l'Egliſe ; & cependant l'objet de la pourſuite commune des Parties, n'eſt que l'office ou dignité de Sacriſtaine. Quel eſt donc le motif qui fait naître entre elles une conteſtation qui paroît ſi animée ? Eſt-ce l'intereſt ? Les revenus de toutes les Places de cette Egliſe ſont médiocres ; & d'ailleurs l'on doit faire cette juſtice aux Parties qui plaident, de croire qu'elles ont le cœur trop élevé, pour être touchées d'un ſentiment ſi bas. Eſt-ce l'ambition & le deſir de l'honneur ? Cette place n'eſt que la troiſiéme de l'Egliſe ; & l'une des Parties prétend que ce n'eſt qu'un office civil & manuel, qui ne donne que le ſoin de la Sacriſtie. Eſt-ce la paſſion & l'animoſité, qui déchirent ces cœurs conſacrez au culte des Autels, & qui les arment l'une contre l'autre ? Nous ne le devons pas préſumer, dans des perſonnes, dont les mœurs ſont regardées comme auſſi pures, que leur naiſſance eſt diſtinguée. Eſt-ce le deſir du bien & de l'avantage du Chapitre, & de donner à l'Egliſe le ſujet le plus méritant ? C'eſt à la Cour de démêler, s'il eſt poſſible, tous ces ſentimens ; de remettre la paix dans cette Egliſe par ſon Arrêt ; & à Nous, de lui en donner les ouvertures, par l'expoſition de nos ſentimens, aprés que Nous lui avons fait, à la derniere Audience, un recit exact du fait & de la procedure, d'autant plus neceſſaire, que l'un & l'autre ont été trés intri-

guez, par les differens mouvemens des Parties, & que les Avocats de part & d'autre, par leur éloquence & leur érudition, ac-
commodée aux interêts de leur cauſe, ſemblent avoir répandu des
nuages, qui dérobent aux yeux l'éclat & les rayons de la vérité.

Nous dirons donc d'abord, que Nous aurions fort ſouhaité pouvoir dérober aux yeux de la Cour & du Public, l'hiſtoire peu édi-
fiante des intrigues & des artifices qui ont été pratiquez pour parvenir à une élection favorable. D'un côté, l'on abuſe du Paſſe-
port du Souverain, l'on corrompt l'un de ſes Gardes ; on l'enga-
ge à ſuppoſer des ordres du Maître ; on en impoſe par là à un
homme de qualité, à un grand Prélat, & à une Superieure de
Monaſtere ; on ravit, on enleve, pour ainſi dire, trois jeunes
Filles de qualité, pour faire ſervir l'innocence même de leur âge,
d'inſtrument au ſuccés de la cabale & de la brigue : n'y a-t-il pas
dans cette conduite une ſurpriſe inexcuſable ? un mépris de l'autorité ſouveraine, & une illuſion à ſes ordres ? A-t-on mêlé dans cette
affaire la ſimplicité de la colombe, avec la prudence & les rampe-
mens tortueux du ſerpent ? D'autre côté, le parti contraire, indigné
de cette conduite, pour éloigner l'apprébendement de ces trois
jeunes Filles, ſe porte à tâcher de flétrir leur naiſſance, troubler
le repos des Morts, & remuer leurs cendres ; appeller leur memoire en jugement, & révoquer en doute la validité d'un Mariage, que le temps & le tombeau ont mis à couvert de la
cenſure humaine ; tandis que l'autre parti fait la même choſe par
récrimination, & fait enregiſtrer, quelque temps aprés, une Bulle,
qui en fermant une playe, en laiſſe la cicatrice ; & en effaçant
une tache, en fait voir encore les impreſſions ? Sont-ce là les diſpoſitions neceſſaires pour entendre la voix du Ciel, recevoir
les illuminations du Thabor, & les influences de l'Eſprit Saint ?
N'eſt-ce pas au contraire, ſembler vouloir placer Dagon auprés
de l'Arche ? laiſſer éteindre le feu ſacré, pour allumer l'étranger,
& mêler le culte des Idoles, c'eſt-à-dire des paſſions du cœur humain, avec le culte de la Divinité ? Et n'aurions-nous pas ſujet de
dire, que ſi l'on jugeoit cette affaire ſuivant la rigueur des ſaints
Canons, il y auroit peut-être lieu de regarder cette Election,

comme un ouvrage purement humain, où le Ciel n'a aucune part, & qui a été bâti par les mains de l'ambition, de la brigue, de la cabale, & de la surprise? & par consequent, comme tel, n'y avoir aucun égard? Tout ce que l'on peut dire, pour tâcher de colorer cette conduite, est que la foiblesse humaine n'est pas capable d'une plus grande perfection; qu'il y a peu d'Elections qui ne soient mêlées de semblables intrigues; & que celles des dignitez les plus sublimes de l'Eglise, n'en sont pas toûjours exemptes. Mais comme les mauvais exemples ne peuvent jamais autoriser le desordre, ils ne peuvent aussi jamais servir pour excuser ceux qui le commettent. Sans nous arrêter davantage à ces reflexions, qui ne laissent pas d'être importantes dans la Cause, Nous entrerons dans l'examen des questions qui forment les difficultez qui ont été agitées, & dont la solution doit conduire à la décision.

Mais auparavant, Nous croyons qu'en réduisant la contestation à ce qui paroît essentiel, on ne doit pas négliger certaines objections personnelles, que les Parties se sont faites l'une à l'autre, & les discuter sommairement.

On a objecté à la Dame de Meschatin, qu'elle étoit étrangere, & par consequent incapable de posseder un Benefice ou une Dignité Ecclesiastique en Lorraine.

On a objecté à la Dame de Stainville, qu'ayant fait fulminer & executer ses Bulles sans permission de S. A. R. elle avoit encouru la peine des Ordonnances des Ducs René II. & Antoine, & par consequent qu'elle étoit incapable de s'en servir.

Nous croyons que ces deux objections ne sont point relevantes, ni pour priver la Dame de Meschatin du fruit de son élection, ni la Dame de Stainville du fruit de ses Bulles.

Quant à la premiere, parce que nos Princes ayant toujours eu la bonté d'admettre à la possession des Dignitez & Prébendes du Chapitre de Remiremont, toutes les Dames des Nations voisines, cette concession qui n'a jamais été révoquée, quoy que modifiée en certain temps, renferme la Dame de Meschatin, laquelle d'ailleurs étant apprébendée depuis long-temps dans la mêmeEglife, paroît fuffifamment caracterisée, pour y poffeder des autres places & dignitez qui s'y rencontrent. A quoy nous pouvons ajouter, que S. A. R. étant également unie aux deux Puiffances qui nous environnent, par les liens facrez de la Naiffance & de l'Alliance, a eu jufqu'à prefent la bonté d'accorder aux Sujets des deux Nations la permiffion de poffeder des Benefices dans fes Etats, & que la Dame de Mefchatin ayant demandé à la Cour la permiffion de prendre poffeffion de la Secreterie dont s'agit, elle a fuffifamment fatisfait aux loix de l'Etat, & ne doit point être diftinguée d'une Sujette naturelle de S. A. R.

Quant à la Dame de Stainville, Nous eftimons auffi, qu'ayant demandé à la Cour la permiffion de mettre fes Bulles à execution pour la prife de poffeffion de la Secreterie, elle a rendu à l'autorité fouveraine du Prince, dont la Cour eft dépofitaire, la déference qui lui eft duë : Que la fulmination des Bulles étant réguliérement un Acte fpirituel, elle n'a pas un rapport direct à l'autorité temporelle. Il eft vrai, que du temps des Ducs René & Antoine, les entreprifes étant frequentes pour lors fur l'autorité du Prince, pour les Expeditions Romaines, la fulmination même des Bulles fut défenduë fans fa permiffion, fous la peine fevere de confifcation de corps & de biens : mais ces entreprifes ayant été prefque par-tout réprimées, & leur abus ayant cefsé, le temps a adouci la rigueur de ces Ordonnances, quant aux Expeditions communes & ordinaires de Daterie & Chancellerie Romaines, obtenuës par les particuliers ; & leur laiffant la liberté de faire faire les fulminations de Bulles par les Superieurs Ecclefiaftiques aufquels elles font adreffées, les a feulement réduit à la neceffité d'en demander l'execution, & la prife de poffeffion des Benefices, par l'autorité de la Cour, qui en cela a fuccedé à celle du Confeil d'Etat du Prince, auquel on avoit recours auparavant l'heureux établiffement de la Cour ; & par confequent la Dame de Stainville, ayant fatisfait à ce devoir, eft à couvert du reproche d'avoir violé ces Ordonnances.

Ces deux objections ainfi réfoluës, Nous entrerons prefentement dans les queftions effentielles de la Caufe. Nous les réduirons à quatre efpeces. G iij

La premiere, qui regarde la nature & la définition du Chapitre de Remiremont ; & si c'est un Corps Laïque ou Ecclesiastique.

La deuxiéme, qui regarde la qualité de la Secreterie ; si c'est un Office purement civil & manuel, ou une dignité Ecclesiastique; si elle est élective - collative, ou élective-confirmative ; & si l'élection en doit être faite avec les formalitez du Droit Canon.

La troisiéme, regarde l'élection qui a été faite de la Dame de Meschatin : si elle est nulle ; si les nullitez qu'on objecte, sont essentielles; si elles sont commises de plein droit, ou si elles ont besoin de déclaration ; & enfin, si ces nullitez ont pûoperer une dévolution au Pape.

La quatriéme concerne l'examen des Bulles ; & si elles sont subreptices ou obreptices.

La Cour voit que toutes ces questions principales renferment chacune des questions subsidiaires.

Quant à la premiere, si le Chapitre de Remiremont est un Corps Laïque ou Ecclesiastique, Nous croyons qu'il n'est pas necessaire d'examiner avec un scrupule chronologique, en quel temps précisément a été faite la fondation de l'Eglise de Remiremont ; si le Titre rapporté par Rosieres dans son Livre, & par Madaure dans l'Histoire des Evêques de Metz, est apocryphe ou non ; ny si la Regle de Saint Benoît, ou celle de S. Colomban, étoit gardée dans cette Eglise dés sa naissance.

Il suffit d'observer, ce qui est constant & averé chez tous les Auteurs, que cette Eglise a plus de mille ans d'antiquité ; qu'elle fut fondée au septiéme siécle par Romaric Comte d'Avend, ou Habendonc, grand Seigneur de la Cour de Theodebert Roy d'Austrasie ; que ce Seigneur dégoûté du monde & de la Cour, se retira dans une solitude des Montagnes de Vosge ; consacra à Dieu les grands biens qu'il possedoit, & établit des habitations separées pour un certain nombre de personnes de l'un & l'autre sexe, avec lesquels il s'engagea au service de Dieu, sous la Regle ou de S. Colomban ou de S. Benoît ; & depuis, le Lieu où il s'étoit retiré auprés de la Montagne où Remiremont est bâti, prit son nom. Tous les Auteurs & Annalistes conviennent de ces veritez, qui ne sont point contestées.

Il paroît par plusieurs Memoires, Titres anciens, & par la tradition, que cet établissement fut premiérement Regulier, composé de Religieux & de Religieuses. Il suffit d'avoir quelque notion des Titres & de l'état ancien de cette Eglise, pour être convaincu de cette verité ; comme aussi que dans la suite des temps, le relâchement s'étant glissé dans l'Eglise, cet établissement dégénera de sa premiere ferveur ; que la secularité y fut introduite, à la faveur de la licence qui regnoit dans les temps corrompus ; & que le sexe feminin y ayant prévalu, les filles qui le composoient, s'érigerent en Chanoinesses Seculieres, à l'imitation & sur l'exemple des Chanoines établis prés des Eglises Cathedrales, lesquels ayant été dés le commencement Religieux, se seculariserent de leur autorité privée, en secouant le joug de la Regularité.

Ce changement ne fut pas particulier à Remiremont, il s'étendit particuliérement en Allemagne, & dans les Pays-bas, où l'on voit encore aujourd'hui des Chapitres de Chanoinesses, à peu prés pareils à celui de Remiremont.

Il est aisé de croire que ce changement ne se fit pas tout d'un coup, mais que par succession de temps, les observances de la vie Reguliere s'étant évanouïes petit à petit, il s'en est formé un genre de vie, & un état qui n'est à proprement parler ni Regulier ni Seculier, ni Spirituel ni Temporel, ni Mondain ni Claustral ; mais qui tenant de l'un & de l'autre, forme une troisiéme espece, qui ayant eu pour origine la licence & le relâchement, s'est tournée dans la suite en un état reglé, soutenu par l'approbation des Princes & des Peuples, & par la tolerance de l'Eglise. C'est ainsi que le desordre produit souvent l'ordre, & qu'une cause irréguliere dans son origine, produit souvent un effet plus parfait que la cause.

Aussi l'Eglise n'a pas négligé ces établissemens. Elle leur a même prescrit des Regles, autant que la conjonĉture des temps l'a pû permettre ; & les Souverains Pontifes ne les ont pas méconnuës dans leurs Decretales.

Le Concile de Châlons sur Saône, tenu en 813. chap. 53. le Concile de Rheims tenu en 1148. c. 4. le Chap. *Indemnitatibus in 6°*

& la Clementine *Attendentes de statu Monachorum*, font mention expresse des Chanoinesses.

Il n'est pas inutile de rapporter les termes de ces deux Conciles. Le premier porte ainsi : *Libuit huic sacro Conventui, quasdam admonitiunculas breviter pro Sanctimonialibus scribere, quæ se Canonicas vocant ;* & le Concile de Rheims parle ainsi : *Statuimus ut Sanctimoniales, & Mulieres quæ Canonicæ nominantur & irregulariter vivunt, juxta Beatorum Benedicti & Augustini Regulam, vitam suam in meliùs corrigant.*

Or de sçavoir presentement, si cet état, tel qu'il est, sans émission de vœux, sans clôture, sans abdication de proprieté, avec liberté de sortir pour se marier, doit être censé Laïque ou Ecclesiastique, c'est ce qui n'est pas difficile à décider. La Cour a entendu, qu'on a soûtenu fortement, de vive voix & par écrit, que cet état est purement Laïque ; que le Chapitre de Remiremont n'est point un Corps Ecclesiastique ; que les Personnes qui le composent, & par consequent celles qui plaident, sont personnes Laïques ; que les Prébendes dont elles joüissent, ne sont que des portions de fruits profanes & temporels, qui ne constituent point de Titre de Benefices ; que ce qu'on appelle Dignitez Ecclesiastiques, ne sont que de purs Offices civils, qui n'ont pour objet que des fonctions temporelles ; & par consequent, que le Pape n'a aucun pouvoir sur ce Chapitre ; qu'il ne peut jamais mettre la main sur aucunes Prébendes ni Offices de cette Compagnie ; & par la même consequence, que les Bulles qui ont été obtenuës, sont de nul effet & valeur, puisqu'elles disposent d'une chose purement civile & temporelle.

Nous avons sujet de croire, que l'on n'a avancé cette proposition, que comme un Problême scolastique, que l'on soûtient *animi gratiâ*, suivant la methode de ces anciens Philosophes, qui mettoient tout en question, même les choses les plus certaines & les plus évidentes, soit pour exercer les esprits à découvrir la verité, soit qu'ils fussent persuadez qu'il n'y a rien de certain, & que toutes choses sont disputables.

Mais si l'on vouloit soûtenir cette proposition serieusement, en termes de Jurisprudence Canonique, Nous croirions que c'est un veritable Paradoxe.

En effet peut-on soûtenir qu'un Chapitre de Filles, quoi que libres, qui joüiffent, à titre de Prébende, d'une portion de fruits confacrez à Dieu par une Fondation originaire, en vuë du fervice qu'elles rendent à l'Eglife ; qui font aftreintes à un Office canonique & quotidien ; qui vivent fous la conduite d'une Abbeffe qui fait des vœux ; qui ne font fujettes à aucun Evêque ; qui joüiffent de la foûmiffion immédiate au Saint Siege ; à qui les Princes laiffent la joüiffance de tous les Privileges attribuez à l'Ordre Ecclefiaftique ; qui joüiffent du Patronage Ecclefiaftique de foixante-quinze Cures ; qui conferent aux Chanoines de leurs Eglifes, onze Canonicats, & trois demi-Prébendes ; qui ont leurs Archives remplies de Bulles des Papes, qui les leur ont adreffées depuis mille années, comme à perfonnes Ecclefiaftiques ; que ces mêmes Papes ont fait vifiter fouvent par des Legats *à Latere*, & des Commiffaires Apoftoliques ; que les Princes & les Peuples ont regardées jufqu'à prefent comme perfonnes Ecclefiaftiques ; que l'on puiffe, difons-nous, foûtenir que ce Chapitre eft un Corps Laïque, & qu'on le foûtienne, fous le nom d'une Chanoineffe de la même Eglife ? C'eft, Meffieurs, à notre fens, un des plus extraordinaires Paradoxes que l'on puiffe foûtenir.

Nos Ancêtres étoient donc bien peu éclairez, nos Princes bien mal informez de leurs droits, les Magiftrats bien aveuglez dans les fonctions de leurs Charges, d'avoir fouffert jufqu'à prefent, que ce Corps Laïque, ce Collége profane & temporel, qui devoit être en toutes chofes fous la dépendance immédiate du Prince, & de fes Officiers, fe foit érigé en Corps Ecclefiaftique, & en ait ufurpé les Priviléges ; d'avoir fouffert que le Pape attirât à fon tribunal la connoiffance du pétitoire de ces Prébendes ; qu'il ait en 1614 envoyé l'Evêque d'Adrie, pour donner des Regles à des Filles Laïques ; que ce Prélat ait travaillé, à la vuë du Souverain ; que lui, & fon Succeffeur l'Evêque de Tripoli, leur ayent donné des Statuts & des Conftitutions ; & d'avoir fouffert que ce Chapitre ait pris la qualité d'Eglife Collegiale !

H

En effet, si ce Chapitre n'est, comme on l'appelle, qu'un Seminaire de Filles Nobles, qui joüissent de certains biens secularisez, en vuë de quelques prieres qu'elles vont reciter à l'Eglise, comme il est permis à tous les Fideles, il faut lui ôter le nom de Chapitre ; il faut le dégrader de la qualité d'Eglise Collegiale ; il faut supprimer toutes ses Bulles & ses Reglemens Ecclesiastiques ; il faut les soûmettre, comme tous les autres Laïques, à la Jurisdiction des Juges & Magistrats seculiers ; il faut leur donner le titre de Seminaire, d'Academie, ou tout au plus de Confraternité de Filles Nobles.

Le Pape Clement V. dans le Chapitre *Attendentes*, que Nous avons cité, & qu'il a inseré sous le Titre *de Statu Monachorum vel Canonicorum Regularium*, auroit bien mal à propos ordonné que les Chanoinesses seroient visitées d'autorité Apostolique, quand leurs Eglises seroient exemptes.

Cependant les Chanoinesses, du temps de ce Pape, étoient comme celles d'apresent. Ce Pape sçavoit bien, qu'elles ne faisoient aucun vœu, & qu'elles ne renonçoient point à leurs biens. Voici ses termes : *Illas quoque Mulieres, quæ vulgò dicuntur Canonicæ Sæculares, & ut Sæculares Canonici vitam ducunt, non renuntiantes proprio, nec professionem aliquam facientes, per locorum Ordinarios, si exemptæ non fuerint, suâ ; si verò exemptæ fuerint, Apostolicâ authoritate præcipimus visitari.*

Ce Canon, qui est du Concile de Vienne, qui fut tenu par ce Pape, auroit été une entreprise manifeste sur l'autorité des Princes.

Pour mieux faire passer une proposition si extraordinaire, on a comparé les Chanoinesses aux Beguines. Ce parallele est, à notre sens, non seulement faux dans son application, mais encore n'est point du tout honorable aux Chanoinesses, qui composent un état beaucoup plus ancien, plus noble, & plus relevé.

Il est de notorieté, que les Beguinages ne composent qu'une assemblée ou societé de Filles devotes, qui vivent sous la conduite de leurs Curez, ou de quelques Directeurs particuliers ; qui vivent pour la plûpart du travail de leurs mains, & qui font un simple vœu de continence, pour le temps auquel elles voudront demeurer dans le Beguinage, qu'elles peuvent quitter quand bon leur femble : mais elles n'ont point été fondées par autorité Ecclefiaftique ; elles ne jouïffent d'aucunes Prébendes de biens confacrez à Dieu ; elles n'ont aucun fervice public dans l'Eglife, & fe contiennent enfin dans la fimple qualité de Filles devotes.

S'il y a un Auteur que l'on puiffe croire fur cette matiere, c'eft fans doute Van-Efpen, Canonifte moderne, qui étoit Flamand, & qui a écrit en Flandres, où il y a plus de Chanoineffes & de Beguines, que par-tout ailleurs.

Cet Auteur n'a garde de confondre les Chanoineffes avec les Beguines. Il traite *ex profeffo* des unes & des autres, dans des Chapitres feparez.

Dans celui des Chanoineffes, aprés avoir écrit leur origine & leur état moderne, il réfout fans difficulté, que l'état des Chanoineffes eft réputé Ecclefiaftique. C'eft dans le nombre 30. c. 2. part. 1. Titre *de Canoniffis.* Voici fes termes : *Tametfi Canonicæ hodiernæ à vita communi tranfierint ad vitam fingularem, & è Sanctimonialibus, feu Canoniffis Regularibus factæ fint Canonicæ Sæculares, nihilominus reputantur etiam hodie Corpus Ecclefiafticum.* Il cite là-deffus un autre Auteur, qui eft Lambertus Loth, fur la même matiere, dont les termes font décififs, & trés confiderables : *Præfens horum Collegiorum ftatus eft, ut fint Ecclefiæ Collegiales Sæculares, & tales agnofcuntur ab Ordinariis locorum. Capitula habent, & Ecclefias, quæ non funt nomina Laïca ; vifitantur authoritate Ecclefiafticâ ; vitæ inftitutum ab eadem recipiunt, & Ordinationes ; cum opus eft, in proceffionibus, non tantùm inter Ecclefiafticos procedunt ; Sacerdotes, Capellanos, & Canonicos de fuo Collegio præcedunt, fed & fupra reliquum Clerum fupereminent ; digniffimum locum obtinent ipfæ Abbatiffæ, pedo Prælatorum Ecclefiafticorum infigni ante lato ; quapropter Abbatiffæ horum Collegiorum, etiam ad Synodos, ficut Capitula Ecclefiarum Collegiatarum vocantur.*

Enfin pour couronner tous ces raifonnemens, il fuffit de produire l'article premier des articles convenus du Reglement qui a été fait au Confeil d'Etat du Roi Trés-Chrétien, touchant Remiremont, lors que cette Province vivoit fous fa domination.

Cet art. 1. porte ces mots : *Sera & demeurera l'Eglife de Remi-remont qualifiée Eglife Infigne, Collegiale & Seculiere de Remire-mont, immediatement fujette au S. Siege.*

Aprés quoi, laCour voit s'il y a le moindre fondement à la pro-pofition qui a été foutenuë,que le Chapitre deRemiremont eft un corps laïque;& nous croirions faire un mauvais ufage des momens précieux de cette Audience,d'infifter plus long-temps à la refuter.

Nous paffons à la feconde queftion, qui confifte à fçavoir, fi la Secreterie eft un Office purement civil & manuel, ou fi c'eft une dignité de l'Eglife de Remiremont.

Pour décider cette queftion, Nous croyons qu'il fuffiroit de de faire lecture du fecond article des mêmes Reglemens, qui l'a décidé en termes exprés. Voici quels ils font : *Sera & demeurera l'Eglife de Remiremont composée d'une Abbeffe, & de deux Digni-tez de Doyenne & de Secrete.*

Nous fommes furpris qu'aprés une décifion fi précife, & que toutes les Partics doivent refpecter, on ait pû avancer la pro-pofiti on contraire.

La Cour fçait ,qu'encore que ces Reglemens foient l'ouvrage d'une Puiffance Etrangere, neanmoins comme ils ont été dreffez par des perfonnes non feulement d'une éminente dignité, mais encore d'une capacité confommée, & qu'ils font le fruit d'une conteftation de plufieurs années, où l'on a agité avec toute l'exa-ctitude poffible, tout ce qui pouvoit concerner l'état de l'Eglife de Remiremont, il a plû à S. A. R. déclarer fa volonté fur ces Re-glémens, qu'elle veut & entend qu'ils foient inviolables,& qu'Elle en a ordonné précifément l'execution. Et lesArticles que nous ve-nons de lire, font d'autant plus inconteftables, qu'ils font les deux premiers des articles convenus du confentementunanime duCha-pitre. Comment donc aujourd'hui la Dame de Mefchatin peut-elle donner charge de foûtenir précifément le contraire de ce qui eft ordonné par ces Reglemens? de ce qui eft convenu par tout le Chapitre, de ce qui eft reconnu par toutes celles qui le com-pofent, de ce qui eft à la gloire & à l'avantage de toute fa Compagnie, & de ce qui est à sa gloire particuliere, puis qu'il lui est beaucoup plus avantageux d'avoir la Secreterie à titre de Dignité, que de l'avoir à titre de simple Office?

Mais pour faire voir que ces Reglemens n'ont pas introduit une loi nouvelle, en faisant de la Secreterie une Dignité, mais ont seulement reconnu & déclaré son ancien état;

Il faut rapporter succintement à la Cour, ce qui s'est passé dépuis deux siécles au sujet de la Secreterie, aussi loin que le témoignage des Actes & des Monumens du Chapitre peut s'étendre.

Il paroît par les piéces qui nous ont été communiquées, qu'en 1445, Agnés de Montureux fut éluë Secrete par le Chapitre, & que Petronille de Haraucourt s'en étant fait pourvoir par le Pape, de plein saut, au préjudice du droit d'élection, Procés intervint entr'elles, qui fut terminé par transaction, faite en presence & par les soins de René Roi de Sicile, Duc de Lorraine, par laquelle Petronille d'Haraucourt abandonne ses Bulles, déclare qu'elles sont obtenuës contre les anciens usages, libertez & droits d'élection, appartenans au Chapitre; à charge neanmoins, que cette même Secreterie venant à vaquer par la mort d'Anne de Montureux, elle lui succedera, & sera éluë en sa place: à quoi le Chapitre s'oblige, & même l'élit entant que besoin dés-lors. Cette piéce induit deux choses: la 1re, que la Secreterie étoit véritablement élective; & la 2me, que l'on cherche une voie d'accommodement, pour appaiser celle qui étoit pourvuë par le Pape, parce que dés-lors les Papes commençoient à se réserver les Benefices.

En 1516, Petronille d'Haraucourt, qui en vertu de l'Acte précedent, avoit succedé à Agnés de Montureux, résigna la Secreterie entre les mains du Pape Leon X. en faveur de Magdelaine d'Haraucourt, qui en obtint ses Bulles.

En 1524, Magdelaine d'Haraucourt résigna la Secreterie entre les mains du Pape Clement VII. en faveur de Marguerite du Châtelet, qui en fut pourvuë par ce Pontife.

En 1541, Marguerite du Châtelet résigna à Françoise du Châtelet, és mains du Pape Paul III. qui lui en donna des Bulles.

En 1570, Jacqueline de Malain en fut pourvuë par le Cardinal de Lorraine, en qualité de Légat Apoſtolique *à Latere.*

En 1587, Eliſabeth Rhingraff fut éluë par le Chapitre, & nean-moins ne laiſſa pas de prendre des Bulles du Pape Sixte V. pour ſa ſeureté.

En 1603, Antoinette de Freſnel fut pourvûë par le Chapitre, ſur démiſſion ou réſignation pure & ſimple, és mains du Chapitre.

En 1612, Claude de Nettancourt fut pourvuë par le Pape Paul V. à titre de Coadjutrice.

En 1621, Iolande de Baſſompiere fut pourvuë par le Pape Gre-goire XV. à pareil titre de Coadjutrice.

Voila déja pendant l'eſpace d'un ſiécle huit Bulles des Papes touchant la Secreterie.

Il eſt important de s'arrêter ici, & d'obſerver que Iolande de Baſſompierre, dont nous venons de parler, ayant ſuccedé à ſa devanciere, en vertu de ſa Bulle de Coadjutorie, il s'éleva une faction dans le Chapitre, qui prétendit, comme on le prétend aujourd'hui, que la Secreterie étoit un Office purement civil & manuel, & que le Pape n'y pouvoit pourvoir en aucun cas. Effe-ctivement cette faction, qui ſe diſoit le Chapitre, élut à la Secre-terie, au préjudice des Bulles de Coadjution, Dame Charlotte de Martel.

Grand Procés entre ces deux Dames, au Conſeil d'Etat du Prin-ce, où Arrêt intervint en 1625, qui maintint & garda Iolande de Baſſompierre au poſſeſſoire, ſauf le pétitoire.

Que peut-on répondre à cette piéce, qui eſt un Arrêt contra-dictoire du Conſeil, rendu il y a quatre-vingts ans, & qui a jugé ſolemnellement cette queſtion; puiſqu'il maintient celle qui étoit pourvuë par le Pape, contre celle qui étoit éluë par le Châpitre, qui ſoûtenoit que la Secreterie étoit un Office civil & manuel?

Si effectivement la Secreterie étoit un Office civil & manuel, les Bulles du Pape étoient nulles, & l'on ne pouvoit ſe diſpenſer de maintenir Charlotte de Martel, tant au petitoire qu'au poſſeſ-ſoire: cependant le contraire arrive, & l'on reſerve le petitoire pardevant le Juge d'Egliſe. C'eſt donc choſe ſouverainement ju-gée dans le premier & le plus auguſte Tribunal de la Province.

Charlotte de Martel n'en demeura pas là. Elle se pourvut au petitoire à Rome, où après quatre ans de Procés, il y eut trois Sentences conformes, qui débouterent Charlotte de Martel & le Chapitre; renduës par des Auditeurs de Rote, commis à leur requête par le Pape.

En 1632, Iolande de Bassompierre, qui avoit gagné son Procés en tant de Tribunaux, résigne la Secreterie en faveur d'Henriette de Bassompierre, és mains du Pape Urbain VIII. qui lui en donna des Bulles.

Qui auroit crû que les choses en cet état, Charlotte de Martel pût encore conserver quelque prétention? Cependant cette Dame infatigable, surprend en 1634 un Arrêt par défaut au Parlement de Metz, tout nouvellement établi, qui lui adjuge la Recréance.

Demande en cassation, au Conseil du Roi Trés-Chrétien, par Henriette.

Arrêt de ce même Conseil, en 1635, sur productions respectives des Parties, qui casse l'Arrêt par défaut du Parlement de Metz, maintient & garde Henriette de Bassompierre en la possession de la Secreterie, sans préjudice du droit d'élection en autres cas.

Il faut croire que s'il y avoit eû encore un Tribunal au monde, où Charlotte de Martel eût pû se pourvoir, elle n'y auroit pas manqué.

Voila donc la même question, que l'on excite encore aujourd'hui, jugée au Conseil d'Etat du Prince, à la Rote, & au Conseil du Roi Trés-Chrétien. Y auroit-il quelque chose de certain dans les affaires humaines, si l'on pouvoit remettre en question ce qui a été jugé souverainement tant de fois? N'est-ce pas même insulter en quelque maniere à la dignité & à la sagesse de ces augustes Tribunaux, les premiers du monde Chrétien à notre égard, de renouveller les questions qu'ils ont tant de fois décidées?

Mais suivons l'histoire de la Secreterie.

Henriette de Bassompierre maintenuë par cet Arrêt, meurt

le 3 Janvier 1636. Le 13 du même mois, le Chapitre voulant con-
foler Charlotte de Martel, qui avoit confommé la meilleure partie de fa vie à plaider pour la Secreterie, l'élit à cette même dignité : mais la Providence ne permit pas qu'elle en jouît, puis
qu'elle mourut à Paris feize jours aprés fon élection, aprés avoir
été la victime de fa conftance ou de fon obftination à plaider
pour cette dignité.

Le mois de Février fuivant, le Chapitre procede à l'élection de
la Dame Anne de Malain de Lux, qui a été Secrete l'efpace de
plus de cinquante ans.

En l'année 1684, cetteDame étant décedée, leChapitre élit Dame Charlote de Rouxel de Medavy: mais la Dame PrincefleChri-
ftine de Salm ayant obtenu desBulles duPape Inocent XI. fondées
fur la regle *de Menfibus & Alternativâ*, grand Procés au Parlement de Metz, terminé par Arrêt du mois de May de la même
année, qui fans avoir égard à l'élection de la Dame de Rouxel,
non plus qu'aux Bulles de la Dame Princeffe Chriftine de Salm,
ordonna qu'il feroit procedé à une nouvelle élection ; ce qui fut
fait par le Chapitre ; & la même Dame de Rouxel de Medavy
éluë. Elle en a joüi jufqu'à l'année derniere, en laquelle étant décedée, le Chapitre a procedé à l'élection, ainfi que la Cour l'a
oüi par le recit du fait.

La Cour a entendu, par cette longue énumeration de Bulles des
Papes l'efpace de deux fiécles, prefque à chaque vacance de la
Secreterie, qu'il eft impoffible de prétendre que c'eft un Office
civil & manuel, puifque le Pape y a toûjours mis la main; & d'ailleurs, que la queftion ayant été fouverainement jugée auffi tant
de fois, il n'eft ni jufte ni tolerable de la renouveller.

Il refte feulement à faire voir que cette Dignité n'eft pas éle-
ctive-collative, mais élective-confirmative. Pour établir cette
propofition, il n'y a qu'à recourir aux Reglemens que Nous avons
déja citez, qui décident formellement cette queftion. C'eft dans
l'Article 6. de l'Arrêt du 28 Avril 1694; dont voici les termes :
La confirmation de l'élection de la Dame Secrette appartiendra à
la Dame Abbeffe ; à l'effet de quoy , aprés l'élection de la Dame
Secrete ,

Secrete, elle fera conduite en l'Hôtel Abbatial, par la Dame
Doyenne & le Chapitre, pour prier ladite Dame Abbesse de la
confirmer.

Il se reconnoît par leVû de cetArrêt, qui en rapporte les piéces,
que cet article fut fort contesté ; & qu'enfin aprés avoir reconnu
que toutes les élections des Secrettes avoient toûjours eu besoin
de la confirmation des Abbesses, la question en fut décidée ;
comme aussi que l'élection se feroit par Scrutin, ainsi que celles
de la Doyenne & de l'Abbesse.

Cette difficulté étoit encore trés grande, parce que l'on sçait
que par la disposition du Droit Canonique, aussi-bien que par
le sentiment unanime de tous les Autheurs, les formalitez du
Chapitre *Quia propter* ne s'observent que dans les Eglises desti-
tuées de Pasteur, par la mort duquel elles s'appellent Veuves, par
allusion au mariage spirituel qui se contracte entre le Prélat &
son Eglise, qui est le symbole du temporel. Cependant cette regle, qui est d'ailleurs trés-veritable, puisqu'elle est fondée sur les
termes précis de ce Chapitre, manque à l'égard des Eglises où
l'usage est au contraire.

Tel est le sentiment des plus celebres Canonistes. Fagnan, que
l'on a cité, le resout ainsi dans son Commentaire sur le Chapitre *Quia propter*, qui est le siége de la matiere, n. 34. Voici ses
termes : *Deducitur 4° ut in aliis dignitatibus, personatibus, &*
canonicatibus, locum non habeat hæc constitutio, quia per eorum
mortem Ecclesiæ non remanent viduatæ, cùm non ipsi, sed prin-
cipales Prælati sint sponsi Ecclesiæ ; nisi, dit-il, *consuetudo Eccle-*
siæ habeat ut etiam in illis Dignitatibus serventur formæ.

Or dans le Chapitre de Remiremont il est certain que l'on a
toujours observé, comme l'on observe encore, les formalitez du
Chapitre *Quia propter*, à l'égard des trois dignitez d'Abbesse,
de Doyenne, & de Secrette, & qu'elles doivent être observées
toujours.

Cette verité est encore écrite dans les mêmes Reglemens, dans
l'article 291. des convenus, en ces termes : *Il n'y aura que les trois*
élections des Dames Abbesse, Doyenne & Secrette, qui se feront

I

par Scrutin ; dans toutes les autres , les Dames donneront tout haut leurs voix. Voila l'ufage juftifié pour le pafsé, puifque cet article eft un des convenus, & établi pour l'avenir.

· Et enfin, il eft juftifié dans le Procés fur lequel ces Réglemens font intervenus, que dans toutes les élections de Secretes , qui avoient été faites par le Chapitre , le Scrutin avoit toujours été celebré , & la confirmation demandée à l'Abbeffe.

Quoi qu'il en foit, la chofe a été précisément décidée par l'article des Reglemens que nous venons de lire. C'eft la loi du Chapitre, il faut s'y arrêter ; & cela eft fi fortement établi dans le Chapitre, que dans l'élection de la Dame de Mefchatin , toutes les formalitez de ce Chapitre ont été obfervées.

Auffi-tôt aprés la mort de la derniere Secrete, le Chapitre établit une Adminiftratrice de la Secreterie.

On cita les abfentes, par des Lettres circulaires.

On proceda à l'élection, trois mois aprés le decés, comme pour les plus grandes Prélatures, fuivant le Chapitre *Ne pro def.*

On invoqua le S. Efprit, par la Meffe & la Collecte préalable.

Les Dames s'affemblerent collégialement.

On nomma deux Scrutatrices.

Les deux Scrutatrices prêterent ferment.

Les Dames donnerent leurs voix *figillatim & fecreto* , par billets fermez.

On compta les voix ; & celle que l'on prétendit en avoir le plus, fut publiée Secrete.

Donc il eft vray de dire, que la Secreterie eft la troifiéme dignité du Chapitre ; qu'elle eft élective-confirmative ; & qu'à fon élection l'on obferve, comme il a toujours été pratiqué, les formalitez du Chapitre *Quia propter.*

Auffi, quoi que l'on ait tâché de déprimer cette dignité, en la faifant paffer pour un fimple Office, qui n'a pour objet que le foin de la Sacriftie , & d'autres fonctions trés communes, il eft pourtant trés certain que cette dignité n'eft pas de petite confideration dans l'Eglife de Remiremont.

Elle porte le grand Couvre-chef , comme l'Abbeffe & la Doyenne.

Elle eſt éluë par Scrutin comme elles.

Elle nomme les trois Sacriſtains, & reçoit leur ſerment.

Elle nomme un autre Officier, qui eſt ſujet en toutes choſes à ſes ordres; qu'elle peut inſtituer & deſtituer à ſa volonté.

Aucun Prêtre étranger ne peut dire la Meſſe dans l'Egliſe, ſans ſa permiſſion.

On ne peut ſonner à la Paroiſſe, outre l'Office journalier, ſans ſa permiſſion.

Elle peut diriger, reprendre, & corriger de quelque peine, les Officiers qui dépendent d'elle, dans les fonctions de leurs charges.

Elle a pluſieurs Seigneuries & Benefices qui dépendent d'elle; d'où l'on induit, qu'elle a juriſdiction ſpirituelle & temporelle.

Ce n'eſt donc pas ſans raiſon, qu'elle eſt Dignité du Chapitre, & élective - confirmative.

Venons preſentement à la troiſiéme queſtion, qui regarde l'élection qui a été faite de la perſonne de la Dame de Meſchatin.

Il s'agit de ſçavoir ſi cette élection eſt nulle; quelles ſont les nullitez qu'on lui oppoſe; de quelle qualité elles ſont; & ſi elles ont pû operer dévolution au Pape.

Pour déveloper cette queſtion, Nous croyons qu'il faut demeurer d'accord, que les formalitez d'une élection ne ſe peuvent prouver que par le Procés verbal d'élection même; que tous les Actes faits aprés coup, & toutes les preuves vocales que l'on peut offrir, ſoit pour, ſoit contre, ne peuvent la rectifier quand elle eſt nulle, ni l'annuller quand elle eſt bonne. C'eſt ce Procés Verbal, qui fait l'ame & l'eſſence de l'élection, & qui en établit inconteſtablement la preuve, ſoit par la minute, ſoit par les expeditions qui en ſont faites.

Cela ſuppoſé, nous croyons que les Declarations poſterieures des Dames, que l'on prétend avoir donné leurs voix; les ſommations faites à l'autre Partie de nommer les ſiennes, & les offres faites à cet égard, ne ſont d'aucune conſideration dans la Cauſe; non ſeulement, parce que l'on ne peut point recevoir de preuve contre un écrit, mais encore parce que, comme il eſt de l'eſſence du Scrutin, que les voix ſoient ſecretes, que l'on ne connoiſſe jamais celles qui les ont données, & en faveur de qui ; l'on ne peut, par quelques voyes que ce soit, en publier le mystere : cela demeure caché & enseveli sous le sceau du Scrutin ; & faire le contraire, seroit détruire le Scrutin même, & l'anéantir.

Cela étant, il faut examiner la forme en laquelle le Procés Verbal de l'Election est conçû. Il y a deux Actes à cet égard à considerer : la minute du Procés verbal, écrit dans le Registre du Chapitre, dont laCour a ordonné l'apport & le dépôt au Greffe ; & l'expedition de ce Procés verbal, qui en a été donnée à la Dame de Stainville, & signée de l'Ecolâtre, qui est le Secretaire du Chapitre.

Constamment, il n'y avoit que cinquante-huit Dames capitulantes ; leurs noms sont rapportez au long & distinctement dans le Préambule de ce Procés Verbal ; & cependant à la fin, lors que les Scrutatrices déclarent le compte qu'elles ont fait des voix, il est porté que la Dame Princesse Christine de Salm a eu deux voix, la Dame de Meschatin vingt-neuf, & la Dame de Stainville vingt-huit. Ce huit, qui est écrit en lettres, paroît évidemment avoir été alteré, confondu, & broüillé avec le mot sept, sans que l'on puisse démêler à l'œil, si ç'est le sept qui a été écrit le premier, & qui a été rechargé du huit, ou si c'est le huit qui a été rechargé du sept.

A l'égard de l'expedition qui en a été donnée à la Dame de Stainville, il n'y a aucune alteration. Le mot de vingt-huit est écrit en lettres trés correctes, & sans la moindre rature.

Si cette expedition est veritable, & conforme au Registre, il s'ensuit qu'il y a une voix sur-numeraire, y ayant cinquante-neuf voix, quoi qu'il n'y ait que cinquante-huit Dames.

Si cette Expedition est fausse, il s'ensuit que la Dame de Meschatin a vingt-neuf voix, & la Dame de Stainville vingt-sept seulement.

Mais dans cette contrarieté ou difformitté de la Minute avec l'Expedition, il faut examiner à laquelle des deux piéces on doit s'arrêter, & laquelle doit passer pour autentique.

Si la minute du Procés verbal n'étoit pas alterée, & que l'Expedition se trouvât y être contraire, Nous ne ferions aucune difficulté de préferer l'original & la minute à l'expedition ; & ce seroit pour lors que l'on pourroit dire que l'expedition seroit fausse, se trouvant contraire à la minute.

Mais cette minute se trouvant visiblement alterée, sans qu'on puisse démêler, s'il y avoit le mot de sept auparavant l'alteration, ou s'il y avoit le mot de huit ; peut-on recourir à autre piéce qu'à l'expedition, qui tient, en ce cas, lieu de veritable Original ?

Cette proposition est appuyée par des preuves trés-solides.

La premiere, que dans l'Acte du 25 Août, dont nous avons fait lecture, la Dame Doyenne, qui est presentement à la tête des Intervenantes pour la Dame de Meschatin, déclare positivement, dans la réponse qu'elle fait, que la Dame de Meschatin a eu vingt-neuf voix, & la Dame de Stainville vingt-huit, & par consequent, que la Dame de Meschatin l'a emporté d'une voix sur la Dame de Stainville.

La seconde, que la Dame Doyenne, non seulement lors qu'elle a fait cette réponse, mais encore avant & depuis, est toujours demeurée dépositaire de ce Registre : attribution qui appartient à sa Dignité. Ainsi il est à présumer, mais d'une présomption qui ne reçoit point de preuve au contraire, que le Registre, lors de cette réponse, étoit conforme à l'expédition, & que si l'on y voit presentement une alteration dont on ne connoît point l'auteur, elle ne peut être imputée qu'au parti qui étoit chargé du Registre, & qui par son intervention, donne lieu de croire qu'il avoit interêt à cette alteration, & dessein d'en profiter.

Non pas, qu'on puisse insinuer aucunes de ces Dames en particulier, d'une chose qui seroit contraire à la droiture & à la bonne foi ; mais dans cette obscurité, pas une en particulier ne doit reputer à injure, la présomption qui milite contre le general.

D'où il est aisé de connnoître l'inutilité & le peu de fondement de la Requête qui a été donnée à fin de permission de s'inscrire en faux contre l'expedition du Procés verbal, & sur laquelle il a été ordonné, que la Requête seroit faite en plaidant ; parce que pour prouver la prétenduë fausseté de l'expedition, il faudroit rapporter la minute & l'original non alteré : mais cette minute étant vifiblement corrompuë & alterée, il y auroit bien plus de fondement de former infcription de faux contre la minute, que contre l'expedition.

Il doit donc paffer pour conftant dans le fait, que la Dame de Mefchatin a eu vingt-neuf voix,& la Dame de Stainville vingt-huit, & par confequent qu'il y a une voix furnumeraire.

Refte à examiner fi cette voix furnumeraire a produit dans l'Acte d'élection une nullité; fi cette nullité eft effentielle, encouruë de plein droit, & qui opere la dévolution au Pape.

Comme il eft impoffible de deviner à laquelle des trois Dames qui ont eu des voix dans l'élection, eft tombée la voix furnumeraire, il n'y a pas plus de raifon de l'attribuer à l'une qu'à l'autre, ni de la donner à l'une plutôt qu'à l'autre. Ainfi, comme il y a de la poffibilité que cette voix foit tombée à la Dame de Mefchatin, pour lui donner vingt-neuf voix, & que cette voix furnumeraire lui étant ôtée comme inutile, elle n'auroit eu que vingt-huit voix, qui eft le même nombre que de celles de la Dame de Stainville; il s'enfuit que ces deux Dames ayant autant de voix l'une que l'autre, & la Dame Princeffe de Salm, n'ayant eu que deux voix, il n'y auroit point eu d'élection, & il auroit fallu recommencer.

On a objecté à cet égard, une chofe qui paroît fpecieufe, mais qui n'eft point folide. On a dit, que comme par l'article 12 de l'Arrêt du 7 Juin 1694 des Reglemens, il eft dit, qu'en l'abfence de la Dame Abbeffe, en cas de partage & d'égalité de fuffrages dans le Chapitre, la déliberation fera concluë fuivant l'avis de la Dame Doyenne, ou de la plus ancienne, qui préfidera. Ainfi, dit-on, quand on préfupoferoit que la voix furnumeraire feroit tombée à la Dame de Mefchatin, cette voix étant ôtée, il y auroit eu partage de voix; auquel cas, la voix de la Dame Doyenne, qui a été pour la Dame de Mefchatin, auroit été pondérative, & l'auroit toujours emporté.

A cela il y a deux réponfes également folides.

La premiere, Qu'il n'y auroit pas eu en ce cas-là partage de voix. Qui dit partage de voix, dit une égalité parfaite de voix de part & d'autre ; ce qui ne se seroit pas rencontré ici, parce que la Dame Princesse Christine ayant deux voix, il n'y a plus d'égalité : cela est démonstratif.

La seconde, Que l'on ne peut pas dire que la Dame Doyenne ait été pour la Dame de Meschatin : car encore qu'elle paroisse ici à la tête de son parti, le secret du Scrutin ne permet pas que l'on puisse sçavoir qu'elle ait été plutôt pour l'une que pour l'autre : ainsi cette objection est de nulle consideration.

Il y a encore une autre nullité, qui résulte, à notre sens, de cette voix surnumeraire. Car ou cette voix a été donnée par une Dame absente, & qui n'étoit point au Chapitre, ou en personne, ou par Procuration ; ou elle a été donnée par une Dame presente qui aura furtivement donné deux voix. En l'un & en l'autre cas, la nullité est évidente.

Au premier cas, la nullité se tire de la disposition textuelle du Chapitre *Quia propter*, en ces mots : *Præsentibus omnibus, qui debent, & volunt, & possunt commodè interesse.* Le mot *præsentibus*, exclut necessairement les suffrages de ceux qui ne seroient pas presens ; & la contravention à la forme prescrite par la Loi, emporte nullité.

Au second cas, la nullité est non seulement fondée sur la même disposition, où il est dit : *Vota cunctorum sigillatim exquirantur ;* ce mot *sigillatim* désigne suffisamment l'unité du suffrage ; mais encore sur le droit naturel, qui ne permet pas qu'une seule personne puisse avoir deux suffrages, non plus qu'elle ne peut avoir deux ames, deux entendemens, ni deux volontez ; & si l'on dit que l'Abbesse dans le Chapitre a deux voix, ce n'est pas qu'effectivement elle puisse avoir deux voix, dont elle pourroit donner l'une à l'une, & l'autre à l'autre ; mais c'est que sa voix *ex privilegio & favore speciali*, à cause de l'éminence de sa dignité, est comptée pour deux.

Donc la voix surnumeraire opére une nullité essentielle dans l'élection dont il s'agit : & l'on ne peut pas dire que cette nullité n'est pas en tout cas encouruë de fait, mais qu'il l'auroit fallu faire declarer par Sentence ; parce qu'il est des maximes, que lorsque la loi prescrit la forme d'un Acte, la contravention à cette Loi produit d'abord la nullité, par la regle que, *quod lege prohibente fit, nullum est, & nullum producit effectum* ; parce que la forme donne l'être à la chose, & que n'y ayant point de forme, il y a un non-être, qui est la nullité.

Aussi la Loi prononce positivement la peine de nullité : *Aliter*, dit-elle, *electio facta non valeat* ; ce qui anéantit l'Acte, & le rend nul.

Il faut voir présentement, si cette nullité a pû operer une dévolution au Pape ; ou si en tout cas, il y auroit lieu d'ordonner qu'on procedât à nouvelle élection.

Pour la décision de cette difficulté, il faut considerer deux choses.

La premiere, que le Chapitre de Remiremont est immediatement sujet au S. Siege, & n'est d'aucun Diocése.

Cette exemption est fondée sur deux Bulles, qui sont dans ses Archives : l'une du Pape Jean III. au huitiéme siécle ; & l'autre, du Pape Lucius III. confirmative de la précedente, & donnée au douziéme siécle.

La seconde, que par la disposition du Chapitre *Quia propter*, les élisans, qui péchent contre la forme de cette Constitution, sont privez pour cette fois du droit d'élire ; en ces termes : *Qui contra præscriptas formas eligere attentaverint, eligendi eâ vice potestate priventur.*

Ainsi l'on ne peut pas, à notre sens, ordonner qu'il sera procedé à nouvelle élection ; pour deux raisons décisives.

La premiere, c'est que les élisans sont privez pour cette fois du droit d'élire, par le Canon, & que le Superieur y a mis la main.

La seconde, c'est que quand cette raison cesseroit, le temps de l'élection est passé ; & par consequent, il y auroit encore par cette raison, simple dévolution au Pape, suivant le Concile de Latran.

Nous demeurons bien d'accord, que s'il y avoit eu quelque défaut de formalitez dans l'élection dont s'agit, autre que ceux condamnez par le Chapitre *Quia propter*, & que les élisantes eussent

euſſent encore été dans le temps d'élire, elles auroient pû faire une ſeconde élection : mais ce temps étant paſſé, il eſt irrévocable, & il ſe fait une dévolution neceſſaire & de plein droit au Superieur, qui eſt le Pape.

Nous appuyons cette propoſition, du ſentiment de Paſſerin, Canoniſte, lequel au chap. 13. *de Elect.* qui a été cité, diſtingue ſur cette matiere : Ou la nullité eſt fondée ſur des cas exprimez par le Droit, ou non : au premier cas, elle fait dévolution au Superieur ; au ſecond elle ne fait point dévolution, pourvû que les électeurs ſoient dans le temps d'élire.

On dira peut-être, que le Parlement de Metz, en l'année 1684. ordonna qu'il ſeroit procedé à une nouvelle élection. A quoi il y a deux réponſes : La premiere, que l'Arrêt de ce Parlement ne peut point faire de préjugé pour la Cour : chaque Compagnie a ſes maximes ; & la Juriſprudence de l'une, ne ſert pas de regle à la Juriſprudence de l'autre.

La ſeconde eſt, que ce Parlement n'ayant point eu d'égard à à la premiere élection, non plus qu'à la Bulle du Pape, obtenuë par la Dame Princeſſe de Salm, jugea que le droit d'élire étoit retourné au Chapitre ; le Pape ayant conſommé ſon droit par une Proviſion, qu'il déclara nulle. Ainſi il ne faut pas s'étonner, s'il ordonna qu'il ſeroit procedé à une nouvelle élection par le même Chapitre.

Or dans l'eſpece preſente l'élection étant non ſeulement nulle, par les nullitez tirées de la loi, mais encore les éliſantes étant abſolument hors du temps, la Cour voit que la dévolution ſe fait neceſſairement & indiſpenſablement au Pape, Superieur légitime & immédiat du Chapitre de Remiremont.

L'on pourroit peut-être dire encore, que pour regler les élections qui ſont faites par les perſonnes du ſexe feminin, on ne doit point avoir recours au Chapitre *Quia propter*, qui ne regle que les élections des hommes, & qui fut fait par le Pape Innocent III. au Concile Général de Latran ; mais qu'il faut avoir recours au Chapitre *Indemnitatibus in 6°*, qui fut fait par le Pape Boniface VIII. & qui ſert à regler les élections des Filles.

K

A cette objection, si elle étoit faite, il y auroit trois Réponses. La premiere, que le chapitre *Indemnitatibus*, ne regle que les élections des Moniales & des Religieuses cloîtrées. La seconde, que la forme établie par ce chapitre, n'a jamais été en usage au Chapitre de Remiremont. La troisiéme, que la forme établie par ce chapitre, seroit bien moins favorable à l'élection dont il s'agit ; puisqu'il desire que la personne éluë ait les deux tiers des voix ; & qu'en cas qu'elle ne les ait pas, ce sera au Superieur d'y pourvoir, selon qu'il verra plus expedient pour le bien de la Communauté : ainsi la disposition de ce Chapitre fonderoit encore incomparablement plus le pouvoir du Pape, & anéantiroit aussi l'élection dont il s'agit, dans laquelle il est constant que l'éluë a bien moins que les deux tiers des voix.

Enfin reste la derniere question, des quatre que nous nous étions proposées : sçavoir, si les Bulles obtenuës par la Dame de Stainville, sont obreptices ou subreptices.

On les a accusé d'obreption & subreption tout ensemble : d'obreption, pour avoir exprimé au Pape, que l'Election dont il s'agit, étoit nulle : de subreption, pour avoir tû au Pape le nombre de Prébendes, dont la Dame de Stainville est pourvuë.

A l'égard du premier, la Cour voit, que la Dame de Stainville n'ayant fondé la supplique qu'elle a faite au Pape, que sur la nullité de l'élection résultante de la voix surnumeraire ; cette expression ne peut passer pour une obreption, puisque non seulement ce moyen est le fondement de son impétration, mais encore qu'elle prétend l'avoir justifiée.

Reste de sçavoir s'il y a subreption, pour n'avoir point exprimé au Pape le nombre des Prébendes dont elle est pourvuë, qui sont au nombre de quatre, ayant seulement exprimé par ses Bulles, qu'elle possedoit en l'Eglise de Remiremont un Office & une Prébende.

Pour examiner cette objection, il faut considerer le droit & le fait : le droit, qui consiste en ce qu'il est des maximes Canoniques, que tout Impetrant en Cour de Rome, est obligé d'exprimer tous les Benefices, jusqu'au moindre, à peine de nullité de l'impétration. C'est la disposition du chap. *Si motu in 6° de Prabendis : Taciturnitas Beneficii etiam modici, viciat gratiam :* disposition sage, pour empêcher la pluralité de Benefices.

Le fait consiste, en ce que, comme il est d'usage dans le Chapitre de Remiremont, que les Dames Tantes joüissent par droit d'accroissement, des Prébendes de leurs Niéces décedées ou sorties, sur lesquelles elles peuvent dans la suite apprébender d'autres Niéces ; la Dame de Stainville s'étant trouvée en ce cas, a eu par cette voye, quatre Prébendes dont elle jouit : mais ces Prébendes, qui peuvent être au nombre de cinq, ne produisent, par l'usage de cette Eglise, aucune incompatibilité avec les Dignitez & Offices; cela est même commun pour la Dame Abbesse, qui joüissant de trente-six Prébendes pour sa mense ordinaire, peut encore profiter des Prébendes de ses Niéces, en la maniere accoûtumée.

On peut même dire avec raison, que ces Prébendes d'accroissement ne constituent pas, dans la verité, de nouvelles Prébendes en la personne de la Dame qui en jouit, toutes ces Prébendes n'étant pas des Titres nouveaux de Benefices, dont elle ait été pourvuë par des Provisions Canoniques ; mais n'étant qu'un simple accroissement de fruits, qui grossit bien sa Prébende, mais qui ne la multiplie pas : puisque celle sur laquelle elle a été apprébendée, est la seule veritable Prébende, & que les autres n'en sont que l'accessoire, & une casualité profitable, qui lui sert même dans la suite pour faire de nouveaux apprébendemens, suivant l'usage ; en sorte que quand ces Prébendes d'accroissement auroient été exprimées au Pape, il est hors de doute que Sa Sainteté informée de l'Usage de Remiremont, n'auroit pas moins accordé, & n'auroit pas été renduë plus difficile à accorder la grace. C'est pourquoi Nous ne croyons pas qu'il y ait aucune obreption ny subreption dans les Bulles de la Dame de Stainville.

On a objecté, que la Fulmination de ces Bulles étoit nulle, pour n'avoir point executé la clause *Vocatis vocandis*, qui y est inserée : mais la Cour sçait que cette clause n'est que de style ; qu'elle ne s'execute pas ; & que l'on décerne communément les

Visa, sans Partie appellée ; d'autant plus, qu'en particulier cette clause ne tendant qu'à informer de la capacité de la Dame de Stainville pour posseder la dignité dont il s'agit, & cette capacité ayant été suffisamment reconnuë par l'executeur de la Bulle, sur des témoignages autentiques, la Cour voit que cette objection n'est d'aucune consideration.

Donc, Messieurs, pour recueillir en peu de paroles ce que nous avons exposé au long, il nous paroît suffisamment, que le Chapitre de Remiremont est un Corps veritablement Ecclesiastique; que la Secreterie est une Dignité Ecclesiastique, élective - confirmative, dont l'élection est sujette, par l'Usage & les Reglemens de l'Eglise de Remiremont, aux formalitez du Scrutin, établies par le Droit Canon ; que l'élection faite le huit Août mil sept cens six, est évidemment nulle, par la voix surnumeraire ; que cette nullité a fait dévolution de plein droit à Sa Sainteté, dont les Bulles ne sont ni obreptices ni subreptices. Il ne nous reste que de dire, qu'encore que l'une & l'autre des Dames qui contestent cette Dignité, ayent toutes les qualitez necessaires pour en remplir dignement les fonctions, neanmoins la Dame de Meschatin n'ayant pour elle qu'une élection évidemment nulle, & qui ne peut donner atteinte aux Bulles de Sa Sainteté, on ne peut lui dire rien autre chose, sinon qu'il n'est pas moins glorieux de meriter les Dignitez, que de les posseder ; & qu'il y a lieu d'esperer que sa vertu & ses bonnes qualitez ne laisseront pas d'être un jour récompensées par les vacances futures. C'est pourquoi Nous estimons, qu'il y a lieu, sans s'arrêter à la Requête judiciaire, non plus qu'à l'opposition de la Dame de Meschatin, faisant droit sur l'opposition de la Dame de Stainville, la maintenir & garder en la possession & jouïssance de la Dignité de Secreté, dont il s'agit, avec défenses à la Dame de Meschatin de l'y troubler.

Et aprés que la Cause a été plaidée pendant douze Audiences ;

LA COUR a reçu l'Intervention des Parties de Hurault, & les Oppositions formées par celles de Mathieu & de Boussemard, à la possession prise par celle de Thiebault, de la Dignité de Secrete de l'Eglife de Remiremont ; & fans s'arrêter aufdites Oppofitions, non plus qu'à la Demande en infcription de faux, formée par la Partie de Mathieu ; ayant égard à l'Intervention de celles de Hurault & y faifant droit, enfemble fur les Oppofition & Demande de la Dame de Stainville, l'a maintenuë & gardée en la poffeffion & jouïffance de ladite Dignité de Secrete ; a condamné la Dame de Mefchatin de lui reftituer les fruits qu'elle en a perçus, & neanmoins fans dépens à cet égard. Fait à Nancy, en la grande Salle du Palais, le cinquiéme Septembre mil fept cens fept. *Signé*, Vaultrin.

A R R E S T,

Qui juge que le temps d'élire, porté par les Saints Canons, ne court point contre les Religieux legitimement empêchez, quelque long-temps que ce puiffe être ; Et que le dévolut obtenu contre l'Elû, aprés la ceffation de l'empêchement, eft de nulle valeur.

Du 31 May 1706.

ENTRE Frere Macé-Charles Perrin, Prêtre, Religieux Profés de l'Abbaye de Neubourg, Ordre de Cîteaux, pourvû par Bulles de dévolut, obtenuës en Cour de Rome, de l'Abbaye Notre-Dame de Freiftroff du même Ordre ; Oppofant & Demandeur aux fins de la Requête par lui prefentée à la la Cour, le 3 Février dernier, & Exploit d'Affignation du 8 du même mois, donné par Gerard Huiffier à la Cour, reprefenté en copie, pour ce non controllé ; ladite Requête tendante à ce qu'il plaife à la Cour le recevoir oppofant à l'execution de l'Arrêt obtenu par le Défendeur ci-aprés nommé, le 28 Janvier dernier,

K iij

qui lui a permis de prendre poſſeſſion de l'Abbaye N. Dame de Freiſtroff ; Acte de poſſeſſion priſe en conſequence, & tout ce qui s'en eſt enſuivi : Ayant égard à ladite Oppoſition, & y faiſant droit, ſans s'arrêter à ladite permiſſion, priſe de poſſeſſion, & autres Actes du Défendeur, maintenir & garder ledit Frere Macé-Charles Perrin en la poſſeſſion de ladite Abbaye de Freiſtroff, avec défenſes au Défendeur, & à tous autres, de l'y troubler ; & pour l'avoir fait, le condamner à la reſtitution des fruits, ſi aucuns il a perçu ; aux dommages interêts en réſultans, & aux dépens, ſans préjudice à lui à ſe pourvoir pour la reſtitution des fruits, depuis l'obtention de ſes Bulles de dévolut, du 9 Avril 1699, ainſi & contre qui il trouvera le devoir faire ; comparant par Mᵉˢ Abram l'aîné & Gentot, ſes Avocat & Procureur, d'une part.

Et Frere Pierre Aubertot, Prêtre, Bachelier en Theologie de la Faculté de Paris, élû à ladite Abbaye Notre-Dame de Freiſtroff, par les Religieux de la Communauté d'icelle ; Défendeur ſur ladite Oppoſition, par Maîtres Mathieu & Pierre, ſes Avocat & Procureur, d'autre part.

Et encore entre les Prieur & Religieux de ladite Abbaye Notre-Dame de Freiſtroff, Demandeurs en Requête, à fin d'intervention aux fins de celle par eux preſentée à la Cour le 13 Avril dernier, tendante à ce qu'il plaiſe à la Cour les recevoir Parties intervenantes en la Cauſe d'entre ledit Frere Macé-Charles Perrin, & led. Frere Pierre Aubertot leur Abbé ; Ayant égard à leur intervention, & y faiſant droit, ſans s'arrêter à l'oppoſition dudit Frere Perrin, en laquelle il ſera declaré non recevable & mal fondé, maintenir & garder Frere Pierre Aubertot en la poſſeſſion de l'Abbaye de Notre-Dame de Freiſtroff, & condamner ledit Perrin aux dépens ; ladite Requête ſignifiée à Procureur ledit jour 13 Avril dernier, par Jeandon Huiſſier à la Cour, repreſentée en copie, pour ce non controllée ; comparans par Maîtres de Thomerot & Peſcheur, leur Avocat & Procureur, d'une part.

Et ledit Frere Macé-Charles Perrin, & ledit Frere Pierre Aubertot, Défendeurs, d'autre part.

Et encore entre Frere Nicolas Aubertot, Prêtre, Docteur en Theologie de la Faculté de Paris, Abbé de Morimont, premier Pere de l'Ordre de Cîteaux, Superieur né des Inſignes Chevaleries & Ordres Militaires d'Alcantara, Monte-zia, Chriſt, & Avis, Pere immédiat de l'Abbaye Notre-Dame de Freiſtroff, Demandeur aux fins de la Requête, par lui preſentée à la Cour le 14 dudit mois d'Avril dernier, tendante à ce qu'il plaiſe à la Cour le recevoir Partie intervenante en la Cauſe d'entre Frere Charles-Macé Perrin, Oppoſant, d'une part ; Frere Pierre Aubertot, Abbé de ladite Abbaye de Freiſtroff, & les Prieur & Religieux de la même Abbaye ; Ayant égard à ſon intervention, & y faiſant droit, ſans s'arrêter à l'oppoſition dudit Frere Macé Perrin, aux fins de laquelle il ſera declaré non recevable & mal-fondé, maintenir & garder Frere Pierre Aubertot en la poſſeſſion & jouïſſance de ladite Abbaye, & ledit Frere Charles-Macé Perrin condamné aux dépens, d'une part.

Et leſdits Frere Macé-Charles Perrin, & Frere Pierre Aubertot, & les Prieur & Religieux de l'Abbaye de Freiſtroff, Défendeurs, d'autre ; ſans que les qualitez puiſſent nuire ni préjudicier.

Abram, Avocat dudit Frere Charles-Macé Perrin oppoſant, a conclu aux fins de ſa Requête, à ce qu'il plaiſe à la Cour, ſans s'arrêter aux interventions, des fins deſquelles les intervenans ſeront déboutez avec dépens ; ayant égard à ſon oppoſition & y faiſant droit, ſans s'arrêter à la permiſſion, priſe de poſſeſſion, & autres Actes de Frere Pierre Aubertot, maintenir & garder ledit Perrin en la poſſeſſion & joüiſſance de l'Abbáye de Freiſtroff, avec défenſes audit Pierre Aubertot, & tous autres, de l'y troubler ; le condamner à la reſtitution des fruits, avec dommages, interêts, & aux dépens.

Mathieu, Avocat dudit Pierre Aubertot, a conclu à ce que ſans s'arrêter à l'oppoſition dudit Perrin, en laquelle ſera declaré non recevable & mal fondé, ledit Aubertot fût maintenu & gardé en la poſſeſſion & joüiſſance de ladite Abbaye de Freiſtroff ; & pour l'y avoir troublé, que ledit Perrin ſoit condamné aux dommages, interêts & dépens.

De Thomerot, Avocat pour les Prieur & Religieux de ladite Abbaye de Freistroff.

Et Drouville, Avocat pour ledit Sieur Nicolas Aubertot, ont conclu aux fins de leurs interventions.

Ouï derechef Abram en ses repliques, ensemble Bourcier de Villers Avocat General, pour le Procureur General, qui aprés avoir fait recit du fait & de la procedure, a dit : Que comme la décision du different des Parties, dépendoit de l'examen d'un grand nombre de questions, la Cause pouvoit se diviser d'abord en trois parties. Que dans la premiere, il s'agissoit d'examiner si les titres & capacitez du dévolutaire étoient en bonne forme, & s'il étoit encore recevable à s'en servir. Dans la seconde, si le Commandeur Perrin avoit eu un titre legitime, ou du moins coloré, pour posseder l'Abbaye de Freistroff dont il s'agit. Et dans la troisiéme partie, si indépendamment du titre du Commandeur Perrin, les Religieux du Monastere de Freistroff avoient été encore dans le temps de proceder à l'élection en 1705. & si cette élection avoit été faite suivant les formes prescrites par les saints Canons.

Quant aux Titres du dévolutaire, il estimoit que les nullitez, de même que les fins de non recevoir, que l'on lui opposoit, n'étoient pas assez considerables, pour qu'elles pussent servir de motifs à la décision de la Cause.

Qu'à l'égard du Commandeur Perrin, il ne croyoit pas qu'il eût aucun titre, ni veritable, ni coloré; parce que ne paroissant pas qu'il ait jamais obtenu du Pape aucunes Bulles ni dispenses, pour tenir en Commande ce Benefice régulier, sur la résignation qui avoit été faite en sa faveur en 1674 par Frere Claude Aubry, dernier Abbé titulaire ; on ne pouvoit pas dire qu'il ait eû aucun titre ; puisque pour mettre un Benefice de Regle en Commande, il falloit necessairement l'autorité du S. Siege. Que le Commandeur Perrin ne pouvoit être consideré que comme un Créancier de cette Abbaye, qui *incumbebat pignori* ; qui jouïssoit des biens de ce Monastere, comme de son hypoteque, pour lui avoir été affectez & abandonnez, pendant

ſa vie, par les Arrêts du Parlement de Metz, & du conſentement du Chapitre General de Citeaux ; mais qui veritablement
n'avoit aucun titre pour pouvoir ſe dire Abbé Commendataire
de Freiſtroff. Qu'ainſi on ne pouvoit pas prétendre que cette
Abbaye eût vacqué par ſon décés.

Neanmoins,qu'encore que cetteAbbaye n'eût point vacqué par
le décés du Commandeur, mort au mois de Novembre 1705,
mais par celui du dernier Abbé titulaire, mort en 1684, il eſtimoit que les Religieux de ce Monaſtere avoient encore été dans
le temps de faire l'élection dont il s'agit, au mois de Decembre
1705; parce que depuis la vacance du Benefice,ils avoient été empêchez par des obſtacles invincibles, juſqu'au jour qu'ils avoient
procedé à cette élection.

Que le premier obſtacle qui avoit empêché ces Religieux d'é-
lire, avoit été la neceſſité indiſpenſable de ſouffrir le Commandeur Perrin dans la poſſeſſion & jouïſſance des biens de cette
Abbaye, juſqu'à ſon décés ; par l'impoſſibilité dans laquelle ce
Monaſtere a toujours été de lui rembourſer la ſomme de trente-
cinq mil cinq cent vingt-cinq livres tournois, qu'il avoit employé
au rétabliſſement de l'Abbaye ; & pour le payement & extin-
ction de laquelle ſomme, les biens qui en dépendent, lui avoient
été affectez & engagez par les Arrêts du Parlement de Metz,
rendus en 1678, du conſentement des Superieurs majeurs de l'Ordre & des Religieux de ce Monaſtere, pour en joüir juſqu'à ſon
décés ſeulement, aprés lequel la ſomme demeuroit éteinte &
acquitée.

Or qu'en 1684, au temps du décés de l'Abbé titulaire, le Monaſtere de Freiſtroff étoit dans l'impoſſibilité de faire ce rembourſement, qui eût cauſé la perte & la ruine de cette Abbaye,
& par conſequent, les Religieux dans l'impoſſibilité de faire
une élection.

Qu'il étoit évident, que le bien & l'utilité de l'Egliſe, vouloit
qu'on laiſsât joüir paiſiblement le Commandeur, juſqu'à ſon décés ; puiſqu'aprés ſon décés la ſomme demeuroit éteinte, &
l'Abbaye entierement déchargée de ce rembourſement ; au lieu

L

que si le Commandeur eût été évincé pendant sa vie, il eût fallu lui rembourser necessairement cette somme de 35525 livres, ainsi qu'il avoit été ordonné par les Arrêts du Parlement de Metz. Que les biens & la consideration de l'Eglise étoit la souveraine loi que l'on devoit consulter dans cette occasion : Qu'il étoit bien moins préjudiciable à l'Eglise, que cette Abbaye demeurât sans Pasteur pendant quelque temps, que de la voir ruinée pour toujours. Que si le Pape eût été informé de toutes ces raisons, qui avoient porté les Superieurs de l'Ordre à donner leur consentement, jamais il n'eût accordé des Bulles au dévolutaire : car Sa Sainteté auroit connu que ce n'étoit pas par négligence que le Monastere n'avoit pas fait une élection, mais par des obstacles insurmontables, causez par le malheur des temps & des Guerres, qui avoient obligé les Superieurs de l'Ordre à chercher un restaurateur de cette Abbaye, & à luy abandonner pour un temps la jouissance des biens qu'il avoit rétabli. Qu'ainsi Sa Sainteté n'ayant pas été bien informée de l'état du Benefice, ayant été suprise lorsqu'on lui avoit exposé que cette Abbaye étoit demeurée vacante par la negligence des Religieux de faire une élection, les Bulles du Dévolutaire étoient évidemment subreptices.

Que le second obstacle qui avoit ôté aux Religieux la liberté d'élire, étoit le consentement & l'approbation que le Chapitre general de Cîteaux avoit donné à la possession du Commandeur Perrin, & au partage des biens de l'Abbaye, fait en 1681. Que les Religieux de ce Monastere avoient eu les mains liées par l'autorité de leurs Superieurs, & ainsi ils ne pouvoient se rendre rebelles aux définitions du Chapitre General, & sans violer les vœux d'obéïssance, proceder à une élection. Et d'ailleurs ils ne l'auroient pû faire valablement, parce que l'Abbé de Morimont, comme Superieur immediat, n'eût pas accordé la confirmation ; & jamais l'Ordre en general n'eût reconnu celui qui eût été élû.

Qu'un troisiéme obstacle qui les avoit empêché d'élire, étoit le Brevet de nomination, qui avoit été accordé en 1678. par le

Roy Tres-Chrétien, au Commandeur Perrin. C'eût été s'élever contre la Puiſſance qui occupoit pour lors la Province, que de prétendre dépoſſeder ce Brevetaire. C'étoit donc une force majeure qui les empêchoit d'agir : *Metus cadens in conſtantem perſonam ;* & par conſequent un empêchement legitime, pendant tout le temps que la France avoit occupé la Lorraine.

Qu'auſſi-tôt aprés le Traité de Riſwick, les Religieux de ce Monaſtere s'étant pourvûs à S. A. R. pour obtenir la permiſſion de faire une élection, ils en furent empêchez par l'autorité ſouveraine, toujours parce que le bien & l'utilité de leur Egliſe réſiſtoit à leur Demande. Qu'enfin depuis la vacance du Benefice, juſqu'au jour du décés du Commandeur Perrin, on ne pouvoit pas citer un inſtant où les Religieux ayent eû la liberté de faire une élection. Qu'ainſi, ayant été empêchez par des obſtacles invincibles & inſurmontables, on ne pouvoit pas dire qu'ils ayent été privez de leurs droits par leur negligence, puiſque *tempus non currit legitimè impeditis.* Que s'il n'y a pas eû de negligence de la part des Religieux, il n'y a pas eû lieu à la dévolution ; parce que la dévolution n'a été introduite par les Canons, que pour punir la negligence des Electeurs, ou des Collateurs des Benefices, ſuivant la diſpoſition du Concile de Latran, rapportée au Chap. 22. *de Conceſſ. prebend.* Et le Chap. *Ne pro defectu de Elect.* aux Decretales. Qu'à l'égard des nullitez que le dévolutaire avoit oppoſées contre la forme de l'élection, il eſtimoit que s'il étoit neceſſaire de l'examiner dans la rigueur du Droit, on y trouveroit bien des choſes à redire ; mais que dans l'état où ſe trouvoient les choſes preſentement, tous les Religieux du Monaſtere de Freiſtroff s'étant rendus intervenants, pour en ſoutenir la validité, & le dévolutaire n'étant pas partie capable pour propoſer aucune nullité contre cette élection, quand il s'y rencontreroit quelque défaut de formalité ; l'intervention des Religieux & la confirmation du Superieur majeur, mettroient aiſément tous ces prétendus défauts de formalitez à couvert.

Et aprés que pendant deux Audiances il a traité toutes les queſtions principales & incidentes en la Cauſe, il a dit qu'il eſtimoit

qu'il y avoit lieu de recevoir les Parties de Mes Drouville &
Thomerot intervenantes en la Cauſe ; ayant égard à leur intervention , & y faiſant droit, ſans s'arrêter à l'oppoſition de la Partie de Me Abram , maintenir & garder celle de Me Mathieu
en la poſſeſſion & jouiſſance de l'Abbaye de Freiſtroff dont il
s'agit, avec défenſes de l'y troubler.

La Cauſe ayant été plaidée pendant onze Audiances.

LA COUR a reçû les Parties de Drouville & de Thomerot,
Intervenantes en la Cauſe : faiſant droit ſur leur intervention,
ſans s'arrêter à l'oppoſition formée par la Partie d'Abram, a main-
tenu & gardé celle de Mathieu en la poſſeſſion & jouiſſance du
Benefice en queſtion ; tous dépens entre les Parties compenſez.
FAIT à Nancy le trente-un May mil ſept cens ſix.

ARREST

Qui juge, que l'Indult de CLEMENT IX. pour les
trois Evêchez, n'a pas lieu pour les Benefices ſituez en Lorraine ; & qui a maintenu au Prieuré
de Relange, le Pourvû en Commende par le Pape, contre le Nommé, par Brevet.

Du 20 Juin 1699.

LEOPOLD par la grace de Dieu Duc de Lorraine, Marchis, Duc de Calabre, Bar, &c. A tous ceux qui ces Preſentes verront, SALUT. Sçavoir faiſons, que Vû par notre
Cour Souveraine de Lorraine & Barrois, l'Inſtance pendante
pardevant elle, Entre Meſſire Hyacinte Fleury , Scripteur des
Suppliques Apoſtoliques en Cour de Rome, y demeurant

pourvû en Commande par N. S. P. le Pape du Prieuré de Relange, Demandeur aux fins de sa Requête du 21 Avril 1698, d'une part. Et Maître Paschal Langlois, Prêtre du Diocése d'Avranches, nommé au même Prieuré par Brevet du Roi Trés-Chrétien, Défendeur, d'autre part : la Requête dudit Demandeur, tendante à ce que Commission lui soit décernée, pour faire appeller ledit Langlois, pour voir être dit, que ledit Fleury sera réïntegré en la possession du Prieuré S. Pierre de Relange, droits, honneurs, fruits & émolumens en dépendans, avec défenses audit Langlois, & à tous autres, de l'y troubler ; icelui condamné, tant de son chef, que comme représentant Jacques-Nicolas Duchesne son Copermutant, à la restitution des fruits qu'ils ont perçus ou dû percevoir, à dire d'Experts, depuis leur injuste détention ; aux réparations de l'Eglise, Maisons, & Usuines, dont visite seroit faite aux frais dudit Langlois ; à la representation des Titres dont il étoit saisi, & à tous dépens, dommages & interêts ; & cependant, par provision, pour seureté, qu'il lui soit permis de saisir. Decret dudit jour 20 Avril, portant permission de faire assigner par le premier Sergent des lieux. L'exploit d'assignation du 12 May, duëment controllé. Arrêt du 5 Decembre dernier, par lequel auroit été ordonné que les Piéces seroient mises sur le Bureau, avec brefs Motifs. Les Piéces & brefs Motifs, respectivement produits par les Parties. Requête dudit Langlois, à ce qu'il lui soit permis de joindre ses Titres au Procés, par production nouvelle. Decret du 16 du present mois, par lequel la production nouvelle auroit été reçuë ; ordonné qu'elle seroit contredite, & sauvée par les Parties de trois jours à autres, aux frais du produisant, à charge de signification dans le jour. Exploit de signification de la Requête. Les Pieces de la production nouvelle y jointes ; l'Acte signifié le même jour à Maître Breton Avocat du Défendeur ; par lequel ledit Fleury se seroit déporté d'y répondre. Conclusions du Procureur General : Tout consideré,

Notredite Cour a converti la Demande en réïntegrande dudit Fleury, en simple Complainte ; & y faisant droit, l'a maintenu & gardé en la poſſeſſion & jouïſſance dudit Prieuré de Relange, avec défenſes audit Langlois & à tous autres, de l'y troubler ; l'a condamné à la reſtitution des fruits, du jour de la demande en cette Cour ; à la repreſentation par ſerment, de tous les Titres, Papiers & Enſeignemens, concernans ledit Prieuré, ſauf à informer du récelé ; & ſur le ſurplus des Demandes, a mis & met les Parties hors de Cour ; a octroyé Acte à notre Procureur General, des Proteſtations par lui faites, que le preſent Arrêt ne pourra nuire ni préjudicier à nos Droits de préſentation & nomination audit Prieuré, le cas échéant ; tous dépens compenſez. Si DONNONS en mandement au premier Huiſſier de notre Cour, ou autres de nos Pays, requis, de faire pour l'execution du preſent Arrêt tous Exploits neceſſaires. FAIT à Nancy ſous le grand Scel de ladite Cour, le vingt Juin mil ſix cens quatre-vingt dix-neuf. Par la Cour : *Signé*, VAULTRIN.

ARREST,

Qui a jugé que la Preſentation de pluſieurs Patrons doit être faite à la pluralité des voix, à lieu & jour certains, qui ſeront indiquez ; & que quand l'Ordinaire a conferé *ſpreto Patrono*, le Patron doit preſenter dans les quatre mois ; ſinon la Collation de l'Ordinaire eſt valable.

Du 20 Juillet 1705.

ENTRE Maître Pierre Charles de la Chaſtagneraye, Prêtre Chanoine de l'Egliſe Cathedrale de Toul, & Chapellain de la ſeconde Chapelle des Manian, érigée en l'Egliſe Abbatiale de S. Mihiel, ſous l'invocation de S. Nicolas, Demandeur aux fins de la Requête du 16 Mars, & Exploit de l'Huiſſier Barlet, du 18 du même mois de Mars 1705, tendante à ce qu'il plaife à la Cour le recevoir oppofant à l'execution de l'Arrêt du 30 Octobre 1704, poffeffion prife en confequence de ladite Chapelle par le fieur de Neuvry, Défendeur cy-aprés nommé ; faifant droit fur ladite oppofition, fans s'arrêter à ladite prife de poffeffion, il fera maintenu & gardé dans la poffeffion & joüiffance du Bénefice en queftion, & le Sr de Neuvry condamné aux dépens ; en tout cas, faifant droit fur la demande par lui formée contre le Sr Hugo, Défendeur fur la Sommation, icelui foit condamné à prendre fon fait & caufe en défenfes ; ce faifant le faire joüir de la Chapelle dont il s'agit ; fi non permis audit Demandeur de rentrer en la poffeffion du Canonicat de l'Eglife Primatiale de Lorraine, qu'il a permuté avec ledit Sr Hugo contre ladite Chapelle, & de deux Autels, énoncez en l'Acte de Permutation du 15 Février 1700, paffée pardevant Petit-Jean Notaire Apoftolique ; aux dommages & interêts réfultans de l'eviction, & aux dépens, tant en demandant, défendant, que de la fommation ; icelui pareillement condamné d'indemnifer le Demandeur des dépens aufquels il a été condamné par le Juge Métropolitain de Tréves, le 8 Avril 1704, & de ceux qui s'en font enfuivis, par Abram fon Avocat, d'une part.

Contre le Sr François le Goux de Neuvry, Prêtre Chanoine de l'Eglife Cathedrale de Toul, Défendeur fur ladite oppofition.

Et encore contre le Sr André-François Hugo, Prêtre Chanoine de l'Eglife Primatiale de Lorraine, Défendeur fur ladite Sommation, d'autre part.

Et encore entre ledit Sr François le Goux de Neuvry, Demandeur incidemment fur le Barreau en oppofition à la prife de poffeffion de la Chapelle dont il s'agit, les 2 & 10 Juillet 1700, contre ledit Sr Charles Pierre de la Chaftagneraye, Défendeur.

Et encore entre le Sr Nicolas de Doncourt, Ecuyer Seigneur de la Ville aux Preys, Demandeur en intervention, fuivant les fins de fa Requête du quatre du prefent mois de Juillet, & Exploit de Barlet du fix ; reprefenté en copie, & pour ce non controllé ; à ce qu'il plaife à la Cour, ayant égard à fon intervention, le maintenir & garder en la poffeffion de prefenter à la

Chapelle dont il s'agit, & condamner ledit Sr le Goux de Neu-vry aux dépens.

Contre lefdits Sieurs de la Chaftagneraye, de Neuvry & Hugo, Défendeurs, d'autre.

Et encore entre Dame Claude de Doncourt, Veuve du Sr Jacques de Braban, Seigneur en partie de Ville-fur-Iron, & de la Ville-aux-Preys; & Anne de Braban Veuve du Sr Charles le Goux, Chevalier Seigneur de Fontenette & de Neuvry, Deman-dereffes en intervention, fuivant les fins de leur Requête, du 6 Juillet, & Exploit de Vermaife du 10; reprefentée en copie, & pour ce non controllée, à ce qu'il plaife à la Cour, fans s'arrêter à l'intervention du Sieur de Doncourt, non plus qu'à la prife de poffeffion du Sr de la Chaftagneraye, maintenir & garder le Sr de Neuvry en poffeffion & joüiffance de la Chapelle en queftion, & lefdites intervenantes au droit & poffeffion de prefenter à ladite Chapelle, conjointement avec lefdits Abbé, Prieur & Aumônier de S. Mihiel, à l'exclufion de tous autres; les Défendeurs ci-aprés nommez, condamnez aux dépens.

Contre lefdits Srs de Neuvry, la Chaftagneraye, Hugo, de Doncourt, Défendeurs, d'autre; fans que les qualitez puiffent nuire ni préjudicier.

Abram, Avocat dudit Sr de la Chaftagneraye, a conclu à ce qu'il plaife à la Cour, fans s'arrêter à la demande incidente ju-diciaire en oppofition dudit Sr de Neuvry, non plus qu'à l'inter-vention defdites Dames de Doncourt & Anne de Braban, lui adjuger les Conclufions de fa Requête, avec dépens.

Ouï Barret pour le Sr de Neuvry, qui a fupplié la Cour de rece-voir fa demande en oppofition incidente, qu'il a formée fur le Barreau, & conclu à ce qu'y faifant droit, fans s'arrêter à la pri-fe de poffeffion du Sr de la Chaftagneraye, non plus qu'à l'in-tervention du Sr Nicolas de Doncourt, il fût maintenu & gardé en la poffeffion & joüiffance du Benefice dont il s'agit; ledit Sr de la Chaftagneraye condamné à la reftitution des fruits qu'il en a perçus, & aux dépens.

Ouï Drouville pour le Sr Hugo, qui a foûtenu qu'ayant égard
à l'in-

à l'intervention du Sr Nicolas de Doncourt, faisant droit sur l'op-position dudit Sr de la Chaftagneraye, icelui fera maintenu en la poffeffion de la Chapelle en queftion, & le Sr de Neuvry con-damné aux dépens envers toutes les Parties.

Ouï auffi Huraut pour le Sr Nicolas de Doncourt & Anne de Brabant, qui ont conclu en leur intervention.

Et BOURCIER DE VILLERS pour le Procureur General, qui a eftimé y avoir lieu de recevoir les Parties de Maîtres Huraut & Abram intervenantes en la Caufe ; & fans s'arrêter quant à prefent à l'intervention de ladite Partie d'Abram, faifant droit fur celle dudit Huraut, enfemble fur l'oppofition formée par le Sr de la Chaftagneraye, le maintenir & garder en la poffeffion du Benefice dont il s'agit ; & en confequence fur fa demande en fommation contre le Sieur Hugo, mettre les Parties hors de Cour.

Et aprés que la Caufe a été plaidée pendant cinq Audiences :

LA COUR a reçu les Parties de Huraut intervenantes en la Caufe ; a pareillement reçu l'oppofition incidemment formée fur le Barreau par les Parties de Barret à la poffeffion prife par celle d'Abram de la Chapelle dont il s'agit ; & fans s'arrê-ter à ladite oppofition , a maintenu & gardé la Partie d'A-bram en la poffeffion & jouïffance de la Chapelle en queftion, & a condamné la Partie de Barret aux dépens à fon égard ; & en confequence fur la demande en fommation contre celle de Drouville, a mis les Parties hors de Cour ; tous autres dépens faits en cette Cour , compenfez. Ordonne neanmoins qu'à l'avenir, lors qu'il écherra de nommer à ladite Chapelle, à quelque titre que ce puiffe être , la prefentation fera faite à la pluralité des voix de ceux qui ont droit d'y nommer, en vertu du Teftament de la Fondation ; affemblez à cet effet dans la Chapelle en queftion, aux jours qui font indiquez, alternative-ment par les Collateurs Laïques & Ecclefiaftiques, à commencer par les Collateurs Laïques. FAIT à Nancy en la Chambre du Con-feil , le 20 Juillet 1705. *Signé,* VAULTRIN.

M

ARREST,

Qu i declare la Dignité de Doyen du Chapitre de l'Eglife Collegiale de Darney élective, à charge de la confirmation & agrément du Souverain.

Du 7 Janvier 1706.

LEOPOLD par la grace de Dieu Duc de Lorraine & de Bar, Roi de Jerufalem, &c. Comme cejourd'hui eft comparu judiciairement en l'Audience publique du Palais de notre Cour Souveraine de Lorraine & Barrois, feante en notre Ville de Nancy, Maître Charles Poiffon, Prêtre, Docteur en Theologie, & Curé de Remoncour, pourvû de la Dignité de Prévôt de l'Eglife Collegiale de Darney, Demandeur en execution de l'Arrêt de notredite Cour, du 23 de Février 1704, fuivant les fins de fon Exploit libellé de François Gros, Sergent en la Prévôté de Darney du 28 Avril fuivant, reprefenté en copie, & pour ce non controllé, tendant à ce que les Défendeurs ci-aprés nommez, foient déboutez de l'oppofition par eux formée à la prife de poffeffion qu'il a fait du temporel de ladite Dignité, le 19 du même mois d'Avril, & condamnez en fes dommages & interêts, à donner par déclaration, & aux dépens, d'une part.

Contre les Chanoines & Chapitre de ladite Eglife Collegiale de Darney, Défendeurs, d'autre.

Et encore entre lefdits Chanoines & Chapitre de ladite Eglife de S. Nicolas de Darney, Demandeurs, à ce qu'il plaife à notredite Cour, faifant droit fur l'oppofition par eux formée à la prife de poffeffion du Sr Poiffon, de la Dignité de Prévôt dont il s'agit, les maintenir & garder au droit & poffeffion d'élire à ladite Dignité de Prevôt un d'entr'eux, qui fera confirmé par Nous, conformément au titre de Fondation de ladite Eglife, faite par le Duc Thiebault II. au mois de Novembre 1308. en confequence que Maître François-René Petit, par eux élû, par Acte du 15 Juillet 1704, soit maintenu & gardé en la possession de ladite Dignité, & ledit Sr Poisson condamné à la restitution des fruits, si aucuns il a perçus, & aux dommages & interêts, d'une part. Contre ledit Maître Charles-Poisson, Défendeur, d'autre.

Et encore entre Maître François-René Petit, Prêtre, Chanoine & Official à Darney, élû Prévôt en ladite Eglise S. Nicolas, Demandeur en Requête à fins d'intervention, du 2 Decembre dernier, à ce qu'il plaise à notredite Cour le recevoir Partie intervenante en l'Instance d'entre lesdits Chanoines & Chapitre de Darney, Demandeurs en opposition ; & ledit Maître Charles Poisson, Défendeur & opposant aux Lettres Patentes par forme d'institution, surprises par ledit Maître Poisson, de notre religion, le 13 Février 1704, Arrêt de notredite Cour par lui obtenu pour être reçû à prendre possession de ladite Dignité de Prévôt le 23 dudit mois de Février ; prise de possession du 19 Avril de la même année 1704, & à tout ce qui s'en est ensuivi ; ayant égard à son intervention & opposition, sans s'arrêter ausdites Lettres de Provision, Arrêts, & prise de possession de ladite Dignité de Prévôt, à laquelle il a été élû par Acte Capitulaire dudit jour 15 Juillet 1704, & en consequence du Decret par lui obtenu de nos Graces, du 1er Novembre de ladite année 1704, qui le renvoye à notred. Cour, pour y soûtenir son droit ; le confirmer en ladite Dignité ; en consequence, faire défense audit Sr Poisson de l'y troubler ; le condamner à la restitution des fruits, si aucuns il a perçus ; aux dommages, interêts & dépens, par Chevrier son Procureur, d'autre part. Contre ledit Me Charles Poisson, Défendeur, & Demandeur incidemment sur le Barreau, en opposition à l'Arrêt de notredite Cour, obtenu par ledit Sr Petit, le 8 Aoust 1705, qui lui permet de prendre possession de ladite Dignité de Prévôt, pour la conservation de ses droits, possession prise en consequence, & tout ce qui s'en est ensuivi ; à ce qu'ayant égard à son opposition, sans s'arrêter à ladite prise de possession, il plaise à la Cour le maintenir & garder en la possession de lad. Dignité de Prévôt, & condamner ledit Petit en ses dommages & interêts, & aux dépens.

Contre ledit Maître François-René Petit, Défendeur, d'autre part, sans que les qualitez puissent nuire ni préjudicier.

Aprés que de Malvoisin, Avocat desdits Chanoines & Chapitre de l'Eglise Collegiale de Darney, a conclu aux fins de son opposition ; Ouï Abram, Avocat dudit Maître François-René Petit, qui a conclu aux fins de sa Requête en intervention & opposition ; Ouï aussi Thiebaut, Avocat dudit Maître Charles Poisson, qui a supplié notredite Cour de le recevoir opposant sur le Barreau à l'Arrêt dudit jour 8 Août 1705, possession prise en consequence, & y faisant droit, à ce que sans s'y arrêter, il soit maintenu & gardé en la possession de ladite Dignité de Prévôt, & ledit Petit condamné à ses dommages & interêts, & aux dépens.

Ouï BOURCIER de Villers pour notre Procureur General, lequel après avoir déduit le fait & les moyens des Parties, a estimé y avoir lieu de recevoir l'opposition des Parties de Maître de Malvoisin, les interventions & oppositions de celle d'Abram, ensemble l'opposition incidemment formée sur le Barreau par la Partie de Maître Thiebaut; & y faisant droit, sans s'arrêter ausdites oppositions & interventions desdites Parties d'Abram & de Malvoisin, maintenir & garder celle dudit Thiebaut au droit de la Dignité de Prévôt de l'Eglise Collegiale de Darney, sauf ausdites Parties d'Abram & de Malvoisin, d'exercer leur droit à la premiere vacance dudit Benefice.

Et aprés que la Cause a été plaidée pendant six Audiences :

NOTREDITE COUR a reçu les interventions & oppositions des Parties d'Abram & de Malvoisin; & y faisant droit, les a maintenuës & gardées au droit d'élire le Prévôt de leur Chapitre, lorsque le Benefice en vaquera ; ayant pareillement égard à l'opposition de la Partie d'Abram, & y faisant droit, sans s'arrêter à celle qui a été incidemment formée sur le Barreau par celle de Thiebault, a maintenu & gardé la Partie dudit Abram en la possession de la Prévôté de ladite Eglise, pour en joüir seulement aprés qu'elle aura obtenu de Nous des Lettres de confirmation, fur ce neceffaires ; tous dépens compenfez. Si Mandons au premier Huiffier de notredite Cour , ou autre notre Huiffier, &c. Fait à Nancy fous le grand Scel de ladite Cour , le Jeudy 7e Janvier 1706. *Signé* , Vaultrin.

ARREST,

Qui juge qu'une Religieufe relevée de fes vœux aprés cinq ans , n'eft pas habile à fucceder.

Du premier Juillet 1 7 0 6.

ENTRE Maître Jofeph-Ignace Simon, Avocat à la Cour, & Damoifelle Nicole Simon , fille majeure d'ans , demeurans à Froüart , Appellans d'une Sentence renduë au Bailliage de Nancy , le 2 Janvier 1704 , & de deux autres Sentences renduës au Prefidial de Toul , des 25 Février & 28 Mars 1689, & de tout ce qui s'en en enfuivi, & oppofants , d'une part.

Et Sœur Seraphine Simon , ci-devant Religieufe Profeffe de la Congregation de Notre-Dame de Vic , fe difant fille majeure ufante de fes droits, Intimée & Défendereffe fur l'oppofition , par Guyot le jeune fon Avocat, d'autre part.

Ouï de Bouffemard pour les Appellans.

Guyot pour ladite Sœur Seraphine Simon.

Ouï auffi Bourcier de Villers pour notre Procureur General , qui a eftimé y avoir lieu , fans s'arrêter à l'oppofition judiciairement formée fur le Barreau par les Parties de Maître Boufmard , faifant droit fur l'appellation , mettre lefdites Appellation Sentence dont eft appel , au neant ; émendant , renvoyer les Appellans de la demande en partage contre eux faite ; & neanmoins , pour bonnes confiderations , ordonner qu'ils délivreront annuellement à l'Intimée , par forme de penfion viagere , telle fomme qu'il plaira à la Cour d'arbitrer,

Et aprés que la Cauſe a été plaidée pendant ſept Audiences:

LA COUR, ſans s'arrêter aux oppoſitions formées par les Parties de Bouſmard, faiſant droit ſur les appellations par elle interjettées des Sentences renduës au Siege Préſidial de Toul, a mis leſdites appellations, & ce dont eſt appel, au neant; émendant, a declaré la Partie de Guyot non recevable en la demande en partage. Ordonne neanmoins, pour bonnes conſiderations, que les Parties de Bouſmard lui délivreront annuellement une ſomme de deux cens cinquante francs, par forme de penſion viagere; qui lui ſera payée par quartier, & par avance, à commencer du jour du preſent Arrêt; & à charge de payer la penſion pour les temps précedens ſur le pied de deux cens francs, conformément à l'Arrêt du 7 Septembre 1704, dépens compenſez, à la réſerve des frais & coût du preſent Arrêt, qui ſera declaré être à charge des Parties de Bouſmard. Fait à Nancy en la Chambre du Conſeil, le premier Juillet mil ſept cens ſix. *Signé*, VAULTRIN.

ARREST,

Qui juge que les Donations univerſelles de tous biens, au profit des Communautez Religieuſes, ſont réductibles *ad legitimum modum.*

Du 26 Juillet 1706.

ENTRE les Prieur, Religieux & Convent des Carmes Déchauſſez établis prés la Ville de Pont-à-Mouſſon, Appellans d'une Sentence renduë au Bailliage de la même Ville de Pont-à-Mouſſon le 2 Avril 1704, & Demandeurs en évocation du principal sur le Barreau, comparans par Maîtres Thiebaut & Gentot, leurs Avocat & Procureur, d'une part.

Et Barbe Harmand, veuve de Jean Stok, demeurant à Tilly sur Meuze; Nicolas Harmand, Marchand demeurant à Saint Remy; Pierre Harmand, demeurant à Saint Nicolas; & Catherine Lombard, Veuve de François Richard, demeurant à S. Jean-lés-Marville, tous héritiers de défunte Nicolle Harmand, intimez, & anticipans, suivant les fins de leur Requete du septiéme Avril de ladite année 1704. signifiée le huitiéme, & controllée le même jour au Bureau de Pont-à-Mousson, d'autre part; comparans par Maîtres Prugnon & Pierre, leurs Avocat & Procureur.

Et encore entre Henry Narel, Maître Chirurgien, demeurant à Arancy, à cause de Jeanne le Febvre sa femme; Pierre Harmand, Maire de la Ville basse de Longwy; François & Nicolas Harmand; Jean Masson, à cause de Catherine Harmand sa femme; Claude Despostes, à cause d'Anne Harmand sa femme; Pierre Vallette, à cause de Jeanne Harmand sa femme, & Henry Ballon en qualité de Tuteur établi aux enfans de défunte Magdeleine Harmand, tous Bourgeois de Longwy, pareillement heritiers de ladite défunte Nicole Harmand, & Demandeurs aux fins d'intervention, suivant leur Requête du 27 Avril 1705, signifiée le 11 May suivant, controllée le 14 du même mois, par Maître Chardin & Vaultrin, leurs Avocat & Procureur, d'une part.

Et lesdits Prieur & Religieux Carmes déchaussez de Pont-à-Mousson; Barbe Harmand, veuve de Jean Stok, & Consors, Défendeurs sur ladite intervention, d'autre part; ladite Sentence dont est appel; par laquelle il est ordonné, avant faire droit sur la demande, que lesdits Intimez feroient preuve de la consistance & valeur de la succession de ladite défunte Nicole Harmand; permis à eux à cet effet, de faire entendre lesdits Prieur & Religieux, ensemble Antoinette Regnauld, Servante à ladite défunte, sur faits & articles pertinens.

Ouï Thiebault Avocat des Appellans, assisté de Gentot leur

Procureur, qui a conclu à ce qu'il plût à la Cour mettre l'appellation , & Sentence dont eſt appel, au neant; émendant, renvoyer leſdits Prieur & Religieux de la demande contr'eux formée , avec dépens.

Ouï Prugnon , Avocat des Intimez anticipans , affiſté de Pierre leur Procureur, qui a conclu à ce qu'il plût à la Cour mettre l'appellation au neant, avec amende & dépens; ſi non & au cas qu'il lui plairoit évoquer le principal , & y faiſant droit, declarer l'Acte en forme de donation univerſelle entre-vifs, paſſé le 15 Juin 1703 au profit deſdits Prieur & Religieux, par ladite défunte Nicole Harmand, pardevant Fanin & Papigny Notaires audit Pont-à-Mouſſon , nul , & de nul effet & valeur; en conſequence, adjuger aux intimez la ſucceſſion tant mobiliaire , qu'immobiliaire de ladite défunte Nicole Harmant; condamner les Appellans à leur en repreſenter tous leſdits effets, papiers , titres & enſeignemens concernants la même ſucceſſion, & ce par ſerment; ſauf à informer du récelé, & à leur tenir compte des revenus qu'ils en ont perçus, avec dépens tant de cauſe principale que d'appel.

Ouï Chardin pour les Intervenans , affiſté de Vaultrin leur Procureur, qui a conclu à ce qu'en adhérant aux fins & concluſions des intimez, il plut à la Cour recevoir les Parties intervenantes en la Cauſe; ayant égard à leur intervention & y faiſant droit, mettre l'appellation au neant , avec amende & dépens; ſi non, & au cas qu'il lui plairoit évoquer le principal, & y faiſant droit, ſans s'arrêter à ladite donation qui ſera declarée nulle & de nul effet, en conſequence adjuger tant à ſes Parties qu'aux Intimez ladite ſucceſſion , pareillement avec dépens.

Ouï BOURCIER de Villers pour notre Procureur General, lequel aprés avoir déduit le fait & les moyens reſpectifs des Parties, a eſtimé y avoir lieu de recevoir les Parties de Me Chardin intervenantes en la Cauſe; ayant égard à leur intervention, & y faiſant droit, mettre l'appellation , & ce dont eſt appel, au neant; émendant, évoquant le principal , & y faiſant pareil- reillement droit, déclarer la donation faite par défunte Nicole

Harmant

nulle & de nul effet & valeur; & en confequence adjuger aux Parties de Maîtres Prugnon & Chardin la fucceffion mobiliaire & immobiliaire de ladite Nicole Harmand; condamner celles de Maître Thiebault de leur en reprefenter les effets, enfemble tous les titres, papiers, & documents qui les concernent, & par ferment, fauf à informer du récelé; ordonner neanmoins, que fur lefdits effets, il en fera pris une fomme de fept mille francs, qui fera délivrée aux Parties de Maitre Thiebault, à charge par elles d'executer les difpofitions pieufes faites par ladite défunte, à la participation de Monfieur le Procureur General, & de celle defdites heritiers; ce qu'ils feront tenus de déclarer dans le mois.

Et aprés que la Caufe a été plaidée pendant cinq Audiances.

LA COUR a reçû les Parties de Chardin intervenantes en la Caufe; & faifant droit fur leur intervention, a mis l'appellation, & ce dont a été appelle, au neant; émendant, évoquant le principal, & y faifant pareillement droit, a déclaré l'Acte en forme de donation, du 15 Juin 1703, nul, & de nul effet & valeur; & en confequence a adjugé aux Parties de Prugnon & Chardin, la fucceffion mobiliaire & immobiliaire de défunte Nicolle Harmand; condamne celles de Thiebault de leur remettre par ferment tous les effets de ladite fucceffion; enfemble les titres, papiers, enfeignemens & documents qui la concernent, fauf à informer du recelé; ordonne néanmoins, que defdits effets, les Parties de Thiebault retiendront pardevers elles une fomme de fix mille francs, pour l'exécution des legs pieux & fondations, portez par ladite donation, autres que les dix écus léguez à la fervante, qui demeureront à la charge des heritiers, au cas que lefdites Parties de Thiebault voudroient bien s'en charger, ce qu'elles feront tenües d'opter dans le mois; fi non, & à faute de ce, & aprés ledit temps paffé, fera fait un fond defdits fix mille francs, par les heritiers, & à la participation du Procureur General; dont le revenu fera employé en œuvres pies, & celebrations de Meffes, conformément à l'intention de ladite défunte Nicole Harmand; a compenfé les fruits & joüiffance de fes biens avec les frais funéraux, tous dépens entre les Parties compensez; les coût & frais du present Arreſt à prendre ſur les effets de ladite ſucceſſion. FAIT à Nancy, ledit jour 26 Juillet 1706.

A R R E S T,

Qui juge de même pareille Queſtion.

Du 23 Janvier 1708.

ENTRE Jean-Charles Viriot, à cauſe de Jeanne-Marie Boiſlé ſa femme; Anne Boiſlé, fille majeure, demeurans à Mircourt, en qualité d'heritiers maternels de Dame Charlotte-Chriſtine Willaume, veuve du Sieur Jean d'Enquenat, vivant Chevalier Seigneur de Milliers, Baillif de la Ville d'Epinal; Appellans d'une Sentence renduë par les Juges du Bailliage de la même Ville le 25 Juin de l'année derniere 1707, par laquelle, ſur la demande formée par les Appellans, & Demandeurs originaires en la qualité qu'ils agiſſent, les Parties auroient été appointées à mettre, ſuivant les fins de leur Requête, & Exploit libellé de Gillot Huiſſier audit Bailliage d'Epinal, du 2 Juillet ſuivant, controllé au Bureau du même lieu, le même jour; comparans par André & Chaſſel, leur Avocat & Procureur, d'une part.

Et les Prieure & Religieuſes du Couvent de l'Annonciade celeſte de la Ville d'Epinal, Intimées, par Maîtres Thiebaut & Wary leurs Avocat & Procureur, d'autre.

Et encore entre Meſſire Charles Canon, Baron du S. Empire, Conſeiller d'Etat de S. A. R. Marquis de Ville-ſur-Yon, Demandeur en intervention, ſuivant les fins de ſes Requête & Exploit de l'Huiſſier Urlin, du 10 Decembre dernier, ſignifiez aux Procureurs des Parties, & pour ce non controllé; par Me Pierre Paul & Claude Chevrier, ſes Avocat & Procureur, d'une part.

Et leſdites Prieure & Religieuſes, Jean Charles Viriot, & Anne Boiſlé Défendeurs, d'autre.

Et encore entre Philippe Haye, dit la Sonde, Chirurgien demeurant à Mircourt, à cause d'Anne Mengin sa femme ; Jean Jammaire Tanneur demeurant au même lieu, à cause de Claude-Catherine Mengin sa femme ; Jean-Claude Michel & Philippe Barbier, fils & representans Gabrielle Mengin, femme de Michel Barbier, leur mere, & Nicolas Grandjean, Cordonnier Bourgeois de Mircourt, tous en qualité d'heritiers paternels de Dame Charlotte-Christine Willaume veuve du Sieur de Milliers, Demandeurs en intervention, suivant les fins de leur Requête & Exploit de l'Huissier Noël, du 10 du present mois de Janvier, pareillement signifiez aux Procureurs des Parties, representez en copie, pour ce non controllez, par Marcol le Jeune, & Pierre, leur Avocat & Procureur, d'une part.

Et lesdites Prieure & Religieuses, Jean Viriot, Anne Boislé, & ledit sieur Canon, Défendeurs.

Et encore entre le sieur Jean-Louïs de Mille, Ecuyer Seigneur d'Hageville en partie, l'un des Exempts des Gardes du Corps de S. A. R. au nom & comme ayant épousé Dame Barbe-Beatrix Poirson, femme en premieres Noces du sieur Sebastien Thirion, Vivant Major d'un Régiment de Cuirassiers pour le service de S. M. Imperiale, au nom & comme Mere & Tutrice naturelle de Jean-Pierre, & Sebastien-Gabriel Thirion, ses fils mineurs, en qualité d'Heritiers présomptifs du côté paternel, de ladite Dame Willaume de Milliers, pareillement Demandeurs en intervention, suivant les fins de ses Requête & Exploit de l'Huissier Mesny du 23 du present mois de Janvier, signifiez aux Procureurs des Parties, pour ce non controllez, par Mes Thomassin & de France, ses Avocat & Procureur, d'une part.

Et lesdites Religieuses, Viriot, Anne Boislé, le sieur Canon, Philippe Haye, Jean-Jammaire, Jean-Claude Michel, Philippe Barbier, & Nicolas Grandjean, és noms & qualitez qu'ils agissent & procedent, Défendeurs, d'autre; & sans que les qualitez puissent nuire ny préjudicier.

Aprés qu'André pour les Appellans & Défendeurs a conclu à

ce qu'il plût à la Cour, ſans s'arrêter aux interventions formées par les Parties de Marcol & Thomaſſin, deſquelles elles ſeront déboutées avec dépens ; faiſant droit au principal, mettre l'appellation & ce dont eſt appel au néant ; émendant, évoquant le principal, & y faiſant droit, déclarer nulle & de nul effet la donation faite au profit des Intimées, par Dame Charlotte Chriſtine Willaume, au jour de ſon decés veuve du Sieur Jean d'Huguenat de Milliers ; En conſequence, qu'il leur ſera permis de prendre poſſeſſion de la ſucceſſion tant mobiliaire qu'immobiliaire de ladite de Milliers, aux offres qu'ils font d'en acquiter les charges de droit, à l'effet de quoi les Intimées ſeront condamnées de repreſenter, & par ſerment, ce qu'elles ont & détiennent de la ſucceſſion dont s'agit, même les effets qu'elles ont fait tranſporter dans leur monaſtere avant & aprés le decés de ladite Dame de Milliers, ſauf à faire informer du recelé par les voies ordinaires, & même par la voie du monitoire s'il échet ; & condamner les Intimées aux dépens tant des cauſes principale que d'appel.

Ouï Chevrier Avocat du Sieur Canon intervenant, qui a conclu à ce qu'il plût à la Cour le recevoir partie intervenante en la cauſe d'entre les parties ; Ayant égard à ſon intervention, & y faiſant droit, déclarer la donation faite par la Dame Willaume de Milliers au profit des Intimées, nulle ; en conſequence lui permettre de prendre poſſeſſion de la portion qui peut lui obvenir en la ſucceſſion dont s'agit, aux offres d'acquiter ſa part des dettes qui peuvent être à ſa charge ; à l'effet de quoi leſdites Intimées repreſenteront, & par ſerment, & ſauf l'information du recelé, ce qu'elles ont & détiennent provenant de la ſucceſſion, & même ce qu'elles ont fait tranſporter dans leur monaſtere devant & aprés le decés de ladite de Milliers ; & pour l'injuſte conteſtation des Intimées, les condamner aux depens.

Ouï auſſi Marcol le jeune, Avocat deſdits Philippe Haye, dit la Sonde à cauſe d'Anne Mengin ſa femme, Jean Jeammaire à cauſe de Claude Catherine Mengin auſſi ſa femme, Jean Claude Michel & Philippe Barbier, fils & repréſentans Gabrielle Mengin.

leur mere, femme de Michel Barbier leur pere, & Nicolas Grandjean ; qui a supplié la Cour de recevoir pareillement ses Parties
intervenantes en la cause ; ayant égard à leur intervention, & y
faisant droit, ordonner que sans s'arrêter à la prétenduë donation
de ladite Dame Willaume de Milliers, faite au profit des Intimées, laquelle sera déclarée nulle & de nul effet & valeur, la
succession de ladite Dame sera partagée comme *ab intestat* ; à
l'effet de quoi tous les titres, papiers, enseignemens & documens,
& les effets en dépendans, seront representez, si non le prix ; &
les intimées condamnées aux dépens de l'intervention.

Ouï pareillement Thomassin pour le Sieur Jean Louis de Misle
en la qualité qu'il agit, qui a demandé d'être reçû partie intervenante en la cause ; Ayant égard à son intervention, & y faisant
droit, mettre l'appellation & ce dont est appel au néant ; émendant, évoquant le principal, & y faisant droit, déclarer la prétenduë donation dont est question, nulle & de nul effet ; en consequence, ordonner que la succession tant mobiliaire qu'immobiliaire de ladite Dame Willaume de Milliers sera partagée *ab
intestat* entre ses héritiers, pour telle part & portion qui appartient à chacun d'iceux, le tout sans préjudice de ce qui est dû ausdits Sieurs Thirion pour la succession.

Et Thiebault Avocat des Intimées, qui a conclu à ce qu'il plût
à la Cour mettre l'appellation au néant, avec amende & depens ;
si non & au cas qu'il plairoit à la Cour prononcer autrement, &
évoquant le principal, ce qu'il laisse à sa prudence, y faisant droit,
sans s'arrêter aux interventions des parties de Mes Marcol & Thomassin, se disant parens paternels, déclarer les offres faites en
plaidant de la part des Prieure & Religieuses du Convent de l'Annonciade celeste d'Epinal ses parties, de vouloir bien, conformément à l'Acte de donation dont s'agit, recevoir *gratis* à profession dans leur monastere une des filles dudit Viriot, ou d'autres
parens de ladite Dame de Milliers ; de payer en outre audit Viriot à cause de sa femme, à Damoiselle Anne Boislé, & aux parens paternels qui sont pauvres, telle somme en deniers que la
Cour jugera à propos, eu égard au degré de pauvreté de chacun

d’iceux ; de reconnoître Monſieur Canon pour héritier de leur fondatrice , & de le faire jouïr , ſes enfans & deſcendans , des priviléges & prérogatives des fondateurs ; ordonner que ledit Acte de donation ſera exécuté pour le ſurplus ſelon ſa forme & teneur, aux offres d’employer les deniers qui en proviendront, à la conſtruction de leur monaſtere ; & pour la conteſtation condamner leſdits Appellans & intervenans aux depens.

La Cauſe ayant été plaidée pendant ſept audiances.

Ouï BOURCIER DE VILLERS pour le Procureur Général, qui a eſtimé y avoir lieu de recevoir les Parties de Mes Chevrier, Marcol & Thomaſſin intervenantes ; Ayant égard à leur intervention, mettre l’appellation & ce dont eſt appel au néant ; émendant , évoquant le principal , & y faiſant droit , déclarer l’Acte en forme de donation univerſelle du 19 Mars dernier , & tous autres qui ſont enſuivis , nuls & de nul effet & valeur ; ce faiſant, adjuger aux parties de Mes André, Chevrier, Marcol & Thomaſſin, les effets tant mobiliaires qu’immobiliaires de la ſucceſſion de la Dame de Milliers, chacun pour telle part & portion qu’ils ſont héritiers, & ſuivant les coutumes dans leſquelles leſdits biens ſe trouveront être ſituez ; à l’effet de quoi les parties de Me Thiebault leur rendront compte , & par ſerment , de tout ce qu’elles ont touché deſdits immeubles de ladite ſucceſſion : à charge neanmoins qu’il leur ſera adjugé une ſomme de quinze mil francs, ou telle autre ſomme qu’il plaira à la Cour d’arbitrer, pour acquiter les charges & donations pieuſes portées par la donation dont il s’agit.

LA COUR a reçu les parties de Chevrier, Marcol & Thomaſſin, intervenantes en l’inſtance : ayant égard à leur intervention, & faiſant droit ſur l’appel interjetté par les parties d’André , a mis l’appellation & Sentence dont eſt appel au néant ; émendant , évoquant le principal , & y faiſant droit , a déclaré la donation univerſelle faite par ladite Charlotte-Chriſtine Willaume au profit des Parties de Thiebault le 19 Mars dernier , nulle & de nul effet & valeur ; & en conſequence a permis aux Parties defdits André, Chevrier, Marcol & Thomaffin, fans que lefdites qualitez par elles prifes puiffent leur nuire ni préjudicier entre elles, d'entrer chacun en droit foi en poffeffion des biens par elle délaiffez: ordonne à cet effet, que les Parties de Thiebault leur reftitueront, & par ferment, fauf à informer du recelé, tous les meubles & effets mobiliaires, titres, papiers, & enfeignemens de la fucceffion de ladite Willaume, dont elles font faifies; en leur rembourfant neanmoins toutes les dépenfes qu'elles fe trouveront avoir faites à l'occafion des frais funeraux de ladite Willaume, & les autres fommes qu'elles auront payées à l'acquit de fa fucceffion; & à charge de leur délivrer une fomme de quatre mil francs, pour être employée par leurs foins aux retributions de quatre mille meffes qu'elles feront tenuës de faire celebrer, conformément aux difpofitions faites à cet égard par ladite Willaume; une autre fomme de cinq mille cinq cent francs, pour fervir à l'entrée d'une fille parente de ladite défunte dans leur maifon, pour y être reçuë à faire profeffion en qualité de Religieufe de chœur, au cas qu'elle s'en rendroit digne, fans qu'à l'occafion de fes entrée, vêture, ameublement, & penfion pendant les années de probation & de noviciat, elles puiffent prétendre plus grande fomme; & au cas qu'il ne s'y rencontreroit aucune parente de ladite Willaume dans la difpofition de ce faire, fera la même fomme employée à l'entrée, dot & profeffion dans leur maifon, d'une autre fille de la ville d'Epinal, qui leur fera prefentée par les parens de ladite défunte; & à charge que fi après l'entrée & vêture de l'une ou de l'autre defdites filles, elle en fortoit fans y faire profeffion, les Parties dudit Thiebault feront tenuës d'en recevoir une autre fur la prefentation defdits parens, en leur payant feulement une fomme de mil francs par forme d'indemnité des dépenfes qu'elles auroient fouffertes, à l'occafion des entrée, penfion, & vêture de celle qui en feroit fortie; & encore une autre fomme de fept mil francs par forme de difpofition pieufe de ladite Willaume en leur faveur, pour être employée à la conftruction des bâtimens reguliers de leur monaftere; & à charge de réciter journellement le pfalme *De profundis,* qu'elle avoit ordonné par l'Acte dudit jour 19 Mars : demeureront en outre aux Parties dudit Thiebault les fruits & revenus qu'elles peuvent avoir reçu des biens de ladite défunte, en tenant compte aux appellans & intervenans, pour raison d'iceux, d'une somme de sept cens francs, le surplus demeurant compensé avec ce qu'elles peuvent lui avoir fourni ou fait fournir pour ses nourriture, entretretien & medicamens, depuis ledit jour 19 Mars jusqu'à son decés, & avec les frais qu'elles peuvent en avoir fait pour la recolte d'iceux ; sans dépens entre les parties : les frais & coût du présent Arrêt à prendre sur les effets de ladite succession. F A I T à Nancy ledit jour vingt-trois Janvier mil sept cens huit.

A R R E S T.

Qui ordonne qu'une Distribution de Legs pieux sera faite aux pauvres Parens du Testateur.

Du 19. Août 1706.

ENTRE Mᵉ Pierre François Loyal, Procureur au Bailliage de Nancy, en qualité de curateur établi à la lite aux pauvres légataires du Testament de défunt le Sieur Louis Coquet, appellant d'une Sentence renduë au Bailliage de cette Ville le sixiéme du present mois d'Août, par laquelle tant sur les demandes principales qu'en intervention, les parties ont été appointées en droit à écrire, produire, contredire, & sauver de huitaine à autre, suivant les fins de sa requête du même jour sixiéme Août, & assignation donnée le même jour par Cordier huissier à la Cour, controllée à Nancy le sept par Francœur, comparans par Mᵉˢ Drouville & Pierre, ses Avocat & Procureur d'une part.

Et Mᵉ Joseph Renauldin, Procureur au Bailliage de Nancy, &
Gabriel

Gabriel Roidot, Marchand bourgeois de cette ville, tous deux en qualité d'exécuteurs testamentaires dudit défunt Sieur Coquet, comparans par Mes Abram & Gentot, leurs Avocat & Procureur.

Me Louis Roidot Prêtre Curé de Tonnois, Me Albert Roidot Chanoine de l'Eglise de Bouxieres aux Dames, comparans par Mes Thiebault & Chaffel, leurs Avocat & Procureur.

Me Joseph Ottin, Avocat à la Cour, Charles, Jean & Marie Arnould, enfans de défunt François Arnould & de Marie Roidot, leur pere & mere ; Nicolas Laliere à cause de Jeanne Roidot sa femme, Gabriel Gabriel, Marchand Tanneur, Bourgeois de S. Nicolas ; Louis-Nicolas Gabriel, Chirurgien audit lieu ; Erard Oymé à cause de Françoise Roidot sa femme, tous heritiers & pauvres parens de la succession du Sieur Coquet du côté maternel, comparans par Mes Aubertin & Chaffel, leurs Avocat & Procureur.

Aubin Foucheneret, demeurant à Léry Duché de Bourgogne, à cause de Catherine Coquet sa femme, & ses enfans, comparans par Mes Guyot l'aîné & Pecheur, ses Avocat & Procureur.

Thomas Maillard Maître Chirurgien demeurant à Salins, à cause d'Anne Bauchette sa femme, & ses enfans, ladite Bauchette fille de Blaise Bauchette & Marie Coquet ses pere & mere aussi dudit Léry, parente du côté paternel audit défunt Sieur Coquet, comparans par Mes Breton & Pecheur, ses Avocat & Procureur.

Et Me Jean-François Chardin, Avocat en la Cour, en qualité de Curateur en titre, & en cette qualité aux heritiers absens & inconnus dudit défunt Sieur Coquet, tous Intimez d'autre part.

Et encore entre les pauvres de la paroisse de Varangéville, & de S. Nicolas son annexe, Demandeurs en intervention aux fins de la Requête par eux présentée à la Cour le 13 de ce mois, signifiée le 17 par Gerard huissier à la Cour, controllée le même jour par Francœur, tendante à ce qu'il plaise à la Cour les recevoir Parties intervenantes en la cause d'entre les executeurs testamentaires, ledit Me Loyal en la qualité qu'ils agissent, & les autres Parties ci-dessus nommées: ayant égard à leur intervention, y faisant droit, ordonner que la somme qui sera destinée pour les pauvres étrangers de la famille dudit Sieur Coquet, fera mife entre les mains du Curé de S. Nicolas, pour être diftribuée aux Demandeurs, à la participation du Subftitut de Monfieur le Procureur General fur les lieux, & condamner les conteftans aux dépens; comparans par Mᵉˢ Dumas & Wary, leurs Avocat & Procureur, d'une part.

Et lefdits Mᵉˢ Loyal, Renauldin, & Roidot, en la qualité qu'ils agiffent, lefdits Sieurs Roidot, Ottin, Gabriel, Fonchencret, & Maillard, & autres dénommez ci-deffus, Défendeurs fur l'intervention, d'autre part.

Drouville Avocat de l'Appellant à conclu à ce qu'il plaife à la Cour mettre l'appellation & Sentence dont eft appel au néant; émendant, évoquant, le principal, & y faifant droit, ordonner que le Teftament dudit défunt Sieur Coquet fera executé felon fa forme & teneur; ce faifant, qu'aprés les Legs particuliers y contenus, délivrez; le furplus des biens dudit défunt Sieur Coquet fera partagé conformément à la volonté du Teftateur, & délivré par les executeurs teftamentaires aux pauvres de cette ville, à la participation du Subftitut de Monfieur le Procureur General; & en cas de conteftation, les Intimez condamnez aux dépens, tant de caufes principale que d'appel.

Ouï Abram Avocat defdits Renauldin & Roidot executeurs teftamentaires, qui a déclaré fe rapporter à la prudence de la Cour, d'évoquer le principal, ce faifant mettre l'appellation & Sentence dont eft appel au néant; émendant, qu'aprés l'exécution du Teftament en ce qui concerne les Legs particuliers y énoncez, le furplus des biens dudit Sieur Coquet portez en l'inventaire qu'ils en ont fait faire, fera par eux diftribué conformément à l'intention du Teftateur, à la participation de Monfieur le Procureur General, ou de l'un de fes Subftituts, & aux offres d'en rendre compte par tel commiffaire qu'il plaira à la Cour nommer.

Ouï Thiebault pour lefdits Sieurs Louis & Albert Roidot, qui a infifté à l'évocation du principal, & a conclu à ce que le furplus des biens dudit défunt Sieur Coquet, aprés les Legs & charges acquittées, ſoit délivré aux pauvres parens dudit Sieur défunt, chacun ſelon ſon beſoin & neceſſité, à l'effet de quoi aſſemblée ſera faite, à laquelle les Sieurs Roidot aſſiſteront pour regler la ſomme qui ſera délivrée à chacun des pauvres parens.

Ouï Aubertin pour leſdits Ottin, Arnould, Gabriel, & conſors, pauvres parens du côté maternel, qui a conſenti à l'évocation du principal, & a conclu à ce que la ſucceſſion dudit défunt leur ſoit adjugée, aprés les Legs & charges payées, avec dépens.

Ouï Guyot pour leſdits Foncheneret, qui aprés avoir conſenti à l'évocation du principal, a conclu à ce que la ſucceſſion dudit défunt leur ſoit adjugée.

Ouï Breton pour Maillard, qui a conſenti à l'évocation du principal, & a conclu à ce que la ſucceſſion lui fût adjugée pour les deux tiers.

Chardin en ſa qualité de curateur en titre, qui a déclaré ſe rapporter à la prudence de la Cour d'adjuger le ſurplus de la ſucceſſion dudit défunt à qui elle jugeroit à propos.

Ouï Dumas pour les pauvres de Varangéville & S. Nicolas, qui a perſiſté aux concluſions de ſa Requête en intervention, énoncées d'autre part.

Sans que les qualitez puiſſent nuire ni préjudicier aux Parties:

Ouï auſſi BOURCIER DE VILLERS, pour le Procureur General, qui a eſtimé y avoir lieu de recevoir leſdits pauvres de S. Nicolas & de Varangéville Parties de Dumas, intervenantes en la cauſe ; & faiſant droit ſur leur intervention, enſemble ſur l'appel principal, mettre l'appellation & ce dont eſt appel au neant ; émendant, évoquant le principal, & y faiſant droit, ordonner que le Teſtament de feu le Sieur Coquet ſera executé ; ce faiſant qu'il ſera ſatisfait aux Legs pieux ordonnez par icelui, ſi ja n'eſt fait ; & en conſequence, que les executeurs du Teſtament rendront compte de leur exécution pardevant tel commiſſaire qu'il plaira à la Cour de nommer, & que les deniers provenans du reliquat d'icelui, ſeront diſtribuez, ſçavoir la moitié aux pauvres parens des lignes paternelle & maternelle dudit Sieur Coquet ; un quart aux pauvres de la paroiſſe de Varangéville & de S. Nicolas, & l'autre quart aux pauvres de la paroiſſe de S. Sebaſtien de Nancy, à la participation neanmoins du Subſtitut de Monſieur le Procureur General.

LA COUR a reçu les Parties de Dumas parties intervenantes en la cauſe ; & faiſant droit ſur leur intervention, enſemble ſur les appellations principales & incidentes, a mis les appellations & ce dont eſt appel au neant ; émendant, évoquant le principal, & y faiſant droit, ordonne qu'aprés que les charges, donations & legs particuliers ordonnez par le Teſtament de feu le Sieur Louis Coquet ſeront acquitez, le quart du ſurplus de ſes biens ſera diſtribué à ſes pauvres parens paternels, un autre quart à ſes pauvres parens néceſſiteux de la ligne maternelle, autres neanmoins que ceux auſquels par ledit Teſtament il aura été fait des Legs particuliers ; un troiſiéme quart aux pauvres de la paroiſſe de Varangéville & de S. Nicolas, & l'autre quart aux pauvres des paroiſſes de cette ville, & le tout à la diſcrétion, honneur & conſcience des executeurs dudit Teſtament, & à la participation du Procureur General de S. A. R. tous dépens entre les Parties compenſez, à la réſerve de ceux faits par leſdits exécuteurs, qu'ils pourront employer dans la dépenſe du compte qu'ils rendront de ladite execution pardevant le Sieur Rutant Conſeiller, qu'elle a commis pour recevoir ledit compte aprés ladite execution remplie. FAIT à Nancy ledit jour dix-neuf Août mil ſept cens ſix.

ARREST,

Qui décide qu'une Cure réguliere dés ſon origine, ne devient pas ſeculiere pour avoir été poſſedée par un Prêtre ſeculier, même pendant plus de qua-

rante ans, à moins qu'il n'y ait trois titulaires seculiers consecutifs, pendant ledit temps.

Du 9 Juin 1707.

ENTRE Me Nicolas Gerard, Prêtre du Diocese de Verdun, prétendant droit à la Cure de S. Maurice sous les cô-
tes, & ses annexes, opposant suivant les fins de son Acte
du 16 Fevrier 1707, signifié le même jour, representé en copie
non controllée, à l'exécution de l'Arrêt de la Cour du 22 du même mois, qui a permis au Défendeur ci-aprés nommé, de prendre possession de ladite Cure ; comparant par Me Jean-François
Paugnon, & Charles Gentot, ses Avocat & Procureur d'une part.

Et Frere Claude Joly, Prêtre, Chanoine regulier de l'ordre de
Premontré, Lecteur en Theologie, pourvû de la même Cure,
Défendeur, comparant par Mes Dominique Mathieu & Joseph
Pierre, ses Avocat & Procureur d'autre part.

Et encore ledit Joly opposant incidemment sur le Barreau à
l'execution de l'Arrêt de la Cour du 15 Decembre 1706, qui a
permis audit Gerard de prendre possession de ladite Cure, d'une
part, & ledit Gerard incidemment Défendeur, d'autre.

Et encore entre ledit Gerard, Demandeur aux fins de sa requête
du 18 Mai dernier, signifiée le même jour, representée en copie
non controllée, à ce qu'il lui soit permis de se pourvoir à l'Officialité de Verdun, pour obtenir Monitoire en forme de droit,
pour avoir revelation de ceux qui ont levé les regîtres & les titres de ladite Cure, d'une part ; & ledit Joly Défendeur, d'autre
part.

Et encore entre Frere Emond Maclot, Prêtre Docteur en
Theologie, Abbé regulier de l'Abbaye de Notre Dame de l'E-
tanche ordre de Premontré, Patron & Curé primitif de ladite Cure, Demandeur en requête à fins d'intervention, du 20 Mai dernier, signifiée le même jour, & adherans aux fins dudit Joly ;
comparant par Me Henry Bousmard, & Christophe Chassel, ses
Avocat & Procureur, d'une part. Et ledit Gerard & Joly Défendeurs, d'autre.

O iij

Et encore entre Meſſire Hyppolite de Bethune , Evêque & Comte de Verdun, Prince du S. Empire, Conſeiller du R. T. C. en ſes Conſeils, Demandeur en requête aux fins d'intervention, du 27 dudit mois de Mai, ſignifiée le même jour, repreſentée en copie, pour ce non controllée, & adherant aux fins dudit Gerard; comparant par Mᵉ Charles-Joſeph Barret, & par ledit Gentot, ſes Avocat & Procureur d'une part. Et ledit Gerard, Joly & Maclot, Defendeurs, d'autre part.

Paugnon pour ledit Gerard, a ſoutenu que la Cure de S. Maurice, du poſſeſſoire de laquelle il s'agit, doit être préſumée ſeculiére ; parce que toute Cure eſt ſeculiere de droit commun : Que le titre de regularité que l'on en repreſente, n'eſt qu'une copie informe, qui ne peut faire aucune foi ; qu'en tout cas, l'union qui a été faite de cette Cure à l'Abbaye de l'Etanche, eſt nulle. 1. Parce qu'il n'y a pas eu d'information *de commodo vel incommodo*. 2. Parce qu'elle ne ſe trouve point enregiſtrée au greffe des inſinuations de l'Officialité de Verdun : Que ces défauts renferment un abus qu'aucun laps de temps n'a pu purger : Que quand cette union eût été valable en ſon principe, elle eſt preſcrite depuis plus d'un ſiécle, par la poſſeſſion des trois derniers titulaires, qui étoient Prêtres ſeculiers ; ce qu'il verifiera par la voie du Monitoire qu'il demande. Que le dernier ayant joui de la Cure pendant ſoixante-trois ans , cela ſuffit pour la preſcription, ſuivant la diſpoſition du chapitre *Cum de beneficio, de præbendis in Sexto.* Et que d'ailleurs le Frere Joly étant moine, il eſt incapable de poſſeder un Benefice-cure , ſuivant la deciſion d'Urbain II. au Concile de Clermont de 1095. & Alexandre III. ᴀu Concile de Latran de 1168. Et par ces conſiderations a concl.. à ce que ſans s'arrêter à l'intervention dudit Maclot, non plus qu'à l'oppoſition incidente dudit Joly, faiſant droit ſur l'oppoſition principale dudit Gerard, l'Arrêt de ce jour 22 Fevrier 1707, fût rapporté, & en conſequence ledit Gerard maintenu & gardé en la poſſeſſion & jouiſſance de la Cure de S. Maurice, & ledit Joly condamné aux dépens ; en tout cas, avant faire droit ſur le tout, lui permettre d'obtenir Monitoire en forme de droit , pour le recouvrement des pieces justificatives de la possession de trois seculiers consecutifs en ladite Cure, depuis 1624, jusqu'en 1706.

Barret pour ledit Sieur Evêque de Verdun, a demandé d'être reçu partie intervenante ; & ayant égard à son intervention, les fins dudit Gerard lui fussent adjugées avec dépens.

Mathieu pour ledit Joly, a soutenu au contraire, que la Cure de S. Maurice est reguliere; qu'elle a été unie en 1277, à l'Abbaye de l'Etanche par Gerard de Granson LXI. Evêque de Verdun, pour être desservie *per unum de Fratribus monasterii*, dont il a representé le titre original, & les institutions des reguliers qui ont possedé cette Cure des années 1280, 1512, 1540, & 1576. Que si en 1624 il y a eu un Prêtre seculier institué pour la Cure de S. Maurice, & le dernier en 1643, la possession intermediaire a été de la part des Religieux de l'Abbaye de l'Etanche, qui ont desservi ladite Cure és années 1640, 1642, & 1643 ; comme il en conste par les piéces qu'il a communiquées, lesquelles doivent faire juger que le Monitoire demandé seroit trés inutile : Qu'il paroît par le titre même, qu'il y a eu information préalable : Que le Greffe des insinuations est une nouveauté, qui n'étoit pas encore en 1277. Et que quand il y auroit quelque défaut dans la forme de l'union, il est des maximes en Droit canonique, que le laps de quatre cens trente années la mettroit à couvert de toutes atteintes, puisque cette union est anterieure au Concile de Constance tenu en 1414, lequel prescrit la forme des unions, & ne permet d'examiner que celles qui avoient été faites depuis le décret de Gregoire XI. & que par le Chapitre 6. de la Session 7. *de reformatione*, du Concile de Trente, il n'est permis aux Evêques de revoir des unions, que celles qui ont précedé le Concile de 40 ans seulement. Que la régularité de cette Cure n'a pas été prescrite par la possession d'un seul seculier, quoi qu'il l'ait possedé pendant plus de 40 ans ; Que le Chapitre *Cum de beneficio*, qui ne dispose que dans le cas du Mandat Apostolique, ne s'entend que d'un benefice dont l'état est incertain, par les possessions differentes des seculiers & des reguliers, & dont le titre ne paroît point, suivant Joannes Andreas, Commentateur du Texte : & qu'au cas particulier, pour prescrire

la propriété d'une Eglise, de l'état de laquelle il confte, il faudroit
trois poffeffions continuës pendant 40 ans, fuivant le Chapitre
Cum Ecclefia Sutrina, extra. de caufa poffeffionis & proprietatis,
dont la jurifprudence des Arrêts a reçû la difpofition : Que les
Cures qui dépendent de l'ordre de Premontré, font à couvert de
la prefcription, par la Bulle de Clement V. Succeffeur médiat de
Boniface VIII. auteur du Chapitre *Cum de beneficio*, puifque cette
Bulle donne la faculté aux Superieurs dudit Ordre de nommer
des reguliers à leurs Benefices aprés le decés des feculiers, toutefois & quantes ils le trouveront à propos ; & qu'un droit faculta-
tif n'eft point prefcriptible. Qu'enfin il convient qu'un moine eft
inhabile à poffeder une Cure ; mais que les Conciles & les Canons qui l'ont décidé, ne s'appliquent point à un Chanoine regulier en general, fuivant le Chapitre *Quod Dei timorem , extra.
de ftatu Monachorum Vincentino Penno* , au livre 3. de l'hiftoi-
re des Chanoines reguliers ; Andreas Vallenfis *de beneficiis* , tit.
26. n. 3. Emanuel Gonzalés fur le titre *de ftatu Monachorum*.
Navarrus fur le titre *prætendis, canone* 9. n. 5. Gratianus difcept.
fol. tit. 1. chap. 123. Garfias, partie 7. chap. 10. n. 20. fuit Fr.
Mœrus, partie 1. de fes décifions, qu. 481. Sylva, *de beneficiis*. 3.
part. qu. 70. Bertachinus *de Epifcopo*. part. 1. liv. 2. qu. 39. Encore
moins un Chanoine regulier Premontré en particulier, fuivant
les Bulles des Papes Honoré II. de 1126. de Clement III. de 1188.
d'Honoré III. de 1217. d'Innocent IV. de 1261, & de Gregoire X.
de 1262. qu'au contraire ils font capables de poffeder des Cures
feculieres, fuivant le même chapitre *Quod Dei timorem*. Panorme fur ce chapitre, Yves de Chartres en fon épitre 93. & le ch.
11. de la Seffion 14. du Concile de Trente. Et par ces raifons a
conclu à ce que fans s'arrêter à l'intervention dudit Sieur Evêque
de Verdun, non plus qu'à l'oppofition principale dudit Gerard,
ni à la Requête du 18 Mai dernier, faifant droit fur l'oppofition
incidente dudit Joly, il fût ordonné que l'Arrêt dudit jour 15
Novembre 1706, fera rapporté, & en confequence ledit Joly
maintenu & gardé en la poffeffion & jouïffance de la Cure de S.
Maurice ; ledit Gerard condamné à la reftitution des fruits qu'il
en a perçus, & aux dépens.   Bouſmard

Bouſmard pour ledit Sieur Abbé de l'Etanche a demandé d'ê-
tre reçu partie intervenante, & qu'ayant égard à ſon intervention, les fins dudit Joly lui fuſſent adjugées, avec dépens.

Ouï BOURCIER DE VILLERS Avocat General, pour le
Procureur General, qui a eſtimé y avoir lieu de recevoir les Parties de Mᶜˢ Barret & Bouſmard intervenantes en la cauſe; enſemble l'oppoſition incidente formée ſur le Barreau par la Partie
de Mathieu; & ſans s'arrêter à l'intervention de la Partie de Barret, non plus qu'à l'oppoſition principale de la Partie de Paugnon; ni à ſa Requête du 18 Mai dernier, ayant égard à l'intervention de la Partie de Bouſmard, & y faiſant droit, ordonner
que ledit Arrêt du 15 Decembre 1706 ſera rapporté; & en conſequence maintenir & garder la Partie de Mathieu en la poſſeſſion
& jouïſſance de la Cure de S. Maurice, neanmoins ſans reſtitution de fruits.

Et aprés que la cauſe a été plaidée pendant ſix Audiances.

LA COUR a reçu les Parties de Barret & de Bouſmard intervenantes en la cauſe, & celle de Mathieu oppoſante à l'exécution de l'Arrêt du 15 Decembre 1706; & ſans s'arrêter à l'intervention de la Partie de Barret, ni à l'oppoſition de celle de Paugnon, & autres fins & concluſions par elle priſes, dont elle eſt de-
boutée; ayant égard aux interventions & oppoſitions des Parties
de Bouſmard & Mathieu, a maintenu & gardé celle de Mathieu
en la poſſeſſion & jouïſſance de la Cure dont il s'agit, ſans reſtitution de fruits; fait défenſe à celle de Paugnon de l'y troubler,
tous dépens entre les parties compenſez. FAIT à Nancy en la
grande Salle du Palais, le 9 Juin 1707.

Signé, VAULTRIN.

ARREST,

Qui a jugé qu'un Prêtre seculier pourvû d'une Cure réguliere, peut la resigner en Cour de Rome en faveur d'un autre Prêtre seculier, sans préjudice du Patron régulier en autre cas.

Du 23 May 1715.

ENTRE Mᵉ Jean-François Hannus Prêtre du Diocese de Toul, pourvû en Cour de Rome de la Cure de Brin à titre de résignation en faveur, Demandeur en opposition par Pecheur son Procureur, suivant les fins de sa Requête du 22 Octobre de l'année derniere 1714, exploit de l'Huissier Gerard, du lendemain 23, controllé à Nancy le même jour par Francœur.

Contre Frere Nicolas de Metz religieux de l'ordre de Prémontré, Prieur de Justemont, soi disant pourvû de la Cure de Brin, par institutions de l'Ordinaire, sur la nomination de l'Abbé de Salival, Défendeur par Pierre son Procureur sur ladite opposition.

Et encore entre ledit Frere Nicolas de Metz, incidemment, Demandeur en opposition à l'Arrêt du 14 Septembre de ladite année, qui a permis audit Hannus de prendre possession de ladite Cure de Brin. Contre ledit Hannus Défendeur sur ladite opposition incidente.

Et encore entre Mᵉ Charles de la Brosse, Prêtre & ancien Curé dudit Brin, demeurant au même lieu, Demandeur en intervention par Bernard son Procureur, suivant les fins de sa Requête du 2 du present mois, exploit de l'Huissier Barlet du même jour, controllé à Nancy le lendemain 3. par led. Francœur. Contre lesd. Hannus & Frere Nicolas de Metz Défendeurs sur l'intervention.

Et encore entre Frere Remy Josnet, Abbé de Salival ordre de Premontré, pareillement Demandeur en intervention, par Chassel son Procureur, suivant les fins de sa Requête du . . . . . exploit de l'Huissier . . . . du . . . . controllé . . . . Contre lesdits Hannus, de Metz & de la Brosse, Défendeurs sur ladite intervention.

Et encore entre Dame Marie Louise de Beauvau, veuve de Messire Louis Marquis de Bassompierre, vivant Marêchal de Lorraine & Barrois; le Sieur Baron de Fournier, l'un & l'autre en qualité de Seigneur & Dame dudit Brin, à eux joints les Maire, Habitans & Communauté dudit Brin, aussi Demandeurs en intervention, par Parmentier leur Procureur, suivant les fins de leur Requête du 9 du present mois; exploit du 11 du même mois fait par Petit Huissier. Contre ledit Hannus, de Metz, la Brosse, & ledit Abbé de Salival, Défendeurs sur ladite intervention.

Hannus Avocat dudit Jean-François Hannus, a conclu à ce qu'il plût à la Cour, sans s'arrêter à l'opposition incidente formée par ledit Frere Nicolas de Metz à l'Arrêt de la Cour, qui permet audit Hannus de prendre possession du temporel de la Cure de Brin dont s'agit, non plus qu'à l'intervention de l'Abbé de Salival, faisant droit sur l'opposition principale dudit Hannus à l'Arrêt sur requête surpris de la religion de la Cour par ledit Frere de Metz le vingt-deux Octobre dernier, qui lui a permis de prendre possession du temporel de la même Cure; il plût à la Cour ordonner que ledit Arrêt sera rapporté, en consequence maintenir & garder ledit Jean-François Hannus en la possession & jouissance du temporel de ladite Cure de Brin, faire défenses audit Frere de Metz & à tous autres de l'y troubler, & pour l'avoir fait le condamner en ses dommages, interêts, & aux dépens.

Ouï Thiebault Avocat dudit de la Brosse, qui a conclu à ce qu'il plût à la Cour lui donner acte de la déclaration qu'il fait, qu'il adhere à l'opposition principale formée par ledit Jean-François Hannus à l'execution de l'Arrêt sur requête surpris de sa religion par Frere Nicolas de Metz; en consequence faisant droit sur ladite opposition, enfemble sur la demande en intervention, sans s'arrêter à celle de l'Abbé de Salival, non plus qu'à l'opposition incidente dudit de Metz, maintenir & garder ledit Jean-François Hannus en la possession & jouïssance du Benefice dont s'agit, & condamner lesdits de Metz & l'Abbé de Salival aux depens.

Ouï pareillement Prugnon Avocat de ladite Dame de Beauvau, dudit Fournier, & des Habitans & Communauté dudit Brin, qui a conclu à ce qu'il plût à la Cour les recevoir Parties intervenantes en la cause, leur donner Acte de ce qu'elles adherent à l'opposition principale dudit Hannus, & demande en intervention dudit Abbé de Salival ; faisant droit sur celles dudit Baron de Fournier, Beauvau & Habitans dudit Brin, maintenir & garder ledit Hannus en la possession & jouïssance de ladite Cure de Brin, & condamner les Deffendeurs aux dépens.

Ouï aussi Drouville Avocat dudit Frere Nicolas de Metz, qui a conclu à ce qu'il plût à la Cour le recevoir opposant à l'Arrêt obtenu par ledit Hannus ledit jour 14 Septembre dernier ; & sans s'arrêter à l'opposition principale dudit Hannus, non plus qu'aux interventions desdits la Brosse, & des Seigneur & Dame & Paroissiens dudit Brin, ayant égard à son opposition incidente, le maintenir & garder en la possession & jouïssance de la Cure de Brin, & condamner tant ledit Hannus que les intervenans aux dépens.

Ouï aussi Marcol Avocat dudit Frere Remy Josnet Abbé de Salival, qui a conclu à ce qu'il plût à la Cour le recevoir Partie intervenante en la cause; & sans s'arrêter à l'opposition dudit Hannus, non plus qu'aux interventions desdits la Brosse, ensemble des Seigneurs & Dame & Paroissiens dudit Brin, ayant égard à son intervention, adjuger audit Frere Nicolas de Metz les fins & conclusions par lui prises, avec dépens.

Ouï pareillement BOURCIER DE VILLERS Avocat General, pour le Procureur General.

Et aprés que la Cause a été plaidée pendant sept grandes Audiances.

LA COUR a ordonné que les pieces seront mises sur le Bureau.

Et du depuis icelles vûes ; La Cour a reçu les interventions des Parties de Marcol , Thiebault & Prugnon , a pareillement reçu les oppositions formées par les Parties de Hannus & Drouville à l'execution des Arrêts par elles respectivement obtenus , par lesquels il leur est permis de prendre possession du temporel dépendant de la Cure de Brin en question ; & sans s'arrêter aux interventions & opposition des Parties de Marcol & Drouville, ayant égard à celles des Parties de Thiebault , Prugnon & Hannus, ordonne que l'Arrêt obtenu par la Partie de Drouville sera rapporté , & en consequence a maintenu & gardé la même Partie de Hannus en la possession & jouïssance du Benefice en question , sans préjudice aux droits de la Partie de Marcol en autre cas , dépens compensez entre toutes les Parties F A I T à Nancy en la grande Salle du Palais , le 23 May 1715.

Signé, V A U L T R I N.

A R R E S T

Qui regle la fourniture d'ornemens à faire par les Décimateurs en l'Eglise de Génaville.
Au rapport de Monsieur de Gondrecourt.

Du 23 May 1708.

V E U par la Cour le Procés d'entre les Doyen, Chanoines & Chapitre de l'Eglise Cathédrale de Metz ; Appellans d'une Sentence renduë au Bailliage de S. Mihiel le 10 Juin 1707, & incidemment Demandeurs suivant les fins de leur Requête du 24 Decembre suivant d'une part. Les Habitans & Communauté de Génaville Intimez & incidemment Défendeurs, d'autre part. Et encore entre les Habitans & Communauté de Génaville , incidemment Demandeurs en sommation suivant les fins de leur Requête du 27 dudit mois de Decembre d'une part. Et Me François Brussaux , Prêtre Curé dudit lieu de

Génaville Défendeurs, d'autre part. Ladite Sentence par laquelle les Appellans Défendeurs originaires sont condamnez à reparer & mettre en état la toiture, portes & vitres de l'Eglise dudit Génaville, d'y fournir des barreaux aux fenêtres où il paroît y en avoir eu d'ancienneté, y fournir en outre quatre chasubles des quatre couleurs ; un missel, à charge de rendre l'ancien ; des aubes, amicts & purificatoires nécessaires, un ciboire & un soleil d'argent, si mieux n'aiment de rendre le prix de ceux qui sont aux Demandeurs,& en consequence abandonner la saisie pour ce jusqu'à concurrénce desdites fournitures & réparations ; renvoyer les Défendeurs du surplus des demandes contre eux formées ; condamner les Défendeurs aux trois quarts des dépens, l'autre compensé. Les piéces sur lesquelles ladite Sentence a été renduë. Acte de la Barre du 13 Août de ladite année 1707, par lequel sur l'Appel, les Parties ont été appointées à fournir griefs & reponses de quinzaine à autre. Griefs fournis par les Appellans. Requête des Habitans & Communauté de Génaville, employée pour reponses à griefs, & contenans production nouvelle. Decret au bas, du 24 Novembre 1707, par lequel la Cour auroit ordonné que la production nouvelle seroit reçuë, pour être contredite & sauvée de trois jours à autre , & donné acte de l'emploi. Requête des Appellans,contenant contredits à production nouvelle ; & aussi leur demande incidente , écritures & production sur icelle ; ladite demande incidente à ce que les Défendeurs en icelle soient condamnez à reparer incessamment l'ouverture qu'ils ont fait au dessus de la grande porte de l'Eglise de Génaville; en consequence ordonner que tant & si long-temps qu'ils n'y auroient satisfait, ils demeureront chargez de l'entretien de la toiture de de la même Eglise. Decret au bas de ladite Requête , dudit jour 24 Decembre 1707 , par lequel la Cour a reçu ladite demande incidente , sur laquelle elle auroit appointé les Parties en droit à écrire, produire, contredire, & sauver de trois jours à autre , & joint ; & a donné Acte de l'emploi. Requête des Habitans de Génaville, employée pour salvations à production nouvelle. Défense sur la demande incidente pour inventaire de production fur la demande en fommation. La Requête des mêmes Habitans dudit jour 27 Decembre 1707, tendante à ce qu'il leur fût permis de faire affigner ledit Mᵉ François Bruffaux, pour fe voir condamner à faire ceffer la demande incidente des Appellans, fi non & à faute de ce, le condamner à faire reparer la meurtriére qui étoit au deffus de la porte de ladite Eglife, qu'il a démoli & fait démolir, & aux depens, tant en demandant, défendant, que de la fommation. L'Acte de la Barre intervenu fur ladite demande du 14 Janvier dernier, par lequel les Parties ont été appointées en droit, & joint à l'inftance principale. Inventaire de production, fourni par ledit Bruffaux. Contredits des Habitans. Requête des Appellans fervant de falvation & de production nouvelle, reçûë par ordonnance du 28 Avril dernier. Contredits des Habitans; Salvations des Appellans; autres Salvations du Défendeur en fommation. Conclufions du Procureur General. Les Pieces & productions des Parties au contenu de l'inventaire du Procés. Acte fignifié, portant que ledit procés étoit diftribué au Sieur de Gondrecourt Confeiller : Tout vû & confideré.

LA COUR a mis l'appellation & Sentence dont a été appellé au neant; émendant, a condamné, les Appellans, fuivant leurs offres, de fournir aux Intimez les chafubles des quatre couleurs, qui leur ont été demandées, le calice avec fa patene, un miffel neuf en rendant le vieil, lorfqu'il fera hors d'état de fervice, & de faire reparer les toitures & vitres de la nef, fi jà n'eft fait ; les a condamné en outre de faire mettre des barreaux aux fenêtres de ladite Eglife, aufquelles il paroît y en avoir eu ci-devant, & des portes avec des ferrures & garnitures aux deux porteries des collateraux, où il y avoit anciennement ; la porte principale de l'Eglife, avec le tambour ou abris demandé par les paroiffiens, demeurans à leurs charges : & avant faire droit fur la demande des Intimez, concernant la fourniture du ciboire, foleil, aubes, amicts, ceintures, & purificatoires ; ordonne qu'ils feront preuve pardevant le commiffaire rapporteur trouvé fur les lieux, que par l'ufage obfervé dans l'Archiprêtrie de Hattrife, les gros Dé-

cimateurs font obligez aufdites fournitures , fauf la preuve contraire : & en ce qui concerne la demande incidente des Appellans , & celle en fommation des Intimez, ordonne que la meur-
triere dont s'agit , fera rétablie aux frais dudit Bruffaux pour les
deux tiers , & les Intimez pour l'autre tiers , fi mieux n'aime ledit Bruffaux fournir feul les matereaux & frais neceffaires audit
rétabliffement , en faifant par les Intimez toutes les voitures neceffaires à cet effet ; & cependant par provifion , & fans préjudice aux droits des Parties , a fait main-levée aux Appellans des effets fur eux faifis , & les a condamné au quart des dépens, tant
des caufes principale , que d'appel , & aux épices & coût du prefent Arrêt ; compenfe un quart des dépens, referve l'autre moitié jufqu'aprés la décifion des chefs interloquez , les dépens de la
demande incidente & en fommation , demeurans à la charge
dudit Bruffaux envers toutes les Parties. Fait en la Chambre du
Confeil à Nancy le 23 May 1708. *Signé ,* Vaultrin.

ARREST,

Qui juge que les Dixmes infeodées ne font affectées
aux reparations d'Eglife, qu'en cas d'infuffifance
des Ecclefiaftiques, & que les Dixmes infeodées
attachées au fief acheté par des gens d'Eglife, ne
changent point de nature.
Au rapport de Monfieur d'Hoffelize.

Du 26 Mars 1709.

VEU par la Cour l'Inftance d'entre les Prieur, Chanoines
reguliers de Perrey fous Montfort, ordre de Prémontré,
Appellans d'une Sentence renduë au Bailliage de Vofges
le 21 Juin 1706, d'une part ; les Habitans & Communauté de
Mandre fur Verre, Frere Claude Bertignon Chanoine regulier
dudit

dudit Ordre de Prémontré, Curé dudit Mandre ; le Sieur Brisacier, Abbé commendataire de l'Abbaye de Flabémont Ordre de
Prémontré ; & le Sieur Philippe de Chaluet Ecuyer, Seigneur en
partie dudit Mandre, tous décimateurs dud. lieu, Intimez, d'autre part. Et encore entre ledit Sr Abbé de Flabémont, Demandeur
incidemment, suivant les fins de sa Requête du 25 May 1707,
d'une part ; Et lesdits Prieur & Religieux de Perrey sous Montfort, Défendeurs, d'autre part. Ladite Sentence, laquelle
faisant droit sur la Requête desdits Habitans & Communauté de
Mandre Demandeurs, condamne ledit Sieur de Brisacier de
son consentement, & lesdits Prieur & Religieux de Perrey, de
faire proceder conjointement & incessamment aux réparations
de l'Eglise de Mandre, qui sont à la charge des Decimateurs, &
ce à proportion des dixmes qui leur appartiennent en ladite Paroisse ; renvoye quant à present lesdits Bertignon & de Chaluet ;
condamne lesdits Prieur & Religieux de Perrey aux dépens envers toutes les Parties, à la réserve dudit de Brisacier, qui demeurent compensez. Les Piéces sur lesquelles ladite Sentence a été
renduë. Ladite Requête tendante à ce que les Prieur & Religieux
de Perrey, Appellans & Défendeurs, soient condamnez à contribuer à la pension congruë du Curé dudit lieu, à la même proportion qu'ils prennent dans les dixmes, tant pour le passé depuis
le temps que le Curé a fait son option de pension congruë, que
pour l'avenir ; & à tous dépens, dommages & interêts. L'Appointement pris à la Barre, du 20 Novembre 1706. Autre Appointement du 9 Avril 1707, à fournir griefs & réponses. Le Decret au
bas de ladite Requête dudit Abbé de Flabémont, dudit jour 25
May suivant, qui auroit reçu la demande incidente, & sur icelle
les Parties appointées en droit à écrire, produire, contredire, &
sauver de huitaine à autre, & joint. Griefs fournis par les Appellans. Réponses à griefs des Habitans de Mandre. Requête dudit
Abbé de Flabémont, servant de réponses à griefs, & contenant
sadite demande incidente. Autres Réponses à griefs dudit Sieur
de Chaluet. Réponses à grief dudit Me Bertignon. Requête des
Appellans, servant de défenses à la demande incidente signifiée

Q

le 12 du preſent mois de Mars 1709. Concluſions du Procureur General. Les Piéces & Productions des Parties au contenu de l'Inventaire du Procés. Acte ſignifié portant que ledit Procés étoit
diſtribué au Sieur de Hoffelize Conſeiller. Tout vû & conſideré :

LA COUR, ſans s'arrêter à la demande incidente de l'Abbé de Flabémont, faiſant droit ſur l'appel interjetté par les Prieur
& Religieux de Parey ſous Montfort, a mis l'appellation, & Sentence dont a été appellé au néant ; émendant, a condamné ledit
Abbé de Flabémont de faire travailler inceſſamment aux réparations de l'Egliſe ſituée au Village de Mandre, qui ſont à la charge
des Décimateurs ; & en cas d'inſuffiſance ſeulement, a condamné ſubſidiairement leſdits Prieur & Religieux de Parcy, enſemble
le Sieur de Chaluet, auſdites réparations : & quant à preſent, a
renvoyé ledit Bertignon de la demande , & condamné en outre
ledit Abbé de Flabémont en tous les dépens envers les Habitans
& Communauté de Mandre, leſdits Bertignon & Chaluet ; ceux
faits entre ledit Abbé & les Prieur & Religieux compenſez. FAIT
& jugé à Nancy en la Chambre du Conſeil le 26 Mars 1709.
Signé, VAUTRIN.

ARREST,

Qui juge que la conſtruction & réparation des Lambris des Nefs des Egliſes Paroiſſiales, ſe doit régler
ſur l'uſage general du Dioceſe où l'Egliſe eſt ſituée.

Du 4 Septembre 1704.

ENTRE les Habitans & Communauté de Chaſtillon, Appellans d'une Sentence renduë au Bailliage d'Eſtain le ....
qui renvoye les Intimez ci-aprés nommez, de leur deman-

de, d'une part ; les Doyen, Chanoines & Chapitre de la Madelaine de Verdun, Intimez, d'autre part.

Protin pour les Appellans, a conclu en son appel. Abram le
jeune pour les Intimez, a soutenu le bien jugé.

Ouï BOURCIER DE VILLERS Avocat General, pour le Procureur General, qui a dit que la décision de cette Cause ne dépendoit que d'une seule question de droit, sçavoir, si la construction d'une voûte ou lambris dans la Nef d'une Eglise Paroissiale
du Diocese de Verdun, devoit être à la charge des Paroissiens ou
des Décimateurs de la Paroisse ; & aprés avoir fait recit du fait &
de la procedure ; qu'il estimoit que cette question devoit se décider par les maximes du droit commun de l'Eglise, suivant lequel
les Décimateurs étoient chargez des réparations & entretien des
Paroisses dans l'étenduë desquelles ils percevoient les dixmes, à
moins qu'ils ne justifiassent d'un usage immémorial au contraire.
Et comme les Intimez en la Cause mettoient en fait & offroient
de justifier que par l'usage immémorial du Diocese de Verdun, les
Paroissiens avoient toujours été chargez de la construction & réparation des voûtes ou lambris de leurs Paroisses ; il y avoit lieu,
avant faire droit sur l'Appel, appointer les Intimez à faire preuve
que par l'usage general & immemorial du Diocese de Verdun,
les constructions & reparations des voûtes ou lambris de la nef
des Paroisses avoient toujours été aux charges des Paroissiens, sauf
la preuve contraire ; & cependant par provision condamner les
Intimez à la construction du lambris dont il s'agit, conformément aux Ordonnances de M. l'Evêque de Verdun. Enjoint au
Substitut sur les lieux de tenir la main à l'execution de l'Arrêt.

LA COUR ordonne, avant faire droit, que les Parties d'A-
bram feront preuve pardevant le Sieur de Nay Conseiller, que
par l'usage general du Diocese de Verdun, observé de temps immemorial audit Diocese, les Habitans sont tenus des constructions & réparations que le Sieur Evêque, ou son Grand Vicaire
ordonnent dans le cours de leurs visites être faites aux voûtes &
lambris des Nefs desdites Paroisses. Permis aux Parties de Protin

de faire preuve contraire ; & cependant par proviſion ordonne
qu'il ſera inceſſamment travaillé à la conſtruction du lambris en
queſtion, & que les deniers neceſſaires à cet effet ſeront avancez
par leſdites Parties d'Abram, & mis entre les mains du Procureur de S. A. R. au Bailliage d'Etain, pour y être inceſſamment
travaillé à ſa diligence, ſur les marchez qui en ſeront faits au ra-
bais, aprés les publications ordinaires, ſauf à récuperer leſdits deniers, s'il échet ; & à faute par les Parties d'Abram de lui fournir
leſdits deniers, permis à lui d'en emprunter en ſuffiſance à l'effet
deſdits ouvrages, pour le rembourſement deſquels, & des interêts
qui en ſeront dûs, le Creancier qui en aura fait le prêt, ſera preferé
ſur les fruits des Dixmes de ladite Paroiſſe ; dépens remis. Fait en
la Chambre du Conſeil à Nancy, le 4 Septembre 1714. *Signé*,
V**AUTRIN**.

A R R E S T,

Qui a jugé que les Décimateurs ſont tenus de contribuer à la reédification ou conſtruction
d'une nouvelle Egliſe.

Du 25 May 1705.

E**NTRE** les Superieur & Prêtres de la Congregation de la
Miſſion du Seminaire de Toul ; les Doyen, Chanoines &
Chapitre de la Primatiale de Lorraine, & les Officiers de
la Congregation de Notre-Dame, érigée au Collége des Peres Jé-
ſuites de Nancy, Décimateurs du Ban de Foug, Appellans d'une
Sentence renduë au Bailliage de S. Mihiel le 12 Fevrier 1704, par
laquelle ſur la demande les Intimez cy-aprés nommez, à ce que
leſdits Appellans ſoient condamnez ſolidairement à contribuer
pour un tiers à la ſomme de vingt-deux mille fr. pour la conſtruction d'une nouvelle Egliſe Paroiſſiale audit lieu, de l'entretien

de laquelle ils feroient tenus, comme ils l'étoient de l'ancienne ;
les Parties auroient été appointées à mettre dans trois jours, dépens réfervez ; Demandeurs en évocation du principal, & anti-
cipez, d'une part. Et les Maîtres Echevin, Echevins, Habitans
& Communauté du Bourg de Foug, Intimez, Anticipans & Défendeurs fur l'évocation du principal, d'autre part. Et encore entre lefdits Officiers de la Congregation Notre-Dame, Demandeurs incidemment fur le Barreau, & en fommation, d'une part.

De Thomerot pour lefd. Superieur & Prêtres de la Miffion, a
conclu à ce qu'il plaife à la Cour mettre l'appellation & ce dont
eft appel au néant ; émendant, évoquant le principal, & y faifant droit, déclarer les intimez non recevables, en tout cas mal
fondez en leur demande originaire, de laquelle fes Parties feront
renvoyées, avec dépens tant des Caufes principale que d'appel.

Soucany pour les Officiers de la Congrégation de Notre-Dame, qui a infifté aux mêmes fins, & fupplié la Cour de recevoir
la demande incidente qu'il a formée fur le Barreau, à ce que lefdits Doyen, Chanoines & Chapitre fuffent condamnez de faire
ceffer la demande principale defdits Habitans ; fi non acquitter
& indemnifer fes Parties des condamnations qui pourroient inter-
venir, avec dépens, tant en demandant, défendant, que de la
fommation.

Breton pour lefdits Doyen, Chanoines & Chapitre, qui a auffi
infifté aux mêmes fins que les Parties de Thomerot, & foutenu
devoir être renvoyé de la demande incidente en fommation,
auffi avec dépens.

Chardin pour lefdits Maîtres Echevin, Echevins, Habitans &
Communauté du Bourg de Foug, qui a conclu à ce qu'il plaife à
la Cour mettre l'appellation au néant, avec amende & dépens ;
& au cas qu'il lui plairoit évoquer le principal, & y faire droit,
ce qu'il laiffe à fa prudence ; mettre l'appellation, & ce dont eft
appel au néant ; émendant, condamner les Appellans folidairement, en qualité de gros Decimateurs du Bourg de Foug, de contribuer pour un tiers à la conftruction de la nouvelle Eglife Paroif-
fiale dudit lieu, de l'entretien de laquelle ils feront tenus à l'ave-

nir, ainsi qu'ils l'étoient de l'ancienne, & condamner les Appellans aux dépens tant des Causes principale que d'appel

Ouï pour le Procureur General, BOURCIER DE VILLERS, Avocat General, qui a estimé y avoir lieu d'ordonner, avant faire droit, que les Habitans de Foug rendront compte des sommes qu'ils ont touchées de S. A. R. pour la reédification de leur Eglise, de celles provenant de la vente de leurs bois & pâquis communaux, & du revenu de leur Fabrique, pardevant tel Commissaire qu'il plaira à la Cour de nommer, pardevant lequel ils seront tenus de representer les devis qui ont été faits, & les quittances des sommes par eux payées pour raison de ladite Eglise; pour le tout communiqué, être prises telles conclusions au principal qu'au cas appartiendra.

LA COUR ordonne que les Piéces seront mises sur le Bureau. Et depuis les Piéces vuës, a mis l'appellation & Sentence dont est appel au néant; émendant, évoquant le principal, & y faisant droit, ayant aucunement égard à la Requête, a condamné les Parties de Thomerot & de Soucany, de délivrer à celle de Chardin une somme de trois mille francs, pour être employée au payement du Bâtiment de l'Eglise dont il s'agit; au payement de laquelle somme les Parties desdits Thomerot & Soucany contribueront chacune à proportion de la part qu'elles possedent és dixmes en question; & sur la demande en sommation des Parties de Soucany contre celles de Breton, a mis les Parties hors de cour; sauf à elles de répeter aux Parties dudit Breton le remboursement des sommes qu'elles auront payées à celles de Chardin en vertu du present Arrêt, au cas que les Parties dudit Breton viendroient à faire de leurs mains le reachat de la part des Dixmes qu'elles possedent, dépendans originairement du Prioré de Varangéville, & défenses au contraire. Fait à Nancy le 25 May 1705. *Signé* VAUTRIN.

ARREST,

Qui a déclaré nulle une donation faite par une Fille au profit d'un Convent où elle étoit Penſionnaire perpetuelle, moyennant le payement de quelque ſomme audit Convent.

Du 30 Avril 1703.

ENTRE Jean-Antoine-Emanuel Monier, Marchand & Bourgeois de Mircour, à cauſe de Françoiſe Malcaſtel ſon épouſe, Appellant d'une Sentence contre lui renduë au Bailliage de Nancy le　　Mars 1703, par laquelle ſur la demande par lui formée à ce que ſans avoir égard à la prétenduë donation entre-vifs, faite par Claude du Fraigne, vivante Penſionnaire perpetuelle au Convent des Religieuſes Prêchereſſes de cette Ville, le 22 Septembre 1701, il fût maintenu & gardé en la poſſeſſion des biens meubles & immeubles par elle délaiſſez ; les Parties auroient été miſes hors de cour, & ordonné que lad. donation ſeroit executée ſelon ſa forme & teneur, d'une part. Contre les Prieure, Religieuſes & Communauté de l'Ordre de S. Dominique, autrement Prêchereſſes de lad. Ville de Nancy, Intimées, d'autre part.

Thiebaut Avocat de l'Appellant, a conclu à ce qu'il plaiſe à la Cour mettre l'appellation, & ce dont eſt appel au néant ; émendant, le maintenir & garder en la poſſeſſion des biens meubles & immeubles de lad. feuë Damoiſelle Claude du Fraigne ; ce faiſant condamner les Intimées de lui mettre en main tous les titres, papiers & enſeignemens, enſemble tous les meubles, or & argent monnoyé & travaillé, dont elles ſe ſont emparées, provenans de ladite du Fraigne, & ce par ſerment, ſauf à informer du recelé, en tout cas, ſuivant la commune renommée ; & la reſtitution des fruits depuis l'induë détention, & aux dépens.

Ouï Thomerot pour les Intimées, qui a ſoutenu le bien jugé, avec amende & dépens.

Ouï auffi pour le Procureur General, PILLEMENT de Ruffange Avocat General, qui aprés avoir fait recit du fait & de la procedure, a eftimé y avoir lieu de mettre l'appellation & Sentence dont eft appel au néant ; émendant, fans s'arrêter à la donation du 22 Septemb. 1701, laquelle fera déclaré nulle & de nul effet, garder & maintenir la Partie de Me Thiebaut dans la poffeffion & jouïffance de tous les biens meubles & immeubles, dont la défunte Claude du Fraigne jouïffoit lors de fon décés, & qui feront reprefentez par ferment, fauf à informer du recelé ; fur lefquels néanmoins il fera pris & délivré aux Parties de Thomerot une fomme de quatre mille francs, tant pour les avances par elles faites en medicamens & frais funeraires, que pour entretenir la fondation en queftion : fi mieux n'aime la Partie de Me Thiebaut leur abandonner tous les meubles & effets. Et au cas que les Parties de Me Thomerot ne voudroient pas fe charger de la fondation , dont elles feront tenuës de faire leur déclaration dans le mois , leur délivrer feulement la fomme de mille francs pour les medicamens & frais funeraires ; pour être les trois autres mille francs employez ailleurs en femblables œuvres pies, de l'avis des Parens, & de fa participation. Et aprés que la Caufe a été plaidée pendant cinq Audiances :

LA COUR a mis l'appellation , & ce dont eft appel au néant ; émendant, a déclaré l'Acte paffé par défunte Claude du Fraigne pardevant Mefny le 22 Septembre 1701 , au profit des Parties de Thomerot, nul & de nul effet ; & en confequence a adjugé la fucceffion tant mobiliaire qu'immobiliaire de ladite du Fraigne à la Partie de Thiebaut : A condamné celles dudit Thomerot de lui en reprefenter tous les effets, & par ferment, fauf à informer du recelé, & de lui tenir compte des revenus qu'elles en ont perçus : Ordonne neanmoins que pour l'execution des difpofitions picufes faites par ladite du Fraigne par l'Acte en queftion, il fera pris annuellement fur les revenus de fa fucceffion la quantité de deux refaux de bled, lefquels feront délivrez à la perfonne en faveur de qui elle en a difpofé ; & pour une fois feulement

ment la somme de trois mille francs, qui seront délivrez aux
Parties dudit Thomerot, au cas qu'elles veuillent se charger des fondations que ladite défunte a fait en leur Maison ; ce
qu'elles seront tenuës de déclarer dans le mois ; & à leur refus,
sera la même somme, de l'avis des plus proches Parens de ladite
défunte , & avec la participation du Procureur General de S. A.
R. employée aux mêmes fins, dans telle autre Maison Réligieu-
se qu'il sera jugé à propos, sur icelle pris au préalable ce qui devra être payé aux Parties dudit Thomerot, pour retribution de
ce en quoi elles auront executé les volontez de ladite du Fraigne,
suivant qu'il sera reglé par la Cour sur leur déclaration ; tous dépens entre les Parties compensez. Fait à Nancy le 30 Avril 1703.
Signé , VAUTRIN.

ARREST,

Qui regle la Dixme du Tabac à raison de deux francs par an par chacun journal de dix omées.

Du 16 Avril 1701.

ENTRE le Sieur Boccony, & Confors , Fermiers du Bureau
du Tabac de Nancy, Appellans d'une Sentence renduë au
Bailliage de cette Ville le 20 Septembre dernier, & anti-
cipez par Requête du 13 Novembre suivant. Contre les Srs Remy
Collin & Charles Margueron, Fermiers des Dixmes du Ban de
Nancy, Intimez & anticipans. Et encore entre lesdits Srs Collin
& Margueron , Demandeurs en sommation aux fins de leur Re-
quête dudit jour 13 Novembre dernier ; Contre Me David Phul-
pin , Prêtre & Curé de S. Sebastien ; Me François Thirion, Prêtre
& Curé de S. Epvre ; Me Eueillard, Curé de N. Dame ; & les Pré-
vôt, Doyen, Chanoines & Chapitre de la Primatiale de Nancy,
Proprietaires desdites Dixmes, Défendeurs en sommation.

Ouï Baribant pour les Appellans, qui a conclu à ce qu'il soit dit qu'il a été mal jugé par la Sentence dont eſt appel ; bien appellé ; émendant, les décharger des condamnations contre eux prononcées, avec dépens, tant des Cauſes principale que d'appel.

Barret pour les Intimez anticipans & demandeurs, a conclu à ce qu'il plût à la Cour mettre l'appellation au néant, avec amende & dépens : ſi non, & en cas qu'il plairoit à la Cour prononcer autrement, condamner les Défendeurs en ſommation, de fournir Moyens valables aux Demandeurs, pour faire confirmer la Sentence dont eſt appel, avec dommages & interêts, à donner par déclaration, réſultans de l'inexecution de leur Bail, & les condamner aux dépens, tant en demandant, défendant, que de la ſommation.

Le Févre pour les Défendeurs en ſommation, qui a ſoutenu le bien jugé de la Sentence, & ſubſidiairement neanmoins ſoutenu les Demandeurs non recevables en leur demande, de laquelle ils ſeront renvoyez, avec dépens.

Ouï PILLEMENT de Ruſſange pour le Procureur General, qui a dit eſtimer y avoir lieu de mettre l'appellation & ce dont eſt appel au néant ; en ce que par la Sentence il auroit été ordonné que la Dixme des Tabacs ſeroit payée en argent ſur la quotité ordinaire ; émendant quant à ce, ordonner que la même Dixme ſera payée en argent, ſeulement au trentiéme denier du prix courant des Tabacs, diſtraction faite, à dire d'Experts, des frais de façon d'iceux aprés la recolte ; ſans que le prix de cette même Dixme puiſſe être augmenté, au cas que celui des Tabacs le ſeroit dans la ſuite.

LA COUR ordonne qu'il en ſera déliberé ſur le Regiſtre. Fait à Nancy le 11 Avril 1701.

Et depuis, la Cour faiſant droit ſur ledit Déliberé, a mis l'appellation & ce dont eſt appel au néant, en ce que par ladite Sentence il auroit été ordonné que la Dixme dont s'agit, ſeroit payée ſuivant qu'elle ſeroit eſtimée par Experts, & ſur la quotité ordinaire ; émendant quant à ce, l'a reglée à deux francs par jour, compoſé de deux cent cinquante toiſes, & de dix omées, à raiſon de vingt-cinq toiſes l'une : ladite Sentence, au ſurplus &

réfidu , fortiſſant fon plein & entier effet. Dépens compenſez.
Fait en la Chambre du Conſeil à Nancy le 16 Avril 1701.
Signé , VAUTRIN.

ARREST,

Portant Réglement pour la Dixme des Pommes de
terre , & qu'elle ſera payée ſur le pied de la groſſe
Dixme , lors qu'elles ſeront plantées ou enſemen-
cées ſur les Terres ſujettes à la groſſe Dixme.

Du 28 Juin 1715.

LEOPOLD par la grace de Dieu Duc de Lorraine & de
Bar, &c. Au premier Huiſſier de notre Cour Souveraine
de Lorraine & Barrois, ou autre Huiſſier ou Sergent des
lieux ſur ce requis. Comme cejourd'hui comparans judiciairement a l'Audiance publique de notredite Cour les Sieurs Grand
Prévôt, Doyen, Chanoines & Chapitre de l'Inſigne Egliſe de S.
Dié de nul Dioceſe, immédiatement ſoumiſe au S. Siége, Demandeurs au principal, & Appellans d'un Appointement rendu en la
grande Prévôté dudit S. Dié le 19 Fevrier dernier, & de tout
ce qui s'en eſt enſuivi, & Demandeurs en évocation du principal, par de France leur Procureur, d'une part.

Jacques Finance Laboureur, demeurant en ladite Ville, Intimé & Défendeur originaire, par Chevrier ſon Procureur, d'autre part.

Et les Maires, Habitans & Communautez du Val de S. Dié,
auſſi Intimez, & Intervenans en premiere inſtance, comme prenans le fait & cauſe en défenſes dudit Finance, par ledit Chevrier
leur Procureur, d'autre part.

Ouï Thiebaut Avocat des Appellans, qui a conclu à ce qu'il
plût à notredite Cour mettre l'appellation & ce dont eſt appel au

néant; émendant, évoquant le principal, & y faisant droit, sans s'arrêter à l'intervention, & prise de fait & cause en défense des Habitans & Communautez du Val de S. Dié, pour Jacques Finance, en laquelle ils seront déclarez non recevables, en tout cas mal fondez; condamner le même Finance à payer au Chapitre, en sa qualité de Décimateur, la dixme des Pommes de terre qu'il a recueillies en l'année derniere sur un champ de terre arrable du Ban de S. Dié, sujet de tout temps à la dixme; & à continuer à l'avenir, de même que tous les autres Habitans du Val de S. Dié, qui en mettront dans des terres décimables; & pour le refus, aux dommages & interêts en résultans, & aux dépens, tant des Causes principale que d'appel.

Didier Avocat dudit Finance, qui a conclu à ce qu'il plût à notredite Cour mettre l'appellation au néant, avec amende & dépens; & au cas qu'il lui plairoit évoquer le principal, & y faire droit, le renvoyer de la demande contre lui formée, & condamner les Appellans aux dépens tant des Causes principale que d'appel.

Et Chardin Avocat des Intervenans, qui a conclu pareillement, à ce qu'il plût à notredite Cour mettre l'appellation au néant, avec amende & dépens; & au cas qu'il lui plairoit juger autrement, & évoquer le principal, ce qu'il laisse à sa prudence, maintenir & garder les Habitans du Val de S. Dié dans la haute possession en laquelle ils sont de mettre & recueillir des Pommes de terre dont s'agit dans toutes sortes de terres indistinctement, sans en payer la dixme; offrans, en cas de dénegation, d'en faire preuve.

Ouï aussi Bourcier de Montureux pour notre Procureur General, qui a dit : Quoi que cette contestation ne soit née qu'au sujet de la dixme d'un fruit vil & grossier, qui semble plutôt destiné à la nourriture des animaux qu'à celle des hommes; cependant cette Cause ne laisse pas d'être de quelque importance, parce que ce fruit étant devenu fort commun dans toute la Vosge, sur-tout dans le temps malheureux que l'on vient d'essuyer, elle interesse d'un côté grand nombre de Communautez, & de l'autre beaucoup de Décimateurs, pour lesquels l'Arrest qui interviendra ser-vira de réglement.

D'ailleurs, s'il est vrai qu'il ait été apporté, comme on l'a dit, du fond des Indes ; s'il a merité dans la Plaidoirie une description pompeuse, & d'être comparé au fruit le plus rare, le plus précieux & le plus beau de tout le Paradis terrestre, sans doute qu'il n'est pas si méprisable que l'on croit ; en sorte que sa destinée merite par plus d'une consideration, comme notredite Cour voit, quel-que attention de sa part.

Il est vrai que ce fruit, qui est connu dans la Vosge depuis envi-ron cinquante ans, se plante ou se seme vers le mois de Mars ou d'Avril, tantôt dans des Potagers, ou Vergers, tantôt dans des Chenevieres, quelquefois dans des terres arrables au lieu de grains, comme dans les terres de Mars ; mais bien plus ordinai-rement cependant dans les terres de repos, ou qui font versaine, selon le terme du pays : en sorte qu'en ce cas cette Pomme se se-me dans les sillons mêmes qui servent de préparation à la se-maille suivante.

Ce fruit a cela de singulier, que quoi que la plupart de toutes les autres plantes ne se produisent que par leur semence, le To-pinambour se produit par lui-même ; car on le coupe en plusieurs petits morceaux, que le laboureur répand dans la raye qu'il a tra-cée avec sa charruë.

Cette Pomme se nourrit & se forme dans cette Terre pendant tout l'Eté, & se recueille au mois de Septembre ou d'Octobre, qu'elle fait place aux grains que l'on seme dans cette saison.

Il s'agit donc de sçavoir si le Chapitre de S. Dié est bien fon-dé à prétendre la dixme des Pommes de terre, ou des Topinam-bours, qui se recueillent dans toutes les terres décimables du Val de S. Dié, dont ce Chapitre est Décimateur ; quoi que les Habi-tans de ce Val posent en fait d'en avoir planté par-tout indiffe-remment depuis plus de quarante ans, sans en avoir payé la dixme.

Le Chapitre ayant poursuivi d'abord à ce sujet le nommé Jac-ques Finance, Bourgeois de S. Dié, dont les Communautez du

Val ont pris le fait & caufe en défenfe , fur les conteftations des Parties, pardevant le Juge de la grande Prévôté de S. Dié, eft intervenu Appointement en droit , dont le Chapitre a interjetté appel en notredite Cour , parce que l'affaire n'eft effectivement intriguée ni par le fait, ni par la procedure ; que fa décifion ne dépend que de l'examen de quelques queftions de Droit Canon ; & enfin parce qu'elle a pour objet un Réglement qui ne peut avoir de force & d'autorité, s'il n'eft émané du pouvoir fouverain de notredite Cour.

Il dit que ces queftions fe réduifent à deux. La premiere eft de fçavoir fi le Topinambour, ou la Pomme de terre, eft de droit fujette à la dixme, lors qu'elle eft plantée dans des terres décimables , foit que ces terres fe trouvent dans leur année de culture, foit qu'elles fe trouvent dans leur temps de repos.

La feconde, fi la poffeffion où font les Habitans du Val de planter ce fruit depuis plus de quarante ans dans toutes fortes de terres, même décimables, fans en avoir payé la dixme, peut leur en avoir acquis l'exemption.

La décifion même d'une feule de ces queftions pourra fuffire pour celle de la difficulté : car fi notredite Cour juge que la poffeffion des Habitans du Val eft fuffifante pour leur avoir acquis une prefcription valable ; la premiere queftion, qui eft de fçavoir fi la Pomme de terre plantée dans une terre décimable, eft de droit fujette à la dixme, deviendra abfolument inutile.

Quoi qu'il en foit, avant que d'entrer dans l'examen de ces queftions, il eft à propos d'approfondir d'abord quelle eft la nature de la dixme qu'on exige aujourd'hui.

Le Chapitre a prétendu qu'elle étoit folite & ordinaire, parce que pour le payement de la dixme l'on ne doit point confiderer, dit-il, l'efpece du fruit, mais feulement la terre où il eft planté, laquelle étant décimable, rend le fruit de même nature qu'elle.

L'on a foutenu au contraire, que la dixme infolite , fuivant le fentiment des Auteurs , eft celle qui depuis quarante ans n'a point été perçuë d'une efpece qui a été en ufage & connuë dans le lieu ; que la dixme de Pommes de terre fe trouvoit dans le cas de cette efpece ; par confequent que c'etoit une dixme infolite.

A cet egard, fans s'aftreindre à une definition fi limitée, il croit que la dixme infolite, principalement parlant, eft celle que l'on n'a point accoutume de payer ; & cette definition, qui paroît la plus naturelle, renferme trois efpeces de dixmes. 1. Celle qui eft extraordinaire, & que l'on n'a payee qu'en peu d'endroits ; comme la dixme de Foin, de Bois, & autres de pareille nature. 2. Celle d'un fruit femé ou planté nouvellement dans un Ban. Enfin celle qui n'a jamais ete perçue, quoi que d'un fruit connu, & en ufage dans le lieu depuis un temps fuffifant à preferire.

Il eft à remarquer que les Auteurs, dans les differentes definitions qu'ils donnent de la dixme infolite, tombent tous dans quelqu'une de ces trois efpeces, qui font toutes effectivement infolites, quoi que fous differens afpects. Cela etant, notredite Cour voit que la dixme de Pommes de terre fe rencontre dans le cas de deux de ces efpeces tout à la fois. Elle eft extraordinaire, puifqu'elle ne fe perçoit qu'en peu d'endroits ; elle n'a point encore ete levee, quoi que connuë & en ufage dans le Val depuis plus de quarante ans : c'eft donc veritablement une dixme infolite. Cela pofé pour principe, il entre dans l'examen de fa premiere queftion, qui eft de fçavoir, fi un fruit dont la dixme eft infolite, y eft cependant fujet, lorfqu'il eft femé ou planté dans une terre decimable.

Grimaudet, dans le Traité des Dixmes, qu'il a fait *ex profeffo*, l. 3. ch. 3. n. 8. & 9. eft d'avis que la dixme d'un fruit qui n'a point encore ete payee, n'eft point dûë, quoi que ce fruit foit planté dans une terre decimable ; conformement, dit-il, à l'Edit de Philippe le Bel de l'an 1303. Voicy les termes de cet Auteur. La Philippine defendant lever dixmes infolites, fe doit enten- « dre generalement de la pleine liberté de ne payer dixmes des « fruits defquels n'a accoûtumé en être paye, fans avoir egard « fi auparavant le fond etoit labouré, & femé de femence fujette « à dixme. « Tellement que l'Ordonnance regarde plus s'il y a coûtume de payer dixme des fruits, que du fond. Et ainfi a ete jugé par Arrêt, au profit des Chartreux de Paris, contre le Curé de Brantel.

Et cet Auteur raisonnant son avis, dit indistinctement, que si l'on devoit considerer le fond pour la perception de la dixme, il s'ensuivroit qu'il ne seroit dû aucunes dixmes des Novales ou terres nouvellement réduites en culture; puisqu'à l'égard du fond, elles sont insolites, & que la dixme n'en a jamais eté payée. Enfin, pour fortifier son raisonnement, il ajoûte, qu'à pareille raison, si des terres portans fruits, dont la dixme n'a point été payée, sont mises en terres labourables, ou en Vignes, dont la dixme a accoûtumé d'être payée, la dixme en sera duë, sans considerer l'état de la terre avant son changement, parce qu'il y a possession de prendre dixme de tels fruits.

Van-Espen, dont l'autorité est d'un grand poids au Palais dans les matieres Canoniques, se trouve de même sentiment; fondé sur l'Edit de l'Empereur Charles-Quint de l'an 1525. contenant, de même que l'Ordonnance de Philippe le Bel, une défense d'exiger des dixmes insolites. Ce sçavant Auteur rappellant dans la partie seconde, titre 33. *de Decimis*, tous les articles essentiels de cet Edit, voicy ce qu'il dit dans l'art. 28. *Post hæc generaliter declarat Imperator, quòd in solutione dictarum decimarum, non habebitur respectus in quibus terris dicta grana, fœnum, fructus, & nemora colligantur aut crescant, sed solummodò si in dicta Parochia, aut loco ubi consuetum fuit levari & exigi jura decimæ dictarum specierum; Ex his manifestum,* ajoûte l'Auteur, *quòd conformiter ad jus commune, non fundi aut terræ inspici debeant, dùm quæritur an decima sint insolitæ, sed ipsa fructuum species, quæ in fundo excrevit; utrùm nimirùm hæc decimam solvere solita sit.* Effectivement, ne peut-on point dire, pour appuyer encore cette opinion, qu'il semble ridicule de prétendre qu'un fruit, en changeant de terre, change d'essence & de destination; que la dixme de ce fruit, qui étoit insolite dans une terre où elle n'a point été payée, devienne solite & ordinaire, parce que ce fruit passe dans une terre décimable? Il est certain que cette nouvelle terre ne change point l'espece de ce fruit, dont la dixme par consequent doit être, ce semble, toujours censée de la même nature. Cependant la

plupart

plupart des autres Auteurs, les Canons, les Ordonnances mêmes, décident tout au contraire, que quoi que la Terre décimable foit femée ou plantée d'un fruit dont la dixme eft infolite, cependant dés ce moment la dixme doit en être payée.

Fevret, dont les Décifions font encore plus conformes à nos mœurs & à nos maximes, que celles de Van-Efpen, y eft formel dans fon Traité de l'Abus, l. 5. ch. 1. Le commun fentiment de tous les Canoniftes & Interpretes du Droit Civil, eft, dit-il, que du fruit femé aux terres arrables, quel il foit, la dixme en eft duë ; fur quoy il cite un Arrêt du Confeil d'Etat de Sa M. T. C. rendu à la pourfuite des Agents du Clergé de France, le 10 Août 1641 ; par lequel il fut ordonné que dans les Provinces de Bourgogne, Bretagne & Normandie, la dixme fe payeroit des légumes, & de tous autres fruits provenans és terres labourables, à la même cottité que fe payoit la dixme ordinaire. Il rapporte enfuite le fentiment de Hoftienfis *in Summa , tit. de decimis, art.* 10. où il dit que *licèt terræ arabilis qualitas immutetur, remanet eadem fubftantia. Covarruvias, præf. quæft. cap. 37. num. 8.* où il établit que celuy qui eft fondé au droit de dixmer, continuë fa poffeffion, *ad omnem fructuum fpeciem, quæ ab ipfo jure decimandi procedit.* Il ajoûte que les Arrêts qui l'ont ainfi jugé, font rapportez par Mornac, l. 13. *de fervit.* par Filleau, partie premiere des Droits Ecclefiaftiques, & par le Sr Olive du Mefnil, en fes queftions notables, chap. 14. où il cotte un Arrêt du Parlement de Touloufe du 19 Août 1628 , par lequel des Proprietaires qui avoient changé la qualité du fond , furent condamnez à payer la dixme des légumes qu'ils y avoient femé. Et par ces confiderations, continuë Fevret, les Cours fouveraines ont jugé que fi l'on femoit aux fonds arrables, des Oignons, des Aulx, des Raves, des Panets, & autres menus grains , la dixme en feroit duë. Mais cette décifion n'eft pas feulement fondée fur le fentiment des Auteurs , & fur la force des préjugez, elle l'eft encore fur la difpofition des Ordonnances.

En 1657, le Roy T. C. donna à ce fujet, & fur pareille difficulté, un Edit de Réglement, dont l'art. IV. eft des plus précis.

En voicy les termes. Et parce que les Poſſeſſeurs, pour ſe décharger du payement des dixmes, introduiſent un abus qui eſt
trés-préjudiciable, en changeant la ſurface de la Terre, même
la convertiſſant en Prairies & Heritages, ou ſemant des fruits
qui ne ſont ſujets à la dixme, ſuivant la Coutume des lieux, dans
les champs qui avoient accoûtumé d'être chargez de Vignes,
Bleds, & autres Grains, dont ils payoient la dixme;

Il ordonne que ce changement, qui a été & ſera fait de la
ſurface de la Terre, ny des fruits & revenus, ne puiſſe préjudicier aux Dixmiers, auſquels la dixme deſdits fruits & revenus
nouveaux, qui ne ſont ſujets à dixme, ſuivant l'uſage des lieux,
ſoit payée à raiſon des anciens qui ſe recueilloient auſdits heritages. Outre toutes ces autoritez, il y en a une derniere, auſſi
préciſe, & qui eſt encore d'autant plus forte, qu'elle ſe trouve
plus reſpectable, puiſqu'elle eſt tirée des Canons mêmes.

C'eſt du Chapitre *Cum in tua*, *Extra. de Decimis*, qui con-
tient un Reſcrit du Pape Innocent III. à l'Evêque de Beauvais, en
ces termes : *Cùm in tua Diœceſi quædam Monaſteria & Conventuales Eccleſiæ in multis Parochiis majores decimas percipiant
& minutas, de quibuſdam fructibus annuatim perceptis non fuerunt Decimæ perſolutæ ; reſpondemus , quòd ſi fructus prædicti
de illa terra proveniunt, de qua Monaſteria vel Conventuales
Eccleſiæ aliquos percipiebant, ratione decimarum proventûs , eis
procul dubio decimæ fructuum debentur eorum, cùm ipſis terra
iſta ab antiquo fuerit decimalis, & non debeat una eademque
Eccleſia diverſo jure cenſeri.* Ce Chapitre décide donc préci-
ſément que le fruit dont la dixme n'a point encore été payée,
y eſt cependant ſujet, quand il ſe trouve planté dans des terres
décimables d'ancienneté.

En ſorte que par toutes ces autoritez, Arrêts & Reglemens,
cette propoſition eſt paſſée en maxime dans le Royaume voiſin.
Et comme il l'a trouvée la plus ſaine & la plus raiſonnable, il
croit qu'elle doit être inconteſtablement ſuivie au cas preſent:
parce que cette Dixme, ſuivant les termes de Fevret au même
endroit, eſt *onus rei*, qui paſſe avec la choſe : Qu'il eſt dérai-

ſonnable de ſoûtenir que le changement de la qualité du fruit, puiſſe décharger la Terre de ſon obligation primitive , *qui fructus ſolo cedit ,* pour ainſi dire ; en ſorte que du moment qu'il eſt planté dans cette Terre décimable, il en contracte les charges : Que la dixme étant une eſpece de ſervitude naturelle, *ad ſolum magis quàm ad ſuperficiem pertinet.* Enfin cet Auteur finit par une réflexion déciſive, qui eſt, que ce ſeroit ouvrir la porte aux fraudes, & donner lieu aux Proprietaires de fruſtrer les Decimateurs de leur droit, en changeant la qualité du fruit décimable, en fruit dont la dixme ſeroit inſolite. Par toutes ces raiſons , il croit donc que la déciſion de cette premiere queſtion, ainſi qu'il vient de l'établir, ne doit faire aucune difficulté.

Le doute eſt plus grand à la verité, lorſque ce fruit, dont la dixme eſt inſolite , eſt ſemé dans des terres de repos , ou qui ſont verſaine ; parce que cette Terre ne devant point travailler, pour ainſi dire, afin de reprendre le ſuc neceſſaire à la nourriture du fruit qu'on doit y ſemer la même année , il ſemble qu'il y auroit de l'injuſtice d'en vouloir tirer la dixme : cependant il croit qu'il n'y a pas la moindre diſtinction à faire en ce cas, des terres de repos d'avec les terres qui ſe trouvent actuellement en culture ; parce que la dixme eſt duë de tous les fruits qui ſe trouvent ſur les heritages décimables, ſans aucune diſtinction. ·On ne peut point à la verité obliger un Proprietaire de ſemer cette terre verſaine, pour y percevoir la dixme : *Unuſquiſque rei ſuæ moderator & arbiter ;* & d'ailleurs l'intérêt public veut abſolument que les terres ſe repoſent de temps en temps , afin de reprendre des forces, pour ainſi dire, & pouvoir dans la ſuite fournir avec plus d'abondance aux neceſſitez publiques. Mais du moment que ce Proprietaire veut tirer du profit de cette Terre décimable , il doit auſſi ſans contredit en payer la dixme ſans diſtinction. L'avantage en eſt plus grand pour le Decimateur , mais il eſt égal pour le Proprietaire, qui trouve le ſecret de tirer le fruit d'une terre, lors même qu'elle devroit ne rien produire ; & c'eſt par cette raiſon, que l'on voit tous les jours, que quoi que les Navettes, par exemple, & d'autres menuës dixmes pareilles , ne ſe sement ordinairement que dans les versaines, cependant la dixme s'en perçoit sans contestation dans les lieux où cette dixme est établie. Enfin notredite Cour a préjugé la question par deux Arrêts formels ; l'un du onze Avril 1701, qui a condamné les Fermiers du Domaine au payement de la dixme du Tabac sans distinction. L'autre du vingtiéme Juin 1703, par lequel les Habitans d'Oignon ont été condamnez au payement de la dixme de Choux. Par ces deux Arrests notredite Cour a décidé deux choses : la premiere, que le fruit dont la dixme est insolite, y est cependant sujet, dés qu'il est semé dans une terre décimable, ainsi qu'il l'a d'abord établi. L'autre, que le payement devoit s'en faire, quoi que ce fruit ne fût planté que dans des terres de versaine, ou de repos : car l'on sçait que les Choux, qui se mettent ailleurs que dans les Jardins, & notamment le Tabac, ne se plantent que dans ces sortes de terres ; & mal-à-propos prétend-on que ce seroit tirer double dixme d'une même Terre, & la même chose, que si l'on percevoit de la même Brebis la toison & l'agneau. Il est vrai qu'il paroît assez dur d'obliger de payer la laine & l'agneau d'une même brebis : mais cependant, outre que cela se peut, si l'usage y est conforme, suivant un Arrêt rapporté par Fevret, traité de l'Abus, l. 4. chap. 8. page 568. c'est que quand même une pareille dixme passeroit pour odieuse, & non permise, encore n'auroit-elle point d'application au cas present ; parce que lorsque le Chapitre aura perçû au mois de Septembre ou d'Octobre, la dixme de Topinambour, si elle luy est adjugée ; la dixme ne se percevra plus dans la même année sur le même champ, & ce ne sera qu'à la recolte de l'année suivante, qu'il renouvellera cette dixme sur le même heritage. Ce n'est donc point la même chose que quand on dixme la laine & l'agneau de la même Brebis, parce que l'une & l'autre dixme se perçoit dans la même année. Mais quand même la dixme des Pommes de terre se leveroit la même année, & sur les mêmes Terres que la dixme des Grains, encore ne seroit-ce point tirer double dixme d'un même champ. Si un Décimateur avoit l'injustice, aprés avoir dixmé la Gerbe, de vouloir

encore dixmer le Glane qui se ramasse aprés le Moissonneur ; ou
si aprés avoir pris la dixme du Grain , il prétendoit encore celle
de l'herbe, par exemple, qui pourroit étre percruë dans le même
champ, en ce cas l'on pourroit dire avec raison, que ce seroit
tirer double dixme d'une même Terre , à peu prés comme la
laine & l'agneau d'une même brebis, la cire & le miel d'une
même Ruche , l'huile & l'olive d'un même Arbre : mais lorsque
cette Terre vient à produire par son abondance plusieurs fois
des fruits dans une même année, ce n'est plus la même chose ;
pour lors la dixme peut en être perçuë chaque fois, parce que
c'est toujours une dixme differente, dont la derniere est distin-
guée de la premiere, & ne se perçoit que successivement aprés
une nouvelle production de la terre ; comme ce ne seroit plus
la même chose, si cette Brebis faisoit plusieurs agneaux par année,
parce qu'en ce cas la dixme s'en percevroit chaque fois , sans
qu'on pût prétendre que ce seroit tirer double dixme d'une même
chose.

Aussi il soûtient que si une Terre pouvoit produire des fruits
quatre fois l'année , la dixme en seroit duë autant de fois ; parce
que si le profit augmente pour le Décimateur, il augmente à
proportion pour le Proprietaire. C'est la décision précise du
Chapitre *Ex parte , Extra. de Decimis* , qui est un Rescrit de
Clement III. à l'Archevêque de Strigonie. *Ex parte Canonicorum
Ecclesiæ tuæ nobis est querela proposita , quòd quidam agricolto-
res , cùm simul , vel diversis anni temporibus , in eodem horto
vel agro diversa semina sparserint ; non nisi de unius illorum
seminum fructibus decimas illi persolvunt : mandamus , quate-
nùs si noveris rem taliter se habere , Agricultores illos , ut de
omnibus prædiorum fructibus decimas absque diminutione per-
solvant , Ecclesiasticâ censurâ compellas.* Aprés une décision si
formelle, soutenuë de raisons aussi fortes, il croit que l'on ne peut
plus révoquer en doute que la dixme d'un fruit, perçû même
dans les terres de repos, ne soit duë comme dans les terres actuellement en culture ; ce qui doit avoir lieu d'autant plus dans le cas
particulier. Et cette derniere reflexion qu'il va faire dans cette

premiere partie de la Cause, est importante ; c'est que le sol, ou le territoire du Val, comme de toute la Vosge, ne permet pas aux Habitans de garder aucune regle dans leur labourage. L'on sçait qu'ils cultivent leurs terres plusieurs années sans repos ; qu'aprés ils les laissent reposer six & sept années consecutives ; qu'ils n'ont point de saisons réglées ; que tout y est confondu ; que dans un même champ l'on en voit quelquefois une partie chargée de Seigle, l'autre d'Avoine, & le reste en versaine ; en sorte que cette derniere circonstance seule ne permettroit point de distinguer les terres de repos d'avec celles qui ne le sont point.

Ainsi ayant pleinement prouvé dans cette premiere partie, que le fruit dont la dixme est insolite, comme la Pomme de terre, y est cependant sujet, lorsqu'il est semé ou planté dans des terres décimables, soit que ces Terres se trouvent dans leurs années de culture, ou dans celles de repos ;

Il reste la seconde question, qui est de sçavoir, si nonobstant cette décision, les Habitans du Val peuvent s'en exempter en vertu de la possession où ils sont de ne l'avoir jamais payeé. Il seroit inutile de s'étendre beaucoup, pour établir d'abord que c'est principalement l'usage & la possession qui doit faire la regle en matiere de dixme. Les saints Canons, les Ordonnances, les Arrêts, les sentimens de tous les Auteurs, n'ont qu'une voix sur cette maxime.

Les Décretales de Grégoire IX. le décident en differens cas. Le ch. 18. *Extra. de Decimis. In hujus dubitatione super perceptione decimarum, ad consuetudinem duximus recurrendum.* Le chapitre 20. *Quoniam à diversis, diversa consuetudo tenetur, tu eligas quod per consuetudinem diù obtentam ibi noveris observatam.* La fameuse Ordonnance de Philippe le Bel de 1303 ; l'Edit de l'Empereur Charles-Quint de l'an 1525, y sont conformes, & défendent de percevoir d'autres dixmes, que celles qui se trouvent établies par l'usage. Les Ordonnances des Ducs nos prédecesseurs décident la même chose. Celle du grand Duc Charles, du cinquiéme Juillet 1606, porte que l'on doit payer la dixme selon l'ancien usage & coutume des lieux.

Enfin il n'auroit jamais fait de rapporter toutes les autoritez qui fortifient cette maxime. Or dans le cas particulier, les Habitans du Val plantent des Pommes de terre depuis plus de quarante ans fans en avoir payé la dixme ; & par confequent il femble qu'un fi long ufage doit leur en avoir acquis l'exemption pour toujours.

Mais avant de réfoudre ce doute, il faut remarquer que les autoritez qu'il vient de citer pour établir que l'ufage & la poffeffion décident en matiere de dixmes, reçoivent une explication, & une diftinction entre la groffe dixme, & celle qui eft menuë, ou infolite.

A l'égard de la menuë dixme, comme elle n'eft fondée que fur le droit pofitif & fur le fimple ufage, fur-tout fi elle eft infolite, il eft certain qu'elle eft prefcriptible, & pour fa cotité, & pour fa preftation ; mais il n'eft pas de même de la groffe dixme, qui n'eft prefcriptible que pour fa cotité feulement : car à l'égard de fa preftation, il croit que le plus long ufage de ne la point payer, ne peut en acquerir l'exemption ; parce que la groffe dixme eft cenfée de droit divin, établie *in recognitionem univerfalis domi-nii*, contre lequel on ne prefcrit jamais.

C'eft la décifion du Chapitre *Caufam*, *Extra. de præfcript. Quia cum Laïci decimas detinere non poffint, eas nullâ valent præfcribere ratione.* Tous les Auteurs font du même fentiment, notamment Brodeau fur M. Louet, lett. D. n. 9. où il rapporte les Arrêts qui l'ont ainfi jugé ; parce que la dixme étant une chofe facrée, duë de droit divin, elle eft imprefcriptible, par quelque temps que ce foit, nonobftant la bonne foi du poffeffeur de l'héritage ; & ces termes, la dixme étant de droit divin, font connoître que c'eft proprement de la groffe dixme dont cet Auteur a entendu parler.

Enfin l'Edit de Réglement du Roy T. C. de 1657, qu'il a déja cité, l'établit encore formellement dans l'article 1. où il eft dit, que tous les poffeffeurs des terres ne pourront dire, propofer & alleguer en jugement le droit de dixme n'être dû qu'à volonté, ni alleguer poffeffion ou prefcription, autre que celle de droit,

qui concerne la cotte, & non le total, conformément à l'art. 50.
de l'Ordonnance de Blois.

Il semble d'abord que cette distinction établit l'exemption des
Habitans du Val, puis que le topinambour est une dixme menuë
& insolite, & qu'ils ne l'ont jamais payée.

Mais pour trancher enfin cette difficulté, il croit qu'il faut encore en ce cas-ci faire une subdistinction.

A l'égard des Pommes de terre, qui ont été plantées jusques à
present dans les terres sujettes à la menuë dixme, comme dans les
Chenevieres, il semble que les Habitans du Val, par leur possession de n'y point payer la dixme de ce fruit, en ont prescrit la prestation. La dixme insolite est prescriptible, on en convient : le
Topinambour est une dixme insolite, dans le cas qu'il pose ; il est
planté dans une terre de menuë dixme qui se prescrit ; les Habitans du Val n'y ont jamais payé la dixme de cette Pomme; ils l'ont
donc prescrit : Mais il n'en est pas de même des Pommes plantées dans les terres sujettes à la grosse dixme. Car quoi que le Topinambour soit de sa nature dixme insolite ; du moment qu'il se
trouve dans des champs sujets à la grosse dixme, il lui est substitué,
il la represente, pour ainsi dire ; en sorte que de même que la
grosse dixme, cette dixme insolite devient imprescriptible. Notredite Cour l'a préjugé dans l'Arrêt qu'elle a rendu pour le Curé
d'Oignon, contre les Habitans du même lieu, au sujet de la dixme de choux qu'ils plantoient dans leurs terres arrables, & qu'ils
furent condamnez de payer, quoi qu'ils fussent en possession immémoriale du contraire.

Outre cet Arrêt, on en a rapporté deux autres du Conseil Souverain de Colmar, qui sont d'autant plus précis, qu'ils ont été
rendus au sujet de la même dixme, dont on conteste aujourd'hui
la prestation. Il est vrai que ces Arrêts ne nous lient point, puis
qu'ils sont d'une jurisdiction étrangere : mais comme ils sont fondez sur les maximes les plus saines & les plus communes, & qu'ils
Nous paroissent tres justes ; il croit que l'on peut bien s'y conformer ; d'autant plus que l'Alsace étant contiguë à la Vosge, le Topinambour a été connu, & est en usage à peu prés en même temps

dans

: dans l'un & dans l'autre pays : Que les Habitans du Val d'Orbey,
contre lesquels l'un de ces Arrêts a été rendu, posoient, comme
les Habitans du Val de S. Dié, une possession de temps suffisant à
prescrire ; en sorte que se trouvant dans les mêmes circonstances, ce qui a été décidé pour les uns, peut s'appliquer aux autres.
Par ces deux Arrêts, notamment par le dernier, les Habitans &
Communauté d'Orbey sont condamnez à payer la dixme de Pommes de terre à l'avenir, nonobstant toute la possession qu'ils allé-
guoient. L'on ne doit donc pas avoir aujourd'hui plus d'égard à
celle des Habitans du Val de S. Dié ; d'autant plus qu'il conste que
dans ce Val, comme dans toute la Vosge, l'on ne plante de ce
fruit en quantité, que depuis vingt ou vingt-cinq ans, & qu'on en
plantoit dans les commencemens si peu, qu'on n'auroit pû en exiger honnêtement la dixme : en sorte que cette petite quantité
n'a déja pû leur acquerir aucune possession valable, suivant le
sentiment de Van-Espen, art. 39 du titre *de Decimis*. Le sentiment de cet Auteur est tout précis, & d'ailleurs trop solidement
établi, pour n'être point rapporté dans ses propres termes. *Hinc*
ulterius statuendum, dit-il, *quòd si quidem certa species frugum*
in aliquo loco seminata fuerit, sed in tam exigua quantitate, aut
in eum usum consumenda, ut operæ pretium non videretur ex iis
decimas prætendere, quin & decimarum exactio notam aliquam
avaritiæ & inhumanitatis præferret ; eo casu non solutio decima-
rum ex similibus fructibus nequaquam consuetudinem inducere
posset, licèt etiam fruges illæ in eo loco seminatæ fuerint, eo mo-
do quo seminantur fructus alii decimabiles ; quapropter si succes-
su temporis fruges illæ in magna quantitate, & ad usum in quem
passim fruges decimabiles insumuntur, incipiant seminari, præ-
tendi nequaquam poterit obstare consuetudinem quadraginta an-
norum non solvendi decimas ex hujusmodi fructibus, sed de illis
judicandum erit, quasi nunquam fruges illæ in illo loco seminatæ
fuissent ; quia seminata non fuerunt in ea quantitate, ut honestè
decimari possent. En sorte que si notredite Cour venoit aujour-
d'hui à décharger les Habitans du Val du payement de la dixme
de Topinambours, qu'ils plantent dans leurs terres de grosses dix-

T

mes ; cette grande quantité qu'ils y mettent déja aujourd'hui, &
qu'ils ne manqueroient pas d'augmenter encore dans la suite, en
changeant absolument la surface de la Terre, frustreroit les Décimateurs de tous leurs droits. Car outre que les Habitans se ver-
roient par là déchargez du payement de la dixme, c'est qu'ils tirent encore de ce fruit des avantages considerables pour eux. Le
Topinambour multiplie infiniment ; ils en engraissent leurs bestiaux, ils s'en nourrissent eux-mêmes. Mais aussi, pour revenir
à la distinction qu'il a d'abord établie, pour ce qui est des Pommes de terre, qu'ils ne planteront que dans des terres sujettes à la
menuë dixme ; il croit qu'il y auroit de la dureté & de l'injustice
à la prétendre : de l'injustice, parce que la dixme insolite est prescriptible ; que la Pomme de terre, lors qu'elle n'est plantée que
dans une terre sujette à la menuë dixme, conserve sa nature de
dixme insolite, & que les Habitans du Val en ont prescrit la prestation par une possession de plus de quarante ans : de la dureté,
parce que ces terres sujettes à la menuë dixme, ne consistent qu'en
Chenevieres de peu de consequence, & en petite quantité, dont
par consequent le Chapitre ne pourroit exiger la dixme, sans
tomber pour lors dans le cas qu'on lui a opposé : *Quia in eo ca-*
su decima sine scandalo requiri non posset, suivant les paroles du
Docteur Angelique sur cette matiere. Aussi est-ce sans doute par
cette raison, que le Conseil Souverain de Colmar, dans l'Arrêt
qu'il a rendu contre les Habitans d'Orbey, les a condamnez, par
une restriction sage & judicieuse, à payer la dixme des Topinam-
bours plantez dans les terres sujettes à la grosse dixme seulement ;
& cette limitation doit avoir encore d'autant plus de lieu dans le
cas present, que les Habitans du Val sont soumis à beaucoup de
charges envers le Chapitre de S. Dié, qu'ils luy payent presque
toutes les menuës dixmes ; en sorte qu'il est bien juste de les décharger du payement d'une seule dixme insolite, qu'ils n'ont jamais payée, au moins lors qu'ils n'en semeront le fruit que dans
une terre sujette à la menuë dixme.

Ces Habitans, qui prétendent être déchargez de cette dixme
sans distinction, ont posé en fait, que nonobstant les Pommes de

terre qui fe plantent prefentement dans le Val, le Chapitre tire
encore aujourd'hui beaucoup plus de dixmes qu'autrefois ; qu'aiu-
fi cette nouvelle plante ne leur fait aucun préjudice.

Mais outre que ce fait eft dénié, c'eft qu'en le fuppofant véritable, fi le Chapitre tire aujourd'hui plus de dixmes, il a fans doute plus de charges. En un mot, & il finit par cette derniere réflexion, ces grands biens ne doivent point diminuer fon bon droit ;
& fi l'on ne doit pas en Juftice avoir pitié du pauvre, il ne faut pas
non plus que le riche foit maltraité ; d'autant plus que dans le cas
prefent fi le Chapitre jouït de revenus confiderables, ce n'eft que
pour en faire un bon ufage.

Ainfi pour fe réfumer fur cette diftinction, comme fur toute la
Caufe, il croit qu'il y a lieu, ayant aucunement égard, tant à
l'intervention des Habitans, qu'à la demande du Chapitre, de
condamner Jacques Finance, & les mêmes Habitans, à payer à
l'avenir au Chapitre la dixme des Pommes de terre qu'ils planteront dans les terres fujettes à la groffe dixme feulement ; laquelle
dixme leur fera payée à la même quotité qu'ils ont droit d'y percevoir la groffe dixme, foit que ces Pommes fe plantent dans
des terres de repos, ou actuellement en culture ; & en confequence, décharger les Habitans du payement de la dixme des
mêmes Pommes, lors qu'ils ne les planteront que dans les terres
fujettes à la menuë dixme.

NOTREDITE COUR a reçu l'Intervention des Parties
de Chardin ; & fans s'y arrêter, a mis l'appellation, & ce dont a
été appellé au néant ; émendant, évoquant le principal, & y faifant droit, a condamné les Parties de Didier & Chardin de payer
à l'avenir à celle de Thiebaut la dixme de Pommes de terre qu'ils
planteront ou enfemenceront fur les terres fujettes à la groffe dixme, foit qu'elles foient en verfaine, ou en faifon, fur le pied qu'ils
payent la même groffe dixme : a compenfé tous les dépens, tant
de Caufe principale que d'appel. Si te mandons, &c. FAIT &
jugé à Nancy fous le grand Scel de notredite Cour le vingt-huit
Juin mil fept cent quinze ; les qualitez ayant été fignifiées le pre-

mier Juillet, par Exploit de Mercier, Huiſſier en notredite Cour. *Signé*, Par la Cour, VAUTRIN. *Et ſcellé.*

ARREST,

Qui juge que les Dixmes des Pommes de terre ſe doivent prendre ſur la place., ainſi que les autres Dixmes.

Du 23 Mars 1716.

ENTRE Nicolas Renard, Habitant de Fraiſe, Appellant, ſuivant ſa Requête du 13 Janvier dernier, Exploit d'intimation du .... duement controllé, d'une Sentence renduë en la grande Prévôté de S. Dié le dix Decembre précedent, par laquelle l'Appellant eſt condamné de donner une déclaration exacte de la quantité des Pommes de terre qu'il a recueillies en ladite année dans les terres ſujettes à la groſſe dixme, & ce par ſerment, ſauf à informer du recelé ; en conſequence ledit Appellant condamné d'en payer la dixme aux Intimez cy-aprés nommez, à l'onziéme, ſuivant l'uſage ordinaire ; & pour ſon refus, condamné en outre aux dépens ; comparant par Chevrier ſon Procureur, d'une part. Et les Sieurs Grand Doyen, Chanoines & Chapitre de l'inſigne Egliſe de S. Dié, Intimez, par de France leur Procureur, d'autre part.

Et encore entre les Habitans & communauté du Val de S. Dié, Demandeurs en intervention, & incidemment Appellans de ladite Sentence, ſuivant les Fins de leur Requête, & Exploit du 20 du preſent mois, controllé le 21. comparans par ledit Chevrier leur Procureur, d'une part. Et leſdits Sieurs Grand Doyen, Chanoines, & Chapitre de S. Dié, Défendeurs ſur l'intervention, incidemment Défendeurs, d'autre part.

Aprés que Didier Avocat dudit Renard a conclu à ce que l'appellation, & Sentence dont eſt appel, fuſſent miſes au néant ;

émendant sous le merite des offres qu'il fait de payer quant à present la dixme des Pommes de terre qu'il a recueilli l'année derniere sur les Terres sujettes à la grosse dixme, il sera renvoyé du surplus de la condamnation contre lui prononcée, & les Intimés condamnez aux dépens, tant des Causes principale que d'appel.

Ouï Chardin Avocat des Habitans du Val de S. Dié, qui a conclu à ce qu'il plût à la Cour les recevoir Parties intervenantes en la Cause, & incidemment Appellans de la Sentence dont il s'agit : ayant égard à leur intervention, ensemble à leur appel incident, mettre l'appellation & Sentence au néant ; émendant, les décharger de donner aucune déclaration à serment des Pommes de terre qu'ils recueilleront sur les Terres sujettes à la grosse dixme, laquelle par forme de Réglement sera par eux laissée sur lesdites Terres, ainsi que les autres fruits sujets à la grosse dixme, & levée par les Pauliers à l'ordinaire ; à la reserve néanmoins des Pommes de terre que lesdits Habitans employent pour le défruit de leurs ménages pendant le cours de l'année ; & pour la contestation condamner les Intimez & Défendeurs aux dépens, aux protestations inserées dans leur Requête.

Ouï aussi Thiebaut Avocat des Intimez, qui a conclu à ce que sans s'arrêter à l'intervention, non plus qu'à l'appel incident desdits Habitans, l'appellation principale fût mise au néant ; ordonné que ce dont est appel sera executé suivant sa forme & teneur ; & tant ledit Renard que les Habitans condamnez à l'amende & aux dépens.

Et Bourcier de Villers pour le Procureur General.

LA COUR a reçû les interventions & appel incident des Parties de Chardin ; & y faisant droit, ensemble sur l'appel principal, a mis les appellations & ce dont est appel au néant ; émendant, a condamné lesdites Parties de Chardin & de Didier, de leur consentement, de payer à l'avenir la dixme des Pommes de terre en question, à prendre sur place par les Parties de Thiebaut ; à charge par lesdites Parties de Chardin & de Didier d'avertir le Paulier ou préposé des Parties dudit Thiebaut, lors de la récolte generale ; les a néanmoins déchargez de payer la dixme desdites Pommes de terre, qu'ils prendront pendant le cours de l'année, pour le défruit journalier de leurs ménages, avant la récolte générale ; & a condamné la Partie dudit Didier de payer la dixme des Pommes de terre par lui enlevées l'année derniere, suivant la déclaration qu'il en donnera, dépens compensez entre les Parties. *Signé*, Par la Cour, VAULTRIN.

ARREST,

Qui juge que les Décimateurs ne feront attenus à la fourniture des Ornemens & Vaisseaux sacrez des Eglises dont ils font Décimateurs, que subsidiairement, & en cas d'insuffisance des revenus de la Fabrique.

Au Rapport de Monsieur de Serre.

Du 28 Aoust 1708.

VEU par la Cour le Procés entre les Prieur & Religieux Chanoines Réguliers de l'Abbaye de Domepvre, Appellans d'une Sentence renduë au Bailliage de Lunéville le 20 Mars de la presente année 1708, d'une part : Les Habitans & Communauté de Lintrey Intimez, d'autre part. Ladite Sentence, par laquelle les Appellans Défendeurs originaires, font condamnez de réparer la Nef de l'Eglise de Lintrey ; ce faisant, faire mettre les fenêtres d'icelle en l'etat ordonné par Monsieur l'Evêque de Metz, & de fournir à ladite Eglise les Vases sacrez & Ornemens necessaires ; comme aussi de fournir aux Troupeaux Communaux dudit Lintrey les Taureaux & Porcs mâles, en abandonnant aux Défendeurs le Prey, dit du Taureau, & de donner

par chacun an quatre paires de grains, moitié bled Froment &
Avoine, mesure de Nancy, y compris les deux qu'ils délivrent
actuellement pour l'entretien du Marguillier ou Régent d'Ecole,
si mieux n'aiment les Demandeurs verifier que la dixme de la
troisiéme Charuë a été abandonnée ausdits Marguillier ou Régent d'Ecole, & ce de temps suffisant à prescrire, à commencer
depuis la prise de possession de la Cure dudit Lintrey par le feu
sieur Allaine ; lesdits Défendeurs condamnez aux trois quarts
des dépens, l'autre tiers réservé. Les Pieces sur lesquelles ladite
Sentence a été renduë. L'Acte de la Barre, du 26 May dernier,
par lequel les Parties ont été appointées à fournir griefs & réponses de quinzaine à autre. Griefs fournis par les Appellans. Réponses à Griefs des Intimez. Conclusions du Procureur General. Acte
signifié le 20. du present mois, portant que ledit Procés a été
distribué au Sieur de Serre Conseiller. Tout veu & consideré.

LA COUR a mis l'appellation & Sentence dont est appel
au néant, en ce que les Appellans auroient été condamnez de
fournir à l'Eglise de Lintrey les Vases sacrez & Ornemens necessaires ; de donner par chacun an quatre paires de grain, moitié
bled Froment & Avoine mesure de Nancy, y compris les deux
qu'ils délivrent actuellement pour l'entretien du Marguillier ou
Régent d'Ecole, si mieux n'aiment les Intimez vérifier que la
dixme de la troisiéme Charuë a été abandonnée audit Marguillier ou Régent d'Ecole, & ce de temps suffisant à prescrire, à
commencer depuis la prise de possession de la Cure dudit Lintrey
par le feu sieur Allaine, & en ce cas les Appellans sont condamnez aux trois quarts des dépens, l'autre quart réservé ; éméndant
quant à ce, Ordonne qu'aprés les charges ordinaires de la Fabrique, prises sur le revenu d'icelle, le surplus desdits revenus, si surplus y a, sera employé à la fourniture des Ornemens & Vaisseaux
sacrez qui seront jugez necessaires pour le Service divin par l'Ar-
chiprêtre de Marsal ; & subsidiairement en cas d'insuffisance desdits revenus, condamne les Appellans de parfournir le prix desdits Ornemens & Vaisseaux sacrez ; Ordonne avant faire droit

ſur la demande concernant la fourniture du Calice, que les Intimez feront preuve dans la quinzaine pardevant le Prevoſt de Blamont, qu'elle a commis à cet effet, que celui qui ſe trouve actuellement dans l'Egliſe dudit Lintrey, a été par eux acheté, pour ſervir à la Chapelle Sainte Marguerite, conſtruite dans la même Egliſe, ſauf aux Appellans de faire preuve contraire dans pareil délay; & en ce qui concerne la demande formée par les Intimez, à ce que la dixme de la troiſiéme Charuë du lieu de Lintrey ſoit abandonnée pour l'entretien du Marguillier ou Régent d'Ecole, Ordonne avant faire droit, que les Intimez feront preuve que pendant que les ſieurs Thouvenin & du Meſnil Curez, devanciers du Pere Allaine, ont poſſedé la Cure dudit Lintrey, les Intimez ont jouï de la dixme de la troiſiéme Charuë pour l'entretien de leur Marguillier, ſauf aux Appellans à faire preuve contraire; & que depuis un tems ſuffiſant à preſcrire, ils n'ont payé ſur leurs dixmes que deux paires de reſaulx, pour contribuer à l'entretien dudit Marguillier; Ordonne avant faire droit ſur l'appel du chef de la Sentence, par lequel les Appellans ſont condamnez à la fourniture du Taureau, que les Appellans feront preuve pardevant le même Commiſſaire, & dans le même délay, que depuis trente ans en ça les Intimez ont fourny le Taureau au troupeau communal dudit Lintrey, moyennant la jouïſſance du Prey, dit le Prey du Taureau, deſtiné à ſa nourriture, ſauf la preuve contraire dans pareil délay. Condamne les Appellans au quart des dépens, tant des Cauſes principale que d'appel, un autre quart compenſé, l'autre moitié réſervée; la Sentence au réſidu ſortiſſant ſon plein & entier effet. FAIT à Nancy en la Chambre du Conſeil, le 28 Aouſt 1708. *Signé*, VAULTRIN.

ARREST;

ARREST,

Qui condamne des Paroiſſiens de payer la Dixme de Poulets à leur Curé, qui en étoit en poſſeſſion valable.

Au Rapport de Monſieur Feriet.

Du 7 Septembre 1709.

VEu par la Cour le Procés d'entre Mᵉ Henry Rinard Prêtre, Curé de Vouſſey, Autribrecourt, Courcelle, & d'Olincourt, Appellant d'une Sentence renduë au Bailliage de Voſges, le 23 Février de la preſente année 1709, d'une part : Les Habitans & Communauté deſdits lieux, comme ayant pris le fait & cauſe en défenſe de François Durand, Maire à Olincourt, Intimez, d'autre part. Ladite Sentence par laquelle il eſt dit que ledit ſieur Rinard n'a ſuffiſamment vérifié les faits appointez à ſa charge ; en conſequence, ſur la demande dudit Rinard en payement de la dixme de Poulets, les Parties ſont miſes hors de Cour, dépens compenſez, à la réſerve des Epices & Viſion, qui demeurent à la charge dudit Rinard. Les Piéces ſur leſquelles ladite Sentence a été renduë. L'Acte de Barre du 26 Mars dernier, par lequel les Parties ont été appointées à fournir Griefs & Réponſes de quinzaine à autre. Griefs fournis par l'Appellant, ſignifiez le 13 Juillet auſſi dernier. Requête en production nouvelle de l'Appellant, reçuë par Decret de la Cour du 30 ſuivant, pour être contredite & ſauvée de jour à autre, attendu l'état du Procés ; & donné Acte de l'employ. Exploit de ſignification du même jour. Les Piéces nouvellement produites y énoncées, Réponſes à griefs des Intimez, & ſervant de contredits de production nouvelle, ſignifiées le 31 dudit mois d'Aouſt. Concluſions de l'Avocat General. Les Piéces & productions des Parties au contenu de

V

l'Inventaire du Procés. Acte fignifié, portant que ledit Procés étoit diftribué au fieur Feriet Confeiller. Tout veu & confideré.

LA COUR a mis l'appellation & Sentence dont eft appel au néant ; émendant, a condamné lefdits Habitans Intimez, de payer à l'Appellant la dixme de Poulets dont s'agit, fur le pied qu'elle a été perçuë jufques à prefent, néanmoins fans dépens, à la réferve des Epices & couft du prefent Arreft, enfemble de celle de la Sentence dont eft appel, qui demeurent à la charge des Habitans. Fait & jugé à Nancy en la Chambre du Confeil, le 7 Septembre 1709. *Signé*, VAULTRIN.

ARREST,

Qui permet aux Habitans de Thiaucourt de femer du Sainfoin dans leurs Terres, en payant la Dixme fuivant l'ufage à l'égard du Foin.

Au Rapport de Monfieur Marchal.

Du 2 Septembre 1707.

VEU par la Cour le Procés d'entre Mᵉ Jean Hermand Prêtre, Curé de Thiaucourt, comme prenant le fait & caufe en défenfe de Claude Hermand, Fermier des Dixmes dépendantes de la Cure dudit Thiaucourt, Appellant d'une Sentence renduë au Bailliage de Pont-à-Mouffon, le 12 Juin 1706, d'une part ; Mᵉ Hyacinthe Breton de fon chef, & François Julien, tant pour lui que Nicolas Roffet, & autres Parties intervenantes, d'autre part. Et encore entre lefdits Fournier & Confors, incidemment Appellans de la même Sentence, d'une part ; & ledit Mᵉ Hermant Intimé fur ledit appel incident, d'autre part. Ladite Sentence, par laquelle ledit Mᵉ Hermand auroit été débouté des fins de fa Requête avec dépens envers toutes les Parties,

ordonné néanmoins qu'il ne feroit loifible à aucuns Habitans dudit Thiaucourt de femer du Sainfoin ailleurs que dans les lieux
qui font actuellement en nature de Jardins. Les Pieces fur lefquelles ladite Sentence a été renduë. Requête prefentée à la Cour par
ledit Jean Hermand, aux fins d'être reçû Appellant ; Decret au
bas du premier Juillet de ladite année 1706. portant, Reçu Appellant , permis d'intimer. Exploit d'affignation du douze dudit
mois de Juillet, Controllé à Thiaucourt le même jour. L'Acte de
la Barre du vingt-quatre , par lequel les Parties auroient été
appointées à fournir Griefs & Réponfes fur l'appel principal
de quinzaine à autre. Requête dudit Hermand Appellant ,
fervant de griefs & de production nouvelle ; Decret au bas du 15
Janvier 1707 , par lequel la Cour auroit ordonné que ladite production nouvelle feroit reçuë, pour être contredite & fauvée de
huitaine à autre, & donné Acte de l'employ. Exploits d'affignations du dix-neuf dudit mois. Réponfes à griefs dudit Breton. Requête dudit Fournier & Confors, fervant de réponfes à griefs, &
tendante à ce qu'ils foient reçus incidemment Appellans, & employ pour griefs fur l'appel incident ; Decret au bas du 9 Février,
fuivant lequel la Cour a reçû l'appel incident , fur lequel elle a
appointé les Parties à fournir griefs dans les délais de l'appointement principal & joint, & a donné Acte de l'employ. Exploits
de fignification du quatorze dudit mois. Requête dudit Hermand,
employée pour réponfes fur l'appel incident, & de falvations à fa
production nouvelle. Requête d'employ dudit Breton. Requête
d'employ dudit Fournier & Confors. Requête d'employ dudit
Hermand. Factum dudit Fournier & Confors , fignifié le feize
Juillet dernier. Requête d'employ dudit Hermand. Conclufions
du Procureur General , les Pieces & Productions des Parties au
contenu de l'Inventaire du Procés. Acte fignifié, portant que ledit
Procés étoit diftribué au fieur Marchal Confeiller. Tout veu &
confideré.

LA COUR a mis l'appellation principale au néant ; faifant
droit fur l'appellation incidente , a mis l'appellation & Sentence

dont est appel au néant, en ce que par icelle il auroit été ordonné qu'il ne seroit loisible à aucuns Habitans dudit lieu de Thiaucourt de semer du Sainfoin ailleurs que dans les lieux qui sont actuellement en nature de Jardins ; émendant quant à ce, permet aux Habitans dudit Thiaucourt de semer du Sainfoin par tout où bon leur semblera, dans les Terres dépendantes de leur Finage, en payant néanmoins la dixme suivant qu'elle se paye dans ledit lieu à l'égard du Foin ; condamne ledit Appellant à l'amende & aux dépens de la Cause d'appel. F A I T & donné en la Chambre du Conseil à Nancy, le deux Septembre 1707. *Signé*, Par la Cour, V A U T R I N.

A R R E S T,

Qui condamne les Habitans d'Ognon à payer la Dixme des Choux Cabus semez dans leurs Terres, autres que dans les Jardins.

Du 20 Juin 1 7 0 3.

V E U par la Cour le Procés d'entre Me Paul Fabry Prêtre, Curé d'Ognon & Remelfang, Appellant d'une Sentence renduë au Bailliage d'Allemagne le 13 Avril 1701, & Intimé, d'une part ; Les Maire, Habitans & Paroissiens desdits lieux, Intimez, & incidemment Appellans, d'autre part. Et encore entre ledit Fabry, incidemment Demandeur, suivant les fins de sa Requête du premier Avril 1702, d'une part ; les sieurs Baron de Vastberg, Metternich, d'Eltz, Kereniksfeldts, Metzenhausen & autres Seigneurs Décimateurs dudit lieu, Défendeurs, d'autre part. Et encore entre ledit Fabry Demandeur incidemment, suivant les fins de sa Requête dudit jour premier Avril 1702,

réglée au bas d'icelle, d'une part ; Lefdits Habitans & Communauté Défendeurs, d'autre part. Ladite Sentence par laquelle lefdits Habitans font condamnez de payer au Demandeur la dixme
de Choux Cabus qu'ils plantent dans les champs & terres labourables, comme auffi celle des Foins dans leurs champs & Prairies,
font renvoyez de la demande de la dixme dans les pacquis &
lieux enfermez, condamne les Défendeurs en la moitié des dépens, l'autre compenfée. Requête prefentée à la Cour par ledit
Fabry, aux fins d'être reçû Appellant ; Decret au bas du 11 Juin
fuivant, portant Reçû Appellant. Exploit d'affignation du 17,
controllé le même jour. Acte de la Barre du 25 dudit mois de
Juin, par lequel les Parties ont été appointées à fournir de griefs
& réponfes de quinzaine à autre. Requête prefentée à la Cour par
ledit Fabry, tendante à ce qu'il plaife à la Cour lui permettre de
faire affigner les Décimateurs d'Ognon & Remelfang, pour voir
dire & ordonner que dans les groffes dixmes ils feront audit Fabry, en fa qualité de Curé, une portion fuffifante pour fon entretien ; que les Décimateurs fe joindront audit Fabry, pour faire
ordonner la levée & perception des dixmes fur toutes les Terres,
fans en réferver les cent jours, qu'ils prétendent appliquer à leur
profit particulier ; que toutes les menuës dixmes appartiendront
& fe percevront par ledit Fabry, de même que les Noveaux, pour
le tout, fans aucune réferve, & exclufivement aux Décimateurs,
s'ils n'aiment mieux lui payer fa portion congruë fuivant l'Edit de
1698; auquel cas ledit Fabry jouïra du benefice y porté ; en outre
lefdits Décimateurs condamnez d'acquitter ledit Fabry des frais
& dépens qu'il a été obligé de foutenir. Decret au bas dudit jour
premier Avril 1702, portant que les Parties feront affignées. Exploit d'affignation du 7. controllé le même jour. Acte de la Barre
du 29 Avril de ladite année 1702, par lequel fur les demandes les
Parties ont été appointées en droit, & joint au Procés principal,
joint les fins de non-recevoir & défenfes au contraire, fauf à dis-
joindre s'il échet. L'autre Requête dudit Fabry, tendante à ce
qu'il plaife à la Cour recevoir la demande incidente, à ce que
défenfes fuffent faites aufdits Habitans d'enlever aucune partie

des dixmes, fous prétexte d'application à leur Clocher, ni pour quel autre prétexte que ce puiſſe être ; en conſequence les condamner aux dommages intereſts du Suppliant, à la reſtitution de ce qu'ils ont induëment enlevé,& aux dépens. Decret au bas de ladite Requête, dudit jour premier Avril 1703, par lequel la Cour a reçû la demande incidente ; ordonne que ſur icelle les Parties écriroient par Défenſes, Contredits & Salvations de trois jours à autre, & joint. Exploit de ſignification du huit Juin ſuivant. Griefs fournis par l'Appellant. Inventaire de production par lui. Autre Inventaire de production des Decimateurs. Requête ſervant de cauſes & moyens d'appel deſdits Habitans. Ecritures ſervant de contredits & réponſes à l'appel incident fourny par ledit Fabry. Salvations des Décimateurs. Autres Salvations deſdits Habitans & Communauté. Autres Salvations dudit Fabry. Les Piéces & Productions des Parties au contenu de l'Inventaire,ſous la cotte V. Concluſions du Proçureur General. Tout veu & conſideré.

LA COUR ſans s'arrêter à l'appel incident deſdits Habitans, non plus qu'à la demande dudit Fabry en payement de portion Congruë, en laquelle elle l'a déclaré non-recevable quant à preſent ; faiſant droit ſur l'appel principal, & ayant aucunement égard aux autres demandes de Fabry, a condamné leſdits Habitans d'Ognon & de Remelfang de lui payer à l'avenir les tiers des groſſes & menuës dixmes, même des terres dont ils ont juſques à preſent prétendu avoir droit de retenir la dixme, pour ſubvenir aux Réparations, Cloches & Ornemens de leurs Egliſes, enſemble des Choux Cabus & Foins percrus dans leurs Terroir, Clos & Pacquis, lors qu'ils en feront la recolte, à la réſerve néanmoins de ceux provenans de leurs Jardins potagers & Vergers anciens & ordinaires, attenans & contigus aux maiſons ; condamne en outre leſdits Habitans à la reſtitution des fruits du jour de la demande, & aux dépens, tant des cauſe principale que d'appel envers ledit Fabry, ceux entre le Décimateur & ledit Fabry compenſez. FAIT à Nancy le 20 Juin 1703. *Signé*, VAUTRIN.

ARREST

Qui juge que la Dixme & le Terrage des Navettes feront payées à la maison.

Au Rapport de Monfieur de Serre.

Du 27 Février 1706.

VEU par la Cour le Procés d'entre Jean Tourtel Laboureur, demeurant à Pont S. Vincent, Appellant d'une Sentence renduë au Bailliage de Nancy le fix Juin 1705, d'une part ; Mᵉ Claude Bazin Prêtre, Curé dudit lieu de Pont S. Vincent, & Dominique Bailly, Fermier du Terrage du même lieu, Intimez, d'autre part. Ladite Sentence confirmative de deux autres renduës en la Prevôté du Comté de Chaligny le 16 Aouſt & 12 Septembre 1704. Par la premiere defquelles l'Appellant a été condamné de payer les dixmes & terrages des Navettes & Légumes qu'il a enfemencées & enfemencera fur les Terres fituées au Ban & Finage de Pont S. Vincent & fur la terre, à raifon de la fixiéme Gerbe une, fi mieux il n'aimoit vérifier que l'ufage eſt audit lieu de ne dixmer ni payer le terrage au Canton dit au delà du fond de Rognemont, qu'au feptiéme : Et à l'égard des Navettes que le Défendeur a enlevé fans avoir payé le terrage ni la dixme fur le champ, ordonné qu'il la payera à dire d'Experts. Et par la deuxiéme, défaut a été donné ; & pour le profit Experts nommez pour proceder à l'eftimation dont il s'agit. Les Piéces fur lefquelles lefdites Sentences ont été renduës. Acte de la Barre du 22 Aouſt de ladite année 1705, par lequel les Parties ont été appointées à fournir griefs & réponfes de quinzaine à autre. Griefs fournis par l'Appellant. Réponfes des Intimez. Les Pieces & Productions des Parties au contenu de l'Inventaire du Procés. Conclufions du Procureur Géneral. Acte fignifié le 23 du prefent mois, portant que ledit Procés étoit diſtribué au ſieur de Serre Conſeiller. Tout veu & conſideré.

LA COUR a mis l'appellation & Sentence dont eſt appel au néant, en ce que l'Appellant auroit été condamné de payer ſur le champ & à la campagne la dixme & le terrage des Navettes qu'il enſemencera ſur le Ban & Finage de Pont S. Vincent , & auroit été condamné en tous les dépens : Emendant quant à ce, a condamné ledit Tourtel de payer la dixme & le terrage des Navettes, lorſqu'elles ſeront tranſportées à la maiſon, à charge & condition, avant de les enlever, d'avertir les perſonnes qui ſeront prépoſées à la levée deſdites dixmes & terrages, pour les reconnoître, ſi faire le veulent ; condamne l'Appellant à la moitié des dépens des Cauſes principale & d'appel, l'autre moitié compenſée ; la Sentence au réſidu ſortiſſant ſon effet. FAIT à Nancy le 27 Février 1706. *Signé*, VAUTRIN.

ARREST,

Qui décide que les Peres Chartreux doivent jouïr de l'Exemption des Dixmes pour les Heritages de leur Fondation , qu'ils font valoir par leurs mains ou à leurs frais.

Du premier Juillet 1701,

VEU par la Cour Souveraine de Lorraine & Barrois le Procés d'appel pendant pardevant elle ; Entre les Prieur & Religieux de la Chartreuſe de Boſſerville, Appellans d'une Sentence renduë au Bailliage de Nancy le 19 Aouſt 1700, d'une part ; & Mᵉ Eſtienne Gaucon Prêtre, Curé de Laxou, Intimé, d'autre part. Ladite Sentence, par laquelle faiſant droit ſur la demande, les Appellans Défendeurs originaires, ſont condamnez à
réparer

réparer le trouble ; ce faifant, payer au Demandeur la dixme des Vins qu'ils ont eu fur le Ban de Laxou, fur le pied du trentiéme tandelin, & condamnez aux dépens, fauf à eux de fe pourvoir au Petitoire. Les Pieces & Productions des Parties, fur lefquelles ladite Sentence a été renduë. Requête prefentée à la Cour par ledit Gauçon, à ce qu'il lui fût permis d'anticiper l'appel ; Decret au bas, du 11 Septembre fuivant, portant permiſſion d'anticiper. Exploit d'aſſignation du 22, controllé le même jour. Acte de la Barre du 20 Novembre dernier, par lequel les Parties ont été appointées à fournir griefs & réponfes de quinzaine à autre. Griefs fournis par les Appellans. Réponfes de l'Intimé. Conclufions du Procureur General. Tout veu & confideré.

LA COUR a mis l'appellation & Sentence dont eſt appel au néant ; émendant, maintient & garde les Appellans au droit & poſſeſſion de l'exemption des dixmes fur les Vignes & autres Domaines de leur Fondation, fituez au Ban & Finage de Laxou, tant & fi long-temps qu'ils les feront valoir par leurs mains, ou à leurs propres frais & dépens, fuivant les privileges de leur Ordre, confirmez par Charles IV. d'heureufe memoire, leur Fondateur, par fes Lettres Patentes du 19 Juillet 1632, 21 Octobre 1661, & 23 Janvier 1666 ; les autres Heritages par eux acquis audit Laxou depuis ladite Fondation du 23 Janvier 1666, demeurans fujets au droit de dixme ; tous dépens compenfez entre les Parties ; les Epices & couft du Procés payables par moitié. FAIT à Nancy le premier Juillet 1701. *Signé*, VAULTRIN.

ARREST,

Qui condamne les Habitans d'Andilly à payer la Dixme des Foins.

Du 7 Septembre 1700.

VEU par la Cour Souveraine de Lorraine & Barrois, l'Inftance pendante pardevant elle ; Entre les Habitans & Communauté d'Andilly, Oppofans à l'execution d'un Arreft rendu au Grand Confeil du Roy T. C. le 6 Mars 1678 , & Demandeurs en entherinement du Decret de reftitution par eux obtenu contre les Acquiefcemens par eux faits audit Arreft, d'une part ; Les Prieur & Religieux Benedictins de S. Manfuy Défendeurs, d'autre part : Et encore Me Antoine du Mefnil, Archidiacre & Chanoine de l'Eglife Cathedrale de Toul ; Me Theodore Claude, Confeiller au Bailliage de la même Ville, & Confors, Porteriens du Ban d'Andilly, Demandeurs en Requête à fin d'intervention du 23 Novembre 1698, & en execution de l'Arreft interlocutoire de la Cour du 14 Juin dernier, d'une part ; & lefdits Religieux de Saint Manfuy Défendeurs, d'autre part. Ledit Arreft, par lequel il eft dit, avant faire droit, que les Intervenans feront preuve qu'avant l'année 1678, la dixme des Foins à Andilly a été payée aux Défendeurs pendant quarante années fur le pied du quarantiéme feulement, fans aucun trouble ni contradiction, fauf aux Défendeurs la preuve contraire, dépens réfervez. Requête préfentée à la Cour par lefdits du Mefnil, Claude & Confors, Porteriens du Ban & Finage d'Andilly, aux fins de commettre un Commiffaire, pour proceder à la preuve ordonnée par ledit Arreft. Decret au bas du 14 dudit mois de Juin, par lequel la Cour a commis le Sieur de Rutant Confeiller-Rapporteur, pour proceder à ladite preuve. Requête préfentée audit Sieur de Rutant Commiffaire, par ledit fieur du Mefnil & Confors, pour avoir jour, lieu & heure, pour proceder à ladite preuve. Son Ordonnance au bas dudit jour 14 Juin, par laquelle jour eft donné au Samedy 19 du même mois, avec permiffion d'affigner les Témoins qu'ils prétendent faire entendre, & d'en fignifier l'Adjurande. Les Exploits d'affignations des 16 & 18 du préfent mois, controllez ledit jour 18. Autre Requête préfentée à la Cour par ledit du Mefnil & Confors, tendante à ce qu'il lui plaife nommer un Juge des plus prochains lieux, pour par les Supplians faire entendre trois Témoins, qui font vieux, incommodez & impotens, qui ne fçauroient venir à Nancy. Decret au bas du 19 dudit mois de Juin, par lequel la Cour a commis Jean Petit, Maire & ancien Praticien d'Apvrainville.

Les Enquêtes faites en confequence. Acte de la Barre du 3 Juillet fuivant, par lequel il eft ordonné que les Enquêtes dont s'agit feront mifes en communication, pour être contredites & fauvées de quinzaine à autre. Ecritures de nullité. Réponfes & contredites d'Enquêtes fournies par lefdits Benedictins. Salvations fournies par lefdits Porteriens. Toutes les Piéces & Productions des Parties au contenu de l'Inventaire, fous la cotte X. Signé, Pecheur. Conclufions du Procureur General. Tout confideré.

LA COUR ayant aucunement égard à l'oppofition des Habitans & Communauté d'Andilly, par eux formée à l'execution de l'Arreft rendu au Grand Confeil de S. M. T. C. & aux Lettres par eux obtenuës de S. A. R. le 20 Février, comme auffi à l'intervention des Proprietaires & Porteriens dudit lieu ; & y faifant droit, a condamné lefdits Habitans & Porteriens à payer à l'avenir la dixme des Foins audit lieu d'Andilly au vingtiéme, fans néanmoins tirer à confequence en autre cas, tous dépens compenfez ; les Epices & couft des Arrefts, payables, fçavoir un tiers par les Habitans, un fecond tiers par les Intervenans, & le troifiéme par les Défendeurs. Fait à Nancy le 7 Septembre 1700. *Signé*, Vaultrin.

ARREST,

Qui décharge les Décimateurs de Herbeviller
de fournir les Bêtes mâles.

Du 21 Juin 1702.

VEU par la Cour le Procés d'entre les Abbé, Prieur & Chanoines Réguliers de S. Nicolas des Prez de Verdun, Appellans d'une Sentence renduë au Bailliage de S. Mihiel le 4 Aouft 1701, d'une part ; Les Habitans & Communauté de

Herbeviller Intimez, d'autre part. Ladite Sentence, par laquelle les Appellans Défendeurs originaires, sont condamnez fournir au troupeau de Herbeviller les Bêtes mâles nécessaires dans le mois, sinon permis à la Communauté d'en fournir à leurs frais, à l'effet de quoi la saisie abandonnée ; à charge par les Habitans de payer la menuë dixme à la maniere accoutumée, tous dépens compensez entre les Parties. Les Piéces & Productions des Parties, sur lesquelles ladite Sentence a été renduë. Appointement du 30 Decembre suivant. Griefs fournis par les Appellans. Réponses des Intimez. Requête & Production nouvelle des Appellans. Réponses des Intimez. Conclusions du Procureur General. Tout veu & consideré.

LA COUR a mis l'appellation & Sentence dont est appel au néant ; émendant, a renvoyé les Appellans de la demande contr'eux faite par les Habitans de Herbeviller, & en consequence leur a fait main-levée des choses sur eux saisies, sans dommages ni interests néanmoins ; & a condamné lesdits Habitans aux dépens de Cause d'appel, & compensé ceux de premiere Instance. FAIT à Nancy le 21 Juin 1702. *Signé,* VAULTRIN.

ARREST,

Qui juge que réduction doit être faite, même des Legs-pieux, au de-là de ce dont il n'est permis de disposer par la Coutume.

Du 27 Juillet 1700.

VEU par la Cour Souveraine de Lorraine & Barrois le Procés d'appel pendant pardevant elle ; Entre Dame Marie-Charlotte de Bildstein, Dame de Remiremont, heritiere paternelle de défunt Messire Nicolas de Bildstein, Baron de Froville, & Messire Charles de Stainville, Comte de Couvonges, & Consors, heritiers paternels dudit défunt, Appellans de la Sentence renduë au Bailliage de Nancy le 7 Decembre dernier, d'une part; D^{lle} Marie Grandin, veuve de Me Nicolas Doré, vivant Avocat en la Cour , & Confors, heritiers dudit défunt Sr Doré; Les veuve & heritiers de Me Jean Perrin, vivant Docteur Medecin à Nancy ; les Directeurs de l'Hôpital S. Julien, ceux de S. Roch, ceux de la Charité établie en la Paroiffe de S. Epvre de Nancy ; Jacques-Nicolas la Broffe Admodiateur à Dom-Julien, & les veuve & heritiers de Nicolas Dupré ; Me Pierre Drouville Avocat en la Cour, au nom de Nicolas Drouville fon fils, Intimez, d'autre part : Et encore les Directeurs de l'Hôpital S. Roch, incidemment Demandeurs , fuivant les fins de leur Requête du 26 Avril dernier, contre les fufnommez, Défendeurs. Ladite Sentence, par laquelle il eft ordonné que les Teftament & Codicille dudit fieur de Froville feront executez ; ce faifant, les heritiers dudit fieur de Froville condamnez de payer aux Demandeurs la fomme de fix mille francs Barrois d'une forte , celle de trois cens francs d'autre, avec les interefts du jour de la demande, fi non permet aux Demandeurs en ce qui concerne la fomme de fix mille francs, de fe mettre en poffeffion des deux Gagnages dépendans de la même fucceffion, fituez à Bremoncourt & à Hagnéville ; & en ce qui concerne le Legs de trois cens francs, de fe pourvoir fur le revenu des anciens ; de payer pareillement à l'Hôpital S. Roch la fomme de deux mille francs, à l'Hôpital S. Julien la fomme de fix mille francs, aux Directeurs de la Charité, établie en la Paroiffe S. Epvre, celle de mille francs ; aux veuve & heritiers du fieur Perrin Docteur Medecin, celle de deux mille francs ; à Catherine Roger, veuve de Nicolas Dupré , la fomme de deux cens francs ; & à Nicolas la Broffe celle de fept cens francs, avec les interefts de toutes lefdites fommes du jour de la demande ; les Défendeurs condamnez aux dépens. Les Piéces & Productions des Parties, fur lefquelles ladite Sentence a été renduë. Acte de la Barre du 21 Novembre 1699, par lequel les Parties ont été appointées à fournir griefs & réponfes de quinzaine à autre. Griefs fournis par les Appellans ; ceux fournis par la Dame de Bildftein. Réponfes à griefs de la Damoifelle Grandin & Confors;

X iij

celles des Directeurs de l'Hôpital S. Roch ; celles des veuve &
heritiers du fieur Perrin ; celles des Directeurs de la Charité ;
celles des veuve & heritiers de Nicolas Dupré ; celles des Directeurs de l'Hôpital S. Julien. Deux Actes de la Barre du fept
du prefent mois , par lefquels il eft ordonné que le Procés fera
jugé en l'état qu'il eft. Conclufions du Procureur General. Tout
veu & confideré.

LA COUR a mis l'appellation & ce dont a été appellé au
néant ; émendant, ordonne que fur le quart des biens anciens,
tant paternels que maternels, délaiffez par ledit fieur de Froville,
la fomme de fix mille francs d'une forte, & celle de deux mille
francs d'autre, feront payées fans réduction : La premiere, aux
veuve & heritiers de Me Nicolas Doré ; l'autre aux veuve & heritiers du fieur Perrin, avec les interefts du jour de la demande ; à
l'effet de quoy permis aux veuve & heritiers dudit Doré de fe
mettre en poffeffion des Gagnages fituez à Bremoncourt & à Hagnéville, & y demeurer jufques à l'actuel payement de ladite fomme de fix mille francs & interefts, & ce conformément au Teftament dudit de Froville : Et fur le furplus du quart des biens anciens, ordonne que tous les Legs , tant pieux qu'autres, contenus
aux Teftament & Codicille dudit de Froville, feront payez, avec les
interefts du jour de la demande ; & en cas d'infuffifance, réduction
fera faite à chacun des Légataires fur le pied & à proportion de
leurs Legs. A disjoint de l'Inftance principale la demande incidente formée par les Directeurs de l'Hôpital de S. Roch. Ordonne
que les heritiers dudit de Froville y fourniront dans la quinzaine
de réponfes : Et faifant droit fur les Conclufions du Procureur General, ordonne que les fommes duës pour Legs pieux feront inceffamment appliquées, conformément à l'intention dud. de Froville,
dont fera rendu compte par les Communautez Légataires, chacun
à leur égard, en la maniere accoûtumée , tous dépens compenfez ;
les Epices, tant de Caufe principale que d'appel, & couft du prefent
Arrêt & Sentence, payables par les Appellans, à prendre fur la fucceffion. F A I T à Nancy le 27 Juillet 1700. *Signé,* V A U L T R I N.

A R R E S T,

Qui ordonne la nomination d'un Syndic de la Noblesse de Lorraine, pour pourſuivre l'execution
d'une Fondation inſigne, faite par Mademoiſelle
de Guiſe.

Du 24 Avril 1702.

VEU par la Cour Souveraine de Lorraine & Barrois, la
Requête à elle preſentée par le Procureur General : Contenant ; Qu'il eſt venu à ſa connoiſſance que défunte trés-
haute & trés-excellente Princeſſe Mademoiſelle Marie de Lorraine, Ducheſſe de Guiſe & de Joyeuſe, Princeſſe de Joinville,
par ſon Teſtament fait en la Ville de Paris, du 6 Février 1686, a
fait deux inſignes Fondations, qui ſeront des Monumens éternels
de ſa piété & de ſon zéle pour la gloire de Dieu, auſſi-bien que
de ſon affection pour la Nobleſſe de cette Province. Par la premiere, contenuë en l'article 10. de ce Teſtament, elle donne la
ſomme de cent mille livres, pour fonder & bâtir un Seminaire,
où ſeront entretenus & inſtruits douze jeunes Gentilshommes
d'Epée pauvres, qu'elle veut être établi dans un Monaſtere des
Duchez de Lorraine & Barrois, auquel l'obſervance ſoit fidelle-
ment gardée, qu'elle veut être choiſie par les Executeurs de ſes
Legs pieux ; leſquels, avec le Prieur du Monaſtere, nommeront
les jeunes Gentilshommes plus propres & mieux appellez à ſervir
Dieu dans l'état Eccleſiaſtique. Et par la ſeconde, contenuë en
l'article 9. du même Teſtament, elle donne & légue à l'Abbaye
de Montmartre la ſomme de cent cinquante mille livres, pour
être employée en fond de tetre, dont le revenu ſerve à l'entretien
de vingt jeunes Damoiſelles des Duchez de Lorraine & de Bar,
& de ſes Terres, tant qu'il s'y en trouvera de propres & bien appellées à être Religieuſes. Et comme il eſt de la gloire & de l'intereſt de la Nobleſſe deſdits Duchez, de faire executer les dernie-

res volontez & difpofitions pieufes de cette Princeffe à cet égard, il eftime qu'il eft abfolument néceffaire, pour parvenir à cette fin, de faire créer un Syndic, qui foit authorifé à faire au nom de la Nobleffe defdits Duchez, les pourfuites qui feront jugées néceffaires à cet égard. A CES CAUSES, requeroit qu'il plaife à la Cour ordonner que pardevant Meffieurs les Marefchaux de Lorraine & Barrois, comme Chefs de la Nobleffe defdits Pays, il fera procedé à l'élection d'un Syndic, pour demander la délivrance du premier defdits Legs, porté par le Teftament de défunte Mademoifelle de Guife, & l'execution du fecond; faire à cet effet toutes les pourfuites néceffaires au Parlement de Paris, & partout ailleurs où il appartiendra. Veu ledit Teftament du fix Février 1686. Ouï le Rapport du fieur du Bois de Riocourt Confeiller. Tout confideré,

LA COUR ordonne que pardevant les fieurs Marefchaux de Lorraine & Barrois, il fera procedé inceffamment à l'élection d'un Syndic, qui fera du Corps de la Nobleffe des Duchez de Lorraine & de Bar, pour demander la délivrance & execution des Legs & Fondations faits en faveur de la Nobleffe de l'un & l'autre fexe defdits Duchez, par ladite Damoifelle Marie de Lorraine, Ducheffe de Guife, & faire toutes les pourfuites néceffaires à ce fujet dans tous les lieux où il conviendra. FAIT à Nancy le 24 Avril 1702. *Signé*, VAULTRIN.

ARREST,

Qui ordonne que les Aifez feront impofez pour la fubfiftance des Pauvres.

Du 20 Février 1699.

SUR ce qui a été remontré à la Cour par le Procureur General, que S. A. R. par un mouvement de fa charité paternelle pour fes Sujets, auroit fait donner une fomme trés-confiderable,

pour

appliquer à leur soulagement, & faire employer à l'achat de Bled, pour être distribué aux pauvres Habitans de la Vofge & des lieux voisins, qui sont dans une pareille necessité : Que Monsieur l'Evêque de Toul satisfaisant au devoir d'un bon Pasteur, y auroit joint & fourni aussi une grande somme ; lesquelles auroient été mises entre les mains du Reverend Pere Abbé de Moyenmoutier, pour en faire la distribution aux pauvres Habitans desdits lieux, avec le concert & participation des Doyens & Curez des lieux : lesquels Abbé, Doyen & Curez s'étans assemblez pour en conferer, & résoudre des moyens de faire la distribution desdites aumônes ; ils auroient en conséquence fait acheter des Bleds, Seigle, Orge, Avoine, fait moudre lesdits Grains, cuire les Farines, & dresser les Estats de la quantité de Pain, pour être distribué à chacun Village ; des Pois qu'ils ont aussi fait acheter par chacune quinzaine ; laquelle distribution auroit déja été faite en plusieurs endroits. Mais d'autant que lesdites aumônes, quoi que trés-grandes, sont insuffisantes pour faire cesser les miseres qui sont dans lesdites contrées, & qu'il est absolument nécessaire de faire des Voitures pour transporter les Grains, Farines, Pain & Pois en chacun Village ; que les Aisez des lieux se sont persuadez que par le moyen de la distribution desdites aumônes ils étoient exempts de leurs Cottes ci-devant réglées pour la subsistance desdits Pauvres, & refusoient d'executer les Réglemens ci-devant faits par la Cour ; & que d'autres Communautez refusent de fournir les Chariots nécessaires pour lesdits transports ; ce qui diminueroit le fruit & le soulagement desdits pauvres Habitans, & causeroit de mauvais exemples dans les autres lieux des Estats de Sadite Altesse Royale ; Requerant ledit Procureur General lui être sur ce pourvû. Veu ladite Requisition, l'affaire mise en déliberation. Tout consideré,

LA COUR a ordonné & ordonne, que son Arrest de Réglement du 31 Decembre dernier sera executé suivant sa forme & teneur ; & en consequence, que les Habitans aisez des lieux, & ceux qui pourront fournir leur cottisation, seront imposez sui-

Y

vant leurs forces & facultez : au nombre desquels Aisez seront compris les Curez & Officiers desdits lieux. Ordonne aussi que lesdites Communautez seront tenuës de fournir les Voitures nécessaires pour le transport desdits Grains, Farines, Pain & Pois, suivant l'indication qui sera faite par lesdits Abbé, Doyens, & Curez. Enjoint aux Officiers des lieux de tenir la main à l'execution du present Arrest, à peine d'en répondre en leurs purs & privez noms; d'interdiction de leurs Charges, & de cent francs d'amende pour la premiere fois, & de plus grande pour la récidive. Et sera le present Arrest executé nonobstant opposition quelconque, & sans préjudice. FAIT à Nancy en la Chambre du Conseil, le 20 Février 1699. *Signé*, Par la Cour, VAUTRIN.

ARREST,

Portant Réglement pour la subsistance des Pauvres.

Du 15 Decembre 1699.

SUR ce qui a été remontré à la Cour par le Procureur General, qu'encore que par Ordonnance du cinq du mois de Septembre dernier, verifiée en la Cour le neuviéme du même mois, il eût été enjoint à tous les Pauvres Mendians étrangers des Estats & Terres de l'obéïssance de Son Altesse Royale, d'en sortir incessamment, avec défense d'y rentrer, à peine d'être exposez au Carcan & punis du fouet ; comme aussi à tous les Pauvres ses Sujets de se retirer dans les Paroisses desquelles ils sont originaires, cette Ordonnance est demeurée sans execution jusques à present; les Villes, Bourgs & Villages se trouvant accablez d'un nombre excessif de Mendians étrangers, qui sont d'une charge insupportable au Peuple, lequel souffre d'ailleurs beaucoup par la sterilité de l'année presente : Et comme il est important de remédier à un désordre qui causeroit de tres-mauvaises suites, s'il n'y étoit pourvû, & seroit capable d'attirer des Voleurs & Bri-

gands dans le Païs, qui troubleroient le Commerce & la tranquillité publique ; que d'ailleurs il est aussi importantde pourvoir
à la subsistance des Pauvres Sujets de Son Altesse Royale, réduits
à une grande nécessité ; que les Officiers du Conseil de Ville de
Nancy, aidez des soins & de la Charité Pastorale de Monsieur
l'Evêque de Toul, se sont déja mis en devoir de procurer la subsistance des Pauvres de ladite Ville, prenans les moyens nécessaires
pour une fin si loüable ; Requiert que sur cet exemple, les autres
Villes, Bourgs & Villages, travaillent de leur côté, chacun à leur
égard, à s'y conformer. Veu les Articles contenans le projet de
Réglement, proposez, & joints à ladite Remontrance par ledit
Procureur General, l'affaire mise en déliberation. Tout consideré.

LA COUR en execution de l'Ordonnance dudit jour cinq
Septembre, enjoint tres-expressément à tous Pauvres & Mendians
étrangers, de sortir incessamment des Estats & Terres de l'obéïssance de Son Altesse Royale, quatre jours aprés la publication du
present Arrest, aprés lesquels si aucuns y sont trouvez, ils seront
pris & apprehendez au corps, constituez prisonniers, & sur le
Procés Verbal de leur capture, & celui de leur Interrogatoire,
condamnez par les Juges des lieux à être exposez au Carcan, &
à peine plus grande en cas de récidive, & leur Jugement sur le
champ executé nonobstant l'appel.

Que les Pauvres Mendians sujets de Sadite Altesse, se retireront
dans huitaine aussi aprés la publication du present Arrest, dans les
lieux de leur naissance ; à faute de quoy faire, seront punis selon
l'arbitrage des Juges, en cas de desobéïssance.

Que dans toutes les Villes, Bourgs & Villages desdites Terres
& Estats, le premier Dimanche qui écherra aprés la publication
du present Arrest, il sera fait une Assemblée des Gens de Justice
& de Police desdits lieux, à laquelle seront invitez les Curez des
mêmes lieux ; & les Communautez qui composent le Clergé Séculier & Régulier, de l'un & de l'autre sexe, à l'exception des Ordres des Religieux Mendians, d'y envoyer leurs Députez.

Que dans cette Assemblée, à laquelle le Bailly, Lieutenant General, ou premier Officier des lieux présidera , & dans les Villages, les Curez, & à laquelle seront aussi appellez ceux de la Noblesse, si aucuns y a, & les plus notables des Paroisses , il sera choisi un ou plusieurs Commissaires, ainsi qu'il sera jugé à propos, pour faire la Répartition de ce qui sera trouvé nécessaire pour la subsistance des Pauvres, sans exception de personnes exemptes ou non exemptes, le fort portant le foible.

Ordonne que ce qui sera fait & réglé par lesdits Commissaires, sera executé nonobstant oppositions ou appellations quelconques, & sans préjudice.

Que les plaintes de la surcharge, si aucune est prétenduë, seront réglées sur le champ à la pluralité des voix de ceux qui se trouveront aux Assemblées, lesquelles seront ordonnées par ceux qui y présideront; & dont ceux qui seront tenus d'y assister, ne pourront se dispenser. Les Préposez pour la nourriture des Pauvres, leur délivreront par chacun jour une livre & demie de pain par chacune personne, si mieux n'aiment les Particuliers à qui les Pauvres ont été désignez , les nourrir : Et pour faire droit sur les plaintes qui pourroient être faites , les Gens de Justice ou de Police des lieux y pourvoiront sur le champ, & sans frais. Et pour exciter les Peuples à exercer les charitez réglées par le present Arrest, les Sieurs Evêques Diocesains sont invitez d'y employer leurs exhortations Pastorales.

Que les Mendians valides seront tenus de travailler aux ouvrages convenables à leurs âge , sexe & dispositions, à peine de punition, à l'arbitrage des Juges des lieux, en cas de desobéïssance averée.

Fait ladite Cour, en consequence dudit present Réglement & execution d'icelui, trés-expresses inhibitions & défenses à tous Pauvres, de tous âge , sexe & dispositions de corps, de mendier, soit de jour ou de nuit, dans les Eglises, par les ruës, ou aux portes des Maisons, à peine du Carcan pour la premiere fois, & de plus grande en cas de récidive : Enjoint aux Officiers des lieux de tenir exactement la main à l'execution du present Arrest, à peine d'en répondre en leur pur & privé nom, & à tous les Substituts du Procureur General dans les Bailliages, de le faire publier, afficher

& regiftrer par-tout où befoin fera, même d'envoyer copies dans les lieux de leurs dépendances, & de certifier inceffamment la Cour de leur diligence. FAIT en la Chambre du Confeil à Nancy, le 15 Decembre 1698. *Signé*, Par la Cour, VAULTRIN.

ARREST

Qui a jugé que le Seigneur Haut-Jufticier ne peut empêcher la Communauté dont il eft Seigneur, de vendre les fruits champêtres, pour être le prix employé à la décoration de la Paroiffe, ou autres neceffitez de la Communauté, autres que de la Subvention.

Du 8 Mars 1700.

ENTRE les Députez, Bourgeois & Communauté de Gerbeviller, Appellans d'une Sentence renduë au Bailliage de Nancy le 7 Novembre dernier, contre Dame Charlotte Deftourmelles, Veuve du feu Sieur Marquis de Gerbeviller, Intimée. Thiebault Avocat des Appellans, a conclu à ce qu'il plût à la Cour mettre l'appellation & ce dont eft appel au néant ; émendant, maintenir & garder les Bourgeois & Communauté dudit Gerbeviller dans le droit & poffeffion immemoriale où ils font, de percevoir feuls tous les profits communaux, & notamment le prix des fruits champêtres des arbres qui croiffent dans les champs, preys, paquis, & autres lieux ouverts, fans aucune exception du Ban & Finage de la même Ville, pour être les deniers en provenans employez en la maniere accoûtumée, à l'entretien des Ornemens de la Paroiffe, ou autres befoins publics ; faire défenfes à la Dame Intimée & à tous autres de les y troubler, & la condamner aux dépens.

Ouï le Févre pour l'Intimée, qui a soutenu le bien jugé de la Sentence dont il s'agit.

Ouï aussi Bourcier Procureur General, qui a dit estimer y avoir lieu de mettre l'appellation & ce dont est appel au néant; émendant, ordonner que les deniers provenans de la vente des fruits champêtres, seront employez à la décoration de l'Eglise, & autres nécessitez publiques de la Communauté, si ja n'est fait, à charge d'en rendre compte, sans préjudice aux droits du Seigneur Marquis de Gerbeviller, lors que les mêmes fruits seront perçûs en especes.

LA COUR a mis & met l'appellation & ce dont est appel au néant; émendant, a mis sur la demande originelle les Parties hors de Cour, à charge néanmoins que le prix provenant de la vente des fruits champêtres dont il s'agit, sera employé à la décoration de l'Autel de la Paroisse, & autres nécessitez de la Communauté, & non au payement de la Subvention, tous dépens compensez. FAIT à Nancy le 8 Mars 1700. *Signé*, Par la Cour, VAULTRIN.

ARREST,

Qui juge que le Curé doit avoir part, comme un autre Habitant, aux fruits champêtres, ou au prix d'iceux, quand ils sont vendus; à moins qu'il ne soit employé à la Décoration de la Paroisse.

Du 4 Septembre 1704.

ENTRE les Maire, Habitans & Communauté de Lebeuville, Appellans d'une Sentence renduë ci-devant au Bailliage d'Epinal le 25 Novembre 1694, & de tout ce qui s'en est ensuivi, suivant les fins de leur Requête du 30 Juin 1701. Exploit du 2 Juillet representé en copie, par laquelle faisant droit sur la Requête dudit Intimé ci-aprés, les Appellans sont condamnez de

payer trois livres réglées d'Office pour sa part des fruits champêtres de l'année 1694, sans préjudice de la somme de vingt-neuf
francs, faisant le prix de la vente des mêmes fruits, lesquels seront
employez à la décoration de l'Eglise Paroissiale du lieu, conformément à la résolution en faite par les Parties de Maurice ; Ordonné qu'à l'avenir l'Intimé aura part & portion dans les fruits
champêtres ainsi qu'un autre Habitant, sans que la Communauté
en puisse faire aucune vente sans y appeller l'Intimé, & les Appellans condamnez aux dépens, d'une part.

Contre Me Claude Larton Prêtre , & Curé de Lebeuville,
Intimé d'autre. Abram Avocat de l'Intimé , a conclu à ce qu'il
plût à la Cour mettre l'appellation au néant , ordonner que ce
dont est appel sortira effet, condamner les Appellans à l'amende
& aux dépens. Ouï Thomassin pour les Appellans.

Et Mathieu Substitut pour le Procureur General, qui aprés
avoir discuté le fait & la procedure, a estimé y avoir lieu de
mettre sur l'appel les Parties hors de Cour.

LA COUR a mis l'appellation au néant, ordonné que ce
dont est appel sortira effet, condamne les Appellans à l'amende
& aux dépens; a donné Acte néanmoins aux Parties de Thomassin, de la déclaration faite par celle d'Abram, que lors qu'ils trouveront à propos de faire vendre leurs fruits champêtres, pour
être employez à la décoration de leur Eglise, il ne demandera
aucune part au prix qui en proviendra ; à charge néanmoins
qu'il sera employé à sa participation aux décorations & necessitez de ladite Eglise. F A I T à Nancy le quatre Septembre 1704.
Signé, Par la Cour, V A U L T R I N.

ARREST,

Qui a réglé les Droits Honorifiques entre le Gouverneur des Salines de Château-Salins, & le Prevôt du même lieu, attribuant au premier les honneurs de l'Eglise située dans l'Enclos de la Saline,
& au second tous les honneurs du dehors de la
Saline.

Du 9 Juillet 1703.

ENTRE le Sieur François Dietrement Escuyer, Seigneur
de Provenchere, Gouverneur des Salines de Château-Salin,
Appellant d'une Sentence renduë au Bailliage de Nancy
le 17 Novembre dernier, suivant les fins de sa Requête du 5 Decembre suivant. Exploit du 12 Janvier dernier, controllé le 15 du
même mois, par laquelle sans s'arrêter à sa demande, l'Intimé ci-
aprés nommé, est maintenu & gardé en la possession des Droits
honorifiques en l'Eglise Paroissiale dudit Château-Salin, sans dépens entre les Parties, d'une part : Contre le Sieur Brigeot Prevôt
dudit lieu, Intimé d'autre part. Jacquier pour l'Appellant, a conclu à ce qu'il plaise à la Cour mettre l'appellation & Sentence
dont est appel au néant ; émendant & corrigeant, faisant droit
sur la Requête principale, le maintenir & garder aux droits &
possession dont ses Devanciers en Charge ont joüi, de préceder
par-tout le Prevôt dudit lieu ; ce faisant, lui adjuger les Droits honorifiques de sa Paroisse, à l'exclusion de l'Intimé ; & pour son refus, en ses dommages, interests & dépens, tant de Cause principale
que d'appel. Ouï Soucany pour l'Intimé, qui a conclu à ce que
l'appellation fût mise au néant avec amende & dépens. Ouï aussi
Redoubté pour le Procureur General, qui a estimé y avoir lieu
d'ordonner avant faire droit, que le Sieur Dietrement verifiera
qu'il

qu'il est en possession par ses Autheurs de tems suffisant à prescrire, de joüir des Droits honorifiques en question avant le Sr Brigeot.

LA COUR a mis l'appellation & ce dont est appel au néant ; émendant, ordonne que la Partie de Jacquier joüira préferablement à celle de Soucany, des Droits honorifiques dans les Eglise & Chapelle qui sont dans l'enclos du Château de Château-Salin, & même aux Processions qui seront faites au dedans dudit Enclos, sans néanmoins qu'il puisse joüir des mêmes honneurs & Droits de préséance sur celle de Soucany, dans les Eglises de Salonne & Damelécourt, Paroisses dudit Château-Salin, non plus qu'aux Processions qui seront faites audit Château-Salin, aussi-tôt qu'elles seront sorties de l'enclos de ladite Saline, tous dépens entre les Parties compensez. FAIT à Nancy le 9 Juillet 1703.

Signé, Par la Cour, VAULTRIN.

ARREST,

Qui ordonne que les Places & Bancs d'Eglise seront laissez par le Curé & les Echevins d'Eglise, au plus offrant, pour les nécessitez de la Fabrique.

Du premier Juillet 1700.

ENTRE Me Charles-François Royer Prêtre, & Curé de Barville, Claude Druot & Jean Adam, Châteliers de la Paroisse du même lieu, tant de leur chef, que comme prenant le fait & cause en défenses du Sieur Estienne Breton, ci-devant Capitaine dans les Troupes Imperiales, demeurans audit Barville, Appellans des Sentences renduës au Siége Bailliager du Neuf-Château les 15 Decembre & 22 suivant de l'année 1699, & premier Avril dernier, par Me Petré leur Avocat, d'une part : Contre le Sieur Antoine de Maillard, demeurant à Bayon, Intimé,

Z

par Me Didier ſon Avocat, d'autre part. Petré pour les Appellans, a conclu à ce qu'il plaiſe à la Cour leur donner Acte de leur priſe de fait & cauſe en défenſes pour ledit Breton ; en conſéquence mettre les appellation & Sentences dont eſt appel au néant : en émendant, faiſant droit ſur leur Requête du 13 Decembre dernier, débouter l'Intimé des fins de la ſienne du 24 Novembre préce-dent ; ce faiſant, les maintenir & garder au droit & poſſeſſion de conceder les Bancs & places dans leur Egliſe, ordonner que ledit Breton joüira de celui par eux à lui concedé, & condamner ledit Intimé aux dépens, tant de Cauſe principale que d'appel.

Ouï Didier pour l'Intimé, qui a conclu à ce que ſans s'arrêter à la priſe de fait & cauſe en défenſe, faite par les Appellans pour le ſieur Breton, les appellations fuſſent miſes au néant, ordonner que les Sentences des 15 & 22 Decembre 1699, dont eſt appel, fuſſent executées ſelon leur forme & teneur ; en conſéquence l'Intimé maintenu & gardé en la poſſeſſion & joüiſſance du Banc dont il s'agit, & leſdits Appellans condamnez à l'amende & aux dépens.

Ouï Bourcier Procureur General, qui a dit eſtimer y avoir lieu de mettre au néant l'appellation interjettée de la Sentence ren-duë par les Juges du Neuf-Château le premier Avril 1700, en ce que par icelle Me Charles-François Royer auroit été débouté du Renvoy par lui demandé ; ordonner que ladite Sentence ſortira ſon effet, & les condamner aux dépens, & ſur les appellations interjettées des deux Sentences renduës les 15 & 22 Decembre précedent, ſans s'arrêter aux Requêtes reſpectives des Parties, mettre leſdites appellations & Sentences au néant ; en émen-dant, ordonner que les Bancs & Places par elles prétenduës, ſe-ront laiſſées au plus offrant, pour en être le profit appliqué aux Ornemens & neceſſitez de la Paroiſſe.

LA COUR en ce qui concerne l'appellation interjettée par les Parties de Petré, de la Sentence du premier Avril dernier, por-tant le débouté du Renvoy, a mis ladite appellation au néant, & condamne l'Appellant à l'amende & aux dépens : & à l'égard des autres appellations interjettées des Sentences des 15 & 22 Decembre précedent, a mis icelles & lesdites Sentences au néant ; en émendant, ordonné que les places dont il s'agit feront laissées par le Curé de Barville, conjointement avec les Echevins de l'Eglise du lieu, au plus grand profit & utilité de la Fabrique, les autres dépens compensez. F A I T à Nancy le premier Juillet 1700. *Signé*, Par la Cour, V A U L T R I N.

A R R E S T,

Qui juge que les Bangardes ne peuvent rien préten-dre dans les Dixmes pour rétribution de leurs gardes, quoi qu'ils foient en possession d'en per-cevoir certaine portion.

Au Rapport de Monfieur de Nay.

Du 27 Novembre 1705.

V E U par la Cour le Procés d'entre les Dames Abbesse, Chanoinesses & Chapitre de Bouxieres, Décimatrices du Ban & Finage de Vezelise, prenant le fait & cause en défense de leurs Fermiers desdites Dixmes, Appellantes de la Sentence renduë au Bailliage du Comté de Vaudémont, le 19 du mois d'Aoust 1700, d'une part ; Les Officiers de la Chambre de Ville dudit Vezelise, comme ayant pris le fait & cause en défense des Messiers & Bangardes établis audit lieu, Intimez d'autre part : Et Mᶜ Jean-Affrican Verny Prêtre, Curé du même lieu, appellé en cause. Ladite Sentence par laquelle, sans préjudice des inductions résultantes des Piéces produites en l'instance, les Maire & Officiers de ladite Chambre de Ville, en la qualité qu'ils agissent, auroient été reçûs à faire preuve, que les Bangardes dudit lieu étoient en possession paisible & immémoriale, au vû & sçû des Fermiers defdites Dames Décimatrices, & dudit fieur Curé de Vezelife, de percevoir les Dixmes de la cinquiéme Charuë dont eft queftion, ou d'en percevoir les fruits, fuivant les abandonnemens qui en ont été faits, fauf la preuve contraire ; & cependant par provifion, fans préjudice du droit defdites Parties, ordonné que les Gerbes qui proviendront de ladite cinquiéme Charuë, dont feroit fait choix à la moiffon prefente, feroient mifes en fequeftre, ainfi qu'en l'année derniére, par Experts, dont les Parties conviendroient, fi non en feroit nommé d'Office, tous dépens remis. Les Piéces & Productions des Parties fur lefquelles ladite Sentence a été renduë. Copie de la Requête prefentée à la Cour par lefdites Dames, Abbeffe & Chapitre, aux fins d'être reçuës Appellantes. Decret au bas du 10 Juin 1701, par lequel la Cour les auroit reçuës Appellantes. Exploit d'affignation du 21 dudit mois. L'Acte de la Barre du 23 Juillet fuivant, par lequel les Parties auroient été appointées à fournir Griefs & Réponfes de quinzaine à autre. Griefs des Appellantes, fignifiez le 9 Février 1703. Réponfes à griefs des Intimez, fignifiées le 16 Juillet 1704. Ecritures dudit fieur Verny, fignifiées le fix Septembre fuivant. Requête d'employ des Intimez, fignifiée le 13 Juillet de la prefente année 1705. Les Piéces & Productions au contenu de l'Inventaire du Procés, fous la cotte M. Conclufions du Procureur General. Acte fignifié de la part des Intimez aux Avocats des autres Parties le quatre Septembre dernier, portant que ledit Procés étoit diftribué au Sieur de Nay Confeiller. Tout veu & confideré.

LA COUR a mis l'appellation & Sentence dont eft appel au néant ; émendant, évoquant le principal, & y faifant droit, fur la demande a mis les Parties hors de Cour, fauf aux Meffiers & Bangardes de fe pourvoir pour leurs falaires ainfi qu'ils trouveront à faire par raifon, & défenfes au contraire ; les Epices & couft du prefent Arreft payables par les Officiers de la Chambre de Ville de Vezelife. FAIT à Nancy en la Chambre du Confeil, le 27 Novembre 1705. *Signé*, Par la Cour, VAULTRIN.

ARREST,

Portant défenses de tenir Foires & Marchez les jours de Dimanches & Fêtes.

Du 19 Juin 1704.

LEOPOLD par la grace de Dieu, Duc de Lorraine & de Bar, Roy de Jerusalem, Marchis, Duc de Calabre & de Gueldres, Marquis de Pont-à Mousson & de Nommeny, Comte de Provence, Vaudémont, Blamont, Zutphen, Sarwerden, Salm, Falkenstein, &c. A tous ceux qui ces Presentes verront, SALUT. Sçavoir faisons, que veu par notre Cour Souveraine de Lorraine & Barrois, la Requête presentée par notre Procureur General; Contenant, qu'encore que par les Ordonnances des Ducs Charles III. & Charles IV. d'heureuse memoire, des 12 Janvier 1583, & 9 Septembre 1624, conformes à la Loy Divine, au Droit Civil, & aux Constitutions Canoniques, il ait été severement défendu de violer par des œuvres serviles & manuelles, les Dimanches & Fêtes commandées par l'Eglise, notamment de tenir esdits jours Foires & Marchez, qui doivent être transferez au premier jour ouvrable suivant, & que cette pratique soit inviolablement gardée dans tous les Etats Chrétiens; néanmoins il est informé qu'au préjudice de ces Ordonnances, il se tient tous les ans en plusieurs endroits du Ressort de la Cour, differentes Foires & Marchez és jours de Dimanches & Fêtes commandées par l'Eglise; ce qui est non seulement une profanation scandaleuse, & une contravention formelle ausdites Ordonnances, mais même donne lieu à beaucoup d'excés qui se commettent par yvrognerie, querelles, & autres dissolutions, qu'il est important de réprimer. A CES CAUSES, requeroit, que conformément ausdites Ordonnances, & en execution d'icelles, défenses soient faites de tenir aucunes Foires ou Marchez en quels lieux que ce puisse être, sous les peines portées par lesdites Ordonnances, & de plus grande s'il échet, selon la qualité du fait; lesquelles Foires & Marchez demeureront transferez au premier jour ouvrable fuivant : Que défenfes pareillement foient faites fous les mêmes peines, à toutes perfonnes de tenir aucuns Jeux, Danfes publiques , ou autres diffolutions pendant les heures deftinées au Service Divin, foit de matin, foit de relevée, & que l'Arreft qui interviendra foit envoyé dans tous les Bailliages , leu aux Prônes des Eglifes, publié & affiché où il appartiendra. Les Piéces jointes. Ouï le Rapport du Sieur Cueillet Confeiller. Tout confideré.

NOTREDITE COUR ordonne que lefdites Ordonnances feront executées felon leur forme & teneur ; & en confequence, fait défenfes à toutes perfonnes, de tenir ou faire tenir aucunes Foires & Marchez les jours de Dimanches & Fêtes , en quelques lieux que ce puiffe être, fous les peines portées par lefdites Ordonnances ; lefquelles Foires & Marchez demeureront transferées au premier jour ouvrable fuivant : Fait pareillement défenfes fous les mêmes peines, à toutes fortes de perfonnes de tenir aucuns Jeux, Danfes publiques, ou autres diffolutions pendant les heures du Service Divin. Ordonne qu'à la diligence dudit Procureur General , Copies du prefent Arreft feront envoyées dans tous les Bailliages, Prevôtez & Mairies de fon Reffort, pour y être leu , publié & affiché où il appartiendra, même aux Prônes des Eglifes. FAIT à Nancy fous le grand Scel de notre Cour, le 19 Juin 1704. *Signé*, Par la Cour, PECHEUR.

ARREST,

Qui juge que le Bouverot du Patrimoine d'une Cure eft exempt du Droit d'Affife pour les Bêtes tirantes, quand il n'eft point affermé.

Au Rapport de Monfieur de Nay.

VEU par la Cour le Procés d'entre Me Jean-Charles Bertrand Prêtre, Curé de Conflans , Appellant d'une Sentence ren-

duë au Bailliage de S. Mihiel le dix-huit Mars 1701 , & Demandeur en execution de l'Arreſt du 30 May 1703, d'une part ;
Et Jean Cuny Fermier du Domaine de la Voivre, Intimé & Défendeur en execution dudit Arreſt, d'autre part. Ladite Sentence,
par laquelle ſans s'arrêter à la Priſe de fait & cauſe en défenſe dudit Bertrand, pour Goevry Coppin ſon Fermier audit Conflans,
ledit Coppin auroit été débouté de ſon oppoſition ; en conſequence, ordonné que l'execution ſur lui commencée, ſeroit parachevée, pour l'Aſſiſe repetée en ſon nom, à raiſon des Bêtes tirantes
de ſa Charuë, ſans préjudice aux droits dudit Bertrand, lors qu'il
cultiveroit le Gagnage dont s'agit par ſes mains ; ledit Bertrand
condamné aux dépens de l'Inſtance. Ledit Arreſt dudit jour 30
May 1703, par lequel il auroit été ordonné, avant faire droit, que
ledit Appellant vérifieroit dans le mois, pardevant le Lieutenant
General d'Eſtain, qu'il étoit en poſſeſſion de tems immémorial,
tant par lui que par ſes devanciers Curez de Conflans, de l'exemption du droit d'Aſſiſes dont il s'agit, pour raiſon du Gagnage &
Bouverot dépendant de ſa Cure ; ſoit qu'il ait été cultivé par ſes
mains, celles de ſes devanciers , ou par les mains de leurs Fermiers, Laboureurs de Conflans, ſauf à l'Intimé la preuve contraire
dans pareil délay ; pour les preuves faites & rapportées , contredites & ſauvées de huitaine à autre, être jugé ce que de raiſon, dépens
réſervez. Les Piéces & Productions ſur leſquelles leſdites Sentences & Arreſts ſont intervenus. La Requête dudit Bertrand, en interpretation dudit Arreſt du 30 May 1703, tendante à ce que pour
les cauſes y énoncées, il plaiſe à la Cour en interpretant ledit Arreſt, ordonner que ledit Bertrand ſera admis de prouver que dans
tous les Villages de la Contrée, où l'Aſſiſe & le Terrage ſont levez, il n'en eſt payé aucun pour le fixe des Curez, ſoit qu'ils ſoient
cultivez par le Curé ou par des Fermiers. Arreſt du 10 Decembre
ſuivant, par lequel ſans s'arrêter à la demande en interpretation,
ordonné que ledit Bertrand ſatisfera dans la quinzaine à la preuve
ordonnée, pour tout délay, ſi non déchû, & paſſé outre au Jugement de l'Inſtance. Acte donné audit Bertrand de la déclaration
faite par ledit Cuny, qu'il ne prétend point d'Aſſiſe, lors que ledit

Bertrand cultivera par ses mains le Gagnage dont est question; & icelui Bertrand condamné aux dépens. Enquête faite à la diligence dudit Bertrand, le 7 Juin 1704. Contredits dudit Cuny, contenant Production nouvelle. Decret au bas du 18 Aoust 1704, par lequel la Cour a reçu la Production, ordonné qu'elle seroit contredite & sauvée de huit jours à autre, & donné Acte de l'employ. Exploit de Signification du 19. Salvations dudit Bertrand. Autres Salvations dudit Cuny. Les Piéces & Productions des Parties au contenu de l'Inventaire. Conclusions du Procureur General. Acte signifié, portant que le Sieur de Nay Conseiller, étoit Rapporteur. Tout veu & consideré.

LA COUR a mis sur l'appel les Parties hors de Cour; faisant droit sur les Conclusions du Procureur General, fait défenses à l'Intimé de faire executer sa Contrainte pour droits Seigneuriaux dépendans du Domaine; enjoint à lui à se pourvoir au Juge, pour avoir permission d'executer; fait défenses de vendre aucuns Effets saisis au préjudice de l'opposition, & sans garder les délais & formalitez de l'Ordonnance : Fait défenses pareillement d'executer aucune Sentence, sans avoir préalablement signifié à Procureur & à Partie, à peine de tous dépens, dommages & interests. Les Epices & coust du present Arrest & précedens Arrests, payables par l'Appellant. FAIT à Nancy le quatriéme Janvier 1705. *Signé*, Par la Cour, VAULTRIN.

ARREST,

Qui régle que les Hermites, quoique véritablement Laïques, seront responsables pardevant l'Ordinaire, pour fait de correction de mœurs; & au Juge Séculier, pour faits purement civils & profanes.

Du 4 Juillet 1702.

VEU par la Cour Souveraine de Lorraine & Barrois, la Requête à elle presentée par Frere Agathon, Superieur & Visiteur

teur general des Hermites; Joseph de Flin Définiteur, & Frere
Hilarion, Hermites du Diocefe de Toul, habituez dans la Chapelle S. Antoine dans le Defert-Claude Roche, Paroiſſe d'Elie:
Contenant, que Monſieur l'Evêque de Toul ayant trouvé à propos, & qu'il étoit important pour le bon ordre & la régularité de
l'Inſtitut des Hermites de ſon Diocefe, d'établir un Supérieur &
Directeur entr'eux, pour veiller aux mœurs & pratique de la vie
des Hermites; lequel feroit affifté de quatre autres Hermites ſes
Confreres, les mieux réglez dans leurs mœurs & leur conduite,
pour veiller avec lui à celle des Hermites de leur Canton;
& de fuite examiner la maniere dont chaque Hermite s'étoit
inftruit & pris l'Habit dans le Diocefe, fous l'autorité dudit Sieur
Evêque: & à cet effet faire obſerver les Réglemens & Statuts faits
par Monſieur de Fieux ſon Devancier, pour la vie des'Hermites;
ledit Frere Agathon auroit été choiſi & nommé Superieur, &
pour ſes Affeſſeurs & Diffiniteurs Frere Michel le Grand, Hermite
de Sainte Anne, proche de Lunéville; Frere Pierre Binet, Hermite
au Val des Nonnes, proche de Toul; Frere Nicolas Harenefte, Hermite de l'Hermitage de la Magdelaine, prés dudit Flin; leſquels
pour pouvoir remplir le devoir de leurs Emplois, ſe feroient adreſ-
fez à ladite Cour, pour avoir permiſſion de faire leſdites Viſites &
reconnoiſſances dans l'étenduë des Eftats de S. A. R. & pour être
authoriſez, en cas de refus ou rebellion des Hermites; prendre
main-forte, pour faire executer les Statuts & Réglement dudit
Sieur Evêque: Sur quoy la Cour auroit ordonné que ſon Arreſt
du 9 Juillet 1701, feroit executé; que les Proviſions & Approba-
tions à eux données feroient regiſtrées és Regiſtres du Greffe de
la Cour, pour être executez ſuivant leur forme & teneur, & y
avoir recours, le cas écheant; & en conſequence, à eux permis de
faire les Viſites néceſſaires, conformément audit Mandement,
avec injonction auſdits Hermites de leur obéïr; & au cas de deſ-
obéïſſance, permis à eux de ſe pourvoir enfuite, pour avoir main-
forte: le tout à charge que les Actes de Viſite dudit Frere Agathon
feroient rapportez à la Cour, pour être communiquez au Procureur General. Et en outre, qu'ils ne pourront recevoir ni établir

A a

des Hermites étrangers sans permission ; ni recevoir des gens mariez, ou cotisables, sans démission de leurs biens : Que lesdits Hermites ne pourront faire aucune Profession ni Cloture, & demeureront soumis à la Jurisdiction Séculiere : En execution duquel
Arrest, & Mandement dudit Sieur Eveque, ledit Frere Agathon
Superieur, assisté de Frere Joseph de Flin, l'un des Diffiniteurs,
& de Frere Hilarion Hermite, faisant leur Visite, se seroient transportez en l'Hermitage S. Antoine, prés d'Archette, Paroisse dudit
lieu, occupé par Estienne-Philippe Coutelier depuis trois mois ou
environ, soy disant Hermite du Tiers-Ordre de S. François ; auquel lieu ne l'ayant pas trouvé, ils se seroient transportez à Haaist,
où l'ayant trouvé, ils seroient allez de compagnie jusqu'au Village
de Thor, où étant, ils auroient fait lecture, tant de l'Arrest de la
Cour, que des Ordonnances & Statuts dudit Sieur Evêque ; portant, que tous les Hermites du Diocese seroient soumis & recon-
noîtroient ledit Frere Agathon pour leur Superieur ; de quoy s'é-
tant mocqué, & reparty qu'il ne dépendoit que de Rome ; qu'il
étoit du Tiers-Ordre de S. François, indépendant de l'Ordinaire ;
qu'il ne prétendoit pas se joindre à l'Institut des Hermites de Saint
Antoine ; qu'il vouloit être du Tiers-Ordre de S. François, qu'il
en seroit malgré lui & tous autres ; qu'ayant des Lettres de Rome
du Convent de S. Cosme & S. Damien, le Sieur Evêque ne pouvoit
pas lui ôter l'Habit : Sur quoi le Suppliant l'ayant voulu conduire
en l'Hermitage de la Rochete, proche de Bacaras , pour y exercer les soumissions requises, & se conformer aux Statuts du Diocese, donnez par ledit Sieur Evêque , ce Particulier en auroit été
refusant, les Supplians l'auroient conduit au Logis du Maire dudit
lieu de Thor, où ils l'auroient dépoüillé de l'habit d'Hermite, comme indigne d'en faire la Profession ; attendu que depuis environ
cinq ans qu'il prit l'Habit dans l'Abbaye de Hauteseille, moyennant dix Ecus , à ce qu'ils ont appris , il n'avoit résidé en aucun
Hermitage, sinon deux ou trois mois dans celui de S. Antoine,
prés d'Archette ; qu'il n'avoit fait autre chose que quêter par tout
le Diocese, même jusqu'à Verdun, soy disant Religieux hoffrant
du Tiers-Ordre de S. François ; ce qui est un brigandage honteux

à l'état des Hermites. Cependant quoi que les Supplians n'ayent rien fait que ce qui leur étoit permis par l'Arrest de la Cour & Mandement dudit Sieur Evêque, ce Particulier s'est avisé de preſenter Requête au Bailliage de Voſges, où il a expoſé que les Supplians l'ayant dépoüillé de ſes Habits, lui auroient volé ſix Louis d'or, qui étoient cachez dans la chapouliere de ſa Capuche, & qu'on lui avoit fait quantité de violences & d'outrages, ſans lui vouloir donner le loiſir d'aller chercher ſes Lettres juſtificatives de ſa qualité d'Hermite : Et ſur l'expoſé de cette Requête, auroit fait aſſigner les Supplians, pour ſe voir condamner à la reſtitution deſdits ſix Louis d'or, une Robe, un Manteau, & une Capuche, à dire d'Experts, en ſes dommages, intereſts & dépens, & en telle amende qu'il plairoit aux Juges d'arbitrer ; à laquelle Aſſignation les Supplians ayant comparu, demanderent leur renvoi pardevant ledit Sieur Evêque de Toul, ſeul Juge compétent pour connoître ſi ce prétendu Frere Hermite étoit véritablement inſtitué Hermite, ou non, ſuivant les Statuts & Réglemens faits pour la vie & mœurs des mêmes Hermites ; & que les ſix Louis d'or énoncez dans la Requête, n'étoient que pour éluder la Juriſdiction dudit Sieur Evêque : en tout cas, c'étoit à la Cour ſeule de connoître dudit Fait, ils en auroient été déboutez ; néanmoins ordonné qu'ils conteſteroient au principal, & condamnez aux dépens. Et comme ſi en procedant à la Viſite permiſe par la Cour, ils étoient obligez d'eſſuyer autant de Procés, qu'il y aura de Réfractaires aux Mandemens dudit Sieur Evêque, & de mauvais Hermites, cela les obligeroit d'abandonner leurs emplois & leurs pourſuites, au grand préjudice de l'Inſtitut des Hermites ; que par là tous les débauchez & vagabonds, qui à la faveur de l'habit d'Hermite, ménent une vie ſcandaleuſe, ſeroient authoriſez dans leur libertinage, au grand ſcandale du public, & à l'opprobre de la Religion : que ce ſeroit renverſer l'Arreſt de ladite Cour, & le Mandement dudit Sieur Evêque, à moins que les Supplians ne ſoient autoriſez, ſans être obligez d'eſſuyer tous les Procés que les mauvais Hermites ſuſciteroient ſur de faux expoſez, & des calomnies honteuſes, comme ils ont été; Requerans à ce qu'il plaiſe à la Cour les décharger des assignations & pourfuites faites au Bailliage de Mircourt, & condamnations portées par la Sentence du 22 Juin dernier, comme données par Juges incompetens ; ce faifant, ordonner que ce qui a été par eux fait dans le cours de ladite Vifite, fera executé en tous fes points ; & en confequence, défenfe fera faite audit Philippe Couftellier de prendre l'habit d'Hermite dont il a été dépouillé, comme réfractaire au Mandement dudit Sieur Evêque de Toul, authorifé par la Cour, & rebelle aux ordres de fes Supérieurs ; étant une pure calomnie de fa part, qu'on lui ait volé, comme il le fuppofe, fix Louis d'or : ou au cas qu'il plairoit à la Cour d'en ordonner autrement, les recevoir Appellans de la Sentence defdits Juges de Mircourt, tenir l'appel pour bien relevé, permettre de faire Intimer fur icelui ledit Philippe-Eftienne Couftelier, au domicile de fon Avocat à Mircourt, attendu qu'il ne fait aucune réfidence fixe & arrêtée dans l'Hermitage S. Antoine ; qu'il eft la plufpart du tems à Remberviller chez fon pere, ou en Campagne, pour faire fes quêtes ; commettre à cet effet le premier Huiflier ou Sergent des lieux, & ce tant comme de Juge incompetent qu'autrement ; duëment fuppliant tres-humblement la Cour de ftatuer fur le premier chef de leurs Conclufions, eu égard qu'ils ne font pas en état de plaider ; & que fi la Cour écoutoit de pareilles plaintes, tous les autres Hermites de la même trempe, leur fufciteroient tous les jours de nouveaux Procés, & des empêchemens formels à leurs Vifites. Decret au bas de la Requête, portant, Soit montré au Procureur General. Ses Conclufions. Lefdits Mandement & Arreft de la Cour. Les Procés Verbaux de leurs Vifites ; celui du défroquement dudit Philippe-Eftienne Couftelier. Le Certificat des Maire & Gens de Juftice de Thor. Ouï le Rapport du Sieur de Rutant Confeiller. Tout veu & confideré.

LA COUR ordonne que lefdits Actes & Decret de Vifite feront executez, fauf l'oppofition des Parties intereffées ; laquelle échéant, ordonne que les Parties fe pourvoiront pardevers le plus prochain Bailliage, en ce qui concernera les délits & actions

purement civiles & profanes; à charge par les Juges des Bailliages
d'en connoître fommairement & de plein, fans forme ni figure
de Procés, gratuitement & fans frais, nonobftant oppofitions ou
appellations quelconques, & fans préjudice : Et à l'égard des faits
qui concerneront la correction des vie & mœurs, impofition de
pénitence, & autres de pareille nature, ordonne que les Parties
fe pourvoiront pardevers l'Ordinaire; à charge néanmoins qu'en
cas d'expulfion de l'Hermitage, pour faits civils, la connoiffance
en appartiendra aux Juges defdits Bailliages : Et en ce qui concerne l'Inftance particuliere, intentée par ledit Philippe-Eftienne
Couftelier au Bailliage de Vofges, contre Frere Agathon Vifiteur
general, & fon Définiteur, renvoye les Parties audit Bailliage,
pour y être prononcé & ftatué ainfi qu'il appartiendra, auffi fommairement, fans figure de Procés, gratuitement & fans frais.
Fait à Nancy le 4 Juillet 1702. *Signé*, Par la Cour, Vaultrin.

A R R E S T,

Qui régle que les Sages-Femmes doivent être éluës
à la pluralité des voix des femmes de la Paroiffe.

Du 22 Juin 1708.

VEU par la Cour la Requête prefentée par le Procureur
General; Contenant, qu'il eft informé que depuis le mois
de Novembre dernier, il régne une divifion dans la Communauté de Domp-Germain entre les femmes de la Paroiffe, au
fujet de l'élection d'une Sage-Femme; la plus grande & beaucoup
plus nombreufe partie ayant élû, au nombre de cinquante-&-une,
la nommée Barbe Henry, femme de Cuny Mathelin, Vigneron
audit lieu; & la moindre, au nombre de quatorze ou quinze, ayant
élû la nommée Manfuette Gilbert, veuve de Jean Bardin. Cette
double élection a donné lieu à differentes procedures, dont les
unes ont été portées en la Prevôté de Foug, & les autres
ailleurs : Barbe Henry ayant obtenu diverfes Ordonnan-

ces fur Requête, renduës en fa faveur, conjointement avec
la Communauté dudit Domp-Germain, qui s'eft déclarée pour
elle ; & Manfuette Gilbert ayant obtenu deux Sentences en la
Prévôté de Foug, les 22 Mars, & 15 du prefent mois de Juin,
qui la maintiennent en cette fonction ; nonobftant lefquelles
ladite Barbe Henry l'a exercée, comme étant plus agréable à la
Paroifle, & fur-tout aux femmes, qui refufent prefque toutes de
fe laifler accoucher par ladite Manfuette Gilbert, contre laquelle
elles témoignent une averfion fi grande, qu'elles ont déclaré que
fi elles étoient forcées de fe fervir du miniftere de ladite Manfuette Gilbert, qui eft une femme plus que fexagenaire, & qu'elles ne croyent pas propre à cette fonction, elles appelleroient
plutôt des Matrones étrangeres ; ce qui pourroit caufer beaucoup
d'inconveniens pour la naiflance des enfans. Et quoi que ladite
Barbe Henry ait fait conjointement avec la Communauté du
même lieu, diverfes Procedures incompetentes, qui ne peuvent
pas être approuvées ; néanmoins comme ladite Barbe Henry a
été éluë à la pluralité des fuffrages ; qu'elle a prêté Serment entre
les mains d'un Ecclefiaftique prépofé à cet effet par Monfieur
l'Evêque de Toul, & qu'elle eft feule agréable aux femmes de la
Paroifle, dont on doit fur-tout confiderer le penchant & l'incli-
nation à cet égard ; le Remontrant croit qu'il eft de la juftice &
de la bonté de la Cour de finir cette affaire d'authorité, & d'empêcher que le repos de cette Communauté ne foit pas troublé davantage pour cette difficulté, qui a caufé des frais confiderables,
& qui en pourroit encore caufer de plus grands à l'avenir, s'il n'y
étoit pourvû, en maintenant celle qui eft éluë à la pluralité des
voix, & qui eft defirée par les femmes. A CES CAUSES, il requiert
qu'il plaife à la Cour, fans s'arrêter aux Procedures & Jugemens
intervenus, ordonner que l'élection faite à la pluralité des voix,
de la perfonne de ladite Barbe Henry, fera executée felon fa forme
& teneur ; & en confequence, ordonner qu'elle fera feule les fonctions de Sage-Femme de ladite Paroifle ; avec défenfes à ladite
Manfuette Gilbert de la troubler, fur les peines de droit. Ouï le
Rapport du Sieur Parifot Confeiller. Tout veu & confideré.

LA COUR sans s'arrêter aux Procedures & Jugemens intervenus, ordonne que l'élection faite à la pluralité des voix, de la
personne de ladite Barbe Henry, sera executée selon sa forme &
teneur : Et en consequence, ordonne qu'elle fera seule les fonctions
de Sage-Femme de la Paroisse de Domp-Germain ; fait défenses à
ladite Mansuette Gilbert de la troubler. FAIT à Nancy le 22
Juin 1708. *Signé*, Par la Cour, VAULTRIN.

ARREST,

Qui ordonne que ceux qui font profession de la Secte
Judaïque, & autres Etrangeres, vuideront incessamment des Estats de Lorraine.

Du 5 Aoust 1700.

VEU par la Cour Souveraine de Lorraine & Barrois, la Requête à elle presentée par le Procureur General ; Contenant,
que la piété des Serenissimes Ducs de Lorraine & de Bar, les
ayant portez à conserver avec soin dans leurs Estats la pureté de
la Religion, & à demeurer inviolablement attachez à l'Eglise, ils
ont fait diverses Ordonnances, par lesquelles ils ont défendu severement l'exercice de toutes autres Religions & Sectes étrangeres ; & par une Police si religieuse, ils ont garanty, par la grace de
Dieu, leur Estat de la contagion des opinions erronées, qui ont
alteré dans les Pays voisins l'intégrité de la Foy. Cependant la licence des Guerres qui ont régné si long-tems, ayant affoibly la
vigueur de ces Ordonnances, divers Particuliers faisant profession
de Sectes ennemies de la Religion Catholique, se sont introduits
dans les Estats de Sadite A. R. & contrevenu à ces Ordonnances,
dont il est important de renouveller l'execution : Le Remontrant
étant informé que dans le Village de Tanviller, outre plusieurs
familles Juives, il s'y en est établi d'autres faisant profession de la
Religion prétenduë Réformee, sans en avoir obtenu aucune permission avant ni depuis le changement d'Estat ; n'a pû se dispen-

ser d'employer tout ce qui dépend de son ministére, & de l'autorité de la Cour, pour les obliger d'en sortir, conformément à ces Ordonnances. Requerant qu'il plaise à la Cour ordonner que dans trois mois pour toute préfixion & délai, tous ceux qui font profession de la Secte Judaïque & de la Religion prétenduë Réformée audit Tanviller, de quelque état, sexe & conditions qu'ils soient, seront tenus de vuider des Estats de Sadite A. R. eux, leurs enfans & familles, à peine d'y être contraints par toutes voyes duës & raisonnables, même par confiscation de leurs biens meubles & immeubles. Les Piéces jointes à ladite Requête, notamment l'Arrest de la Cour du six Juin 1698, avec les anciennes Ordonnances y énoncées, des années 1523, 1539, 1545, & 1626, par lequel la Cour ordonne que lesdites Ordonnances seront executées selon leur forme & teneur ; & en consequence, a fait tres-expresses inhibitions & défenses à tous les Sujets de Sadite A. R. de donner retraite à aucunes personnes que celles qui feront profession de la Religion Catholique, Apostolique & Romaine, à peine d'en demeurer responsables, & être procedé contr'eux suivant l'exigence du cas : a ordonné en outre à tous Juges & Magistrats de faire chacun à son égard toutes les recherches de ceux qui résident dans l'étenduë de leurs Jurisdictions, professans autre Religion que la susdite Catholique, Apostolique & Romaine, & y être par eux pourvû. Ouï le Sieur du Bois Conseiller, en son Rapport. Tout consideré.

LA COUR a ordonné & ordonne, que lesdites Ordonnances & Arrest seront executez ; ce faisant, que dans trois mois pour toute préfixion & délai, tous ceux qui font profession de la Secte Judaïque & de la Religion prétenduë Réformée audit Tanviller, de quelque état ou condition qu'ils soient, seront tenus de vuider des Estats de Sadite Altesse Royale, eux, leurs enfans & famille, à peine d'y être contraints par toutes voyes duës & raisonnables, même par confiscation de leurs biens meubles ou immeubles. Fait à Nancy le 5 Aoust 1700. *Signé*, Par la Cour, VAULTRIN.

ARREST,

ARREST,

Qui préjuge que l'on ne peut conſtruire une Tuillerie
ſans la permiſſion du Seigneur.

Du 14 Juillet 1704.

NTRE les Directeurs de l'Hôpital S. Julien de
Nancy, Appellans de la Sentence renduë au Bail-
liage de la même Ville le 25 Avril dernier, ſuivant
les fins de leur Relief, ſignifié par Exploit du 28 du
même mois, controllé le 20. Ladite Sentence, par
laquelle ſur la demande les Parties ont été miſes hors de Cour,
d'une part : Et les Abbé & Religieux de Clairlieu, Intimez, d'autre
part. Drouville pour les Appellans, a conclu à ce qu'il plût à la
Cour mettre l'appellation & ce dont a été appellé au néant ;
émendant, maintenir & garder les Appellans au droit & poſſeſſion d'avoir ſeuls dans l'étenduë de la Seigneurie de Viller, la Tuillerie de Lanney ; en conſequence, condamner les Intimez d'ôter
celle qu'ils ont conſtruite dans l'étenduë de ladite Seigneurie, à un
jet de pierre de l'autre ; aux dommages & intereſts réſultans de
leur entrepriſe, à donner par déclaration, & aux dépens, tant des
Cauſes principale que d'appel. De Mahuet pour les Intimez, a
conclu à ce qu'il plaiſe à la Cour mettre l'appellation au néant,
ordonner que ce dont eſt appel ſortira ſon plein & entier effet,
& condamner les Appellans à l'amende & aux dépens. Tervenus
Subſtitut pour le Procureur General, a eſtimé y avoir lieu, auparavant faire droit, d'admettre la Partie de Mᵉ Mahuet à faire preuve, qu'il y a eu anciennement une Tuillerie dans l'endroit con-
tentieux , & que ſa Partie l'a fait rétablir ſur les anciens fondemens, ſauf la preuve contraire.

Bb

LA COUR avant faire droit, ordonne que la Partie de Mahuet fera preuve pardevant le Sieur Serre, qu'elle a commis à cet effet, que dans l'endroit où elle a fait conftruire la Tuillerie dont il s'agit, il y en avoit précedemment eu une autre de conftruite : Ordonne que pour en reconnoître les veftiges & anciens fondemens, fi aucuns y a, defcente fera faite fur les lieux par ledit Sieur Serre, pardevant lequel les Parties pourront faire telles indications qu'elles jugeront à propos, dont il fera dreffé Carte Topographique, s'il échet ; entendre des Témoins fur tels autres faits qu'elles trouveront à propos ; pour, les Procés Verbaux & Enquêtes faites, rapportées & communiquées, être ordonné ce que de raifon, dépens réfervez. FAIT à Nancy le 14 Juillet 1704.

Signé, Par la Cour, VAULTRIN.

ARREST,

Qui juge que le Droit d'ériger Tuillerie, eft Seigneurial.

Du 31 Aouft 1705.

ENTRE le Sieur Louïs-François Dalençon Chevalier, & Baron de Beaufremont, Seigneur de Creuë, &c. Appellant de deux Sentences renduës au Bailliage de S. Mihiel, les 26 May & 8 Juin dernier, fuivant fa Requête du 16 Juillet fuivant. Exploit de Didelot du 6, controllé à Hattonchatel le 7. Par la premiere defquelles il eft dit que le Prey des Intimez ci-aprés nommez, fera vifité par Experts, dont les Parties conviendront, fi non feront nommez d'Office ; & par la feconde, les Parties font appointées au Confeil, & fur la demande en démolition de la Tuillerie, en droit & joint, d'une part : Contre les Sieur Abbé, Prieur & Religieux de l'Etanche, Intimez d'autre : Et encore entre les Habitans & Communauté dudit Creüe, Demandeurs en In-

tervention, suivant leur Requête du   Exploit du
représentée en copie, pour ce non controllée ; tendante à ce
qu'ayant égard à leur intervention, & y faisant droit, lesdits Abbé,
Prieur & Religieux, soient condamnez à démolir dans trois jours
la Tuillerie dont s'agit, & condamnez aux dommages & interests
en résultans, & aux dépens ; Contre lesdits Abbé, Prieur & Religieux, Défendeurs d'autre. Abram pour l'Appellant, a conclu à
ce qu'il plût à la Cour, en ce qui concerne la Sentence du 26 May,
mettre l'appellation & Sentence dont est appel au néant ; émendant, évoquant le principal, & y faisant droit, en conséquence du
désaveu signifié par son Procureur d'Office sur les lieux, de ceux
qui ont pû commettre les mésus dont s'agit, les renvoyer de la
demande en dommages & interests desdits mésus, formée par lesdits Intimez, & les condamner aux dépens : faisant droit sur le
premier chef de la Sentence du 8 Juin, mettre pareillement l'appellation & ce dont est appel au néant ; en émendant, renvoyer la
Cause & les Parties pardevant le Juge Gruyer de la Seigneurie de
Creüe, pour proceder sur la demande dudit Procureur d'Office,
pour les amendes, dommages & interests résultans des délits &
dégradations mentionnées és Rapports des 5 & 21 May dernier ;
& sur la saisie interposée en conséquence ; & en ce qui concerne
le second chef, mettre pareillement l'appellation & Sentence
dont est appel au néant ; en émendant, évoquant le principal, & y
faisant droit, condamner les Intimez à faire démolir dans trois
jours la Tuillerie qu'ils ont fait construire sur les Terres à eux appartenantes à Juvrecourt, dépendant de la Seigneurie de Creüe,
aux dommages & interests, & aux dépens, tant des Causes principales que d'appel. Ouï Hurault pour les Intimez, qui a soutenu
le bien jugé desdites Sentences : & au cas qu'il plairoit à la Cour
évoquer le principal, faisant droit sur le premier chef, condamner
l'Appellant aux dommages & interests résultans des dégâts commis dans les Heritages des Intimez ; & sur le second chef, à ce que
la saisie faite sur les Bois en question, fût déclarée nulle : & sur le
troisiéme, à ce qu'ils soient renvoyez de la demande en démolition de la Tuillerie, avec dépens. Ouï Boufmard pour les Inter-

Bb ij

venans, qui a conclu aux fins de sa Requête. Drouville Substitut pour le Procureur General, aprés avoir fait recit du fait & de la Procedure, a estimé qu'il y avoit lieu de recevoir les Parties de M^eBousmard intervenantes en la Cause ; faisant droit sur leur intervention, ensemble sur les appellations interjettées par la Partie de M^eAbram, mettre lesdites appellations & Sentences dont est appel au néant ; émendant, en ce qui touche la Sentence du 26 May dernier, avant faire droit au principal, admettre les Parties de M^eHuraut à faire preuve, que c'est par le fait des Voituriers & personnes préposées par la Partie de Me Abram, pour l'enlevement des bois dont il s'agit, que les dégâts faits dans le Prey Labbé, sont provenus, sauf la preuve contraire ; pour les Enquêtes faites, rapportées, & communiquées, être prises telles Conclusions qu'au cas appartiendra : & en ce qui touche l'appel de la Sentence du 8 Juin aussi dernier, mettre l'appellation & ce dont est appel au néant ; émendant sur le premier chef, renvoyer la Cause & les Parties pardevant le Juge Gruyer de Creuë, pour juger de la contestation qui est entre elles au sujet des prétendus délits commis dans les bois dont il s'agit, jusques à Sentence diffinitive inclusivement, sauf l'appel pardevant les Juges qui en doivent connoître : & sur le second chef, concernant la demande en démolition de la Tuillerie en question, condamner les Parties dudit Hurault de la démolir incessamment, si mieux elles n'aiment payer un Cens annuel à la Partie dudit Abram, tel qu'il plaira à la Cour le fixer.

LA COUR en ce qui touche l'appel de la Sentence renduë au Bailliage de S. Mihiel le 26 May dernier, a mis l'appellation & Sentence dont est appel au néant ; émendant, & avant faire droit au principal, appointe les Parties de Hurault à faire preuve dans la quinzaine, pardevant le Prevôt de Hattonchâtel, qu'elle a commis à cet effet, que les dégâts qui se sont trouvez dans les Preys dont il s'agit, sont arrivez par le fait des Voituriers employez par la Partie d'Abram à l'enlevement des bois dont il s'agit, sauf la preuve contraire : & en ce qui touche l'appel de la

Sentence renduë au même Bailliage le 8 Juin auſſi dernier, a pareillement mis l'appellation & ce dont eſt appel au néant; émendant ſur le premier chef de ladite Sentence, a renvoyé la Cauſe & les Parties pardevant le Gruyer de Creüe, pour y être procedé ſur leurs conteſtations, juſques à Sentence diffinitive incluſivement; ſauf l'appel pardevant les Juges qui en doivent connoître : & ſur le chef concernant la démolition de la Tuillerie dont il s'agit, a mis l'appellation & ce dont eſt appel au néant; émendant, condamne les Parties dudit Huraut de démolir ladite Tuillerie, ſi mieux elles n'aiment payer à celle dudit Abram un Cens annuel de quinze francs, tant & ſi long-tems que ladite Tuillerie ſubſiſtera, & qu'il y ſera travaillé; ce qu'elles feront tenuës d'opter dans la quinzaine, ſi non l'option reſerée. Et ſur l'intervention des Parties de Bouſmard, a mis les Parties hors de Cour; condamne les Parties dudit Hurault à un tiers des dépens, un autre tiers compenſé, & l'autre reſervé. Fait à Nancy le 31 Aouſt 1705.

Signé, Par la Cour, VAULTRIN.

✿✿✿✿✿✿✿✿✿✿✿✿✿✿✿✿✿✿✿✿✿✿✿✿✿✿✿✿✿✿✿✿

ARREST,

Qui a jugé que la capacité de Contracter, par rapport à l'âge & à la majorité, devoit ſe régler par la Coûtume du lieu de la naiſſance, & domicile de la Partie contractante, & non par la Coûtume du lieu où le Contrat eſt paſſé, & de la ſituation de la choſe conteſtée.

Du 26 Mars 1699.

ENTRE Pierre Mercier Bourgeois de Nancy, Appellant d'une Sentence renduë au Bailliage de la même Ville, le 17 Janvier dernier, & Défendeur d'une part : Contre Meſſire Charles de Cultz Chevalier, Comte de Deüilly, Intimé, & Demandeur incidemment en entherinement du Decret par lui obtenu de S. A. R. le 26 du même mois de Janvier : Et encore contre le sieur de Lombillon, Conseiller au Bailliage de Nancy, Intimé. Abram Avocat de l'Appellant, a conclu à ce qu'il plût à la Cour mettre l'appellation & Sentence dont a été appellé au néant ; émendant, sans s'arréter audit Decret, de l'entherinement duquel le Demandeur sera débouté, renvoyer l'Appellant de la demande contre lui formée en nullité du Contrat du 11 Mars 1690, dont s'agit, avec dépens, tant des Cause principale que d'appel ; & au cas qu'il plairoit à la Cour confirmer le premier chef de la Sentence, condamner le sieur de Lombillon à se désister d'une des maisons en question, en le remboursant du prix que l'Appellant en a touché seulement, sans dommages, interests ni dépens, sauf à lui de répeter les impenses & méliorations qu'il peut y avoir fait, audit sieur Comte de Deüilly, & condamné pareillement aux dépens. Ouï le Févre pour l'Intimé, qui a conclu à ce que l'appellation fût mise au néant : en tout cas, qu'ayant égard au Decret obtenu de S. A. R. le 26 Janvier dernier, & icelui entherinant, les Parties fussent remises en tel & semblable état qu'elles étoient auparavant le Contrat de vente dont il s'agit ; en consequence l'Appellant condamné à se désister des trois maisons y mentionnées, lui en laisser la libre & entiere jouïssance ; aux offres qu'il fait de rendre & restituer le prix qu'il justifiera en avoir véritablement déboursé, ensemble les impenses & méliorations, si aucunes y en a ; consentant que les fruits demeurent compensez avec les interests desdites sommes, & en l'un & en l'autre cas l'Appellant condamné à l'amende & aux dépens.

Ouï ledit Lombillon en personne, qui a soutenu le bien jugé de la Sentence dont il s'agit.

Ouï aussi BOURCIER Procureur General, qui a dit estimer y avoir lieu, ayant égard au Decret obtenu par le sieur Comte de Deüilly de S. A. R. entant que besoin seroit seulement, & icelui enterinant, de mettre l'appellation au néant ; & en consequence, ordonner que la Sentence dont est appel sortira son plein & entier effet.

LA COUR ayant égard aux Lettres, & icelles enterinant, a mis sur l'appel interjetté par la Partie d'Abram, de la Sentence dont il s'agit, à l'égard de celle de le Févre, les Parties hors de Cour ; & faisant droit sur l'appellation de la même Sentence à l'égard dudit Lombillon, a mis ladite Sentence au néant, en ce que par icelle ladite Partie d'Abram auroit été condamnée en ses dommages & interests ; émendant quant à ce, l'en a déchargé ; ladite Sentence au surplus fortissant son effet, sans dépens, entre les Parties compensez. FAIT à Nancy le 26 Mars 1699. *Signé*, Par la Cour, VAULTRIN.

Le sieur Comte de Deüilly étoit né & domicilié dans la Franche-Comté, où la majorité est fixée à vingt-cinq ans ; & il avoit vendu les maisons en question en la Ville de Nancy, où la majorité est accomplie à vingt ans.

ARREST,

Qui a jugé qu'un Seigneur peut acquerir par prescription un Droit de Gabelle sur le Vin, Biere, & autres Denrées.

Du 30 Juin 1702.

ENTRE Nicolas Chambé Hôtelain, demeurant à Champont, partie de Lorraine, Appellant d'un Appointement rendu au Bailliage d'Allemagne le 19 Septembre 1701, par lequel les Juges dudit Bailliage ont appointé les Parties à fournir Griefs & Réponses de huitaine à autre ; ledit Appointement rendu sur l'appel interjetté par ledit Appellant d'une autre Sentence renduë par les Gens de Justice dudit Champont, par laquelle l'Appellant est condamné entr'autres choses, à payer & délivrer à l'Intimé, ci-aprés nommé, pour lors Demandeur, un pot par chacune mesure de Vin qu'il vendroit audit lieu depuis le premier Janvier 1700, & à continuer, & ce suivant la taxe qui en sera faite, & sauf à informer du recelé, suivant les fins de sa Requête du 16 Novembre dernier 1701. Exploit d'assignation du 17, controllé le 20; & Demandeur en évocation du principal, par Me Barret son Avocat : Contre Messire François Herman Comte d'Honestein, Seigneur de Chateauvoüel & dudit Hampont, Intimé & Défendeur, par Me Abram aussi son Avocat. Barret pour l'Appellant, a conclu à ce qu'il plût à la Cour, faisant droit sur son appel & demande en évocation du principal, mettre l'appellation & ce dont est appel au néant; émendant, faisant droit au principal, renvoyer l'Appellant des demandes, fins & conclusions contre lui prises par l'Intimé en premiere Instance, avec dépens, sous le benefice des offres faites par ledit Appellant, de payer à l'Intimé dix francs par chacun an pour le Droit de vendre vin, conformément au Réglement fait à ce sujet. Ouï Abram pour l'Intimé, qui a conclu à ce qu'il plût à la Cour mettre l'appellation au néant, avec amende & dépens : & au cas qu'il lui plairoit évoquer le principal & y faire droit, ce qu'il laisse à sa prudence, ordonner que la Sentence renduë par les Gens de Justice de Hampont sera executée selon sa forme & teneur, avec dépens, tant des Causes principales que d'appel. Ouï aussi Breton Substitut, pour le Procureur General, qui a dit estimer y avoir lieu de mettre l'appellation & ce dont est appel au néant; émendant & corrigeant, évoquant le principal & y faisant droit, de condamner l'Appellant de payer un pot de Vin & Biere de chacune Mesure par lui venduë depuis le premier Janvier 1709, & de continuer le même payement à l'avenir.

LA COUR a mis l'appellation & ce dont est appel au néant; émendant, évoquant le principal, & y faisant droit, a condamné la Partie de Barret de payer à celle d'Abram un pot de Vin par chaque Mesure de Vin qu'elle a vendu, & de continuer tant & si long-tems qu'elle en vendra, & aux dépens, tant

des

des Caufes principale que d'appel. FAIT à Nancy le 30 Juin 1702. *Signé*, Par la Cour, VAULTRIN.

Mr d'Honeftein juftifioit par Baux, Recettes, & Dénombre-mens bien publiez, qu'il étoit en poffeffion de prendre un pot de Vin, & un pot de Biere fur chaque Mefure de Vin ou Biere qui fe vendoit audit Hampont, foutenant que ce Droit n'étoit pas Domanial, mais Seigneurial; que la Communauté ne le conteftant pas, ce Particulier n'étoit pas recevable à le difputer.

ARREST,

Qui a jugé qu'en Lorraine l'on peut fubftituer les Acquêts.

Du premier Février 1703.

ENTRE Damoifelle Elifabeth-Anne-Caroline Ferrary, fille majeure du feu fieur Louïs Ferrary, Capitaine d'Infanterie pour le fervice du Roy d'Efpagne, au Régiment Italien de Dom Jerôme de Silve, Chevalier de S. Jacques, & de Dame Virginie Marange, Veuve en fecondes Nôces du fieur Jean-Louïs de Merlin, vivant Capitaine-Ingenieur pour le fervice de Sa Ma-jefté Impériale: Ladite Damoifelle Ferrary jouïffante de fes droits, & demeurant prefentement en la Ville de Zarguemines, Deman-dereffe fuivant les fins de fa Requête du 9 Aouft dernier, tendante à ce qu'il plaife à la Cour ordonner que l'Inftance ci-devant pen-dante entre ladite Dame de Marange, en qualité de Mere & Tu-trice naturelle de feüe Damoifelle Helene-Albertine de Merlin fa fille mineure, & les Défendereffes ci-aprés nommées, foit tenuë pour reprife; & en confequence, ayant égard au Decret obtenu des graces de S. A. R. le premier du même mois d'Aouft, & ice-lui enterinant, remettre les Parties au même & femblable état qu'elles étoient avant tous les Actes d'acquiefcement, que l'on peut imputer avoir été faits au Teftament de défunt Daniel de

Merlin, en datte du 4 Février 1694; ce faisant, sans s'arrêter à la clause d'icelui, qui substituë la part des biens-meubles & acquêts léguez à ladite défunte Helene de Merlin, au sieur Jean-Felix de Merlin & à ses heritiers, condamner les Défenderesses ci-aprés nommées, de donner partage à la Demanderesse pour moitié de tous les effets mobiliers & immobiliers dépendans de la succession dudit Daniel de Merlin, par serment, sauf à informer du recelé, en tout cas, suivant la commune renommée; condamner pareillement Dame Jeanne-Catherine de la Roche, l'une des Défenderesses, de payer les arrerages de la pension annuelle qu'elle a dû fournir à ladite mineure depuis le jour du decés dudit de Merlin, jusqu'à celui de ladite Helene de Merlin, sur le pied de quatorze cens francs par an, & condamner lesdites Défenderesses aux dépens, d'une part, sans préjudice à former d'autres demandes dans la suite, le cas écheant, contre ladite Dame Jeanne-Catherine Dycorel de la Roche, veuve de défunt Daniel de Merlin & de Dalheim Chevalier, Seigneur de Fravemberg, & le sieur Jean-Felix de Merlin Défendeurs. Barret pour la Demanderesse, a conclu aux fins de sa Requête, la Cause revenante à huy par continuation du 11 Janvier dernier. Ouï Abram pour la Dame de la Roche, & Soucany pour le sieur Jean-Felix de Merlin, qui ont soutenu la Demanderesse non-recevable à l'enterinement de ses Lettres; en consequence, qu'elle sera pareillement déclarée non-recevable, en tout cas mal fondée en la demande par elle formée, de laquelle ils seront renvoyez avec dépens.

Ouï aussi BOURCIER pour le Procureur Genéral, qui aprés avoir fait recit du fait & de la procedure, a estimé y avoir lieu, sans s'arrêter aux Lettres, de mettre sur les demandes les Parties hors de Cour. Et aprésque la Cause a été plaidée pendant cinq Audiances;

LA COUR sans s'arrêter aux Lettres, de l'enterinement desquelles elle a débouté la Partie de Barret, sur les demandes, fins & conclusions par elle prises, a mis & met les Parties hors de Cour, dépens entre elles compensez. FAIT à Nancy le premier Février 1703. *Signé,* Par la Cour, VAULTRIN.

A R R E S T,

Qui ordonne que les Ouvriers feront tenus de marquer leurs Ouvrages differemment.

Du 20 Juillet 1 7 0 5.

ENTRE Me Antoine Gerard Maître Cartier, Bourgeois d'Epinal, Appellant d'une Sentence renduë au Bailliage d'Epinal le 25 May 1703, par laquelle les Parties ont été appointées à mettre, & de tout ce qui s'en eft enfuivi, fuivant les fins de fa Requête du 9 Juin 1703. Exploit du 12, figné N. Gerard, controllé à Epinal le 15, par Felix.

Contre Dominique Tifferant, aufli Cartier au même lieu, Intimé. Protin Avocat de l'Appellant, a conclu à ce qu'il plaife à la Cour mettre l'appellation & Sentence dont eft appel au néant; émendant & corrigeant, évoquant le principal, & y faifant droit, faire défenfes à l'Intimé de plus fe fervir fur les Enveloppes de fes Cartes, ou autrement, des Marques dudit Appellant, & le condamner à reprefenter les Moules defdites Enveloppes, pour être rompus, & aux dépens, tant de Caufe principale que d'appel. Ouï Didier pour l'Intimé.

LA COUR a mis l'appellation & ce dont eft appel au néant; émendant, évoquant le principal, & y faifant droit, a condamné la Partie de Chaffel de changer la Marque dont elle fe fert pour envelopper les Cartes qu'elle façonne, dépens compenfez. FAIT à Nancy le vingtiéme jour de Juillet mil fept cens cinq. *Signé*, Par la Cour, VAULTRIN.

ARREST,

Qui juge que le Seigneur de plusieurs Villages, ou son Fermier, peut jouïr du Droit de Troupeau à part dans chacun d'iceux, quoi qu'ils ne composent qu'une Justice.

Du 15 Juin 1705.

ENTRE Remy Collin Bourgeois de Nancy, Fermier des Domaines des Prevôtez de Mandre & Bonconville, Appellant d'une Sentence renduë au Bailliage de Pont-à-Mousson le 5 Novembre 1704, suivant les fins de son Relief du 24 Decembre de la même année, signifié par Exploit du 8 Janvier suivant, controllé le 11 du même mois. Ladite Sentence, par laquelle faisant droit sur l'opposition des Intimez ci-aprés nommez, défenses ont été faites à l'Appellant de sousfermer le Droit de Troupeau à part, dans les lieux en question, & condamné aux dépens, d'une part ; Et les Habitans & Communauté de Broussey, Rollecourt & Rambucourt, Intimez d'autre part.

Drouville pour l'Appellant, a conclu à ce qu'il plaise à la Cour dire qu'il a été mal jugé par la Sentence dont est appel, bien appellé ; en émendant, sans s'arrêter à l'opposition des Intimez, ordonner qu'il sera passé outre à la Publication & Enchere du Droit de Troupeau dans lesdits lieux de Broussey, Rollecourt & Rambucourt, les Intimez condamnez de payer depuis le jour de leur opposition, & aux dépens, tant des Causes principale que d'appel, la Cause revenant à huy par continuation de l'Audiance du 28 May dernier. Ouï Abram pour les Intimez.

Et Breton pour le Procureur General, lequel aprés avoir fait recit du fait & de la procedure, a estimé y avoir lieu de mettre l'appellation & ce dont est appel au néant ; émendant, sans avoir égard à l'opposition des Intimez, ordonner qu'il sera passé outre à la Publication & Enchere du Droit de Troupeau à part, dans chacun des Villages de Brouſſey, Rollecourt & Rambucourt.

LA COUR a mis l'appellation & ce dont eſt appel au néant ; émendant, ſans s'arrêter à l'oppoſition formée par les Parties d'Abram, a maintenu & gardé celle de Drouville au Droit de faire publier & adjuger le Droit de Troupeau à part dans chacun des Villages dont il s'agit, dont la Haute Juſtice appartient à S. A. R. ſauf à avoir égard à la poſſibilité du pâturage, dépens entre les Parties compenſez, à la réſerve des frais & couſt du preſent Arreſt, qu'elle a déclaré être à la charge des Parties d'Abram. FAIT à Nancy le 15 Juin 1705. *Signé*, Par la Cour, VAULTRIN.

ARREST,

Qui juge qu'en la Coûtume de Lorraine le Seigneur Haut-Juſticier eſt fondé en droit d'avoir Troupeau à part, & n'eſt point tenu d'en rapporter Titre conſtitutif.

Au Rapport de Monſieur de SuZemont.

Du 31 Janvier 1703.

VEU par la Cour le Procés d'entre le Sieur François-Julien du Gaillard, Seigneur en partie d'Heilimer & de Tiffembach, Appellant d'une Sentence renduë au Bailliage d'Allemagne le 9 Février de l'année derniere 1702, d'une part ; Les Habitans & Communauté de Tiffembach, Intimez d'autre part. Ladite Sentence, par laquelle faute par l'Appellant d'avoir produit le Titre conſtitutif du Droit de Troupeau à part ſur le Ban & Finage dudit Tiffembach, aux offres faites par les Intimez, Demandeurs originaires, de laiſſer au Cenſier de l'Appellant autant de Beftiaux, qu'à un des principaux Habitans dudit lieu; l'Appellant eft condamné de retirer & faire fortir le furplus de fon Troupeau, avec défenfes d'y en mettre plus grand nombre, & aux dépens. Les Piéces & Productions fur lefquelles ladite Sentence a été renduë. Requête prefentée à la Cour par ledit du Gaillard, aux fins d'être reçu Appellant. Decret au bas du 14 Mars fuivant, portant Reçu Appellant. Exploit d'affignation du 22, controllé le 23. Acte de la Barre du 8 Avril auffi fuivant, par lequel les Parties ont été appointées à fournir de griefs & réponfes de quinzaine à autre. Griefs fournis par l'Appellant. Réponfes des Intimez. Requéte d'employ dudit du Gaillard, fignifiée le 23 du prefent mois. Autre Requête defdits Habitans, fervant de Réponfes à celles ci-deffus. Requête en Production nouvelle de l'Appellant. Decret au bas du 29 dudit prefent mois, par lequel la Cour a reçû ladite Production, ordonné qu'elle feroit contredite & fauvée dans le jour, attendu l'état du Procés. Exploits de fignification du même jour. Contredits defdits Habitans, fignifiez le 30. Les Piéces & Productions des Parties au contenu de l'Inventaire, cotte H. Conclufions du Procureur General. Tout veu & confideré.

LA COUR a mis l'appellation & Sentence dont a été appellé au néant ; émendant, a renvoyé l'Appellant de la demande originaire contre lui intentée par les Intimez, les condamne en tous les dépens, tant de Caufe principale que d'appel ; fauf à eux néanmoins de fe pourvoir par les voyes de droit, au cas que le Troupeau dudit Appellant leur Seigneur excederoit la proportion du tiers de la pâture de leur Ban. FAIT à Nancy en la Chambre du Confeil, le trente-uniéme jour du mois de Janvier mil fept cens trois, *Signé*, Par la Cour, VAULTRIN.

ARREST,

Qui juge qu'un Acte de Vente sous seing privé, quoi qu'avec promesse d'en passer Contrat pardevant Notaires, est une véritable Vente sujette à retrait, sans qu'il soit besoin d'attendre qu'il en soit passé Contrat.

Au Rapport de Monsieur Maréchal.

Du 4 Juillet 1703.

VEU par la Cour le Procés d'entre le Sieur Jean-Georges Richard Ecuyer, Seigneur Haut-Justicier de Vendiere, Capitaine d'une Compagnie d'Infanterie pour le service du Roy Trés-Chrétien, au Régiment de Vermandois, Appellant d'une Sentence renduë au Bailliage de Pont-à-Mousson le 20 Juillet 1702, d'une part ; & Me François Pinguet Ecuyer, Seigneur de Suzemont, Conseiller en la Cour, Intimé d'autre part. Ladite Sentence, par laquelle ledit sieur Richard est déclaré non-recevable quant à present en la demande en Retrait lignager, de laquelle ledit sieur de Suzemont est renvoyé avec dépens, en affirmant par lui, que l'Ecrit par lui representé, & joint à sa Requête du 28 Juin est véritable, passé entre lui & le sieur de Lesperoux, & n'en avoir point d'autre ; déclare pareillement le sieur Brunel de S. Epvre & la Dame Magnin non-recevables en leur intervention; & condamnez aux dépens à cet égard. Les Piéces & Productions sur lesquelles ladite Sentence a été renduë. La Requête presentée à la Cour par ledit Richard, pour être reçu Appellant de ladite Sentence. Acte de la Barre du 26 Aoust de ladite année 1702, par lequel sur l'appel principal les Parties ont été appointées à fournir de griefs & réponses de quinzaine à autre. Exploit d'assignation du 2 Septembre, controllé le même jour. Acte de la Barre du 16 du même mois de Septembre, par lequel les Parties ont aussi été appointées à fournir griefs & réponses de quinzaine à autre. Requête servant de griefs fournis par ledit Richard. Réponses à griefs, & une Requête servant de griefs fournis par ledit sieur de Suzemont. Réponses à griefs dudit Bertrand. Requête d'employ du sieur de Suzemont. Acte signifié le 24 May dernier à Me Abram Avocat dudit Richard, de la part de Me Jean-François Chardin Avocat, Curateur en Titre à la Cour en cette qualité, au sieur de Lesperoux, absent de la Province, portant qu'il avoit écrit audit sieur de Lesperoux, sans qu'il en ait reçu aucune réponse ; & qu'il ne sçauroit, pour satisfaire à l'Appointement du deux dudit mois de May, que persister à dire, suivant une Missive dudit sieur de Lesperoux, dont il fut donné lecture à la Plaidoirie, qu'il n'y a aucun Contrat de vente en forme de la Terre de Serriere, dont il s'agit au Procés, mais seulement le simple projet qui y est produit. Requête d'employ, servant de Réponses pour ledit Richard. Autre Requête d'employ, servant de Contredits & Salvations dudit sieur de Suzemont. Requête en Production nouvelle dudit Richard. Decret au bas du 31 May dernier, par lequel la Cour a reçu la Production nouvelle, ordonné qu'elle sera contredite & sauvée de jour à autre peremptoirement, attendu l'état du Procés, sans retardation du Jugement d'icelui. Exploit de signification du même jour. Requête dudit sieur de Suzemont, servant de contredits & de production nouvelle. Decret au bas du 25 Juin dernier, par lequel la Cour a reçu la production nouvelle, ordonné qu'elle sera contredite & sauvée de jour à autre, attendu l'état du Procés, & donné Acte de l'employ. Exploit de signification du même jour. Autre Requête dudit Richard, employée pour contredits de production nouvelle. Exploit de signification dudit jour. Autre Requête dudit de Suzemont, employée pour contredits, & en production nouvelle. Decret au bas du trois du present mois de Juillet, par lequel la Cour a reçu la Production nouvelle, ordonné qu'elle sera contredite & sauvée dans le jour, attendu l'état du Procés, & donné Acte de l'employ. Exploits de signification du même jour. Requête dudit Richard, employée pour contredits.

Les

Les Piéces & Productions des Parties au contenu de l'Inventaire,
sous la cotte G G. Tout veu & consideré.

LA COUR faisant droit sur les appellations, a mis celle
dudit Richard, & Sentence dont est appel au néant ; émendant,
condamne ledit Intimé de lui laisser par droit de Retrait lignager
la Terre & Seigneurie de Serriere par lui acquise du sieur de Lesperoux, par Acte par eux passé sous seing privé le 15 Janvier 1702, &
à cet effet de lui en passer Contrat de Revente à la huitaine ; si
non & à faute de ce, & ledit tems passé, le present Arrest lui vaudra Contrat ; en affirmant par ledit Appellant que ledit Retrait
est pour lui, de ses deniers, sans dol, fraude, ou paction de la rendre à autrui ; en remboursant audit Intimé dans la huitaine, les
sommes qu'il a payées & délivrées audit sieur de Lesperoux ven-
deur, sur le prix de ladite vente , avec tous frais, loyaux cousts,
& interests, si aucuns en sont dûs, & en lui apportant dans le
même délay décharge valable dudit sieur de Lesperoux pour le
surplus de ladite vente, & clauses y portées ; tous dépens, tant de
Cause principale que d'appel, compensez entre les Parties, à la
réserve des Epices, dont ledit Bertrand payera la moitié. FAIT
à Nancy en la Chambre du Conseil, le quatre Juillet 1703.
     Signé, Par la Cour, VAULTRIN.

ARREST,

Qui a jugé qu'un Seigneur Proprietaire d'un Pâquis,
    peut le fermer, & convertir en Pré, nonbstant la
possession de la Communauté d'y vain-pâturer.

Au Rapport de Monsieur de Serre.

Du 6 Juillet 1703.

VEU par la Cour le Procés d'entre les Habitans & Commu-
    nauté de Sandaucourt, Appellans d'une Sentence contre

Dd

eux renduë au Bailliage de Vofge, le huitiéme Juillet 1701, d'une part ; & Meffire Pierre Comte des Armoifes, Seigneur de Commercy & Sandaucourt, Intimé d'autre part : Et encore entre ledit fieur Comte des Armoifes , incidemment Demandeur, fuivant les fins de fa Requête du 18 Juin 1703, d'une part ; lefdits Habitans & Communauté incidemment Défendeurs d'autre part. Ladite Sentence, par laquelle ledit fieur des Armoifes eft maintenu & gardé au droit & poffeffion de tenir le Pâquis dont il s'agit, fermé jufqu'au jour de Saint Pierre pour le faire pâturer ; & au cas qu'il voudroit le mettre en Pré, permis de le tenir en Pré fermé jufqu'à la Faulx , & qu'il fera dépoüillé ; aprés lequel tems il fera loifible aufdits Habitans de fe fervir de la même pâture comme des autres Prez ; iceux condamnez à rétablir la clôture, & aux dépens. Acte de la Barre du 16 May dernier, par lequel les Parties ont été appointées à fournir caufes & moyens d'appel, & réponfes , écrire, produire, contredire & fauver de quinzaine à autre ; ladite demande incidente tendante à ce que les Appellans foient condamnez en fes dommages & interefts, réfultans des mefus commis en fon Pré en l'année derniere 1702, & de l'entiere confommation d'icelui, par la pâture des Beftiaux dudit lieu ; ladite demande réglée au bas de ladite Requête. Caufes & moyens d'appel fournis par les Appellans. Requête fervant de réponfes à caufes & moyens d'appel & demande incidente, fournis par les Appellans. Requête fervant de contredits des Appellans. Autre Requête fervant de Salvations, donnée par l'Intimé. Les Piéces & Productions des Parties au contenu de l'Inventaire, fous la cotte L. Conclufions du Procureur General. Tout confideré.

LA COUR a mis l'appellation au néant ; ordonne que la Sentence dont eft appel fortira fon plein & entier effet ; condamne les Appellans à l'amende & aux dépens ; & faifant droit fur la demande incidente , a condamné lefdits Habitans & Communauté en trente francs de dommages & interefts, pour raifon du dégât commis par leurs Beftiaux dans le Pré dont est question en l'année derniere, & les a condamnez aux dépens de la demande incidente. F A I T à Nancy en la Chambre du Conseil, le sixiéme jour de Juillet mil sept cens trois. *Signé*, Par la Cour, V A U L T R I N.

A R R E S T,

Qui a jugé que l'Article 24. de la Coûtume de Lorraine, Titre *des Servitudes*, qui permet de clorre Heritages joignans à Cours & Jardins, &c. ne s'entend que de ceux qui sont attenans à la Maison.

Au Rapport de Monsieur de Nay.

Du 8 Aoust 1703.

VEU par la Cour le Procés d'entre Mᵉ Jean Andreu, Procureur en la Prevôté de Châtenoy, Appellant d'une Sentence renduë au Bailliage de Vosges le 23 Aoust dernier, & incidemment Intimé, d'une part : Les Maire, Habitans & Communauté de Châtenoy Intimez, & incidemment Appellans de la même Sentence quant au premier chef, d'autre part. Ladite Sentence, par laquelle faisant droit sur le premier chef de la demande concernant le Closel fermé de hayes vives, au canton dit le petit Chasnoy, contenant environ quatre fauchées, ledit Andreu est maintenu & gardé au droit & possession d'en percevoir le haut poil & regain ; & en ce qui concerne la Cheneviere au même canton, dit petit Chasnoy, de même que le champ qui se trouve entre lesdits Closel & Cheneviere, les Habitans maintenus au droit & possession de faire vain-pâturer aprés le haut poil levé, tous dépens entre les Parties compensez. Les Piéces & Productions sur lesquelles ladite Sentence a été renduë. Requête presentée à la Cour par ledit Andreu, aux fins d'être reçu Appellant. Decret au bas du cinq Janvier dernier, portant Reçu Appellant. Exploit d'assignation du 9, controllé le 10. Acte de

D d ij

la Barre du 21 Avril fuivant , par lequel les Commiffaires députez à ladite Barre , ont appointé les Parties à fournir de griefs & réponfes de quinzaine à autre. Griefs fournis par ledit Andreu. Requête d'employ , fervant d'appel incident & de réponfes à griefs defdits Habitans & Communauté de Châtenoy. Decret au bas du 25 Juin dernier , par lequel la Cour a reçu lefdits Habitans Appellans incidemment ; & fur l'appel a appointé les Parties à donner griefs & réponfes de huitaine à autre , & a donné Acte de l'employ. Exploit de fignification du même jour. Requête d'employ dudit Andreu. Autre Requête d'employ defdits Habitans. Les Piéces & Productions des Parties au contenu de l'Inventaire , fous la cotte L. Conclufions du Procureur General. Tout veu & confideré.

LA COUR fans s'arrêter à l'appellation principale d'Andreu , faifant droit fur l'appellation des Habitans , a mis l'appellation & Sentence dont eft appel au néant ; émendant , les a maintenus & gardez dans la poffeffion & jouïffance d'envoyer leurs Troupeaux vain-pâturer dans le Clofel en queftion , aprés qu'il aura été dépoüillé & ouvert à la vaine-pâture , en la maniere accoûtumée ; a condamné Andreu aux dépens de Caufe d'appel , ceux de premiere inftance compenfez. FAIT à Nancy en la Chambre du Confeil le huitiéme jour du mois d'Aouft mil fept cens trois. *Signé* , Par la Cour , VAULTRIN.

Le fieur Andreu Appellant , ayant à la diftance de trois ou quatre cens pas du lieu de Châtenoy , un Pré clos & fermé de vives hayes , prétendoit y joindre deux autres petits Heritages contigus qu'il avoit achetez , & du tout n'en vouloit faire qu'un clos , fondé fur la Coutume ; prétention qui eft condamnée par cet Arreft.

ARREST,

Qui a jugé que dans la Coûtume de S. Mihiel il n'y a que ceux qui descendent en droite ligne de l'Acquereur, qui puissent retirer les biens de ligne alienez.

Au Rapport de Monsieur de Nay.

Du 27 Avril 1703.

VEU par la Cour le Procés d'entre François & Nicolas les Brasselot, demeurans à Doncour, Appellans d'une Sentence renduë au Bailliage de S. Mihiel le cinq Janvier de la presente année 1703, d'une part ; Et Jean Labriet Laboureur, demeurant audit lieu, d'autre part. Ladite Sentence, par laquelle il est dit, qu'il a été mal jugé, par la Sentence renduë en la Prevôté de Conflans le 15 Juillet 1698, bien appellé ; émendant, condamné les Appellans à se désister, au profit dudit Labriet, par droit de Retrait lignager des biens dont il s'agit, provenans de Colignon Labriet, & Gœvry Labriet, bisayeul & ayeul dudit Labriet, avec restitution de fruits, lui en passer Contrat de Revente & Retrocession dans la huitaine pour tout délay, en les rembourstant du prix de l'acquisition, frais & loyaux cousts, impenses & meliorations, si aucunes sont, si non & à faute de ce faire dans ledit tems, & icelui passé, ladite Sentence vaudra Contrat de Revente ; condamner lesdits Brasselot aux dépens de cause d'appel, les autres compensez. Les Piéces & Productions sur lesquelles ladite Sentence a été renduë. Requête presentée à la Cour par lesdits Brasselot, aux fins d'être reçus Appellans. Decret au bas d'icelle du 25 dudit mois de Janvier, portant Reçu Appellans. Exploit d'assignation du six Février suivant, controllé le sept. Acte de la Barre du 17 du même mois, par lequel les Parties ont

été appointées à fournir de griefs & réponses de quinzaine à autre.
Griefs fournis par les Appellans. Réponses de l'Intimé. Les Piéces & Productions des Parties au contenu de l'Inventaire, sous la cotte D. Tout veu & consideré.

LA COUR a mis l'appellation au néant ; ordonne que la Sentence dont est appel sortira son plein & entier effet, condamne les Appellans à l'amende & aux dépens. FAIT à Nancy en la Chambre du Conseil le 27 Avril 1703. *Signé*, Par la Cour, VAULTRIN.

Les Brasselots qui s'étoient rendus Adjudicataires du bien en question, étoient parens de celui sur lequel l'Adjudication avoit été faite, du côté d'où le bien procedoit, mais ils n'étoient pas descendus de l'Acquereur originaire ; au lieu que Jean Labriet qui fut préferé, en étoit descendu en droite ligne.

ARREST,

Qui juge que l'action de Retrait lignager est réelle, & doit s'intenter pardevant le Juge de la situation des biens.

Au Rapport de Monsieur de Rutant.

Du 30 Aouft 1706.

VEU par la Cour le Procés d'entre Nicolas Harant Laboureur, demeurant à Thiebasmenil, Appellant d'une Sentence renduë au Bailliage de Lunéville le premier Juin de la presente année 1706, d'une part ; Et Me François Comte, Procureur & Tabellion à Lunéville, Intimé d'autre part. Ladite Sentence, par laquelle ledit Harant Demandeur, a été débouté des fins de sa demande en Retrait lignager, avec dépens. Les Piéces sur lesquelles ladite Sentence a été renduë. Acte de la Barre du 26 dudit mois de Juin dernier, par lequel les Parties ont été appointées à fournir de griefs & réponſes dans les délais de l'Ordonnance. Exploits de ſignification du deux Juin ſuivant. Griefs fournis par l'Appellant, ſignifiez le 11 du preſent mois d'Aouſt. Réponſes à griefs de l'Intimé, ſignifiées le 26. Les Piéces & Productions des Parties au contenu de l'Inventaire du Procés. Acte ſignifié, portant que ledit Procés étoit diſtribué au ſieur de Rutant Conſeiller. Tout veu & conſideré.

LA COUR a mis l'appellation au néant ; ordonne que ce dont eſt appel ſortira effet, condamne l'Appellant à l'amende & aux dépens. FAIT à Nancy en la Chambre du Conſeil le 31 Aouſt 1706. *Signé*, Par la Cour, VAULTRIN.

La Cour a jugé par cet Arreſt, conformément à la Sentence du Bailliage de Lunéville, que l'action en Retrait avoit dû être intentée pardevant le Juge de Thiebaſmenil, où les Heritages étoient ſituez, & non au Bailliage de Lunéville, où l'Acquereur étoit réſident.

ARREST,

Qui juge que le Seigneur Foncier n'a aucun droit d'entrée & de bien-venuë, mais ſeulement le Seigneur Haut-Juſticier pour la moitié, & la Communauté pour l'autre.

Au Rapport de Monſieur d'Hoffelize.

Du 5 Decembre 1705.

VEU par la Cour le Procés d'entre le ſieur Pierre Hubert, Seigneur Foncier de Rignéville en partie, Appellant d'une Sentence renduë au Bailliage de Nancy le 23 Avril 1703, d'une part ; Sebaſtien Collignon , Joſeph Fiacre, & Urbain Urbain, Habitans dudit lieu de Rignéville ; enſemble les Habitans & Communauté dudit Rignéville, Intimez, d'autre part. Ladite Sentence, par laquelle l'Appellant eſt condamné de reſtituer à chacun des Intimez , Demandeurs originaires , cinq francs, qu'il a exigé de chacun deſdits Collignon, Fiacre, & Urbain, pour droit d'entrée audit lieu de Rignéville ; & faiſant droit ſur les Concluſions du Subſtitut , défenſes à lui de prendre la qualité de Seigneur Haut-Juſticier dudit Rignéville , & ledit Appellant condamné aux dépens. Les Piéces ſur leſquelles ladite Sentence a été renduë. Requête preſentée à la Cour par ledit Hubert, aux fins d'être reçu Appellant. Decret au bas du 28 Mars ſuivant, par lequel la Cour l'auroit reçu Appellant. Exploit d'aſſignation du 12 Avril auſſi ſuivant. Acte de la Barre du 21 dudit mois d'Avril 1703 , par lequel ſur l'appel dudit Hubert contre leſdits trois Particuliers, les Parties ont été appointées à fournir de griefs & réponſes de quinzaine à autre , & donné Acte de la déclaration faite par Lallemant, qu'il n'occupe que pour ledit Hubert ; ordonné que les autres Parties dénommées en la Sentence dont eſt appel , ſeront miſes en Cauſe, à la diligence dudit Appellant. Autre Acte de la Barre du 5 May ſuivant, rendu entre ledit Appellant & les Habitans & Communauté dudit Rignéville, par lequel les Commiſſaires députez à ladite Barre ont appointé les Parties à fournir de griefs & réponſes de quinzaine à autre , & joint au Procés principal. Griefs fournis par l'Appellant, ſignifiez le 4 Aouſt ſuivant. Réponſes à griefs deſdits Collignon, Fiacre, & Urbain, ſignifiez le 29 Decembre ſuivant. Autres Réponſes à griefs des Habitans & Communauté dudit Rignéville. Requête en production nouvelle deſdits Collignon , Fiacre , & Urbain. Decret au bas du 4 Janvier 1704, par lequel la Cour auroit reçu ladite Production nouvelle, ordonné qu'elle ſeroit contredite & ſauvée de trois jours à autre. Exploit de ſignification du 5. Requête employée pour contredits, donnée par ledit Hubert, ſignifiée le 22 Février ſuivant. Autre Requête, ſervant auſſi de contredits de Production nouvelle, donnée par leſdits Habitans. Requête employée pour

Salvations,

Salvations, donnée par lesdits Collignon, Fiacre, & Urbain, signifiée le 21 Novembre dernier. Les Piéces & Productions des Parties au contenu de l'Inventaire du Procés. Conclusions du Procureur General. Acte signifié, portant que ledit Procés étoit distribué au sieur de Hoffelize Conseiller. Tout veu & consideré.

LA COUR sur l'appel a mis les Parties hors de Cour. Fait à Nancy en la Chambre du Conseil, le cinq Decembre 1705. *Signé*, Par la Cour, VAULTRIN.

ARREST,

Qui juge qu'il n'y a point d'action pour répeter l'argent perdu au Jeu de hazard, & payé ; & néanmoins condamne chacun des joüeurs à une aumône.

Du 15 Mars 1706.

ENTRE Nicolas Besançon & Jean Dardel Laboureurs, demeurans à Gouiller, Appellans d'une Sentence renduë au Bailliage du Comté de Vaudémont le 24 Juillet 1705, par laquelle ils auroient été condamnez de rendre aux Peres Minimes de Vezelise les deniers que Jean Humbert Huissier audit Bailliage, auroit touché pour eux, & qu'ils avoient perdu au jeu avec lesdits Besançon & Dardel, chacun à vingt-cinq francs d'amende & aux dépens, par Chassel leur Procureur, d'une part ; Et lesdits Peres Minimes & Humbert, Intimez d'autre : Et encore entre ledit Besançon, incidemment Demandeur, aux fins de sa Requête du 20 Février dernier, à ce que ledit Dardel soit condamné de lui rendre quatre livres dix sols qu'il lui a gagnez au jeu, aussi avec dépens ; & ledit Dardel incidemment Défendeur : aprés que Chassel l'aîné, Avocat dudit Besançon, a conclu à ce qu'il plût à la Cour mettre l'appellation & ce dont est appel au néant ;

émendant, déclarer les Intimez non-recevables en leur demande, & les condamner aux dépens, tant des Causes principale que d'appel : Et en ce qui concerne la demande incidente, à ce qu'y faisant droit, Dardel soit condamné de rendre les quatre livres dix sols par lui gagnez au jeu audit Besançon, aussi avec dépens. Ouï Fisson Dumontet, pour Dardel ; Drouville pour les Peres Minimes ; Tervenus pour Jean Humbert.

Ouï de Thomerot Substitut, pour le Procureur General, lequel aprés avoir déduit le fait & les moyens des Parties, a estimé y avoir lieu de recevoir la demande incidente, formée sur le Barreau par la Partie de Chassel, & sans s'y arrêter, de mettre l'appellation & ce dont est appel au néant ; émendant, faisant droit sur ses réquisitions, condamner solidairement les Parties de Mrs Fisson & Chassel, de remettre entre les mains du Curé de Vezelise la somme de vingt-une livres, pour être distribuée aux Pauvres de la même Ville, à la participation du Substitut de Monsieur le Procureur General au Bailliage du Comté de Vaudémont, dont il certifiera la Cour dans la quinzaine du jour de la remise, en affirmant néanmoins par la Partie de Me Tervenus, que les Appellans lui ont gagné cette somme au Berlan, sauf à celles de Me Drouville leur action contre la même Partie, & de mettre à execution contre elle la Sentence par défaut du 15 Juillet dernier ; condamner aussi solidairement les Parties de Mes Tervenus, Fisson & Chassel à une amende de vingt francs.

LA COUR a reçu la demande en sommation incidemment formée sur le Barreau par la Partie de Chassel, contre celle de Fisson, & sans s'y arrêter, a mis l'appellation & Sentence dont est appel au néant ; émendant, a mis sur la principale les Parties hors de Cour : condamne néanmoins celles de Chassel, de Fisson & de Tervenus, chacun à aumôner une somme de dix francs, applicables aux Pauvres de la Paroisse de Vitrey, dépens entre elles compensez, à la réserve des frais & coust du present Arrest, qui seront payez par chacune d'elles pour un tiers. Fait à Nancy en la grande Salle du Palais, le 15 Mars 1706. *Signé*, Par la Cour, VAULTRIN.

ARREST,

Qui juge qu'une vente de Grains avant la récolte, est comprise dans les défenses de ventes en verd.

Du 10 May 1706.

ENTRE François Huot le vieux, & Jean de Han Laboureurs, demeurans à Ormes, Appellans d'une Sentence contre eux renduë en la Prevôté de Haroüé le 16 Novembre dernier, par laquelle ils ont été déboutez de l'opposition par eux formée à l'execution faite en leurs meubles à la requête de l'Intimé, ci-aprés nommé ; & ordonné en consequence, que ladite execution commencée, sera parachevée, & lesdits Appellans condamnez aux dépens, sauf à eux de se pourvoir par les voyes de droit contre le Contrat obligatoire dont s'agit, défenses au contraire, & anticipé, d'une part : Contre Me Jean Charles, Avocat à la Cour, demeurant à Nancy, Intimé & anticipant, d'autre. Et encore entre lesdits Huot & de Han, Demandeurs en Enterinement, aux fins de leur Requête du 4 Janvier dernier, aussi d'une part.

Contre ledit Me Jean Charles, Défendeur sur ledit Enterinement, d'autre part.

Aprés qu'Abram le jeune, Avocat des Appellans, & Demandeurs en Enterinement, assisté de Martel leur Procureur, a conclu en leur appel & demande.

Ouï Thiebaut Avocat de l'Intimé, & Défendeur, assisté de Pescheur son Procureur, qui a soutenu le bien jugé de la Sentence ; & en ce qui concerne la demande en Enterinement, a déclaré qu'au mérite des offres contenuës en son Acte, signifié le 26 Avril dernier, par lequel il a déclaré vouloir bien se déporter du benefice du Contrat obligatoire dont il s'agit, à charge par les Demandeurs en Enterinement de lui délivrer incessamment dans ses Greniers a Nancy la quantité de dix-sept paires de Refaux de

E e ij

Grains, tant Bled qu'Avoine, pour la somme portée audit Contrat, à charge par lesdits Huot & de Han de lui payer les frais & coust dudit Contrat, ensemble les dépens, tant de Cause principale que d'appel, sans préjudice de ses dommages & interests contre le Sergent Exploiteur, en cas d'insolvabilité de ses Debiteurs.

Ouï Thomerot Substitut, pour le Procureur General, lequel, en consequence des offres faites par la Partie de Me Thiebaut, de recevoir de celles de Me Abram des Grains en especes, ou le prix d'iceux, suivant leur valeur, à la Saint Martin 1704, a estimé y avoir lieu de mettre l'appellation & ce dont est appel au néant; émendant, condamner lesdites Parties d'Abram de délivrer lesdits Grains en especes, ou le prix d'iceux, suivant qu'ils valoient au tems de la Saint Martin 1704, avec les interests du prix d'iceux depuis ledit tems.

LA COUR a mis l'appellation & Sentence dont est appel au néant; émendant, ayant égard aux Lettres, & icelles enterinant, sans s'arrêter au Contrat dont il s'agit, condamne les Parties d'Abram, de leur consentement, de restituer à celle de Thiebaut les sommes principales qu'elle leur a délivrées pour le prix des Grains en question, avec les interests jusqu'au jour des offres, & à lui payer les dépens faits jusqu'alors, tous autres compensez; les frais & coust du present Arrest à la charge des Parties d'Abram. FAIT à Nancy en la Chambre du Conseil le 10 May 1706.

Signé, Par la Cour, VAULTRIN.

ARREST,

Qui juge que la garantie generale comprend celle de la qualité du fond vendu.

Au Rapport de Monsieur de Gondrecourt.

Du 11 May 1706.

VEU par la Cour Souveraine de Lorraine & Barrois l'Instance pendante pardevant elle, entre le Sieur Louis-François d'Alençon, Baron de Beaufremont, Creux, &c. Demandeur aux fins de la Requête par lui presentée à la Cour le 5 Juillet 1704, d'une part : Contre les Sieurs Jean-Baptiste du Pleſſis, Conſeiller du Roy Trés-Chrétien, & ſon Procureur General au Siége de la Table de Marbre du Palais à Metz, & Albert du Pleſſis, auſſi Conſeiller-Secretaire du Roy T. C. en la Chancellerie, établie prés le Parlement de Metz, Défendeurs d'autre. Sçavoir, ladite Requête contenant la demande formée par ledit Demandeur le 5 Juillet 1704, par laquelle il auroit conclu à ce qu'il lui fût permis de faire aſſigner en la Cour leſdits Défendeurs, pour ſe voir condamner de garantir & faire valoir au Demandeur le Titre de Baronnie qu'ils avoient donné à la Terre de Creux, par le Contrat de Vente qu'ils en avoient paſſé au profit du Demandeur le 3 Novembre 1672, & ce dans le tems d'un mois préfigé audit Demandeur par l'Arreſt de la Cour du 27 Juin 1704, ſi non & à faute de ce faire, que ledit Contrat de vente ſeroit & demeureroit réſolu, caſſé & réſili ; en conſequence, les Défendeurs condamnez de rendre & rembourſer au Demandeur le prix principal de la vente, celui des acquêts, augmentations, impenſes, bâtimens, & méliorations qu'il a faits, avec dommages, intereſts & dépens. Decret de la Cour dudit jour 5 Juillet 1704, portant permiſſion d'aſſigner aux fins de ladite Requête : & en cas qu'il conviendroit ſortir de ſon Reſſort pour donner les aſſignations, réquiſition à tous Juges de les permettre. Les *Pareatis* obtenus en conſequence en la Chancellerie du Parlement de Metz le 12 Juillet 1704. Signé, BRENOT, & ſcellé. Les Aſſignations données en vertu d'icelui aux Défendeurs le même jour 12 du mois de Juillet, par Exploit de Conſtant Huiſſier audit Parlement de Metz, controllé en la même Ville ledit jour. L'Acte de la Barre de la Cour du 19 Aouſt 1704, par lequel les Commiſſaires députez à ladite Barre auroient baillé & octroyé Défaut contre les Défendeurs, non comparus, ni autres pour eux, avec réaſſignation. L'Exploit de réadjournement donné auſdits Défendeurs par Seichepine, Huiſſier audit Parlement de Metz, le 19 Aouſt 1704, controllé en ladite Ville le même jour. Appointement contradictoire

rendu à la Barre, du 6 Septembre, même année 1704, par lequel
fur la demande les Parties auroient été appointées en droit,
écrire, produire, contredire & fauver de huitaine à autre, joint
les fins de non-recevoir & défenfes au contraire ; ledit Appointement fignifié le 11 dudit mois de Septembre. Inventaire de production du Demandeur, du premier Juillet 1705, produit le même
jour, avec les piéces jointes & énoncées, & notamment le Contrat de Vente fait & paffé par lefdits Défendeurs au profit dudit
Demandeur, de ladite Baronnie de Creux, le 3 Novembre 1692.
La donation faite de ladite Baronnie par le fieur du Pleffis pere,
en faveur de fon fils, le 26 Aouft 1692. Le dénombrement fourni
par ledit du Pleffis, le premier Février 1685, avec l'Arreft de reception du 17 du même mois & an. L'Arreft de vérification dudit
dénombrement du 27 Janvier 1670. Un état & déclaration des
principaux droits de ladite Terre de Creux, écrit de la main dudit du Pleffis pere. L'Arreft du Parlement de Metz du 29 Novembre 1692, qui a permis audit Demandeur de prendre poffeffion de ladite Baronnie. Un Extrait de l'Arreft rendu en la Cour
le 27 Juin 1704. Ladite Requête contenant la demande dont
s'agit, & ledit *Pareatis* du Parlement de Metz. Inventaire de production fourni par les Défendeurs, fignifié le 17 Aouft 1705, &
produit le 27 dudit mois, fans aucunes autres Piéces. Contredits
donnez par le Demandeur le 27. Acte de fommation faite aufdits
Défendeurs, fignifié le 26 Aouft 1705, de répondre & fatisfaire
à l'Appointement intervenu entre les Parties. Autre Sommation
faite aufdits Défendeurs, fignifiée le 14 Novembre de la même
année, de répondre & fatisfaire dans trois jours. La Requête dudit Demandeur, aux fins de faire contraindre l'Avocat des Défendeurs de rétablir au Greffe le Procés. Autre Requête donnée
à la Cour par les Défendeurs, le 11 Decembre 1705, fignifiée le 15,
tendante à ce qu'il lui plaife ordonner, que pour faire droit fur la
demande dudit fieur d'Alençon, les Parties fe pourvoiront au
Parlement de Metz aux fins de dommages, interefts & dépens.
Arreft de la Cour du 29 Avril dernier, par lequel les Défendeurs
ont été déboutez du Renvoy par eux requis, & condamnez aux

dépens ; ledit Arreſt ſignifié le 30 dudit mois. L'Acte ſignifié dudit Demandeur le même jour, portant, qu'en execution de l'Arreſt dudit jour 29 Avril , il avoit remis au Greffe de la Cour ſes Piéces & Procedures de l'Inſtance , avec ſommation aux Défendeurs d'y joindre dans trois jours ce que bon leur ſembleroit, ſi non que ledit tems paſſé, il ſeroit paſſé outre à la diſtribution de ladite Inſtance. Les Piéces & Productions des Parties au contenu de l'Inventaire. Acte ſignifié le 5 May preſent mois, portant que l'Inſtance étoit diſtribuée au ſieur de Gondrecourt de Maiſé Conſeiller. Tout veu & conſideré.

LA COUR faiſant droit ſur l'Inſtance , a ordonné & ordonne, que dans le mois de la ſignification du preſent Arreſt, pour toute préfixion & délay , les Défendeurs fourniront au Demandeur Titres ſuffiſans, pour juſtifier que la Terre & Seigneurie de Creux eſt une Baronnie ; ſi non & ledit tems paſſé, & ſans qu'il ſoit beſoin d'autre Arreſt, a déclaré réſolu le Contrat d'Acqueſt fait de ladite Seigneurie par ledit d'Alençon le 3 Novembre 1692 ; & en conſequence, les Défendeurs condamnez de rendre au Demandeur le prix de ladite acquiſition , avec les impenſes & meliorations par lui faites en ladite Terre depuis ledit Contrat, ſi mieux n'aiment les Défendeurs payer audit d'Alençon une ſomme de quatorze mille francs pour ſes dommages & intereſts ; laquelle option ils ſeront tenus de faire dans ledit délay d'un mois, & a condamné leſdits Défendeurs aux dépens. FAIT à Nancy en la Chambre du Conſeil, le onziéme jour de May mil ſept cens ſix. *Signé*, Par la Cour, VAULTRIN.

ARREST,

Qui juge que les Corvées ne font dûës que dans
l'étenduë de la Seigneurie, à moins qu'il n'y
ait Titre au contraire.

Au Rapport de Monfieur Huraut.

Du 11 May 1706.

VEU par la Cour le Procés d'entre Nicolas Hydulphe &
Jofeph Vichard, demeurans à Nonpafcheze, Ban d'Etival,
à eux joints les Commis, Habitans & Communauté dudit
Ban d'Etival, Appellans d'une Sentence rendue au Siége Bailliager de S. Dié, le premier Aouft 1679, enfemble d'une autre Sentence renduë par les Maire & Gens de Juftice du Ban d'Etival, le 3 Juin 1704, d'une part ; Et Frere Simon Godin, Abbé dudit lieu, Intimé, d'autre part. Lefdites Sentences, par la premiere defquelles il eft dit, que les Défendeurs prefentement Appellans, continueront les Corvées comme les autres Habitans du lieu, fans préjudice de leur droit ; & cependant, que le Demandeur donneroit communication des Titres concernans lefdites Corvées, Et par la feconde, il eft dit, que les Défendeurs contefteront au principal, & condamnez aux dépens de l'incident. Les Piéces fur lefquelles lefdites Sentences ont été renduës. Requête prefentée à la Cour par lefdits Hydulphe & Vichard, à eux joints lefdits Commis, Habitans & Communauté du Ban d'Etival, aux fins d'être reçus Appellans. Decret au bas d'icelle du 4 Octobre 1704, portant Reçu Appellans. Exploit d'affignation du 10 dudit mois d'Octobre, controllé à Bruyeres le 12. Actes de la Barre des 22 Novembre 1704, & 21 Février 1705, par lefquels les Parties auroient été appointées à fournir caufes & moyens d'appel. Réponfes, Contredits & Salvations de huitaine à autre. Inventaire de

production

production fourni par les Appellans, fervant de caufes & moyens
d'appel, fignifié le 21 Mars 1705. Inventaire de production fourni
par l'Intimé, fervant de Réponfes à caufes & moyens d'appel,
fignifié le 24 Novembre fuivant. Requête des Appellans, fervant
de Contredits & de Production nouvelle. Decret au bas du 14
Janvier 1706, par lequel la Cour auroit ordonné que ladite Production nouvelle feroit reçuë, pour être contredite & fauvée dans
les délais de l'Appointement, & donné Acte de l'employ. Exploits de fignifications du même jour. Contredits de productions
nouvelles, fervant de Salvations, donnez par l'Intimé, fignifiez
le 5 Mars dernier. Requête des Appellans, fervant de Salvations,
fignifiée le 22 dudit mois de Mars. Autre Requête d'employ des
Appellans, fignifiée le 4. du prefent mois de May 1706. Requête
d'employ de l'Intimé, fignifiée le 5 dudit prefent mois de May.
Conclufions du Procureur General. Les Piéces & Productions
des Parties au contenu de l'Inventaire du Procés. Acte fignifié
de la part de l'Intimé au Procureur des Appellans, le 28 Avril dernier, portant que ledit Procés étoit diftribué au Sieur Hurault
Confeiller. Tout veu & confideré.

LA COUR a mis les appellations & Sentence dont eft
appel au néant; émendant, évoquant le principal, & y faifant droit,
a déchargé les Appellans des Voitures & Charois, de fendre bois
marins, & mener pierres, chaux, fablons, & autres chofes néceffaires pour les réparations des Bâtimens anciens du Monaftere,
Granges, Moulins, & Gagnages dépendans dudit Etival, conformément aux Chartres du 19 Février 1464, hors du Ban dudit Efti-
val; & en cas qu'il convienne en fortir, feront payez du prix de
la Voiture du chemin à faire au dehors du lieu, fi mieux n'aime
l'Intimé les faire faire par d'autres Voituriers jufqu'au premier
lieu de la Seigneurie, où les Appellans feront tenus les aller chercher; a condamné l'Intimé à la moitié des dépens, l'autre compenfée. FAIT à Nancy en la Chambre du Confeil, le 11 May 1706.
Signé; Par la Cour, VAULTRIN.

F f

ARREST,

Qui déclare nul un Teſtament, pour avoir été paſſé
pardevant un Greffier de Seigneurie ſeulement.

Du 8 May 1700.

VEU par la Cour Souveraine de Lorraine & Barrois,
l'Inſtance pendante par appel pardevant elle ; Entre Sebaſtien Mouchotte, Nicolas Poncelet & Conſors, Appellans d'une Sentence renduë au Bailliage de Nancy le 7 Avril de
l'année derniere 1699, & de tout ce qui s'en eſt enſuivi, d'une part ;
Dominique Terredieu & Jean Camus, Habitans d'Arracourt,
Intimez, d'autre part : Et encore entre Dominique Michel, Bourgeois de Vic, & Simon Grand-Didier, Demandeurs en Requête
à fin d'intervention, d'une part. Leſdits Terredieu, Camus,
Mouchotte & Poncelet Défendeurs, d'autre part : Et encore entre Nicolas Gouvenot, & François Mengin, Habitans de Laxou,
Demandeurs en Requête à fin d'intervention, d'une part. Leſdits
Mouchotte, Poncelet, Terredieu, Camus, Michel, & Grand-
Didier Défendeurs, d'autre part. La demande deſdits Appellans,
Demandeurs originaires, par laquelle ils concluent à ce que ſans
s'arrêter au prétendu Teſtament de Gabrielle de Maron, paſſé
pardevant Poirſon, Greffier en la Juſtice d'Arracourt, le 26 Février 1699, qui ſera déclaré nul, ils ſoient maintenus & gardez
en la poſſeſſion & jouïſſance de la ſucceſſion de ladite Maron, de
laquelle ils ſont héritiers préſomptifs ; avec dommages, intereſts,
& reſtitution de ce qui peut avoir été perçu par les Défendeurs,
& iceux condamner aux dépens. Ladite Sentence, par laquelle il
eſt ordonné, avant faire droit, que les Demandeurs vérifieront
que lorſque la Teſtatrice a fait ſon Teſtament, elle étoit en dé-
mence. Requête preſentée à la Cour par leſdits Mouchotte, Poncelet & Conſors, aux fins d'être reçus Appellans. Decret au bas

du 29 dudit mois d'Avril, portant Reçu Appellant. Exploit d'affignation du deux May fuivant, controllé le trois. Acte de la Barre
du fix May auffi fuivant, par lequel il eft ordonné que les Parties
fe reprefenteront à l'Audiance. Arreft d'Audiance du deux fuivant, par lequel la Cour a ordonné qu'il en fera déliberé fur le
Regiftre; & du depuis la Cour a apointé les Parties à bailler caufes
& moyens d'appel, & réponfes de huitaine à autre : Et fur l'intervention defdits Michel & Grand-Didier à en donner les caufes &
moyens & réponfes dans pareil délay, & le tout joint, fans préjudice aux fins de non-recevoir, & défenfes au contraire. Acte
de la Barre du 16 Septembre dernier, rendu entre Nicolas Gouvenot & François Mengin, Demandeurs en intervention ; & lefdits Mouchotte & Poncelet, Terredieu & Camus Défendeurs,
par lequel les Commiffaires députez à ladite Barre ont reçu lefdits Gouvenot & Mengin intervenans en la Caufe ; fur laquelle
Intervention les Parties ont été appointées en droit, & le tout
joint à l'Inftance principale, être ordonné ce que de raifon. Requête employée pour griefs par les Appellans. Requête employée
pour moyens d'intervention, fournis par lefdits Gouvenot &
Mengin. Réponfes à caufes & moyens d'appel & d'intervention,
fournis par lefdits Terredieu & Camus. Caufes & moyens d'intervention dudit Grand-Didier & Confors. Les Piéces & Productions de toutes les Parties au contenu de l'Inventaire du Procés, cotte M. Signé, Pefcheur. Conclufions du Procureur General. Tout veu & confideré.

LA COUR a mis l'appellation & Sentence dont eft appel
au néant ; émendant, évoquant le principal, & y faifant droit, enfemble fur les Interventions, fans s'arrêter au Teftament fait par
ladite Gabrielle de Maron le 26 Février 1699, a maintenu & gardé
lefdits Appellans & Intervenans en la poffeffion & jouïffance de
la fucceffion dont s'agit, condamne les Intimez de rendre & reftituer ce qu'ils en ont touché & perçu par ferment, fauf à informer du
recelé : Ordonne que fur les effets de ladite fucceffion diftraction
fera faite de la fomme de deux cens francs, qui fera employée

en fond d'heritage, ou mife en rente, pour prier Dieu pour le repos de l'ame de ladite de Maron & de défunt Dominique Terredieu fon mary, tous dépens tant de Caufe principale que d'appel compenfez. FAIT à Nancy le huitiéme jour de May mil fept cens. *Signé*, Par la Cour, VAULTRIN.

ARREST,

Portant Réglement pour la Police des Villages, & l'élection des Officiers.

Du 19 Juillet 1701.

VEU par la Cour Souveraine de Lorraine & Barrois, l'Inftance pendante pardevant elle ; Entre les Habitans & Communauté de Frouart, Demandeurs en Réglement des droits & fonctions de la Charge du Défendeur, ci-aprés nommé, Appellans de la Contrainte par lui décernée le 8 Juin 1700, d'une part ; Me Jean-François d'Affinicourt, Prevôt de Lavantgarde ; Défendeur & Intimé, d'autre part. L'Appointement pris à la Barre le 14 Aouft fuivant, fur lefdites demandes & oppofitions. Productions & écritures refpectives des Parties. Conclufions du Procureur General. Tout veu & confideré.

LA COUR faifant droit fur la demande defdits Habitans de Frouart, les a maintenus & gardez au droit & poffeffion de choifir, à la tenuë des Plaids annaux, & à la pluralité des voix, les Maire, Efchevins, Syndic & Sergent, pour exercer la Police & autres fonctions réfervées aux Maires & Efchevins des lieux qui ne feront point de la Jurifdiction contentieufe ; le tout en prefence & affiftance du Défendeur, en qualité de Prevôt, lequel préfidera aux Plaids annaux, & autres Affemblées, lors qu'il fe trouvera prefent fur les lieux, & aura voix déliberative feulement : aufquelles Affemblées fera fait choix d'un Greffier capable & experimenté, enfemble de deux Bangardes, deux refti ers, &

deux Pauliers ; tous lesquels prêteront serment és mains du Prevôt, dont Acte sera fait, & registré sur le Registre. Seront les Impositions levées, & les Comptes des Syndics rendus sans frais, aux jours & lieux accoûtumez ; à la reddition desquels Comptes pourra ledit Prevôt assister & présider, si bon lui semble, avec voix déliberative ; sans néanmoins que lesdits Habitans soient tenus à l'avertir ni inviter à la reddition desdits Comptes, sinon lors qu'il sera present sur les lieux : Seront les Bans mis és Fenaisons, Moissons & Vendanges par lesdits Habitans, aprés Visites accoutumées en pareils cas, de l'avis & en presence du Défendeur, s'il est sur les lieux ; lequel aura droit de régler & ajuster les Mesures, visiter les Poids & Balances quand bon lui semblera, pour par lui faire tel Réglement qu'il trouvera à propos, & punir les contrevenans, avec les autres Officiers de la Prevôté ; & la Visite & Inspection avec les Maire & Eschevins. Quant à la taxe des Vins, elle sera pareillement faite par ledit Prevôt à l'assemblée de la Communauté, au son de la Cloche, en la maniere accoutumée, avec l'avis desdits Maire & Eschevins, lors qu'ils ne seront pas interessez en ladite Taxe : Et avant faire droit sur la taxe des Amendes, ordonne que les Parties contesteront plus amplement ; & le Prevôt tenu de déclarer quelle part & portion il prétend dans lesdites Amendes, & en vertu de quels Titres ; pour ce fait, être dit ce qu'il appartiendra ; & sur l'appel & surplus des demandes, les Parties hors de Cour. Enjoint ausdits Habitans de se conformer aux Ordonnances & Réglemens de S. A. R. sur le fait des Eaux & Forests : & en cas d'excés de taxes & jourment de la part du Défendeur, les Parties interessées pourront se pourvoir par les voyes de droit, tous dépens compensez ; condamne les Habitans aux deux tiers des Epices & coust du present Arrest ; l'autre tiers à la charge du Défendeur. Fait à Nancy le 19 Aoust 1701.

Signé, Par la Cour, Vaultrin.

❦

F f iij

A R R E S T,

Portant défenses de vendre de l'Arsenic, sinon aux conditions y portées.

Du 9 May 1701.

VEU par la Cour la Requête à elle presentée par le Procureur General ; Contenant, qu'il a reçu plusieurs plaintes de ce qu'au préjudice du bien public & du bon ordre observé dans tous les lieux bien policez, il se fait dans la pluspart des Villes, Bourgs & Villages de la Vosge, un débit public d'Arsenic, qui a causé plusieurs accidens tres-funestes, par la mort des uns, & par l'extrême maladie des autres, arrivées, dans toutes les apparences, par attentat & de dessein prémedité, sans qu'on ait pû en faire justice, à défaut de preuves : Et comme il est important de prévenir les mauvais desseins de ceux qui pourroient s'en servir à des fins criminelles, ou empêcher les malheurs qu'une liberté indiscrette d'en vendre & d'en user, peut apporter dans les lieux où cet abus s'est introduit, néanmoins en permettre l'usage à ceux qui ont droit de s'en servir en plusieurs compositions nécessaires : A CES CAUSES, requeroit qu'il plût à la Cour ordonner, qu'en execution des Ordonnances & Réglemens, il ne sera permis qu'aux Marchands demeurans dans les Villes, de vendre & débiter de l'Arsenic, de quelque espece & nature qu'il soit ; qu'ils ne pourront en vendre qu'aux Medecins, Apoticaires, Chirurgiens , Orfèvres , Teinturiers, Maréchaux, & autres qui par leur Profession ont droit d'en employer : qu'à cet effet, ils auront un Registre en bonne forme, dans lequel ils écriront les noms , surnoms, qualitez & demeures de ceux qui en auront acheté, & la quantité qu'ils leur en auront venduë ; lesquels même ils feront signer sur le Registre, s'ils sçavent écrire : & en cas que les personnes sus mentionnées soient inconnuës aux Marchands, ils ne pourront leur en vendre ni délivrer, s'ils n'apportent un Certificat en bonne forme , signé des Curez des lieux, ou des

Juges , Tabellions , ou autres personnes publiques , contenant leur nom, demeure & profession ; lesquels Certificats demeureront ausdits Marchands pour leur décharge ; Enjoindre à tous ceux qui par leur Art & Profession, ont droit d'employer de l'Arsenic , ou Mineraux de pareille qualité, de les tenir dans des lieux seûrs , dont ils garderont eux-mêmes la clef , & de composer ou faire composer en leur presence les Remedes où il devra entrer desdits Mineraux ; avec défenses d'en délivrer en substance à qui que ce soit, sous quelque prétexte que ce puisse étre ; le tout à peine contre lesdits Marchands & autres personnes dénommées ci-dessus, d'amende arbitraire , même de punition corporelle, s'il échet , selon la qualité du fait : Ordonner que l'Arrest qui interviendra, sera lû, publié & affiché par-tout où besoin sera , & executé à la diligence de ses Substituts sur les lieux. Ouï le Rapport du Sieur Bournon Conseiller ; l'affaire mise en déliberation.

LA COUR ordonne, conformément aux Ordonnances & Réglemens sur ce faits, qu'il ne sera permis qu'aux Marchands Droguistes demeurans dans les Villes , de vendre & débiter de l'Arsenic , de quelque espece & nature qu'il soit ; lesquels ne pourront en vendre qu'aux Medecins, Apoticaires, Chirurgiens, Orfévres, Teinturiers, Maréchaux , & autres qui par leur Profession ont droit d'en employer : qu'à cet effet ils auront un Registre en bonne forme , dans lequel ils écriront les noms, surnoms, qualitez & demeures de ceux qui en auront acheté, & la quantité qu'ils leur en auront venduë ; lesquels ils feront signer sur le Regisstre, s'ils sçavent écrire : & en cas que les personnes sus mentionnées, soient inconnuës aux Marchands, ils ne pourront leur en vendre ni délivrer, s'ils n'apportent un Certificat en bonne forme, signé des Curez des lieux, ou des Juges, Tabellions, ou autres personnes publiques, contenant leur nom, demeure & profession ; lesquels Certificats demeureront ausdits Marchands pour leur décharge. Enjoint à tous ceux qui par leur Art & Profession ont droit d'employer de l'Arsenic ou Mineraux de pareille qualité, de les tenir dans des lieux seûrs, dont ils garderont eux-mêmes la

Clef, & de compofer ou faire compofer en leur préfence les Remedes où il devra entrer defdits Mineraux ; leur fait défenfes d'en délivrer en fubftance à qui que ce puiffe être, à peine contre lefdits Marchands, & autres perfonnes dénommées ci-deffus, d'amende arbitraire, même de punition corporelle, s'il échet, felon la qualité du fait : Ordonne que le préfent Arreft fera lû, publié & affiché par-tout où befoin fera, & executé à la diligence des Subftituts des lieux. F A I T en la Chambre du Confeil à Nancy, le 9 May 1701. *Signé*, Par la Cour, V A U L T R I N.

A R R E S T,

Qui juge que les Officiers des Hôtels de Ville font en droit de connoître des conteftations qui naiffent des Fermes de Droits nouveaux, établis dans les Villes, à charge de les juger fommairement.

Du 17 Septembre 1701.

V EU par la Cour Souveraine de Lorraine & Barrois, le Procès d'appel pendant pardevant elle ; Entre Claude Barrois, Touffaint Renault & Confors, Fermiers des nouveaux Droits de la Ville de Pont-à-Mouffon, Appellans d'une Sentence renduë au Bailliage de la même Ville, le 30 Avril 1699, d'une part ; Dieudonné Drouin, Marchand de la même Ville, Intimé, d'autre part : Et encore entre les Officiers de l'Hôtel Commun de ladite Ville, Intervenans & Appellans de la même Sentence, d'une part ; Lefdits Barrois & Confors, & ledit Drouin Défendeurs, d'autre part : Et encore ledit Drouin Demandeur en execution de l'Arreft du 23 Janvier 1700. Ladite Sentence, par laquelle faifant droit fur l'appel, enfemble fur le principal, ledit Drouin eft déchargé de la demande contre lui faite ; avec défenfes aufdits Barrois & Confors de fe pourvoir ailleurs qu'audit Bailliage pour

les

les contraventions qui pourroient se commettre à l'avenir à l'établissement de la Ferme dont est question. Ledit Arrest du 23 Janvier 1700, par lequel la Cour a ordonné, avant faire droit, tant sur l'opposition que sur l'intervention, que les Appellans produiroient leur Bail, & les Intervenans le Decret de S. A. R. & autres piéces justificatives de l'établissement des Droits nouveaux dont il s'agit; & les Officiers du Bailliage de Pont-à-Mousson mis en Cause, à la diligence des Intervenans, pour prendre communication du Procés, & y dire ce que bon semblera; & y étant répondu tant par lesdits Apellans que les Intervenans, & communiquées au Procureur General, être en aprés jugé ce qu'il appartiendra, dépens réservez. Exploit de signification dudit Arrest du 25 dudit mois de Janvier. Les Piéces produites par les Officiers de Ville de Pont-à-Mousson. Ecritures servant de réponses, fournies par ledit Drouin, & Piéces jointes. Requête d'employ, servant de Salvations, fournie par ledit Barrois & Consors. Salvations desdits Officiers de Ville. Requête employée pour toutes écritures, donnée par ledit Drouin. Les Piéces & Productions des Parties, sur lesquelles lesdites Sentences & Arrest ont été rendus. Conclusions du Procureur General. Tout veu & consideré.

LA COUR a mis l'appellation & Sentence dont est appel au néant; émendant, faisant droit sur l'Intervention, a maintenu & gardé les Officiers de l'Hôtel de Ville de Pont-à-Mousson au droit & possession de connoître de la Ferme des Nouveaux Droits dont il s'agit, & des contestations qui peuvent naître pour raison d'icelle, sauf l'appel à la Cour; fait défenses aux Officiers dudit Bailliage de les y troubler: à charge néanmoins de juger à l'avenir tous les differends de cette nature sommairement & à l'Audiance, sans les pouvoir appointer; évoquant le principal, & y faisant droit, a renvoyé l'Intimé de la demande coutre lui faite par les Appellans, en affirmant par l'Intimé qu'il n'avoit point acheté les quarante-sept Bêtes blanches dont il s'agit, pour en faire commerce, ni icelles exposées en vente, & qu'elles provenoient de son cru, concru, & nourriture domestique, tous dépens entre les Parties

Gg

compensez, les Epices & coust du present Arrest payables par les Appellans. FAIT à Nancy le onze Septembre 1701.

Signé, Par la Cour, VAULTRIN.

ARREST,

Portant Réglement pour la régie des Bois, dans un lieu dépendant de la Grurie de Gerbeviller.

Du 31 Janvier 1705.

VEU par la Cour le Procés d'entre les Habitans & Communauté de Romont, Appellans tant comme de Juge incompetent qu'autrement, de trois Sentences renduës le 17 Septembre 1703, par le Juge Gruyer du Marquisat de Gerbeviller, comme aussi des permissions d'assigner, accordées par ledit Gruyer, & assignations données en consequence les 10 & 17 Septembre précedent, suivant les fins de leurs Requêtes des 14 Janvier & 7 Mars 1704, d'une part; Et Mre Anne-Joseph de Tornielle, Marquis de Gerbeviller, au nom & comme prenant le fait & cause de son Procureur Fiscal en ladite Grurie, Intimé & Défendeur, d'autre part : Et encore entre ledit Sieur de Tornielle, Appellant d'une Sentence renduë au Bailliage de Nancy le 22 Avril 1704, & Demandeur au principal évoqué, suivant les fins de sa Requête du même jour, d'une part; & lesdits Habitans & Communauté de Romont, Intimez & Défendeurs, d'autre part : Et encore entre ledit Sieur de Tornielle, Marquis de Gerbeviller, Demandeur, suivant les fins de sa Requête du 14 Aoust suivant, d'une part ; & les Habitans & Communauté de Romont, Défendeurs d'autre : Et encore entre lesdits Habitans & Communauté de Romont, incidemment Appellans, entant que besoin seroit, du Procés Verbal fait par ledit Gruyer le 5 Avril 1702, pour le quart de réserve des Bois dudit Romont, suivant les fins de leur Re-

quête du 11 Septembre 1704, d'une part ; & ledit sieur de Tornielle, incidemment Intimé, d'autre, &c.

LA COUR a mis les appellations des Sentences dont les
Habitans de Romont étoient Appellans, au néant ; ordonne
qu'elles sortiront leur effet : & faisant droit sur les demandes &
contestations respectives des Parties, ordonne que les Habitans
de Romont produiront dans le mois au Greffe de la Grurie du
Marquisat de Gerbeviller une déclaration exacte de la consistance
de leurs Bois Communaux ; pour être les Taillis réglez en Coupes
ordinaires, hors le quart de réserve pour leurs affouages, par le
Gruyer dudit Gerbeviller, eu égard à la quantité d'arpens, situa-
tion & possibilité d'iceux, & au nombre des Habitans dont ladite
Communauté sera composée ; lesquels se conformeront dans le
partage & exploitation desdits affouages, au Réglement de l'Ordonnance de 1701, sans que ledit Gruyer puisse prétendre d'en
aller faire annuellement la délivrance ; sauf à lui, en cas d'abus,
ou de délits commis par lesdits Habitans, de proceder par les voyes
prescrites par les Ordonnances : Que pour la permission que le
Gruyer accordera pour couper des Bois pour la réparation des
Bâtimens desdits Habitans, il ne pourra prendre que six gros par
chacune piéce de gros arbres propres à faire des poutres, & trois
gros pour les moindres ; sans qu'il puisse rien prétendre pour raison des menus Bois, ni se faire payer aucun voyage pour raison
de ce, ni aucuns frais pour les Procés Verbaux, qu'il dressera à cet
égard : Que le Marteau de ladite Communauté sera déposé au
Greffe de Romont, dans un Coffre fermant à trois clefs, que lesdits Habitans seront tenus de faire faire, si ja n'est fait ; dont l'une
sera mise és mains du Maire, l'autre en celle du premier Echevin
ou Syndic, & la troisiéme en celle du Procureur Fiscal de la Grurie
dudit Marquisat de Gerbeviller ; pour être tous les arbres qui seront coupez dans les Bois, appartenans nuëment à la Communauté, marquez auparavant dudit Marteau : Et à l'égard de ceux qui
seront coupez dans les Bois indivis entre elle & ledit de Gerbeviller, ils seront marquez du Marteau de la Grurie & de celui de

ladite Communauté : Que lors qu'il écherra de faire des Ventes esdits Bois indivis, elles feront faites par ledit Gruyer, en y obfervant les formalitez portées par les Ordonnances;aufquelles pourront néanmoins être prefens lefdits Habitans, fi bon leur femble, pour être le prix provenant des ventes defdits Bois, partagé par moitié entre ledit de Gerbeviller & lefdits Habitans, fans préjudice du droit des Parties pour le tiers denier prétendu fur iceux, & défenfes au contraire : Ordonne en outre que lefdites Parties rendront compte réciproquement pardevant le Rapporteur dans le mois, des deniers par elles reçus provenans du prix des ventes des Ecorces & Bois pris efdits fonds indivis, pour être partagé également, comme dit eft. Et en ce qui touche l'appel interjetté par ledit de Gerbeviller, de la Sentence renduë au Bailliage de cette Ville le 22 Avril dernier, ayant égard aux réquifitions du Procureur General, l'a reçu oppofant à l'Arreft de la Barre du 28 Juin dernier, ordonne qu'il fera rapporté ; & pour faire droit aux Parties fur ledit appel, les 2 renvoyées à l'Audiance ; fait défenfes aux Avocats de paffer entr'eux des Appointemens volontaires, portant évocation du principal , leur enjoint de fe conformer à l'Ordonnance; & fur toutes autres demandes, fins & conclufions, a mis les Parties hors de Cour,condamne les Habitans de Romont en l'amende de leur appel, & en la moitié des dépens de Caufe d'appel, l'autre compenfée. FAIT à Nancy le 31 Janvier 1705.

 Signé, Par la Cour, VAULTRIN.

A R R E S T,

Qui juge que l'acquifition d'un immeuble fait entre deux Conjoints, au profit du furvivant d'un d'eux, tombe dans la prohibition du Don mutuel, faite par la Coutume de Lorraine ; & que la proprieté dudit Acquêt eft réduite à l'ufufruit au profit du Mary furvivant.

Du 25 Janvier 1706.

ENTRE Dame Barbe Belchamp , Veuve du Sieur Michel de la Mothe-Bailly, vivant Lieutenant du R. T. C. au Gouvernement de Nifmes , demeurant à Nancy, Appellante, fuivant les fins de fes Requêtes & Relief du 22 Decembre 1705, & de l'Exploit d'intimation du 31 du même mois, fait par l'Huiffier Jeandon, controllé à Lunéville le premier du prefent mois par Lafeau, d'une Sentence renduë au Bailliage de Nancy le 15 dudit mois de Decembre, par laquelle il a été donné Acte de la déclaration faite par l'Appellante, qu'elle fe déporte de fa demande en ce qui concerne le partage des meubles ; ordonné que l'Intimé, ci-aprés nommé, reprefenteroit par ferment tous les Titres, Papiers & Enfeignemens qu'il peut avoir concernant lefdits immeubles de la fucceffion de Françoife-Ignace Belchamp, au jour de fon decés époufe dudit Intimé ; & qu'il donneroit partage de l'acquêt fait par lui & elle, par Contrat paffé pardevant Noël Tabellion à Nancy, le dernier jour du mois de Mars 1688, pour en joüir par l'Appellante de la moitié en proprieté, à charge néanmoins de l'ufufruit au profit dudit Intimé pendant fa vie, dépens compenfez ; par Mᵉˢ Dominique Mathieu, & Jofeph-Gafpard Wary, fes Avocat & Procureur, d'une part : Et le fieur René-Guillaume le Court Efcuyer, fieur de Froidebife, Capitaine-Lieutenant, Commandant les Gentilshommes de S. A. R. par Mᵉˢ Jofeph Barret

G g iij

& Henry, ſes Avocat & Procureur, d'autre part :.Et encore entre ladite Belchamp, Demandereſſe ſubſidiairement ſur le Barreau, à ce qu'en cas qu'il plairoit à la Cour adjuger audit le Court l'uſu-fruit des biens énoncez au Contrat d'Acquêt de l'année 1688, il ſoit tenu de décharger leſdits Biens de toutes dettes perſonnelles ; & à cet effet, que les revenus d'iceux ſoient employez au paye-ment des dettes contractées par ledit le Court, & auquel il a fait acceder ladite Belchamp ſon épouſe, d'une part, & ledit le Court d'autre part ; ſans que les qualitez puiſſent nuire ni préjudicier.

Mathieu Avocat de ladite Barbe Belchamp, a conclu à ce qu'il plût à la Cour dire qu'il a été mal jugé par ladite Sentence, en ce qu'on a accordé l'uſufruit de la moitié des biens acquis par le Con-trat de 1688, audit le Court, dont la proprieté appartient à l'Ap-pellante, comme heritiere de ladite Ignace-Françoiſe Belchamp ſa ſœur, & en ce qu'on a compenſé les depens ; émendant quant à ce, que ledit le Court fût condamné à abandonner la jouïſſance de la moitié dudit Acquêt, avec reſtitution des fruits depuis le jour du decès de ſon épouſe, & aux dépens, tant de Cauſe princi-pale que d'appel : Et au cas qu'il plairoit à la Cour en ordonner autrement, qu'il fût fait droit ſur ſa demande ſubſidiaire, auſſi avec dépens.

Ouï Barret pour l'Intimé, qui a conclu à ce qu'il plût à la Cour recevoir l'appellation par lui incidemment interjettée ſur le Barreau, de la Sentence dont il s'agit ; & y faiſant droit, mettre leſdites appellation, & Sentence dont eſt appel au néant, en ce que par icelle il auroit été ordonné que ledit Intimé donneroit par-tage à l'Appellante de la moitié de l'Acquêt fait d'entre lui & ſa défunte femme ; émendant quant à ce, le renvoyer de la deman-de contre lui formée à cet égard ; & en conſequence, ſans avoir égard à la demande ſubſidiaire de l'Appellante, mettre l'appella-tion principale au néant, avec amende & dépens.

LA COUR a reçu l'appellation incidemment interjettée ſur le Barreau par la Partie de Barret ; & ſans s'y arrêter, non plus qu'à l'appellation principale, a mis ſur leſdites appellations prin-

cipale & incidente les Parties hors de Cour; & ayant aucunement égard à la demande incidente de la Partie de Mathieu,
condamne celle de Barret de décharger dans six mois la proprieté qui lui a été adjugée de la moitié des immeubles en question,
situez à Eulmont, de toutes les dettes personnelles d'entre lui &
défunte sa femme, à la réserve néanmoins de celle de trois mille
francs par elle donnée à la Dame de Geinvry, par Contrat du 9
Avril 1689, tous dépens compensez ; les frais & coust du present
Arrest payables par moitié. FAIT à Nancy ledit jour 25 Janvier 1706. *Signé*, Par la Cour, VAULTRIN.

ARREST,

Portant Réglement pour le Bailliage de S. Mihiel.

Du 4 Decembre 1706.

VEU par la Cour l'Instance pendante pardevant elle ;
Entre les Lieutenant Particulier & Conseillers au Bailliage de S. Mihiel, Demandeurs en Réglement, suivant
les fins de leur Requête du 22 Juin 1702, & de leur Inventaire de
Production & Requête des 25 Janvier, deux Aoust, & premier
du present mois de Decembre 1704, d'une part ; Et le sieur Fran-
çois-Charles Olriot de Jubainville, Conseiller de S. A. R. Lieutenant General, Civil & Criminel audit Bailliage de S. Mihiel,
& Garde-Scel du Tabellionnage de ladite Ville, Défendeur, d'autre part. Conclusions du Procureur General.

LA COUR faisant droit sur les demandes respectives, ordonne que le Lieutenant General, ou celui qui présidera en son
absence, soit à l'Audiance, soit au Jugement des Procés par écrit,
sera tenu de nommer par le même Jugement le Commissaire pardevant lequel il écherra de proceder, en observant néanmoins
l'égalité autant que faire se pourra ; & de nommer par les Juge-

mens rendus fur Procés par écrit, le Conſeiller qui aura fait le Rapport du Procés.

Qu'au cas que le Commiſſaire ainſi nommé, ne puiſſe, ſoit par maladie, empêchement, ou autre cauſe légitime, vacquer à la Commiſſion qui lui a été donnée, le droit de ſubroger un autre appartiendra au Lieutenant General, & en ſon abſence au Lieutenant Particulier, & ſucceſſivement au plus ancien Conſeiller du Siége ; pour raiſon de quoy lui ſera payé un franc. Fait défenſes au Lieutenant General de proceder aux Enquêtes & Actes Judiciaires de cette nature, lors qu'un Conſeiller a été nommé pour y vacquer, ſinon en cas de maladie, ou autre empêchement légitime dudit Conſeiller, & aprés qu'il ſe ſera nommé au lieu & place dudit Conſeiller, ſur la Requête qui lui ſera preſentée par l'une des Parties pour avoir un autre Commiſſaire. Fait pareillement défenſes aux Conſeillers, lors qu'ils auront été commis pour vacquer aux Commiſſions, ſoit de la Ville, ſoit de la Campagne, de ſe ſubroger les uns aux autres,& de ſe renvoyer les Commiſſions & les Procés qui leur auront été diſtribuez ; leur enjoint de vacquer auſdites Commiſſions, & de rapporter les Procés le plus diligemment que faire ſe pourra ; ſauf à eux, au cas qu'ils auroient des raiſons pour ſe diſpenſer deſdites Commiſſions ou Rapports de Procés, de les repreſenter à la Compagnie : & au Lieutenant General, ou ancien Conſeiller qui préſidera en ſon abſence, aprés que les cauſes de leurs empêchemens auront été trouvées admiſſibles, de ſubroger un autre Commiſſaire, & de rediſtribuer le Procés à un autre Juge de la Compagnie. Ordonne que lors que le Lieutenant General vacquera lui-même à quelques Commiſſions de Campagne, il ſera tenu de rapporter à la Bourſe Commune le tiers de vingt-huit francs, qui lui ſont attribuez par l'Ordonnance, pour chacun jour de ſes Vacations. Que ledit Lieutenant General, ou celui qui préſidera en ſon abſence, ne pourra commettre aucun Commiſſaire *ad partes*, qu'il n'ait été jugé à propos par la Compagnie ; auquel cas le choix dudit Commiſſaire appartiendra audit Lieutenant General, ou autre qui aura préſidé ; leſquels auront pareillement droit d'en ſubroger un autre,

tre, en cas de maladie, ou autres empêchemens légitimes de celui qui aura été ainſi nommé. Fait défenſes au Lieutenant General d'en nommer aucun en ſon Hôtel, ni de prendre, pour raiſon de Requêtes qui lui ſeront preſentées pour obtenir la ſubrogation d'un Commiſſaire, plus grand droit que celui d'un franc.

Que tous les Officiers ſubalternes, même les Notaires, ſeront reçus en la Chambre du Conſeil par les Officiers du Bailliage, en obſervant les formalitez preſcrites par le Supplément de l'Ordonnance, Art. 10. Tit: *du Réglement des Droits & Taxe des Officiers.* Fait défenſes au Lieutenant General d'en recevoir aucuns dans ſon Hôtel, même de decreter les Requêtes des Recipiendiaires du Soit montré; ni de proceder aux Informations des vies & mœurs, que du conſentement & de l'aveu de la Compagnie.

Fait pareillement défenſes au Lieutenant General & Officiers du Bailliage de S. Mihiel de faire prêter aucun Serment de fidelité aux Curez & Beneficiers de leur Reſſort, au cas qu'ils ſe preſentent à eux pour avoir permiſſion de prendre poſſeſſion du temporel de leurs Benefices. Ordonne ſur les 10 & 11e Chefs de la demande principale, que l'Art. 9. dudit Titre *du Réglement des Droits & Taxe des Officiers,* ſera executé; ce faiſant, que tous les Decrets d'inſtructions de Procés ou d'Inſtances appartiendront au Lieutenant General avant la diſtribution du Procés; & que ceux qu'il écherra de donner aprés la diſtribution, ſeront expediez par la Chambre, & les Droits mis dans la Bourſe Commune de ſes émolumens. Que toutes les Requêtes pour l'inſtruction de la procedure ſeront adreſſées à la Compagnie, ſous l'intitulation : *A Meſſieurs les Lieutenant General & Gens tenant le Bailliage de S. Mihiel.*

Et en ce qui concerne les Requêtes introductives d'Inſtance; comme ſimples Aſſignations, Permiſſions de ſaiſir, Reliefs d'appel, & Decrets d'anticipation, ordonne, avant faire droit, que le Lieutenant General vérifiera que depuis un tems ſuffiſant à preſcrire, leſdites Requêtes ont été adreſſées au Lieutenant General ſeul, & non à la Compagnie; fait défenſes aux Lieutenant Particulier & Conſeillers de decreter aucune Requête intro-

Hh

ductive d'Instance & d'instruction de procedure, avant la distribution des Instances & Procés ; de légalizer aucuns Actes, de
quelle nature ils puissent être, & de distribuer les Procés, qu'en
cas d'absence du Lieutenant General, lequel ne sera censé absent
qu'aprés vingt-quatre heures ; sinon en ce qui concerne le Decret
des Requêtes pour affaires urgentes, & qui requerent celerité.
Leur fait pareillement défenses, lors qu'ils vacqueront à quelques
Commissions de Campagne, de decreter les Requêtes qui pourroient leur être presentées par d'autres personnes que celles qui
sont interessées à la Commission, & pour son execution.

Fait défenses au Lieutenant General de proroger les délais
prescrits par les Jugemens, sur la simple Requête d'une Partie ;
ordonne que lesdites prorogations ne pourront être accordées
que par la Compagnie, & Parties ouïes, conformément à la dif-
position de l'Ordonnance, Titre *des Enquêtes*, Art. 23. Lui fait
pareillement défenses d'accorder aucune Permission d'informer ;
ordonne que les Requêtes qui seront presentées à cet effet, seront
rapportées en la Chambre du Conseil, aprés que le Substitut du
Procureur General y aura donné ses Conclusions, & le Decret
signé par le Lieutenant General & un Conseiller ; ou en cas d'absence, par celui qui aura présidé, & un Conseiller.

Que pour lesdits Decrets portant Permission d'informer, il sera
payé deux francs, dont six gros appartiendront au Lieutenant
General, ou à celui qui en son absence aura présidé, & le surplus
sera mis en la Bourse commune : Ordonne qu'és jours d'Audiance, & autres esquels les Officiers du Bailliage s'assemblent en
la Chambre du Conseil, il y aura toujours un Huissier de Service
à la porte, pour executer les ordres qui pourront lui être donnez
par lesdits Officiers ; & que l'Huissier Audiancier és jours d'Audiance, & un des Huissiers de Service, és jours que la Compagnie
s'assemble à la Chambre du Conseil, seront tenus de se rendre en
l'Hôtel du Lieutenant General, pour le conduire au Palais, & du
Palais le reconduire en son Hôtel, conformément à l'Ordonnance. A maintenu & conservé ledit Lieutenant General au droit
d'avoir son Siége, & le marche-pied d'icelui, plus élevé de quatre

pouces que celui des Conseillers. Enjoint aux Lieutenant General & Conseillers de se conformer à l'Ordonnance ; ce faisant, de
venir à l'Audiance & à la Chambre du Conseil en habits décens,
se tenir & comporter décemment, sans que dans les opinions ils
puissent s'interrompre les uns les autres, ni quitter le Conseil
avant que toutes les opinions ayent été recueillies par celui qui
préside, & la Sentence arrêtée ; leur fait défenses, lors du Rapport
des Procés, de vaguer ou se promener par la Chambre, sur-tout
lors que le Rapporteur mettra le fait, ou qu'il s'agira d'opiner :
Ordonne que la parole sera adressée au Lieutenant General, ou à
celui qui présidera ; leur enjoint de faire des Extraits des Procés
qui leur sont distribuez, & leur fait défenses de manger avec les
Parties qui auront des Procés pardevant eux. Ordonne que l'Art.
33. de l'Ordonnance, Tit. *du Réglement des Officiers,* sera executé ;
ce faisant, qu'aucun des Officiers du Siége ne pourra désemparer,
pour une absence notable de huit jours au moins, sans en avoir
averti la Compagnie, & sans en avoir obtenu l'agrément, au cas
que l'absence seroit pour un tems plus long : Ordonne que le
blanc-signé desdits Lieutenant General, Particulier, & Conseillers,
demeurera nul & suprimé. Sur le 31ᵉ chef de la demande incidente dudit Lieutenant General, ordonne que les Decrets & Ordonnances données par le Lieutenant General en son Hôtel, dans les
cas où il est en droit d'en donner, suivant l'Ordonnance, pourront
être réformées par les Officiers du Bailliage sur l'appel ou opposition qui pourront être formées & interjettées par les Parties interessées : Que pour l'apposition des Scellez qu'il conviendra faire,
soit és maisons mortuaires, ou en vertu & execution de Sentences,
les Commissaires seront tenûs se servir du Scel du Bailliage, sans
qu'ils puissent se servir de leur Sceau ou Cachet particuliers : Ordonne à cet effet, qu'en cas d'absence du Lieutenant General, il
sera tenu avant son départ, de mettre ledit Sceau du Bailliage és
mains du Lieutenant Particulier, ou en cas d'absence du Lieutenant Particulier, en celles du plus ancien Conseiller. Permet néanmoins ausdits Officiers, au cas que le Sceau du Bailliage auroit déja
été mis és mains de l'un d'iceux, pour s'en servir dans quelque

H h ij

Commiſſion , de ſe ſervir en ce cas de ſon Cachet particulier, à charge d'en faire mention dans ſon Procés Verbal d'appoſition de Scellé. Enjoint aux Officiers du Bailliage de ſe conformer à l'Ordonnance, Tit. *de la Taxe des Dépens*, Art. 9. Ce faiſant, or-donne que les dépens feront par eux taxez en la Chambre du Con-ſeil : Ordonne que les Executoires qui feront délivrez, feront don-nez ſous le nom du Bailly & Gens tenant le Bailliage de Saint Mihiel , & non ſous le nom ſeul du Lieutenant General : Que les affirmations, déclarations de tiers ſaiſis , & autres choſes ſommaires de cette nature, ordonnées aux Audiances , ſe feront aux mêmes Audiances & ſur le champ, & non par des Procés Verbaux, à l'Hôtel du Lieutenant General ; ſauf au cas que les dé-clarations des tiers ſaiſis feroient trop longues pour pouvoir être rédigées à l'Audiance, d'ordonner que les tiers ſaiſis les don-neront au Greffe, & feront tenus d'en affirmer la verité à l'Au-diance. Sur le ſurplus des demandes reſpectives, fins & conclu-ſions des Parties, les a mis hors de Cour, ſauf audit Lieutenant General, en ce qui concerne le 29e chef de ſa demande, de ſe pourvoir, le cas écheant ; tous dépens entre les Parties compenſez. Fait à Nancy le 4 Decembre 1706. *Signé*, Par la Cour, Vaultrin.

ARREST,

Portant Réglement pour la diſcipline de la Faculté de Droit de l'Univerſité de Pont-à-Mouſſon.

Du 25 Février 1706.

VEU par la Cour la Requête preſentée par le Procureur General ; Contenant, qu'encore que depuis l'établiſſe-ment de l'Univerſité de Pont-à-Mouſſon , il ait été fait de tems en tems divers Réglemens tres-utiles, pour y entretenir le bon ordre & une diſcipline tres-exacte, néanmoins il s'y eſt gliſſé petit à petit divers abus que le relâchement a fait naître, &

qui privent le Public du fruit qu'il devoit attendre de la sagesse de ces Réglemens ; Que cela paroît particulierement dans les exercices de la Faculté de Droit, dont les Etudians ont introduit un si grand nombre de féries & de vacations pendant le cours de chacune année, qu'elles en consomment la meilleure partie, & font perdre à la jeunesse un tems si nécessaire & si précieux pour se perfectionner dans la Jurisprudence Civile & Canonique, qui est la porte des Dignitez & des Emplois de l'Eglise & de l'Etat. Ce desordre est parvenu à un tel excés, que ces vacations se renouvellent presque de mois en mois, en ce que l'Ecole de Droit ne s'ouvrant que le premier Lundy d'après la Saint Martin, les Ecoliers commencent à prendre congé le Dimanche qui précede les Fêtes de Noël jusqu'au Lundy d'aprés les Rois ; ils recommencent leurs vacations le Jeudy qui précede le Mercredy des Cendres, & ne rentrent que le premier Lundy de Carême : Cela est suivi de la quinzaine de Pâques, dont les vacations touchent de prés celles des Rogations, aprés les trois jours desquelles les Ecoliers ne rentrent que le Lundy suivant, pour prendre enfin leurs dernieres vacances le jour de la Madelaine, lesquelles durent prés de quatre mois ; en tout cela non compris les Jeudis de chacune semaine, quelque nombre de Fêtes qu'il s'y rencontre : Que la Cour voit par là, que le peu de frequentation des Ecoles de Droit, met les Ecoliers dans l'impossibilité d'acquerir la capacité nécessaire dans une science si importante, dont ils ne peuvent rapporter qu'une teinture legere & superficielle, qui ne suffit pas pour les mettre en état de s'acquitter dignement des emplois du Barreau, sur-tout dans une étude, dont les Loix de Justinien ayant fixé la durée à cinq années, elle se trouve réduite à deux ans par les Ordonnances & par l'usage ; en sorte qu'il est tres-important de remédier à ce desordre, par l'avis même des Professeurs de cette Faculté, avec lesquels ledit Procureur General en est convenu, sous le bon plaisir de la Cour ; comme aussi de renouveller & d'enjoindre l'observation exacte de certains Articles de l'Edit de Son Altesse Royale, du six Janvier 1699, qui ne sont point gardez avec toute la régularité nécessaire ; à quoy le Requerant est obligé de

H h iij

supplier la Cour d'apporter remede par son authorité, pour tâcher de remettre cette Université, qui est l'un des principaux ornemens de cet Etat, dans son ancienne splendeur & réputation dans les Pays Etrangers ; Requeroit qu'il plût à la Cour ordonner que l'Ecole de la Faculté de Droit s'ouvrira le lendemain de la Saint Martin, à quelque jour de la semaine non ferié qu'il se rencontre, pour continuer les leçons & exercices ordinaires, jusqu'au premier Septembre suivant, sans autres féries & vacations pendant le cours de l'année, sinon depuis le Jeudy qui précede le Mercredy des Cendres, jusqu'au lendemain non ferié dudit Mercredy ; & depuis le Samedy qui précede le Dimanche des Rameaux, jusqu'au Lundy qui suit immédiatement le Dimanche de Quasimodo, auquel jour on rentrera ; comme aussi à l'exception de tous les autres Jeudis de l'année, comme d'ancienneté ; le tout à commencer même en la presente année, pour ce qui en reste à écouler. Ordonner au surplus, que l'Edit de S. A. R. du six Janvier 1699, sera executé selon sa forme & teneur, & la lecture d'icelui renouvellée tous les ans, à l'ouverture de l'Ecole de Droit, le lendemain de la Saint Martin : Enjoindre aux Professeurs de se conformer exactement aux Articles 12, 14, 15, 16, & 17, tant pour la régularité des Inscriptions & Nominations des Ecoliers, rigueur & sévérité des Examens & Actes publics qui seront soutenus par chaque Ecolier sur la Jurisprudence, tant Canonique que Civile, que pour la durée de chacune leçon des Professeurs, qui seront indispensablement d'une heure & demie, dont l'heure sera employée à dicter, & expliquer, & la demie heure restante à exercer les Ecoliers, par répetitions & disputes : Que défenses leur seront faites de dispenser aucuns Ecoliers, pour quelque cause que ce soit, du tems & de l'assiduité prescrite par l'Edit & par l'Arrest qui interviendra ; & que le tems des Inscriptions ne sera compté que du jour de la datte d'icelles : Ordonner que l'Arrest qui interviendra, sera lû & publié, tant dans l'Audiance publique de la Cour, qu'en la Salle de la Faculté de Droit, pendant les leçons d'icelle, & enregistré és Registres de la même Faculté, & affiché par tout où besoin sera, à la diligence du Promoteur de l'Université, auquel sera enjoint d'avertir la Cour des contraventions qui pourroient y être faites par les Etudians en Droit. Ouï le Rapport du Sieur Reboucher Conseiller. Tout veu & consideré.

LA COUR ordonne qu'à l'avenir l'Ecole de la Faculté de Droit s'ouvrira le lendemain de la Saint Martin, à quelque jour non férié qu'il se rencontre, pour en continuer les leçons & exercices ordinaires jusques au premier Septembre suivant, sans autres féries & vacations, pendant le cours de l'année, sinon depuis le Jeudy qui précede le Mercredy des Cendres, jusqu'au lendemain non ferié dudit Mercredy ; & depuis le Samedy qui précede le Dimanche des Rameaux, jusqu'au Lundy qui suit immédiatement le Dimanche de Quasimodo, auquel jour on rentrera : comme aussi à l'exception de tous les Jeudis de l'année, comme d'ancienneté ; le tout à commencer même en la presente année, pour ce qui en reste à écouler. Ordonne au surplus, que l'Edit de S. A. R. du six Janvier 1699, vérifié en la Cour le huit du même mois, sera executé selon sa forme & teneur, & la lecture d'icelui, de même que du present Réglement, renouvellée tous les ans à l'ouverture de l'Ecole de Droit, le lendemain de la Saint Martin. Enjoint aux Professeurs de se conformer exactement à la disposition des Articles 12, 14, 15, 16, & 17, tant pour la régularité des inscriptions, nominations des Ecoliers, & rigueur & séverité des Examens & Actes publics qui seront soutenus par chaque Ecolier sur la Jurisprudence, tant Canonique que Civile, que pour la durée de chacune des leçons des Professeurs, qui seront indispensablement d'une heure & demie, dont l'heure sera employée à dicter & expliquer, & la demie heure restante à exercer les Ecoliers par répetitions & disputes : Leur fait défenses de dispenser aucun Ecolier, pour quelque cause que ce soit, du tems & de l'assiduité prescrite par l'Edit & le present Arrest ; & ordonne que le tems des Inscriptions ne sera compté que du jour de la datte d'icelles. Ordonne que le present Arrest sera lû, publié, tant dans l'Audiance publique de la Cour, qu'en la Salle de la Faculté de Droit, pendant le cours d'icelle, & enregistré és Registres de la même

Faculté, & affiché par tout où befoin fera, à la diligence du Promoteur de l'Univerfité : Enjoint à lui d'avertir la Cour des contraventions qui pourroient y être faites par les Ecoliers de Droit. FAIT à Nancy en la Chambre du Confeil, le 25 Février 1706. *Signé*, Par la Cour, VAULTRIN.

ACTE DE NOTORIETE',

Portant que de tout tems il y a eu liberté de fucceffion réciproque entre les Sujets de Lorraine, & ceux de l'Empire, & des Terres héréditaires de la Maifon d'Autriche.

Du 12 Janvier 1707.

VEU par la Cour la Requête prefentée par Cathèrine, Angelique, & Anne Mengin fœurs, filles jouïffantes de leurs droits, Sujettes naturelles de S. A. R. demeurans à Cofne, Prevôté de Longuion ; Contenant, que défunt Pierre Mengin leur frere, ayant quitté le Pays pendant les Guerres, & s'étant établi à Breflaw, Capitale du Duché de Silefie, il y feroit décedé depuis prés de deux ans fans enfans, & tranfmis le droit de fa fucceffion aux Suppliantes, fes heritieres plus habiles à lui fucceder ; à l'effet de quoi, ne pouvant pas fe tranfporter dans un Pays fi éloigné, elles y auroient envoyé & chargé de leur Procuration, les nommez François Chaperel & Sebaftien Martin, dudit Cofne, lefquels y étant arrivez, auroient trouvé que le Fifc Imperial s'étoit emparé de cette fucceffion, comme celle d'un Etranger, & fous prétexte du droit d'Aubaine, & fur le fondement que ce Droit feroit obfervé dans les Etats de S. A. R. Sur quoi Arreft feroit intervenu le 29 Novembre dernier au Confeil Aulique de Bohéme, féant à Vienne, dont copie eft jointe, par lequel il a été ordonné que les Suppliantes feroient tenuës de rapporter une Déclaration autentique & en bonne forme de S. A. R. Monfeigneur

feigneur le Duc de Lorraine , ou de fon Parlement à Nancy,
qu'en cas de fucceffions pareilles qui feroient échuës au Duché
de Lorraine , les Sujets de Sa Majefté Imperiale , dans fes Pays &
Terres héréditaires, feront reçus librement & fans aucun obftacle,
à recueillir lefdites fucceffions : Et qu'en cas qu'il n'y auroit point
d'exemples ou de cas pareils , néanmoins qu'il foit dit & déclaré
que toutes fucceffions pareilles , en quoy elles puiffent confifter,
feront toujours d'orénavant & à l'avenir délivrées & délaiffées,
fans aucune diminution d'icelles , aufdits Sujets de Sa Majefté
Imperiale, moyennant la réciprocité. Requeraat à ce qu'il plaife
à la Cour ordonner qu'il fera expedié aux Suppliantes une Déclara-
ration ou Acte de notorieté en bonne forme , fous fon Sceau,
contenant Atteftation des faits ci-deffus ; ladite Requête fignée
Pierre, Procureur. Decret au bas d'icelle, portant qu'elle feroit
montrée au Procureur General. Ses Conclufions, par lefquelles il
déclare qu'il n'empêche les fins de la Requête, à charge que la
réciprocité fera obfervée. Led. Arreft du 29 Nov. dernier. Ouï le
Rapport du fieur de Suzemont Confeiller. Tout vû & confideré.

LA COUR ayant égard à la Requête, a déclaré & déclare,
qu'il eft de notorieté publique , que de tout tems les Sujets de Sa
Majefté Imperiale , non-feulement de l'Empire , mais encore de
fes Royaumes & Pays héréditaires, ont été reçus librement & fans
aucun obftacle, à recueillir les fucceffions, tant mobiliaires qu'immobiliaires, qui leur ont été échuës dans les Duchez de Lorraine
& de Bar , Terres & Pays de l'obéïffance de S. A. R. fans aucuns
retranchemens ni diminutions quelconques : Et qu'en cas qu'à
l'avenir aucuns defdits Sujets de Sa Majefté Imperiale fe prefen-
tent pour recueillir les fucceffions qui pourront leur être échuës
dans lefdits Duchez & Pays, ils y feront reçus, fans qu'il leur foit
fait aucun empêchement ni difficulté, à charge que la réciprocité
fera obfervée, comme du paffé. Ordonne que l'Arreft dudit jour
29 Novembre dernier, rendu au Confeil Aulique de Bohéme, fera
regiftré és Regiftres du Greffe de la Cour. FAIT à Nancy le 12 Janvier 1707. *Signé* , Par la Cour, VAULTRIN.

Ii

DE par Sa Majesté Imperiale Romaine, comme aussi de Sa Majesté Royale de Hongrie & de Bohéme, notre tres-gracieux Seigneur ; soit signifié à François Chaperel & Sebastien Martin Ambedeux, Mandataires des trois sœurs de Pierre Mengin, Catherine, Angelique, & Anne.

Que Sa Majesté Imperiale & Royale s'étant derechef fait trés-humblement representer ce que les Suppliantes, au nom de leurs Constituans & principales, & a été ulterieurement & plus amplement remontré, en toûte humilité, sur le Decret obtenu, en datte du 23 du mois d'Octobre dernier de la presente année, à raison de la prétention effectuée de la succession de Pierre Mengin, se trouvante au Duché de Silesie en la Ville de Breslaw, & apprehendée presentement par le Fisque de Sadite Majesté Royale ; & de suite ayant sur ce ordonné de régler les Suppliantes, à ce que s'ils pourront obtenir un Certificat & Déclaration pertinente de Son Altesse Sérénissime le Seigneur Duc Régent de la Lorraine, ou de la Justice de son Parlement à Nancy, que dans pareil cas les successions & Heritages échus és Pays Etrangers, & qu'elles ayantes été échuës aux Sujets héréditaires de Sa Majesté Imperiale & Royale au Duché de Lorraine, ont été pareillement suivies ; ou que si pareil cas n'est encore arrivé, que néanmoins à l'avenir semblables successions restent là où ils pourront être situées, ou en ce qu'ils pourront consister, seront pareillement suivies ausdits Sujets, sans diminutions d'aucun argent, ou du moins que veu *versâ* le droit de rétorsion dans pareils cas, sera bien & saintement observé ; comme aussi si depuis ils produiront un Certificat pertinent de Sadite Altesse Sérénissime, ou Justice de son Parlement à Nancy, que les principales des Suppliantes, dénommées à l'ingrés de cette, ne sont point de leur naissance, d'aucune Nation Françoise ; mais que si bien, à raison de leur naissance, qu'à raison de leurs domiciles, elles sont nées d'un tel endroit & lieu, & qu'elles ont encore effectivement leurs demeures, & qu'ils y font leurs commerces & nourritures ; qui soient encore effectivement & immédiatement assujetties à Sadite Altesse Sé-

réniffime , Sa Majefté Imperiale & Royale alors n'oubliera pas
de fe réfoudre ulteriement fur la demande de la fucceffion de
Pierre Mengin fufdit, & les Suppliantes auront à fe régler à l'ave-
nant : *Decretum per Imperatoriam Regiam Majeftatem, in Confilio
Bohemiæ Aulico Viennæ 29 menfis Novembris, anno Domini 1706.
Signé*, VENCESLAS-NORBERT, Comte de Kinsky, JEAN-
VENCESLAS, Comte de Wratiflaw. *Et plus bas*, J. Chriftophe
de Saunig.

ARREST,

Qui permet aux Officiers de la Prevôté de Briey de
porter la Robe & le Bonnet , tant aux fonctions
de la Juftice, qu'aux Cérémonies & actions publiques, & enjoint aux Avocats & Procureurs de s'y
conformer.

Du 7 Decembre 1707.

V EU par la Cour la Requête prefentée par les Officiers
de la Prevôté de Briey ; Contenant , que depuis qu'il a
plû à S. A. R. créer des Officiers en titre d'Office en ladite
Prevôté, par fon Edit de Création du mois d'Aouft 1698, les Supplians fe font attachez autant qu'il leur a été poffible, à y rendre
la Juftice exactement, à y établir un bon ordre, & à rétablir
l'Auditoire, qui étoit ruiné, & qui eft prefentement en bon état ;
cet Auditoire étant affez confiderable , non-feulement par fa
conftruction, mais encore par le nombre des Bourgeois de la
Ville, & les Habitans qui compofent les Villages de la Prevôté,
& par les Audiances que les Supplians y donnent exactement
deux fois la femaine ; ils fouhaiteroient, afin de rendre la Juftice
avec plus de vénération, & imprimer plus de refpect, qu'il plût à
la Cour leur permettre de porter la Robe longue aux Audiances

de ladite Prevôté, & autres Actes Judiciaires qui se feront pardevant eux, de même qu'aux Assemblées publiques ; cette Permission leur ayant été accordée pendant la domination du Roy Trés-Chrétien, par Sentence du Bailliage de Longwy, du 24 Novembre 1692, ils esperent que la Cour ne leur refusera pas cette demande, y ayant plusieurs Prevôtez dans la Province qui en jouïssent déja, ce qui les oblige de presenter leur Requête ; Requerant à ce qu'il plaise à la Cour permettre aux Supplians de porter la Robe longue aux Audiances qui se tiendront pardevant eux en l'Auditoire de la Prevôté de Briey, & pour autres Actes Judiciaires, de même qu'aux Assemblées publiques, où ils doivent assister, comme il s'est ci-devant pratiqué. Ladite Requête signée Pierre, Procureur. Decret au bas d'icelle, portant qu'elle seroit montrée au Procureur General. Ses Conclusions ; ladite Requête & Sentence y jointe. Ouï le Rapport du sieur de Gondrecourt Conseiller. Tout veu & consideré.

LA COUR a permis aux Supplians de porter la Robe longue & le Bonnet carré, tant és Audiances & autres fonctions de la Justice, qu'aux Assemblées & Cérémonies publiques, où ils doivent assister : Enjoint aux Avocats & Procureurs postulans en ladite Prevôté, de s'y conformer à leur égard. Ordonne que le present Arrest sera publié à l'Audiance, & registré és Registres de ladite Prevôté, à la diligence du Substitut en icelle. FAIT à Nancy le septiéme jour du mois de Decembre mil sept cens sept, *Signé*, Par la Cour, VAULTRIN.

ARREST,

Qui juge que le Seigneur Haut-Justicier du lieu où un enfant est exposé, est tenu de lui fournir les alimens, nourriture, & entretien, jusqu'à ce que l'enfant soit en état de gagner sa vie.

Du 29 Novembre 1707.

VEU par la Cour derechef la procedure extraordinaire, instruite en la Haute Justice de Valmunster, à la Requête du Procureur Fiscal en icelle, à l'encontre de Jean-Renard Muller, Meusnier au Moulin de Wilving, & icelui Appellant de la Sentence renduë en ladite Justice le 21 Juin 1706, d'une part ; Et les Abbé, Prieur & Religieux de l'Abbaye de Meteloch. L'Arrest rendu sur ladite procedure le 20 Aoust dernier, par lequel faisant droit sur les Conclusions du Procureur General, il est ordonné qu'Anne-Marie Chasleur, qui a exposé son enfant, sçavoir sur l'Etang de Longeville, dit l'Huillerie, le 24 Février de l'année derniere 1706, & prés du Moulin de Wilving, Seigneurie de Valmunster, au mois d'Avril suivant ; duquel enfant Jean Renard Muller, Garçon Meunier alors dudit Wilving, est reconnu le pere, seroit prise & apprehendée au corps, & conduite sous bonne & seure garde, és Prisons de la Conciergerie du Palais, pour son Procés lui être fait & parfait, suivant l'exigence du cas, à la diligence du Procureur General, aux frais de qui il appartiendroit : & qu'à la même diligence, le Procureur d'Office de la Seigneurie de Longeville, & les Maire & Gens de Justice de Valmunster seroient assignez, pour être ouïs pardevant le Sieur de Suzémont, à ce commis, sur les charges contre eux resultantes des Procés Verbaux, signez d'eux, des 24 & 25 dudit mois de Février de l'année derniere, & répondre sur les Conclusions que ledit Procureur General pourroit prendre contre eux. Les Inter-

Ii iij

rogatoires prêtez en confequence par ledit Procureur d'Office &
les nommez Gaffe & Theys, Maire & Efchevin de Valmunfter,
les 16 & 17 du prefent mois de Novembre. La Requête donnée
par lefdits Gaffe & Theys, par laquelle ils auroient conclu à ce
qu'ayant égard à leurs défenfes contenuës en icelle, ils foient
renvoyez des Conclufions qui pourroient être prifes contre eux
par ledit Procureur General ; & que faifant droit fur la demande
incidente qu'ils forment, foit contre ledit fieur Abbé de Meteloch
leur Seigneur, foit contre le fieur Abbé de Longeville, le cas
échéant, ils foient tenus de fe charger de l'enfant de ladite le
Chafleur, dont il s'agit, & d'en payer les nourritures & entretien
depuis qu'ils en font chargez, fauf aufdits Seigneurs leurs recours
contre ledit Renard Muller ; & fans préjudice aux Supplians, en
cas d'infolvabilité de Muller, de fe pourvoir contre ledit fieur
Abbé de Meteloch leur Seigneur, pour récuperer les frais & avances qu'ils ont faites au fujet de la procedure extraordinaire qu'ils
ont faite contre le même Muller, avec dépens contre ledit
Seigneur. L'Ordonnance de la Cour au bas de ladite Requête,
du 19 du prefent mois de Novembre, par laquelle il auroit été
ordonné que ladite Requête feroit fignifiée, & jointe aux Interrogatoires, & le tout communiqué au Procureur General, pour en
jugeant y avoir tel égard que de raifon. Exploit de fignification
faite de ladite Requête audit fieur Abbé de Meteloch, au domicile
de Me Martel fon Procureur à la Cour, ledit jour 19 Novembre.
Les Conclufions dudit Procureur General fur le tout. Ouï le Rapport dudit fieur de Suzémont. Tout confideré.

LA COUR faifant droit fur les Conclufions du Procureur
General, ordonne que fon Arreft du 20 Aouft dernier fera executé ; ce faifant, le Procés fait & parfait à fa diligence, & aux frais
de qui il appartiendra, à ladite Marie le Chafleur. Enjoint aux
Officiers de Juftice d'être à l'avenir plus exacts dans les fonctions
de leurs Charges, pour la punition des crimes & délits, chacun à
leur égard : Et pour les cas réfultans de leurs réponfes, les condamne d'aumôner chaçun la fomme de dix francs, applicable à

la décoration des Eglises de Valmunster & Longeville ; à l'effet de
quoi lesdites Aumônes feront mifes és mains des fieurs Curez defdites Eglifes : Et faifant droit fur la demande incidente defdits
Gaffe & Theys, & fur les Conclufions dudit Procureur General
à cet égard, ordonne que les nourritures & entretiens néceffaires
feront fournis à l'enfant expofé au Moulin de Wilving par ladite
Marie le Chafleur fa mere, aux frais du fieur Abbé de Meteloch,
Seigneur Haut-Jufticier dudit Valmunfter & Wilving, à compter
du jour de la Saint George derniere, & à continuer jufqu'à ce que
ledit enfant fera en état de gagner fa vie ; fauf audit fieur Abbé
fon recours contre ledit Renard Muller, pere dudit enfant, &
tels autres qu'il appartiendra, pour fon indemnité defdits nourritures & entretiens, le cas échéant. Enjoint aufdits Officiers de
Juftice de tenir la main à l'execution du prefent Arreft, à peine
d'en répondre en leurs purs & privez noms ; condamne lefdits
Gaffe, Theys & Mengin aux dépens de leurs Interrogatoires, &
en la moitié des Epices & couft du prefent Arreft, l'autre étant à
la charge dudit fieur Abbé ; fauf aufdits Gaffe & Theys, s'il échet,
de fe pourvoir pour leur indemnité des frais de procedures &
avances faites par eux à ce fujet, tant contre ledit Muller, que
tous autres qu'il apartiendra, & défenfes au contraire. Fait à Nancy
le 29 Novembre 1707. *Signé*, Par la Cour, V A U L T R I N.

A R R E S T,

Qui juge qu'en fait d'alienation de biens de mineurs,
les voyes de nullité ont lieu pendant trente ans en
Lorraine, nonobftant l'Ordonnance des dix ans
pour les reftitutions.

Du 29 Novembre 1708.

ENtre Meffire Jean-François Paul, Comte des Armoifes,
Seigneur de S. Ballemont, Sandaucourt, & autres lieux, premier Efcuyer de S. A. R. l'un de fes Chambellans, Appellant par

Mathieu & Wary, ſes Avocat & Procureur, ſuivant les fins de ſes
Requêtes & Relief du 8 Aouſt 1708, *Pareatis* du Lieutenant General au Bailliage de Vitry-le-François, du 13. Exploit d'intimation
du 14, controllé le même jour, d'une Sentence renduë par les Officiers du Bailliage de Nancy le 24 Février précedent, par laquelle
ſur la demande formée par l'Appellant en l'enterinement du
Decret de reſtitution obtenu ſous ſon nom par le ſieur Comte
des Armoiſes de Commercy, le 17 May 1704, contre la vente par
lui faite, par Contrat du 14 Avril 1689, au feu ſieur Mareſchal,
Doyen de la Collegialle dudit Commercy, d'un Gagnage ſitué
à Xirocourt, les Parties ont été appointées en droit, d'une part;
Et Dame Charlotte Noël du Lys, veuve du ſieur Joſeph de Croſny,
lors qu'il vivoit Capitaine de Cavalerie pour le Service du Roy
Tres-Chrêtien, heritiere dudit ſieur Maréchal, Intimée, par Thiebaud & Pierre, ſes Avocat & Procureur, d'autre part. Mathieu
pour l'Appellant, a ſoutenu que le Contrat du 14 Avril 1689, ayant
été fait pendant ſa minorité, il étoit nul, faute d'authoriſation du
Procureur General, ſuivant l'Art. 13. Titre 4. de la Coutume de
Lorraine; qu'étant nul, le Decret de reſtitution obtenu par le
ſieur des Armoiſes de Commercy, ſous le nom de l'Appellant,
étoit une précaution ſurabondante & inutile, puiſque les voyes
de nullité ont lieu, ſuivant l'Art. 15. du Tit. 12. de la même Coutume, & qu'il y a trente ans pour l'action en déclaration de nullité, conformément à l'Art. 2. du Tit. 18. Que la vente étant nulle,
on ne pouvoit conteſter la reſtitution des fruits; puis que l'Acquereur n'ayant jamais été Proprietaire, il n'avoit pu faire les
fruits ſiens, & que l'Appellant devoit rentrer en la poſſeſſion de
ſon bien avec tous ſes droits, comme s'il n'y avoit point eu de
vente; a conclu à ce qu'il plût à la Cour mettre l'appellation & ce
dont eſt appel au néant; émendant, évoquant le principal, & y faiſant droit, déclarer ledit Contrat nul & de nul effet; & en conſequence condamner l'Intimée à abandonner la poſſeſſion à l'Appellant, avec reſtitution de fruits, ſauf à elle à retirer le prix de la
vente conſignée à ſes riſques, en execution de l'Arreſt de la Cour
du ſix Septembre dernier, & aux offres de lui en payer l'intereſt

au

au Denier vingt, & la condamner aux dépens, tant des Caufes
principale que d'appel. Thiebaud pour l'Intimée, a foutenu au
contraire, 1°. Que la Vente étoit valable ; parce que *urgebat æs
alienum*, & que la Vente avoit été faite du gré & confentement
du Pere, du Tuteur, & des Parens du mineur. 2°. Parce qu'il n'y
a pas de lézion ; que les voyes de nullité font prefcrites par l'Ordonnance de S. A. R. du 8 Avril 1699, qui admet le bénéfice de
Relief, & le requiert indéfiniment ; & que le Relief étant néceffaire, comme l'Appellant l'a reconnu, puifqu'il y a eu recours,
il n'étoit pas recevable, n'ayant agi pardevant Juge compétent
pour l'entherinement, qu'en l'année 1706, tems auquel les premieres dix années, depuis fa majorité complette, étoient écoulées :
Que d'ailleurs le fieur de S. Ballemont étant né dans le Bailliage
de S. Mihiel, qui eft pays de Relief, c'étoit la Coutume du lieu de
fa naiffance, qu'il faloit fuivre, & non pas celle de Lorraine, puis
qu'il s'agiffoit de fa capacité pour contracter ; & par ces raifons, a
conclu à ce que l'appellation & ce dont eft appel fuffent mifes au
néant ; émendant, évoquant le principal, & y faifant droit, l'Appellant déclaré non-recevable, en tout cas mal fondé en fa demande,
& condamné aux dépens, tant de Caufes principale que d'appel.
Mathieu a repliqué qu'il ne fuffifoit pas qu'il y eût eu des raifons
de vendre, qu'il faloit encore qu'on eût vendu fuivant les formalitez vouluës par la Coutume ; que s'il s'agiffoit de régler la majorité du fieur de S. Ballemont, la Coutume de S. Mihiel, en laquelle
il eft né, feroit loy : mais s'agiffant d'une alienation d'immeubles,
elle auroit dû fe régler par la forme obfervée dans le lieu où le
bien eft fitué ; que d'ailleurs la Coutume de S. Mihiel ne prefcri-
vant point la forme de l'alienation des biens des mineurs, on ne
pouvoit recourir qu'à la Coutume de Lorraine, celle de Bar fe
taifant comme celle de S. Mihiel ; ou bien recourir au Droit Romain, qui régit Commercy, où le Contrat a été paffé. Que fi on
recouroit à la Coutume de Lorraine, l'Art. 13. du Titre 4. décide
formellement fur la nullité de la Vente, par le défaut de l'autho-
rifation du Procureur General, qui eft le Juge des mineurs : Que
fi on avoit recours au Droit Romain, il faloit *Judicis decretum,*

K k

lequel manquant en la Vente dont il s'agiſſoit, elle étoit nulle, ſuivant le Titre du Code *de prædiis & aliis rebus minorum ſine Decreto non alienandis, &c.* D'Argentré Art. 481. gl. n. 2. Rebuffe *de Reſtitutionibus in paragraph. n. 25.* que le conſentement du Pere, du Tuteur & des Parens ne ſuffiſoit ni en Droit ni en Coutume. En Droit, §. *Si Pater. l. 7. de rebus eorum qui ſub Tutelâ vel Curâ, &c.* En Coutume, celle de Lorraine, Titre 12. Art. 12. que Vente de biens de mineurs, ſans l'authorité du Magiſtrat, étoit inutile en Droit, *L. 2. C. de prædiis, &c.* Et en la Coutume de Lorraine, Tit. 12. Art. 7. que l'Ordonnance du huit Avril 1699. ne concerne que les majeurs, qu'elle ne prononce que ſur le premier chef dudit Art. 7. Titre 12. & ne parle point des Contrats qui ſont nuls de Droit ; qu'ainſi les voyes de nullité ne ſont pas cenſées abrogées : qu'il n'eſt pas néceſſaire qu'il y ait lézion, qu'un intereſt d'affection ſuffit au mineur, *L. 25. ff. de minoribus ;* que dés que la vente eſt faite *ſine Decreto,* un mineur eſt toujours cenſé lézé quand il aliene ; que s'il faloit un Decret dereſtitution, ce qu'il a ſoutenu inutile, l'Apellant en avoit un ; & que nonobſtant que les pourſuites qu'il avoit faites pour l'entherinement, euſſent été intentées pardevant un Juge incompetent, elles ſuffiſoient pour avoir interrompu la preſcription des dix ans, qui de ſoy eſt odieuſe, comme reſtraignant la preſcription generale des trente ans.

Ouï Bourcier Avocat General, pour le Procureur General, qui a fait recit du fait & des moyens des Parties, & a éſtimé que le Contrat étant nul, le Decret de reſtitution étoit inutile, & qu'il y avoit lieu, pour les raiſons qu'il a déduites, de mettre l'appellation & ce dont eſt appel au néant ; émendant, évoquant le principal, & y faiſant droit, déclarer le Contrat de Vente dont il s'agiſſoit, nul & de nul effet & valeur ; en conſequence, condamner l'Intimée à abandonner la poſſeſſion à l'Appellant, avec reſtitution de fruits, en lui rembourſant le prix principal, qui a tourné à ſon profit, & les intereſts, aux taux des Ordonnances. Et aprés que la Cauſe a été plaidée pendant trois Audiances.

LA COUR a mis l'appellation & ce dont eft appel au néant ; émendant, évoquant le principal, & y faifant droit, a déclaré les Vente & alienation faites par la Partie de Mathieu, du Gagnage de Xirocourt, dont il s'agit, nulle & de nul effet ; & en confequence, condamne la Partie de Thiebaud de lui en abandonner la proprieté & jouïffance ; a compenfé les fruits qu'elle ou fes autheurs en ont perçus jufqu'au jour de la Confignation faite par la Partie de Mathieu, avec les interefts du prix principal de la Vente dudit Gagnage, & les impenfes & méliorations qui peuvent y avoir été faites ; moyennant quoy elle a permis à la Partie de Thiebaud de retirer les deniers confignez, & l'a condamné aux dépens. F A I T à Nancy en la grande Salle du Palais, le 29 Novembre 1708. *Signé*, Par la Cour, V A U L T R I N.

A R R E S T,

Qui juge que les Villages de Hauzerat & Hauftat, font du Duché de Lorraine, & non de l'Empire.

Du 30 Janvier 1 7 0 8.

ENtre Meffire Jean-Philippe-Henry de Steincallenfeld, Chevalier de l'Ordre Teutonique, Commandeur de Becking, y réfident, au nom & comme prenant le fait & caufe en défenfe de Mc Louïs Grandjean & Richer, Officiers en la Juftice de Hauzerat & Hauftat, Appellant comme de Juge incompetent, du Decret rendu par le Lieutenant General au Bailliage d'Allemagne, le 6 Aouft 1706, par lequel l'Intimé ci-aprés nommé, auroit été reçu Appellant ; permis d'intimer qui bon lui fembleroit, par le premier Huiffier ou Sergent requis, avec Commandement au Greffier de remettre aux Parties leurs Piéces & Productions ; & Appellant incidemment de la Sentence renduë audit Bailliage le 4 Septembre 1706, par laquelle la Caufe auroit été remiſe à la huitaine, pendant lequel temps les Parties communiqueroient au Parquet du Subſtitut du Procureur General, d'une part ; Et Jean Muller, Laboureur à Alberingen, Intimé, par Mallarmé ſon Procureur, d'autre part. Aprés que Soucany, Avocat pour l'Appellant, a conclu à ce qu'il plût à la Cour dire qu'il a été mal, nullement permis, intimé & ordonné par les Officiers du Bailliage d'Allemagne ; que le tout ſera caſſé & annullé, & l'Intimé condamné en tous les dépens, dommages & intereſts. Ouï Marcol l'aîné, Avocat pour Jean Muller, qui a ſoutenu le bien permis, ordonné & jugé.

Ouï auſſi BOURCIER Avocat General, qui aprés avoir fait recit du fait & de la procedure, a dit, que la queſtion étoit uniquement de ſçavoir ſi les appellations des Sentences renduës par les Maire & Gens de Juſtice de Hauſtat & de Hauzerat doivent être portées pardevant les Juges du Bailliage d'Allemagne dont eſt appel ; que l'Apellant qui ſe diſoit Seigneur Haut-Juſticier deſd. lieux, à cauſe de ſa Commanderie de Becking, ſoutenoit que les Juges dont eſt appel étoient incompetens ; prétendant que ces deux Villages ou Hameaux étoient Fiefs de l'Empire, indépendans du Duché de Lorraine. Mais que ſa prétention ne paroît aucunement ſoutenable. 1°. Parce qu'il ne rapportoit aucuns Titres ni Piéces pour l'établir. 2°. Parce qu'il étoit bien juſtifié au contraire par pluſieurs Piéces & Titres authentiques, que ces deux Villages étoient Fiefs, ou Francs-Aleus, dépendans du Duché de Lorraine, & du Reſſort dudit Bailliage ; qu'ils avoient toujours été conſiderez comme tels depuis un temps immémorial ; & qu'aprés la communication qui avoit été donnée à l'Appellant de tous les Titres, il y avoit lieu de s'étonner qu'il ait encore oſé ſoutenir l'incompetence deſdits Juges. Que le principal moyen de l'Appellant étoit de dire que ni lui ni ſes prédeceſſeurs n'avoient jamais fait aucunes repriſes, foys & hommages aux Ducs de Lorraine deſdits Hameaux ; & que les Habitans qui y réſident avoient toujours été exempts des Aydes Generaux : que par conſequent ces deux Villages étoient indépendans des Etats de S. A. R. Mais que la conſequence que l'Appellant prétendoit tirer de ſon argument n'étoit pas juſte ;

parce que ces deux Villages dont est question, ayant été tenus &
possedez en Franc-Aleu, comme il est justifié par les Titres qui
ont été communiquez, les Seigneurs qui les ont possedez ont été
exempts de foy, hommage, & service, & autres devoirs féodaux,
& les Sujets y demeurans francs & exempts de tous Aydes Generaux, suivant qu'il est porté précisément par les Art. 14. & 15. de
l'ancienne Coutume de Lorraine, Titre *des Fiefs & Franc-Aleu*.
Qu'ainsi pour n'avoir pas fait de foy & hommage desdits lieux,
l'Appellant ne pouvoit conclure de là que ces deux Villages fussent indépendans des Duchez de Lorraine ; puisque tous les Seigneurs des Francs-Aleus enclavez dans la même Souveraineté, ont
joüi des mêmes franchises & privileges ; autrement les Seigneurs
des Francs-Aleus, qui sont en Lorraine, pourroient se dire de même indépendans, ce qui seroit une absurdité : Qu'il est vray que
depuis le commencement de cette derniere Guerre, qui est entre la France & l'Allemagne, les Officiers du Roy Tres-Chrêtien,
qui ont regardé ces deux Hameaux comme Terres d'Empire,
ainsi que le prétendoit le Commandeur de Becking, les ont
compris dans les Contributions qu'ils ont imposées sur les Habitans des Terres d'Empire. Mais sans doute que les Contributions
que les Habitans de ces deux Hameaux ont payé à la France depuis trois ou quatre ans que cette Instance est demeurée indécise,
ne passeront pas pour des Titres capables de faire perdre à S. A. R.
les droits de Souveraineté qui lui appartiennent incontestable-
ment dans les deux Villages dout il s'agit, ainsi qu'on vient de
l'établir par les Piéces dont on a donné lecture, & ausquelles l'Appellant n'a pû répondre. A quoy l'on pouvoit ajoûter que ces
deux Hameaux étant une ancienne dépendance de la Commanderie de Becking, laquelle étoit située dans les Etats de S. A. R.
il n'y avoit pas lieu de douter que la dépendance ne fût de la même Souveraineté ; puis qu'encore une fois l'Appellant ne rapportoit aucuns Titres qui pussent soutenir sa prétention ; qu'au contraire, il étoit justifié par quantité de Titres produits, tirez des
Archives du Trefor du Bailliage d'Allemagne ; que ces deux Hameaux sont Francs-Aleus du Duché de Lorraine ; que les Habitans

deſdits lieux ont toujours été obligez de prendre le Sel dans les Magazins de Lorraine ; qu'en toutes actions perſonnelles, poſſeſſoires & petitoires, ils ont été traduits pardevant les Juges dudit Bailliage d'Allemagne, dont eſt appel. Par toutes ces raiſons & autres par lui alléguées, il a requis que l'appellation fût miſe au néant, avec amende & dépens.

LA COUR ordonne que les Requêtes & Piéces ſeront miſes ſur le Bureau. Fait à Nancy le 30 Janvier 1708.

Et du depuis icelles vuës, notamment les Repriſes faites és années 1471 & 1549, par les ſieurs de Felzberg & Bernard de Pallan, en qualité de Tuteur de ſes enfans mineurs, de certains biens ſituez ſur le Ban & Finage de Huſſac, qu'ils reconnoiſſent tenir en Fief des Ducs Nicolas & Charles de Lorraine. Un Extrait du Procés Verbal de Conférence tenuë en 1613, entre les Commiſſaires députez par S. A. S. le Duc Henry, d'une part ; Et les Commiſſaires députez par Mr l'Electeur de Tréves, d'autre part ; par lequel il eſt dit que Hauſtat & Hauzerat ſont du Duché de Lorraine. Deux Extraits de Sentences contradictoirement renduës au Bailliage d'Allemagne les 5 & 10 Octobre 1620, entre le Procureur General au Bailliage d'Allemagne, & les Sieurs de Zund & de Braubach, Seigneurs de Hauzerat ; par la premiere deſquelles un Délay eſt accordé auſdits Seigneurs, à charge pendant icelui de ne rien entreprendre au préjudice des droits de Souveraineté de Lorraine ; & leur eſt ordonné de ſe conformer aux Ordres de S. A. S. Et par la ſeconde, il leur eſt accordé un nouveau Délay de trois mois, pendant lequel ils juſtifieront de leur droit au ſujet du Signe patibulaire par eux étably audit lieu de Hauzerat, avec défenſes à eux de rien attenter aux droits de Souveraineté de Lorraine. Autre Sentence renduë au même Bailliage le 10 Octobre 1620, ſur les pourſuites du même Procureur General, par laquelle le Mandement qui avoit été obtenu à la Chambre Imperiale de Spire par le Commandeur de Becking, en qualité de Seigneur de Hauſtat, a été caſſé & déclaré nul, avec défenſes de s'en ſervir ; ſauf à lui de ſe pourvoir au Bailliage d'Allemagne par les voyes de droit. Ladite Sentence acquieſcée par le Commandeur de Becking. Arreſt du Conſeil de S. A. S. le Duc Henry du 30 Octobre 1622, ſur la Requête des ſieurs Barons de Wolkeſſein & Baumgarten, Députez de l'Archiduc Charles, Grand-Maître de l'Ordre Teutonique, qui maintient & garde le Commandeur de Becking, preſent & à venir, dans tous les droits de Juriſdiction à lui appartenans dans les Villages de Becking, Pathen, Hauſtat, & Memersbron ; ordonne qu'il en jouïra ſans trouble au même pouvoir dont jouïſſent les autres Hauts-Juſticiers de Lorraine, conformément à laquelle Jouïſſance & Uſage inviolablement obſervé en iceux, les Gens de Juſtice deſdits lieux ſeront tenus & obligez de prendre avis des Maire & Echevins de Nancy dans les Jugemens tant interlocutoires que diffinitifs, des Procés Criminels ; & de plus, qu'ils ſeront tenus de prendre leur Sel dans les Salines de Lorraine, au même prix que tous les autres Sujets ; quitte & remet pour cette fois ſeulement aux Habitans & Communauté dudit Hauſtat, l'amende par eux encouruë, pour avoir pris du Sel ailleurs ; ordonne que conformément aux Lettres Patentes du 18 Octobre 1621, les Sujets de Hauſtat & Memersbron demeureront exempts & déchargez de la Contribution aux Aydes, tant ordinaires qu'extraordinaires, ſelon que les autres Terres allodialles des Pays de S. A. S. en ſont exemptes. Autre Sentence du même Bailliage d'Allemagne du trois Septembre 1624. entre Mr l'Électeur de Tréves, Demandeur en déſiſtement de certaines piéces de terre, ſituées ſur le Ban de Hazerat ; contre François Maſſon, Mayeur de Bering, par laquelle Mr l'Electeur a obtenu les fins de ſa demande. Decret du Conſeil de S. A. S. le Duc Charles IV. du 4 Mars 1670, ſur la Requête à lui preſentée par le Fermier du Grenier à Sel de Valdrevauge, qui enjoint aux Habitans & Communauté de Hauſtat, & autres dépendans de la Commanderie de Becking, de prendre leur Sel dans le Magazin de Valdrevauge, avec ordre aux Officiers des lieux de tenir la main à l'execution dudit Decret, à peine d'en répondre en leurs propres & privez noms.

LA COUR a mis l'appellation au néant ; ordonne que ce

dont eſt appel ſortira ſon effet ; condamne l'Appellant à l'amende & aux dépens : en conſequence, a renvoyé les Parties au Bailliage d'Allemagne, pour y proceder ſur l'appel interjetté par leſdits Muller & Conſors, de la Sentence contre eux renduë en la Haute Juſtice de Hauzerat & Hauſtat le 27 Juillet 1706, & de tout ce qui s'en eſt enſuivi, ſauf l'appel à la Cour. F A I T à Nancy le 12 Juin 1708. *Signé*, Par la Cour, V A U L T R I N.

A R R E S T,

Portant Réglement pour les Habitans & Communauté d'Etival, pour la régie de leurs Bois, Corvées & Droits Seigneuriaux par eux dûs.

Du 16 May 1709.

V E U par la Cour l'Inſtance d'entre les Habitans & Communauté du Ban d'Etival, Demandeurs en Requête du 18 Decembre 1705, d'une part ; Et les Abbé, Prieur & Religieux d'Etival, Défendeurs d'autre : Et encore entre leſdits Habitans & Communauté du Ban dudit Etival, Appellans des Sentences renduës en la Juſtice dudit Etival les 5 Mars, 29 Octobre, 3 Novembre & 10 Decembre, dite année 1705, & 23 Mars 1706, comme ayant pris le fait & cauſe en défenſes de Bernard David & Conſors, Nicolas Mole, Jean la Ruelle, & Nicolas la Ruelle ſon fils, la veuve Mambré, Collin & Pelletier, ſuivant les fins de leurs Requêtes des 18 Decembre 1705, & 16 Avril 1707, & incidemment Demandeurs, ſuivant les fins & concluſions priſes en leur Requête du 21 Juin de ladite annee 1707, d'une part ; leſdits Abbé, Prieur & Religieux, Intimez & Défendeurs, d'autre part : Et encore entre leſdits Habitans du Ban d'Etival, Demandeurs en execution des Arreſts des 11 May 1706, & 6 Septembre 1707, d'une part ; & leſdits Abbé, Prieur & Religieux d'Etival, Défendeurs d'autre : Et encore entre leſdits Habitans & Communauté, inci-

demment

demment Demandeurs, suivant les fins de leur Requête du 28
Aoust 1708, d'une part ; & lesdits Abbé, Prieur & Religieux, Défendeurs d'autre : Et encore entre lesdits Abbé, Prieur & Religieux,
incidemment Demandeurs, suivant les fins de leur Requête du
19 Novembre 1708, d'une part ; & lesdits Habitans & Communauté du Ban d'Etival, incidemment Défendeurs, d'autre part :
Et encore entre lesdits Habitans & Communauté d'Etival, incidemment Demandeurs, suivant les fins de leur Requête du 8 du
present mois de May, d'une part ; & lesdits Abbé, Prieur & Religieux, incidemment Défendeurs, d'autre. Ladite Requête principale dudit jour 18 Decembre 1705, tendante à ce qu'en interpretant entant que besoin l'Arrest du 13 Decembre 1704, &c.
Conclusions du Procureur General.

LA COUR faisant droit sur les demandes respectives &
contestations des Parties, par forme de Réglement, a maintenu &
gardé les Habitans dudit Ban d'Etival au droit & possession de
l'usage dans tous les Bois dépendans de l'Abbaye d'Etival, à la
réserve de la Montagne de Repy ; Ce faisant, leur a permis d'y
prendre & couper indistinctement du bois mort & mort bois, &
d'en mener vendre de la derniere qualité, tant en la Ville de Saint
Dié, qu'en la Paroisse de S. Martin, conformément à leurs Chartres.
Ordonne qu'il sera délivré annuellement ausdits Habitans pour
leurs affouages, dans les Cantons les plus commodes, & à portée
de chaque Village ou Hameau, des bois sur pied, Hestres &
Chênes (à la réserve de ceux non usitez & propres à bâtir) jusques
à la concurrence de douze cordes à chacun Laboureur, & neuf
cordes à chacun des manouvriers, outre les bois nécessaires pour
la clôture de leurs heritages, de quelle espece lesdits Abbé & Religieux trouveront le plus à propos à cet égard ; tous lesquels bois
lesdits Habitans seront tenus de couper le plus prés de terre que
faire se pourra, & suivant l'ordre de Grurie, sous les peines portées par les Ordonnances ; avec défenses à eux d'en couper ailleurs
que dans les endroits qui leur auront été délivrez, sous les mêmes
peines.

L l

Ordonne pareillement qu'il sera marqué & délivré ausdits Habitans tous les Bois, Sapins & Chênes nécessaires pour la construction de leurs Bâtimens, réparations & entretien de leurs Maisons, Couvertures d'icelles, Portes, Ventillons, & autres ouvrages de Charpenterie, même pour faire les Planchers ; ensemble pour les corps de leurs Fontaines faites & à faire, en faisant par eux apparoir de la nécessité desdits Bois, par Devis de Charpentiers, & autres Experts ouvriers, dans la forme ordinaire ; comme aussi tous les Bois nécessaires pour la construction & entretien de leurs Chars & Charuës, Echelles, & autres instrumens servans à l'agriculture : Défenses à eux de les convertir à d'autres usages, sous les peines portées par les Ordonnances. Toutes lesquelles délivrances leur seront faites par les Officiers desdits Abbé & Religieux, vingt-quatre heures aprés la réquisition qui leur en aura été faite, en payant par lesdits Habitans la journée dudit Officier, à raison de dix-huit gros, & la demie à proportion ; si non & au cas qu'icelui interpellé, refuseroit ou differeroit plus desdites vingt-quatre heures, permis ausdits Habitans d'en couper où bon leur semblera, & à leur choix, sans dégradations néanmoins, & en observant l'ordre de Grurie ; & sans que lesdits Habitans puissent être attenus à aucuns dommages & interests, causez par leur chute, enlevement d'iceux, de même que par les Voitures, tant desdits Arbres que des Bois destinez à leurs affouages, & autres usages. Fait défenses ausdits Abbé & Religieux de faire aucunes Ventes & Coupes extraordinaires de Bois, Sapins & autres, qui puissent nuire ni préjudicier au droit d'Usage, Affouage & Maronage desdits Habitans dans les Bois dont s'agit, & notamment dans les endroits qui sont à portée desdits Villages & Hameaux.

A maintenu & gardé lesdits Habitans au droit & possession d'envoyer leur Bétail vain-pâturer dans tous les Bois dépendans dudit Etival, comme d'ancienneté ; en consequence fait défenses ausdits Abbé & Religieux de faire à l'avenir aucuns autres Essars ni Ascensemens, que des Terrains qui étoient anciennement en nature de terres labourables ou Prez, sinon és endroits qui ne pourront

nuire au droit d'Ufage defdits Habitans ; & à charge de publication d'iceux dans les lieux les plus prochains defdits Afcenfemens
nouveaux, quinzaine auparavant l'adjudication ; efquelles adju-
dications les Habitans du Ban feront préferez aux étrangers.
Fait défenfes aux Particuliers qui fe rendront Adjudicataires defdits Terrains, d'y faire de fimples Huttes ou Baracques, fauf à eux
d'y faire conftruire des habitations à l'ordinaire ; & enjoint aufdits Abbé & Religieux, ou à leurs Officiers d'y tenir la main,& de
faire détruire lefdites Huttes & Baracques. Ne pourront pareillement lefdits Abbé &Religieux faire aucuns Afcenfemens desTer-
rains ou Ufages Communaux appartenans aufdits Habitans, fans
leur exprés confentement. Fait défenfes aufdits Abbé & Religieux, les Cenfiers ou Cenfitaires, & à tous autres Habitans du
Ban, de tenir leurs terres labourables en clôture aprés la recolte ;
ordonne qu'elles demeureront ouvertes à la vaine-pâture aprés
ledit temps ; permis à eux néanmoins de tenir clos les Heritages
qui feront en nature de preys, fuivant l'ufage des lieux ; à charge
de laiffer en tout temps les chemins néceffaires, & de la largeur
convenable pour le paffage des Beftiaux du Ban ; le tout par provifion,& fauf à y être autrement pourvû,fuivant l'exigence des cas.

Et en ce qui concerne les Voitures pour l'entretien & réparation de l'Abbaye dudit Etival, Maifons & Ufuines en dépendantes, a déchargé lefdits Habitans, du confentement defdits Abbé
& Religieux, de celles qui fe trouveront néceffaires pour l'entretien de la Papeterie, de la Cenfe de la Hutte, du Battant, & de
la Scirie, enfemble des Foffez,& du tiers de l'enclos du Jardin
Conventuel. Condamne lefdits Habitans de faire toutes les Voitures néceffaires pour l'entretien & réparation du furplus des Bâtimens de ladite Abbaye, enclos du Jardin Abbatial, Maifons &
Ufuines en dépendantes, même de celles actuellement ruinées,
lorfque lefdits Religieux les auront rétablies & remifes en bon
état. Ordonne que fur la Requête du 8 du prefent mois de May,
concernant le droit de pâturage prétendu par lefdits Habitans
dans le Fort de Mortagne, appartenant aux Dames Abbeffe, Chanoineffes & Chapitre de Remiremont, les Parties contefteront

plus amplement ; & fur le furplus des demandes, enfemble fur les appellations, tant principales qu'incidentes, a mis les Parties hors de Cour, tous dépens entre les Parties compenfez, même ceux qui ont été réfervez ; les frais de Defcente & Vifite, Epices & couft de l'Arreft du fix Septembre 1707, enfemble du prefent, payables par moitié. FAIT à Nancy le 16 May 1709.

Signé, Par la Cour, VAULTRIN.

ARREST,

Portant Réglement pour l'appofition de Scellé, & confection d'Inventaire des Minutes des Notaires & Tabellions décedez.

Du 9 Septembre 1710.

CE jourd'hui neuviéme Septembre 1710, le Procureur General étant entré, a dit, qu'il eft informé d'une difficulté furvenuë entre les Officiers du Bailliage de cette Ville, & Me Jean-François Allié, Tabellion & Gardenotte au même lieu, à l'occafion du Scellé que les Officiers dudit Bailliage foutiennent avoir droit d'appofer fur les Minutes des Tabellions qui décedent en cette Ville, & de l'Inventaire qu'ils en prétendent faire auparavant que ledit Allié puiffe les faire tranfporter & dépofer dans fon Eftude, & de percevoir pour raifon de ce leurs Vacations à l'ordinaire, ainfi qu'elles font réglées par l'Ordonnance ; & de la Remontrance que ledit Allié fait, qu'il doit être maintenu & gardé dans l'ufage d'en faire feulement faire la Reconnoiffance & l'Inventaire par deux Tabellions, ainfi qu'il foutient avoir été ci-devant pratiqué ; pour enfuite être remifes dans les Archives en la maniere ordinaire : lefquelles conteftations il eft important de terminer par un bon Réglement, qui pourvoye fuffifamment à la feureté, confervation & garde defdites Minutes, qui contiennent le dépôt public des Actes mêmes les plus confiderables, & les plus néceſſaires au bien de l'Etat, & des familles qui le compoſent. C'eſt pourquoy il a repreſenté & joint à ſa Remontrance l'Ordonnance faite en pareil cas par le Duc Henry Second, le deux Avril 1619 ; & encore celle qu'il a plû à S. A. R. le 18 Avril 1699, pour l'établiſſement des Notaires-Gardenottes dans ſon Duché de Bar; & requis la Cour qu'il lui plût y pourvoir, attendu que l'Ordonnance nouvelle, faite par Sadite A. R. ſur le fait des Droits & Juriſdictions des Officiers de Juſtice, n'y a rien ſtatué. Et icelui retiré; la matiere miſe en déliberation :

LA COUR ordonne que la diſpoſition deſdites Ordonnances des deux Avril 1619, & huit Avril 1699, ſera ſuivie & executée ; ce faiſant, que pardevant leſdits Officiers, & à l'aſſiſtance du Procureur de S. A. R. & du Greffier du Siége, il ſera procédé à l'appoſition du Scellé ſur les Minutes des Actes des Tabellions qui viendront à déceder, auſſi-tôt qu'ils ſeront avertis de leur décés ; & de ſuite procedé à l'Inventaire d'icelles, conformément auſdites Ordonnances, en preſence du Garde-nottes, & des veuve & heritiers du Tabellion décedé, dont ſera dreſſé Procés Verbal double, pour être l'un d'iceux joint auſdites Minutes, & l'autre remis és mains deſdites veuve & heritiers, pour leur ſervir reſpectivement de décharge ; à l'effet de quoy le Commiſſaire qui ſera nommé, cottera & paraphera de ſa main toutes leſdites Minutes de chacune année en particulier, par premiere & derniere, en obſervant de cotter ſeulement la premiere & derniere feüille en lettres, & les autres intermédiaires en chiffres, avec un ſimple paraphe, pour accelerer davantage, ſans aucune énonciation de la nature & qualité deſdits Actes ; & de ſuite fera inventorier ladite Liaſſe par ſon Greffier, laquelle ſera cottée ſur l'endoſſement, d'une Lettre Alphabetique, & continuera ainſi toutes leſdites Liaſſes : Pour raiſon deſquelles appoſitions de Scellez & Inventaires, leſdits Officiers taxeront moderément leurs Vacations, conformément à l'Ordonnance ; leſquelles ſeront payées par moitié par leſdites veuve & heritiers ; & l'autre moitié par ledit Tabellion Garde-nottes. Ordonne néanmoins que confor-

mément à ladite Ordonnance du deux Avril 1619, lesdites veuve & heritiers percevront la moitié des droits des Contrats perpétuels, & sujets à grossoyemens nécessaires, qui se trouveront dans lesdites Minutes à grossoyer. FAIT à Nancy le 9 Septembre 1710.
Signé, Par la Cour, VAULTRIN.

ARREST,

Qui juge que le Maire & le Sergent sont exempts des Rentes Seigneuriales du Domaine, à charge d'en faire la levée, & de fournir un Rolle des Habitans. *Au Rapport de Monsieur de Gondrecourt.*
Du 19 Aoust 1710.

VEU par la Cour le Procés d'entre Nicolas Simon & François Serot, Fermiers du Domaine de la Prevôté d'Arrancy, Appellans d'une Sentence renduë par les Officiers du Bailliage d'Estain le 19 May de l'année 1708, d'une part ; Et les Maire, Habitans & Communauté de Filliers, Intimez, d'autre part. Ladite Sentence, par laquelle avant faire droit sur la demande originaire formée par les Appellans, à ce que les Intimez soient condamnez de lui payer & délivrer, en la qualité qu'ils agissent, la quantité de dix quartes d'Avoine, du gros de six blancs d'argent, restante des droits deus au Domaine de S. A. R. par lesdits Habitans, & échus à la S. Remy de l'année 1707, aux dommages & interests procedans du retard, & aux dépens ; les Défendeurs sont appointez à faire preuve dans la huitaine pardevant le Rapporteur, que les Maire, Gens de Justice, Maître d'Ecole & Berger dudit lieu de Filliers sont en usage & possession de temps immémorial, & notamment en l'année 1670, & auparavant, de ne rien payer de la quarte d'Avoine, ou du Gros de six blancs de Rente annuelle, repetée sur chacun d'iceux ; & les Demandeurs du fait contraire dans pareil délay ; pour les Enquêtes

faites, contredites & fauvées, & communiquées, être jugé ce que
de raifon. Les Piéces fur lefquelles ladite Sentence eft intervenuë.
Requête des Appellans, tendante à eftre reçus Appellans de ladite
Sentence. Decret au bas, portant Reçus Appellans; permis d'intimer qui bon leur femblera. Arreft de la Barre du huit Mars de
la prefente année 1710, par lequel les Parties ont été appointées
à fournir de griefs & réponfes de quinzaine à autre. Griefs fournis
par les Appellans, fignifiez le huit Juillet fuivant. Réponfes à griefs
des Intimez, fignifiées le 11 du prefent mois d'Aouft. Conclufions
de Me Thomerot Subftitut pour le Procureur General. Les Piéces
& Productions des Parties au contenu de l'Inventaire du Procés,
cotte G. Acte fignifié, portant que ledit Procés étoit diftribué au
fieur de Gondrecourt, Confeiller-Rapporteur d'icelui.   Tout veu
& confideré.

LA COUR a mis l'appellation & Sentence dont a été appellé au néant; émendant, évoquant le principal, & y faifant droit,
a condamné tous & un chacun Habitant de Filliers de payer annuellement, aux termes ordinaires, la redevance d'une quarte
d'Avoine, & un Gros de fix blancs en queftion, avec les arrerages depuis le jour de la demande feulement : Ordonne néanmoins que le Maire & le Doyen, ou Sergent en feront exempts,
à condition qu'ils demeureront chargez de la levée de ladite
Rente, & qu'ils fourniront un Rolle au Fermier du Domaine,
des Habitans qui compofent le Corps de la Communauté; de
la fidelité duquel ils feront refponfables en leurs purs & privez
noms; a condamné les Intimez aux dépens de la Caufe d'appel,
ceux de premiere Inftance compenfez. F A I T à Nancy le dix-
neuviéme jour du mois d'Aouft mil fept cens dix.

Signé, Par la Cour, V A U L T R I N.

ARREST,

Portant Réglement contre les Cabaretiers qui donnent à boire & manger à heures induës.
Au Rapport de Monſieur Hurault de Moranville.
Du 11 Mars 1711.

VEU par la Cour le Procés d'entre Jeanne Barthelemy, veuve de Charles Gerardin, vivant Marchand, demeurant à Sainte Marie aux Mines, Appellante d'une Sentence rendue par les Officiers du Siége Bailliager de S. Dié le 3 Decembre 1710, & incidemment Intimée, d'une part; Et Nicolas-François Pot d'argent Marchand, demeurant au même lieu; & Mathias Pot d'argent, jeune homme, natif dudit lieu, Intimez, & incidemment Appellans, d'autre part. Ladite Sentence, par laquelle ayant égard aux Lettres d'abolition obtenuës des graces de S. A. R. par ledit Mathias Pot d'argent; & icelles entherinant, il eſt ordonné que l'impétrant d'icelles jouïra de l'effet & contenu en icelles, ſelon leur forme & teneur : Et a néanmoins condamné en dixhuit cens cinquante francs Barrois de réparations civiles, & de dommages & intereſts envers ladite Jeanne Barthelemy, & aux dépens du Procés ; ordonné que leſdites Lettres ſeront regiſtrées au Greffe du Siége de S. Dié, pour y avoir recours, le cas échéant. Les Piéces ſur leſquelles ladite Sentence eſt intervenuë. Acte de la Barre du 14 Février dernier, par lequel ſur l'appel les Parties ont été appointées à fournir griefs & réponſes de trois jours à autre, du conſentement des Parties. Exploit de ſignification du même jour. Griefs fournis par l'Appellante, ſignifiez le . . . . . . Requête dudit Mathias Pot d'argent, ſervant de réponſes auſdits griefs ſur l'appel principal, & de griefs ſur ſon appel incident ; ledit appel incident, tendant à ce qu'il ſoit dit qu'il a été mal jugé par la Sentence dont eſt appel, en ce que par icelle il auroit été

condamné

condamné à la fomme de dix-huit cens cinquante francs de réparations civiles, dommages & interefts envers ladite Barthelemy;
émendant quant à ce, le décharger de ladite condamnation, la
Sentence au réfidu fortiffant fon effet ; & condamner ladite Barthelemy aux dépens de Caufe d'appel. Decret au bas du 26 Février dernier, portant reception dudit appel incident, fur lequel
les Parties ont été appointées à fournir griefs & réponfes de trois
jours à autre, attendu l'état du Procés, & joint ; a donné Acte de
l'employ & foit fignifié. Exploit de fignification du même jour.
Autre Requête d'employ dudit Nicolas-François Pot d'argent,
fervant de réponfes à griefs fur l'appel principal, & de griefs fur
l'appel incident. Ledit appel incident tendant à ce qu'il foit dit,
qu'il a été mal jugé par ladite Sentence, en ce qu'elle n'a pas prononcé à fon égard, & qu'elle n'a pas converty la main-levée pro-
vifionnelle de fa perfonne en diffinitive ; émendant quant à ce, le
décharger de l'accufation contre lui formée ; en confequence,
lui faire pleine & entiere main-levée de fa perfonne, condamner
l'Appellante en fes dommages & interefts, à donner par déclaration, & aux dépens. Decret au bas dudit jour 26 Février dernier,
portant reception dudit appel incident, fur lequel les Parties ont
pareillement été appointées à donner caufes & moyens de nullité
de trois jours à autre , & joint à l'Appel principal ; a donné
Acte de l'employ & Soit fignifié. Exploit de fignification du même jour. Autre Requête de ladite Gerardin, employée pour réponfes aux prétendus griefs des appels incidens, & contenant
une Production nouvelle. Decret au bas du cinq du prefent mois
de Mars, portant reception d'icelle ; pour ladite Production nouvelle être contredite & fauvée dans le jour, attendu l'état du Procés ; a donné Acte de l'employ & Soit fignifié. Exploit de fignif-
cation du même jour. Les Piéces nouvellement produites. Requête d'employ pour Mathias Pot d'argent, fervant de contredits
à ladite Production nouvelle, fignifiée le fept du même mois de
Mars. Les Piéces & Informations, & notamment les Lettres d'a-
bolition obtenuës par ledit Mathias Pot d'argent. Conclufion
du Procureur General. Acte fignifié, portant que le Procés étoit

M m

diſtribué au Sieur Huraut de Moranville, Conſeiller-Rapporteur d'iceluy.   Tout veu & conſideré.

LA COUR ſans s'arrêter à l'appel incident, a mis l'appellation principale & Sentence dont eſt appel au néant, en ce que par icelle ledit Mathias Pot d'argent n'auroit pas été condamné à payer une ſomme de deniers, pour être employée à faire prier Dieu pour le repos de l'ame dudit défunt Gerardin ; & encore en ce qu'il n'auroit été condamné de payer à ladite Barthelemy que dix-huit cens cinquante francs pour dommages & intereſts civils, & qu'il n'auroit pas été condamné en une amende, & à payer par corps leſdits dommages & intereſts, & en tous les dépens du Procés : Et en ce qui touche ledit Nicolas-François Pot d'argent, en ce qu'il n'auroit pas été condamné en une amende, pour avoir porté des armes défenduës, & en une partie des dépens de la procedure, ſolidairement & par corps avec ledit Mathias Pot d'argent ſon frere : Emendant quant à ce, a condamné ledit Mathias Pot d'argent à payer une ſomme de cent francs, pour être employée en prieres pour l'ame dudit défunt Gerardin, en trois mille francs de dommages intereſts envers ladite Barthelemy, en une amende de cinquante francs, pour s'être ſervi de piſtolet de poche ; le tout payable par corps : & ledit François Pot d'argent en une amende pareille de cinquante francs, pour avoir auſſi porté des armes défenduës ; & leſdits Mathias & Nicolas-François Pot d'argent en tous les dépens de la procedure, tant de Cauſe principale que d'appel, payables entre eux ſolidairement & par corps ; dont les deux tiers néanmoins ſont déclarez être à la charge dudit Mathias Pot d'argent, & l'autre tiers ſeulement à la charge particuliere dudit Nicolas-François Pot d'argent ; ladite Sentence au réſidu ſortiſſant ſon effet. Et faiſant droit ſur les Concluſions du Procureur General, défenſes ſont faites, conformément aux Ordonnances, à la veuve Gabriel Saucy Cabaretiere, & à tous autres Cabaretiers du lieu de Sainte Marie aux Mines, de donner à boire & à manger aux jeunes gens, Habitans & Bourgeois du même lieu, aux heures induës & nuitamment, à peine de deux cens

francs d'amende, applicable moitié au Dénonciateur, moitié au
Domaine de S. A. R. Ordonne que les Pistolets de poche dont
est fait mention au Procés, seront brisez & cassez ; défenses à tous
Armuriers, Serruriers, & autres dudit lieu, d'en ajuster, vendre,
ou retenir, sous pareille peine. Ordonne que le present Arrest
sera publié & registré en la Justice ordinaire dudit Sainte Marie
aux Mines ; enjoint aux Officiers des lieux d'y tenir la main, à
peine d'en répondre en leurs purs & privez noms. FAIT à Nancy
le 11 Mars 1711. *Signé*, Par la Cour, VAULTRIN.

ARREST,

Portant Réglement pour les Procés Verbaux de
Rebellion faits par les Huissiers ou Sergens.

Au Rapport de Monsieur de Barret.

Du 7 Mars 1711.

VEU par la Cour le Procés extraordinairement instruit,
à la Requête du Substitut du Procureur General au Bailliage de S. Mihiel, pendant par appel en la Cour ; Entre
Nicolas Lienard, Greffier en la Prevôté de S. Mihiel, & Huissier
au Bailliage de ladite Ville, Appellant de l'Ordonnance donnée
par le Lieutenant Particulier de ladite Ville le 10 Janvier dernier,
execution faite le lendemain en ses Meubles, & de tout ce qui
s'en est ensuivi, d'une part ; Et Claude Guibourg & Anne Roger
sa femme ; Jean-Claude Didier, Jean Didier, à cause de Marie
Clausse sa femme, & Helene Clausse, enfans de ladite Anne Roger,
Intimez, d'autre part : Et encore entre ledit Lienard, Appellant
d'une Sentence renduë par les Officiers du même Bailliage ledit
jour 10 Janvier, & anticipé, d'une part ; & lesdits Guibourg, Clausse,
& Granddidier, Intimez, d'autre part : Sçavoir, l'Arrest obtenu sur
la Requête presentée par ledit Lienard le 17 dudit mois, par le

quel la Cour le reçoit Appellant ; ordonne que pour proceder ſur ſon appel, les Parties auront Audiance à la huitaine, du jour de la ſignificarion dudit Arreſt ; cependant toutes choſes demeurant en état. Exploit d'intimation au bas dudit Arreſt du 19 du même mois. Autre Arreſt rendu en la Chambre du Conſeil le 26, qui ordonne que la Requête de l'Appellant ſera jointe au Procés principal, pour en jugeant y avoir tel égard que de raiſon. Ladite Sentence du 10 Janvier, dont eſt appel, par laquelle il eſt dit, que faiſant droit ſur le Procés, en conſéquence des preuves réſultantes des Enquêtes faites à la Requête deſdits Guibourg & Conſors, les 11, 12, 13, & 15 du mois de Decembre dernier, converties en Informations par la Sentence du 29 du même mois, a déclaré les Procés Verbaux de prétenduës rebellions & excés, dreſſez par ledit Lienard les 13 & 14 Novembre dernier, faux ; & en conſéquence déclaré le Decret de priſe de corps décerné contre leſdits Guibourg & Conſors, nul & injurieux ; ordonne que la main-levée proviſionnelle, tant de leurs perſonnes que de leurs effets, tiendra pour diffinitive, & l'Ecrouë de leurs perſonnes rayée du Regiſtre de la Geolle ; & que les cinquante francs par eux conſignez leur ſeront rendus par le Greffier ; ledit Lienard condamné à comparoître à la Chambre du Conſeil, derriere le Bureau, pour y être ſeverement blâmé & reprimendé ; icelui interdit pour toujours des fonctions de ſon Office d'Huiſſier, & déclaré incapable d'en poſſeder d'autres, condamné en deux cens francs d'amende envers S. A. R. & cent francs applicables aux réparations du Palais, à huit cens francs de dommages intereſts envers leſdits Guibourg & Conſors, & aux dépens, le tout payable par corps ; enſemble aux frais de Commiſſariat : & ſauf au Procureur de Sadite Alteſſe Royale, à pourſuivre les Recors ainſi qu'il trouvera bon être. Les Piéces ſur leſquelles ladite Sentence eſt intervenuë. Requête d'anticipation de l'appel de ladite Sentence deſdits Guibourg & Conſors. Decret au bas du 22 dudit mois de Janvier, par lequel la Cour leur permet d'anticiper l'appel, & d'aſſigner par le premier Huiſſier ou Sergent des lieux requis, qui bon leur ſemblera. Exploit d'aſſignation au bas du même

jour. Acte de la Barre du 24 Janvier, qui ordonne que le Procés
fera diftribué, fauf aux Parties de donner telles Requêtes d'employ
que bon leur femblera ; & à cet effet leur permet de prendre communication des Piéces du Procés qui ne concernent pas la procedure extraordinaire. Requête de l'Appellant, employée pour
caufes & moyens de nullité contre la procedure. Decret au bas
du trois Février, qui ordonne que ladite Requête fera jointe au
Procés, pour en jugeant y avoir tel égard que de raifon ; donné
Acte de l'employ & Soit fignifié. Exploit d'affignation du même
jour. Autre Requête d'employ des Intimez, fignifiée le quatre du
même mois de Mars. Requête d'employ de l'Appellant, fervant
de réponfes à celle des Intimez. Exploit d'affignation au bas du
fept Mars. Conclufions du Procureur General. Acte fignifié, portant que le Procés étoit diftribué, pour être jugé au Rapport du
Sieur de Barret Confeiller.   Tout veu & confideré.

LA COUR a mis les appellations & ce dont eft appel au
néant ; émendant, a fait main-levée aufdits Guibourg, Anne Roger
fa femme, Jean Maire & Helene Clauffe de leurs perfonnes, &
à Nicolas Lienard de fon interdiction , enfemble de tous leurs
effets faifis & annotez, par Exploits des 26 Novembre, 11 & 12 Janvier dernier ; ordonne que l'Ecrouë de l'Emprifonnement defdits
Guibourg, Roger & Clauffe fera rayée ; & en confequence, tant
fur les Procés Verbaux de Rebellions, qu'infcriptions de faux, interventions , oppofitions, plaintes & demandes refpectives les
Parties hors de Cour : ordonne que l'amende de ladite infcription
de faux fera renduë, tous dépens compenfez ; les Epices & couft
du prefent Arreft payables par moitié : Et faifant droit fur les réquifitions du Procureur General, fait défenfes audit Lienard, & à
tous Huiffiers & Sergens de S. Mihiel, de feparer les Procés Verbaux
de Rebellions qui leur ont été commifes dans leurs Exploits
d'execution & d'établiffement de Commiffaire ; leur enjoint de
rendre toutes les Copies qu'ils donneront, tant à la Partie faifie,
qu'aufdits Commiffaires, conformes, mot pour mot, à l'Original,
à peine de nullité, & des dommages & interefts des Parties. En-

joint pareillement aux Officiers dudit Bailliage de S. Mihiel de juger les rebellions à Justice qui ne contiendront aucuns excés ni voyes de fait qualifié sur les Exploits & Procés Verbaux desdits Huissiers, repetitions d'iceux & de leurs Recors, & audition des accusez, sans plus longue procedure : leur fait défenses de les instruire extraordinairement, & d'admettre, avant l'examen du Procés, aucuns accusez à la preuve de leurs faits justificatifs, qui seront cottez dans leurs Jugemens, & ne pourront être autres que de ceux posez dans leurs Interrogatoires ou Confrontations, & non par Requête ; sans que lesdits accusez prisonniers puissent être élargis pendant la preuve desdits faits ; & de se conformer au surplus aux dispositions de l'Ordonnance dans l'instruction des affaires Criminelles. FAIT à Nancy le septiéme Mars 1711.

Signé, Par la Cour, VAULTRIN.

ARREST,

Portant Réglement entre les Procureurs & les Huissiers de la Cour.

Du 31 Janvier 1711.

VEU par la Cour l'Instance d'entre la Communauté des Procureurs de la Cour, Demandeurs en Réglement, suivant les fins & conclusions contenuës en la Requête par eux presentée à ladite Cour, & inserées en l'Arrest du 29 Novembre de l'année derniere 1710, d'une part ; Et la Communauté des Huissiers de ladite Cour, Défendeurs, d'autre : Et encore ladite Communauté des Procureurs, incidemment Demandeurs en reparation d'honneur, suivant les fins de leur Requête presentée à la Cour le huit Janvier de la presente année 1711, d'une part ; & la Communauté des Huissiers, Défendeurs, d'autre. Sçavoir, l'Arrest sur Requête dudit jour 29 Novembre 1710, par lequel il est ordonné que la Requête presentée par lesdits Procureurs, sera signifiée ausdits Huissiers de la Cour, en parlant à leur Syndic, pour y répondre dans la huitaine ; la réponse veuë, & le tout communiqué au Procureur General, être ordonné ce que de raison. Exploit de signification faite audit Syndic le même jour, controllé au Bureau de cette Ville aussi le même jour. Requête desdits Huissiers, servant de contredits & défenses sur icelle. Decret au bas du 16 Decembre suivant, qui leur donne Acte de l'employ de leurdite Requête, à charge de signification. Exploit fait en consequence le 22 du même mois, controllé le même jour. Autre Requête desdits Procureurs, servant de Salvations à leurdite Requête, & contenant leur demande incidente & en opposition, tendante à ce que lesdits Huissiers soient condamnez de comparoître à telle Audiance publique de la Cour qu'il lui plaira, & y déclarer, que témerairement, calomnieusement & malicieusement ils ont écrit les injures inserées en leur Requête de contredits ; qu'ils s'en repentent & leur en demandent pardon ; ordonner que les mêmes écritures seront lacerées à la même Audiance par l'Huissier Audiancier ; les condamner en outre solidairement & par corps en mille francs, par forme de dommages & interests envers lesdits Procureurs, qu'ils consentent être appliquée au pain des Prisonniers de la Conciergerie du Palais, avec défenses de récidiver, sous peines plus grandes ; sauf au Procureur General de prendre telles Conclusions qu'il jugera à propos pour la Vindicte publique : Et faisant pareillement droit sur la demande en opposition, ordonner que l'Arrest de la Cour du 26 Juin 1708, portant homologation d'un Résultat fait par lesdits Huissiers, sera rapporté : en consequence, sans s'y arrêter, non plus qu'audit Résultat, & tout ce qui a été fait en consequence, en ce qui concerne la contravention à l'Ordonnance, adjuger ausdits Procureurs leurs fins & conclusions, avec dépens. Decret au bas du huit Janvier dernier, qui a appointé les Parties sur lesdites demandes en droit à écrire, produire, contredire & sauver de trois jours à autre peremptoirement ; a donné Acte de l'employ, à charge de signification. Exploit du neuf, controllé au Bureau de cette Ville le même jour. Autre Requête desdits Huissiers, servant de contredits ausdites

demandes incidentes, & de Salvations à la demande en Régle-
ment, signifiée le 16 Mars suivant. Les Piéces & Productions des
Parties. Conclusions du Procureur General. Ouï le Sieur Barret,
Conseiller-Commissaire, en son Rapport. Tout veu & consideré.

LA COUR ayant aucunement égard aux demandes, tant
principales qu'incidentes, de même qu'à l'opposition de la Communauté des Procureurs, & interpretant entant que besoin son
Arrest du 26 Juin 1708, portant omologation du Résultat fait par
les Huissiers le huit du même mois de Juin, ordonne que conformément à l'Ordonnance de S. A. R. du mois de Novembre 1707,
Partie Seconde, Titre de la Taxe des Huissiers de la Cour, Article
dernier, la Bourse Commune en Ville, dans la Communauté des
Huissiers, n'aura lieu que pour les Actes & Significations de Palais,
& de Procureur à Procureur, sans qu'elle puisse être étenduë aux
Assignations & Executions faites en Ville & à la Campagne, aux
Exploits qui doivent nécessairement être faits à personne ou
domicile, ni à tous autres qui sont sujets à Controlle.

Que pour tous lesdits Exploits sujets à Controlle, il sera libre aux
Parties & à leurs Procureurs de s'adresser à tel des Huissiers de la
Cour que bon leur semblera ; lesquels Huissiers ne pourront refuser la Commission sans cause raisonnable, ni en retarder l'execution : au retour de laquelle ils seront tenus de remettre incessamment les Piéces és mains de la Partie, ou du Procureur, qui les
auront employez, avec leurs Exploits ; à charge néanmoins que
les salaires en seront payez sur le champ, mais ne pourront être
mis dans la masse de la Bourse Commune : Que tous les Exploits
sujets à Controlle, qui seront faits dans la Ville de Nancy, y seront
controllez dans le temps porté par ledit Edit, & le plutôt que
faire se pourra ; & les autres faits à la Campagne, au Bureau le
plus prochain du lieu où les Huissiers auront exploité, ou en celui
de la Jurisdiction principale dudit lieu, ou en celui de la résidence
desdits Huissiers : défenses à eux de les faire controller ailleurs,
sous les peines portées en l'Art. IV. de la Déclaration de S. A. R.
concernant les Droits du Controlle, donnée le 22 Juin 1705.

Qu'en

Qu'en ce qui concerne l'obligation des Huiſſiers de Service, de ſe trouver à leur Bureau, pour le ſervice de la Cour & du public, à l'heure préciſe, tant pour l'entrée que pour la ſortie, ſoit en Eſté, ſoit en Hyver ; le Réglement du huit Juin 1708, en forme de Réſultat, homologué par la Cour, ſera executé ſelon ſa forme & teneur ; défenſes aux Huiſſiers d'y contrevenir, à peine d'amende arbitraire, ſuivant la qualité du fait & de la récidive.

Que les Huiſſiers ne pourront faire porter aucune Signification par d'autres perſonnes, & ſeront tenus de les porter eux-mêmes, & de recevoir & écrire tant ſur leurs Originaux que ſur les Copies, les réponſes qui leur ſeront faites, & ſignées ſur leſdits Originaux.

Leur enjoint de donner à même temps les Copies des Significations qu'ils auront faites, & défenſes de les donner le lendemain ou autre jour, à peine de faux, & de tous dépens, dommages & intereſts des Parties : Ordonne que les copies des Arreſts, Actes de Barre, ou autres Piéces qu'ils ont droit de faire, ſeront écrites correctement & en caractere liſible, à peine d'y être pourvû.

Que les termes injurieux inſerez dans les écritures des Huiſſiers, contre les Procureurs, demeureront ſupprimez ; défenſes aux Parties de ſe méfaire ni médire : & ſur le ſurplus des demandes, fins & concluſions des Parties, hors de Cour, dépens compenſez ; les Epices, couſt & expedition du preſent Arreſt payables par moitié.

Et faiſant droit ſur les réquiſitions du Procureur General, fait défenſes aux Procureurs de pactiſer avec aucun Huiſſier pour ſalaires d'Exploits, de quelque nature qu'ils ſoient, en fraude des autres, à peine d'amende tant contre les uns que contre les autres.

Leur fait pareillement défenſes de tenir aucunes écritures pour ſignifiées, ni s'entre-donner des copies ſur papier blanc & non timbré, à peine d'amende, portée par l'Art. 19 du Réglement fait par S. A. R. touchant le Papier & Parchemin Timbré, au mois de May 1704.

Leur enjoint de ſigner & faire ſigner leurs écritures par les Avocats qui les auront compoſées, & qui ſeront inſerez au Tableau de la Cour, afin que leſdits Avocats puiſſent corriger les fautes qui s'y trouveront ; & de faire ſignifier des Copies

N n

lifibles, fans qu'elles puiſſent être écrites dans le Timbre ; & de ſe conformer au ſurplus dudit Réglement des Papiers & Parchemins Timbrez.

Enjoint à toutes les Parties de ſe conformer à l'Ordonnance ; ordonne que les contraventions au preſent Réglement ſeront réprimées ſur le champ ; & ſur la ſimple plainte & audition ſommaire du contrevenant , par condamnation d'amende , payable ſans déport , ou telle autre peine que la Cour trouvera à propos.

Et que le preſent Arreſt ſera lû & publié à l'Audiance publique , regiſtré és Regiſtres de la Cour , pour y avoir recours , le cas échéant ; comme auſſi és Regiſtres de la Communauté des Procureurs & de la Communauté des Huiſſiers , pour être executé ſelon ſa forme & teneur. FAIT à Nancy le 31 Juillet 1711.

Signé , Par la Cour , VAULTRIN.

ARREST,

Portant Réglement de Police Champêtre.

Du 7 Avril 1712.

ENTRE Nicolas Mouchette, Fermier du Domaine de S. A. R. à Bouxieres aux Chênes, Appellant par Pierre, ſon Procureur, de deux Sentences renduës au Bailliage de Nancy, les quatre Decembre de l'année derniere 1711, & huit Janvier dernier, ſuivant les fins de ſa Requête du 25 dudit mois de Janvier dernier. Exploit du lendemain 26, fait par l'Huiſſier Vermaiſe, controllé à Nancy le 28, par Francœur. Par la premiere deſquelles il eſt dit Reçu l'appel incident interjetté par Claude Papelier & Conſors, Intimez, ci-aprés nommez ſur le Barreau ; & ayant aucunement égard, tant à la demande qu'à l'appel, qu'il a été mal jugé, taxé, reglé & procedé ; émendant, moderé les amendes d'appel dont il s'agit, à cinq petit ſols par chacune ;

ordonné que les Meubles feront rendus aufdits Papelier & Confors, en payant les amendes à cinq petits fols chacune ; condamne
ledit Mouchette à leur reftituer les frais de Juftice, & aux dépens
envers Dominique Bertin & François Veriot, tous les autres
compenfez. Et par la feconde, déclare l'appel pery & defert,
& condamne ledit Mouchette aux dépens, d'une part ; Claude
Papelier, François Tenance, François Gerard, Pierre Riboire,
Jacques Gerard, Jofeph Charpentier, Jean Journal, Louis Moulu,
Nicolas Baudinet, Eftienne Fore, Claude Gaucon, Chrétien
Gravel, Jofeph Thouvenin, Antoine Robin, Chriftophe Bour-
guignon, Sebaftien Jeammaire, Nicolas le Clerc, Jean Bonfou-
viller, Claude Paget, Nicolas Mouzot, Pierre Querquin, Thomas
Chreftien, & Humbert Cocqueron, tous Habitans de Bouxieres
aux Chênes, Efmelle, & Moulin ; Me Bernard Potin, Subftitut
en la Prevôté d'Amance, Dominique Bertin, & François Feriot,
Huiffiers au même lieu, Intimez ; comparans par Pierrot, Martel,
de France, leurs Procureurs, d'autre part : Et encore entre le Sieur
Claude Eyter, Gentilhomme de la Vennerie de S. A. R. Demandeur à fin d'intervention, par Pecheur, fon Procureur, fuivant les
fins de fa Requête du 22 Février dernier, fignifié par l'Huiffier
Gerard le 20 dudit mois à Procureur, pour ce non controllé,
d'une part : Contre ledit Claude Papelier & Confors, Nicolas
Mouchette, Me Bernard Potin, Dominique Bertin & François
Veriot, Défendeurs fur ladite intervention, d'autre part : Aprés
que Petitdidier, Avocat dudit Mouchette, a conclu à ce qu'il plût
à la Cour mettre l'appellation & ce dont eft appel au néant ;
émendant, fans s'arrêter à l'appel incident interjetté au Bailliage,
du Réglement fait aux Plaids Annaux de Bouxieres du 24 Avril
1711, & de la condamnation d'amende du fix Juillet fuivant, par
Papelier & Confors, le renvoyer de la demande principale contre lui formée ; en confequence, ordonner que lefdits Réglement
& condamnation feront executez felon leur forme & teneur,
& qu'à cet effet les executions commencées feront parachevées ;
& condamner lefdits Papelier & Confors aux dépens, tant de
Caufe principale que d'appel. Mathieu pour le Sieur Eyter, qui a

N n ij

conclu à ce qu'il plût à la Cour le recevoir Partie intervenante en la Cause ; ayant égard à son intervention, & y faisant droit, adjuger à la Partie de Petitdidier les fins & conclusions par lui prises ; en consequence, maintenir & garder ledit Sieur Eyter en la possession de percevoir les amendes de non-clôture des Heritages des Bans de Bouxieres, Esmelle, & Moulin, sur le pied de deux francs, comme d'ancienneté, & condamner lesdits Papelier & Consors aux dépens, tant de Cause principale que d'appel. Ouï Prugnon, pour Mᵉ Bernard Potin, & Drouville pour François Veriot & Dominique Bertin. Ouï pareillement Chardin, Avocat desdits Papelier & Consors, qui a conclu à ce qu'il plût à la Cour, sans s'arrêter à la demande en intervention dudit Sieur Eyter, en laquelle il sera déclaré non-recevable, en tout cas, mal fondé, mettre l'appellation au néant, avec amende & dépens. Ouï aussi BOURCIER DE VILLERS, pour le Procureur General, qui a estimé y avoir lieu de recevoir la Partie de Mᵉ Mathieu Partie intervenante en la Cause ; ayant égard à son intervention, & y faisant droit, ensemble sur l'appel interjetté par la Partie de Mᵉ Petitdidier, mettre l'appellation & ce dont est appel au néant ; émendant, ordonner que le Réglement fait par les Officiers d'Amance le 24 Avril dernier sera executé ; leur enjoindre néanmoins que lorsqu'il s'agira de faire la Visite des Heritages, ils dénommeront un Expert, & les Habitans du lieu un autre ; pour en leur presence être dressé Procés Verbal des Heritages non fermez, dont il sera fait un état, pour être l'amende payée à la S. Martin de chacune année, par ceux qui se trouveront être en contravention.

LA COUR ordonne que les Parties mettront leurs Procés Verbaux & autres Piéces sur le Bureau.

Et du depuis les Piéces vuës en la Chambre du Conseil, la Cour a mis les appellations & Sentences dont est appel au néant ; émendant, faisant droit sur les Conclusions du Procureur General, ordonne par forme de Réglement, que les Ordonnances qui seront faites par la Partie de Mathieu, à la tenuë ordinaire des Plaids Annaux, portant injonction aux Habitans de tenir leurs Jardins,

Vignes, & autres Heritages aſſis ſur chemin feodal, Pâquis, ou
Aiſances Communales, fermez, ſeront executées dans la quinzaine, à compter du jour de la publication qui en aura été faite
à l'iſſuë de la Méſſe de la Paroiſſe du jour de Dimanche ſuivant
la tenuë deſdits Plaids Annaux, à peine de deux francs d'amende
contre les contrevenans, pour chacun Heritage qu'ils ſeront reconnus avoir négligé de fermer de Clôtures, ou autres défenſes
ſuffiſantes, par la Viſite & reconnoiſſance que la Partie de Mathieu
en fera dans la quinzaine ſuivante, les Maire ou Officiers des
lieux, preſens ou duëment appellez, qui ſeront tenus d'y aſſiſter
ſans frais ; ſans néanmoins qu'aprés qu'il aura été ſatisfait une
premiere fois auſdites Clôtures par les détenteurs des Heritages,
ils puiſſent être dans la ſuite recherchez ni inquietez pour raiſon
des ouvertures qui pourront être faites auſdites Clôtures ou
défenſes ; ordonne que le Rolle des Amendes qui ſeront duës
pour raiſon de la non-Clôture deſdits Heritages, ſera mis au
Greffe, pour y pouvoir être reconnu par ceux qui s'en trouveront
chargez ; & qu'aprés le jour de la Saint Martin de chacune année,
elles ſeront levées par les Sergens ordinaires des lieux, leſquels
ſeront tenus de les demander une premiere fois ſans frais : & en
cas de refus ſeulement, pourront contraindre ceux qui en ſeront
debiteurs, à en faire le payement par ſaiſie & execution de quelques-uns de leurs effets ſuffiſans pour le payement de ladite ſomme & des frais, leſquels ils ſeront tenus de dépoſer au Greffe des
lieux, pour les reſtituer, en cas de payement, dans la huitaine
ſuivante, ſi non permis de faire proceder à leur vente juſqu'à la
concurrence du payement deſdites Amendes & frais : A condamné les Parties de Chardin aux dépens envers la Partie de
Prugnon, moderez à quinze francs ; & à vingt-cinq francs de dépens envers celle de Drouville, & aux frais & couſt du preſent
Arreſt, tous autres dépens faits entre les Parties demeurant compenſez. FAIT à Nancy le ſeptiéme jour du mois d'Avril mil
ſept cens douze. *Signé*, Par la Cour, VAULTRIN.

Nn iij

ARREST,

Pour la Remife des Procés Verbaux de Remembremens dans les Greffes des Bailliages.

Du 19 Septembre 1711.

VEU par la Cour la Requête à Elle prefentée par le Procureur General ; expofitive, qu'il eft informé qu'avant la publication de l'Ordonnance de Son Alteffe Royale pour l'inftruction des procedures, & notamment avant l'heureux rétabliffement de la Cour, plufieurs Particuliers Avocats, Tabellions, ou autres Praticiens, ayant été commis par Lettres obtenuës en Chancellerie prés le Parlement de Metz, ou autrement, par Juftice, pour faire des Remembremens des Bans & Finages des lieux , pour recouvrer les Heritages prétendus ufurpez pendant la guerre, & fixer la proprieté & poffeffion des Particuliers ; aprés y avoir travaillé & confommé leur ouvrage, au lieu de remettre , ou faire remettre par les Greffiers par eux choifis à leur volonté, leurs Minutes, ou Procés Verbaux, au Greffe du Bailliage de la fituation defdits Heritages, ce qui devoit être par eux fait, lefdits Remembremens étant des ouvrages publics, qui ne peuvent être que dans un Dépoft public , ils ont au contraire retenu & confondu parmy leurs papiers domeftiques lefdites Minutes & Procés Verbaux, & ont porté le defordre fi loin, que quelquesuns d'entr'eux font accufez d'avoir changé la diftribution defdits Heritages par corruption, ou autrement ; & lors qu'en quelques contrées ils avoient trouvé une plus grande quantité d'Heritages qu'ils n'avoient trouvé de Titres pour les remplir, ils fe font donné la liberté de les diftribuer longues années aprés au premier venu, à leur fantaifie ; ajoutant des nouvelles feüilles à leurs ouvrages, qui font reftez auffi pour la plus grande partie és mains de

leurs veuves & heritiers, qui en donnent & diſtribuent des Extraits aux Parties requerantes, comme s'ils avoient caractere &
pouvoir de le faire ; ce qui a produit, & produit tous les jours de
tres-grands déſordres, dont la Cour a été ſouvent importunée,
même par les appellations qui ont été interjettées deſdits Remembremens, qui ont formé des Procés ſi embroüillez, qu'il eſt tres-
difficile d'y ſtatuer, & qui ont fait naître la penſée qu'il ſeroit
peut-être plus avantageux au public de ſupprimer pour toujours
cette eſpece de procedure, que d'en continuer l'établiſſement ;
Cependant comme il eſt important de ne point ſouffrir ces ſortes d'ouvrages és mains des Particuliers & perſonnes non caracte-
riſées, & que quelque fruit qu'on puiſſe tirer de ce travail, il eſt de
l'ordre qu'il ſoit remis dans le Dépoſt public de chacune Juriſdiction ; Requiert qu'il plaiſe à la Cour, que tous ceux qui ont
été commis avant & depuis l'heureux rétabliſſement de la Cour,
par quelque Titre que ce ſoit, pour faire leſdits Remembremens,
leurs veuves & heritiers qui en ſeront ſaiſis, ſoient tenus de les
remettre dans quinzaine au Greffe de chacun Bailliage où ſont
ſituez les Bans & Finages qui auront été remembrez, & en tirer
valable décharge des Greffiers d'iceux ; à ce faire contraints par
toutes voyes, même par corps, s'il échet ; à charge que les Greffiers chargeront leurs Regiſtres de la remiſe deſdits Procés Verbaux, dont l'Acte ſera ſigné d'eux, & de la Partie qui en aura fait
la remiſe ; moyennant quoy ils pourront délivrer aux Parties requerantes des Extraits deſdits Remembremens, ſoit par Ordonnance de Juſtice, ou autrement, & aprés qu'ils auront cotté &
paraphé les feüillets deſdits Procés Verbaux par premier & dernier, en preſence des mêmes Parties qui en auront fait la remiſe,
dont ſera fait expreſſe mention ; Enjoindre à ſes Subſtituts ſur les
lieux de tenir la main à l'execution de l'Arreſt qui interviendra,
& de faire contre les défaillans, ou négligens, toutes pourſuites
néceſſaires pour la remiſe deſdits Procés Verbaux, ainſi que de
raiſon. Oüi le Sieur Reboucher Conſeiller, en ſon Rapport.
Tout veu & conſideré.

LA COUR ordonne que tous ceux qui ont été commis avant

& depuis le rétabliſſement de la Cour, par quelque Titre que ce
ſoit, pour faire leſdits Remembremens, leurs veuves & heritiers,
qui ſeront ſaiſis des Minutes & Procés Verbaux deſdits Remembremens, ſeront tenus de les remettre dans quinzaine au Greffe
de chacun Bailliage où ſont ſituez les Bans & Finages qui auront
été remembrez,& en tirer valable décharge des Greffiers d'iceux ;
à ce faire contraints par toutes voyes, même par corps, s'il échet :
à charge que les Greffiers chargeront leurs Regiſtres de la remiſe
deſdits Procés Verbaux, dont l'Acte ſera ſigné d'eux & de la Partie
qui en aura fait la remiſe ; moyennant quoy ils pourront délivrer
aux Parties requerantes des Extraits deſdits Remembremens, ſoit
par Ordonnance de Juſtice, ou autrement, & aprés qu'ils auront
cotté & paraphé les feüillets deſdits Procés Verbaux par premier
& dernier, en preſence des mêmes Parties qui en auront fait la
remiſe, dont ſera fait expreſſe mention. Enjoint aux Subſtituts
ſur les lieux de tenir la main à l'execution du preſent Arreſt, &
de faire contre les défaillans, ou négligens, toutes pourſuites néceſſaires pour la remiſe deſdits Procés Verbaux, ainſi que de raiſon. Fait à Nancy en la Chambre du Conſeil, le 19 Septembre
1711. *Signé*, Par la Cour, Vaultrin.

ARREST,

Portant Réglement pour le payement des Amendes.

Du 19 Juin 1711.

VEU par la Cour la Requête preſentée par Nicolas Pouget, Fermier des Domaines de la Ville de Nancy, & autres Droits y joints, tendante à ce que pour les cauſes
contenuës en ladite Requéte, il plaiſe à la Cour ordonner que les
Amendes d'appel ſeront conſignées par les Appellans en la Cour,
ainſi qu'elles ſe conſignent en la Chambre des Comptes, & en
tous les Bailliages des Etats de S. A. R. avant que d'être reçus à
faire

faire appeller leurs Caufes à la Barre de ladite Cour, ainfi & de même qu'elles fe confignoient ci-devant ; faire défenfes à l'Huif-fier Audiancier d'appeller aucune Caufe, qu'il ne lui ait apparu de la confignation de ladite Amende, à peine de cinq cens livres d'amende, & d'interdiction de fon Office, finon & au cas qu'il plairoit à la Cour en ordonner autrement : Faire défenfes aux Greffiers de ladite Cour, fous les mêmes peines, d'expedier aucuns Arrefts, qu'il ne leur ait apparu de la quittance des Amendes, fignée par le Suppliant : Leur enjoindre auffi, fous les mêmes pei-nes, de donner tous les mois une Lifte exacte & fidelle de tous les Arrefts adjudicatifs d'amende, foit d'appel, ou autrement, aux offres qu'il fait de leur payer leurs Vacations à cet égard, fuivant le Réglement qu'il plaira à la Cour d'en faire, à raifon de telle fomme qu'elle fixera par chacune defdites Amendes ; & en cas de recelé de leur part, ordonner qu'ils feront contraints à la refti-tution du quadruple ; maintenir & garder le Suppliant au droit & poffeffion de percevoir les Amendes ainfi & de même qu'elles ont été perçuës ci-devant dans le cours des Baux précedens ; ce faifant, de percevoir autant d'Amendes qu'il y auroit eu d'appel-lations interjettées mifes au néant, de quelque maniere que puiffe être la prononciation, dés là que la Sentence ne fera point in-firmée, foit que lefdites appellations foient principales ou inci-dentes, & que la Cour ait prononcé par mettre l'appellation au néant, ou fans s'arrêter à l'appel, ou fur l'appel hors de Cour, ou autrement, de quelque façon que ce foit ; à l'effet de quoy les Greffiers feront tenus de fuivre, fous lefdites peines, le Réglement qui interviendra, pour inferer lefdites Amendes en leurs Liftes ; & ne délivrer Arreft qu'elles ne foient payées. Ladite Requête fignée Pouget. Memoire des Greffiers, & Réponfes dudit Pouget. Conclufions du Procureur General. Ouï le Sieur de Barret Con-feiller, en fon Rapport. Tout veu & confideré,

LA COUR ordonne que les Articles premier, fecond, & troifiéme de l'Ordonnance du mois de Novembre 1707, du Titre *de la Taxe des Amendes*, feront executez felon leur forme &

O o

teneur ; ce faifant, que les Appellans majeurs qui fuccomberont dans les appels qu'ils auront interjettez à la Cour de toutes les Sentences, Jugemens, Decrets ou Ordonnances des Juges inferieurs, foit interlocutoires, foit diffinitifs, tant en matiere Civile que Criminelle, feront condamnez en l'amende de trente francs, qui ne pourra être remife ni moderée, en quelque maniere que la prononciation des Arrefts foit conçuë, foit qu'ils foient rendus contradictoirement, ou par défaut, à l'Audiance, à la Barre, ou fur Procés par écrit ; ce qui aura également lieu, lorfque la Cour déclarera un Appellant déchu de fon appel, ou non-recevable en icelui, ou que fur l'appel elle mettra les Parties hors de Cour ; à l'exception feulement des Arrefts qui donneront un fimple Acte du déport d'appel, lorfqu'il aura été fignifié de la part de l'Appellant auparavant la Plaidoirie de la Caufe , ou le Rapport du Procés ; auquel cas l'amende ne fera point encouruë.

Si l'une ou l'autre des Parties font refpectivement Appellans, foit de la même Sentence, foit d'autres originairement ou incidemment renduës au même Procés, lorfqu'elles fuccomberont en leurs apellations, elles feront condamnées à l'amende chacune à leur égard : Mais fi l'une ou l'autre des Parties a interjetté plufieurs appellations de differentes Sentences intervenuës dans la même procedure , lorfqu'elle fuccombera , elle ne pourra être condamnée qu'à une feule Amende.

Les Greffiers de la Cour feront tenus de faire la Recepte des Amendes d'appel, & les faire payer lors de la levée & expedition des Arrefts ou Actes de la Barre adjudicatifs d'icelles, fans qu'il leur foit permis d'expedier ni délivrer aucun Arreft rendu à l'Audiance, ou à la Barre, ni fur Procés par écrit, lorfqu'il emporte condamnation d'amende, qu'elle ne leur foit actuellement payée par celui qui levera l'Arreft ; fauf à l'Intimé, qui en aura avancé le payement, de l'employer dans fa déclaration de dépens, lorfqu'il en aura obtenu, ou de prendre un Executoire pour en faire le recouvrement, lequel lui fera délivré fur le champ par le Greffier.

Lorfque l'Amende adjugée par un Arreft rendu par défaut,

confirmatif d'une Sentence, ou par une Ordonnance de la Barre, emportant déchéance d'appel, & par conséquent condamnation en l'Amende, aura été payée, & que la Partie condamnée voudra former opposition à l'un ou à l'autre, elle ne pourra être reçuë qu'elle n'ait remboursé l'Amende à celui qui en aura avancé le payement, ni ladite Amende répetée, que lorsque la Cour en recevant l'opposition, aura fait droit sur l'appel ; sans qu'il soit permis aux Parties ni à leurs Procureurs de passer entr'eux des Appointemens volontaires, pour avoir lieu de retenir l'Amende : Mais si l'Appellant, dont l'opposition aura été reçuë, vient à succomber, en jugeant diffinitivement, il ne pourra être condamné en une nouvelle Amende.

Les Greffiers seront tenus, le premier jour non ferié de chacun mois, de fournir au Fermier des Amendes, une liste ou déclaration exacte des Amendes d'appel, qui auront été adjugées pendant le cours du mois précedent, contenant sommairement les qualitez des Parties, & leur demeure, & la datte des Arrests ou Ordonnances de Barre qui les auront adjugées, avec leurs dattes ; & même de lui representer, sans déplacer, les Minutes desdits Arrests & Actes de Barre, s'il le requiert ; à l'effet de quoy ledit Fermier sera tenu de se rendre au Greffe à une heure convenuë entr'eux, tant pour faire ladite reconnoissance & verification, en cas de besoin, que pour toucher des mains des Greffiers le fond des Amendes adjugées & payées pendant le cours du mois précedent, qu'ils seront tenus de lui délivrer sur le champ & sans délay ; sur lequel néanmoins ils pourront retenir un franc pour chacune desdites Amendes, tant pour en faire les deniers bons, que pour la dresse des déclarations qu'ils en délivreront, & pour leurs salaires, à charge de leur donner par le Fermier bonne & valable décharge au bas du Registre, que les Greffiers conserveront par devers eux ; moyennant quoy ils demeureront responsables des Amendes adjugées par les Arrests & Actes ou Ordonnances de Barre qui auront été levez.

Les Arrests portant condamnations d'amende en matiere Criminelle, seront expediez au Procureur General, encore bien que l'Amende n'en soit pas payée ; sauf au Fermier de s'en faire payer par telle voye qu'il jugera à propos ; soit par la retention des condamnez en prison, soit par la vente de leurs biens, ou autrement.

Les Greffiers seront tenus de se charger *gratis* du fond des Aumônes prononcées par les Arrests, pour être par eux remises aussi gratuitement & sans frais, aux Parties ausquelles elles auront été adjugées ; & ce à la requête & diligence dudit Procureur General, ou de ses Substituts. Sera le present Arrest en forme de Réglement, lû, publié à l'Audiance, & registré, pour y avoir recours, le cas échéant. FAIT à Nancy le dix-neuf Juin mil sept cens onze. *Signé*, Par la Cour, VAULTRIN.

ARREST,

Portant Réglement pour la Justice de Cosne, Vaux & Varnimont, entre les Officiers de la Prevôté de Longuyon, & les Officiers des Seigneurs.

Du 8 Aoust 1712.

VEU par la Cour le Procés d'entre Mᵉ Pierre Dollier, Substitut de Mʳ le Procureur General en la Prevôté & Grurie de Longuyon, Appellant d'une Sentence renduë au Bailliage de Longwy le deux Decembre 1696, & de celles renduës au Bailliage d'Estain les 7 Janvier & 26 Février 1704, & des Executoires dudit Bailliage d'Estain du 7 Avril suivant, aux fins de son Relief d'appel du deux May, & Exploit de Vignon, Sergent en ladite Prevôté, du cinq, controllé audit lieu de Longuyon ledit jour cinq May de ladite année 1704, d'une part ; Et Mʳᵉ Louïs de Custine Chevalier, Seigneur de Pontigny, &c. Les Sieurs Charles & Nicolas de l'Espine, au nom & comme ayant repris l'Instance pour Damoiselle Marie de l'Espine, vivante leur sœur, Seigneurs de la Claireaue, &c. Et les Sieurs . . . . de S. Ignon, tous en qualité de Seigneurs de Cosne, Vaux & Varni-

mont , & autres lieux , demeurans à Pontigny & à la Claireaue,
Intimez, d'autre part : Et encore entre les Officiers modernes de
ladite Prevôté de Longuyon, joints aufdits Appellans, Demandeurs en intervention , & pareillement Appellans de la Sentence
renduë au Bailliage de Longwy ledit jour deux Decembre 1696,
d'une part ; Et lefdits Sieurs de Cuftine , de l'Efpine, & de S. Ignon,
Défendeurs fur ladite Intervention , & Intimez , d'autre part : Et
encore Mᵉ Jean-François Chardin, Avocat à la Cour, Curateur
en Titre , & en cette qualité reprefentant Mᵉ Simon Marinet,
& . . . . . . Jamet, ci-devant Prevôt & Greffier en ladite Prevôté
de Longuyon, en tout cas leurs fucceffeurs appellez & mis en
Caufe , à la diligence dudit Mᵉ Dollier , en execution de l'Arreft
d'Audiance du 19 Septembre 1707, auffi Défendeur , d'autre part.
Ladite Sentence dudit jour deux Octobre 1696 , par laquelle la
Taxe des Amendes dont s'agit , faite par les Officiers de ladite
Prevôté de Longuyon, qui y étoient en 1692 , eft déclarée nulle, &
mal faite ; ordonne que celle faite par tous Officiers de la Juftice
de Cofne fera executée felon fa forme & teneur ; avec défenfes
aux Appellans pour lors Défendeurs, de plus faire à l'avenir aucuns Actes de Juftice pour ce qui regarde la Seigneurie de Cofne,
que conjointement avec les Officiers établis par les Demandeurs,
à préfent Intimez ; à l'effet de quoy feront tenus de convenir dans
quinzaine, d'un lieu, d'un jour, & d'une heure, pour tenir les Audiances des Caufes de ladite Seigneurie audit Cofne , & y rendre
la Juftice ainfi qu'il appartiendra : Auquel jour, lieu & heure,
pourront les Officiers prefens rendre la Juftice , en l'abfence de
ceux qui ne s'y trouveront pas , conformément aux Ordounances
& Arrefts de Réglement , & fans que les Défendeurs, à prefent
Appellans & Intervenans , puiffent prendre plus grandes Vaca-
tiôns que comme ils les prenoient ci-devant ; & condamne en
outre lefdits Défendeurs, à préfent Appellans, en tous les dépens.
Celle dudit jour 7 Janvier, par laquelle défaut eft donné contre
les Défendeurs, en prefence de Mᵉ Simon leur Avocat , qui n'a
voulu plaider ; & pour. le profit, ordonne qu'il feroit paffé outre
à la Taxe des dépens dont eft queftion , & qu'Executoire d'iceux

O o iij

fera délivré contre ledit Me Dollier, &c. Les Piéces, &c. Conclusions du Procureur General. Tout veu & consideré.

LA COUR a mis les appellations & Sentences dont est appel au néant ; émendant, a maintenu & gardé les Intimez au droit & possession de faire proceder par leurs Officiers dans leur Haute Justice de Cosne, Vaux & Varnimont, à la taxe des Amendes Rurales, & d'y faire exercer la Justice tant en matiere Civile que Criminelle, conjointement avec les Officiers de la Prevôté de Longuyon, lesquels auront la préseance, & jouiront des Droits honorifiques dans l'exercice de la Justice : Ordonne que les Appellans & Intimez conviendront dans le mois, d'un jour, lieu, & heure, pour tenir les Audiances des Causes de ladite Seigneurie audit Cosne, & y rendre la Justice ainsi qu'il appartiendra ; auquel jour, lieu, & heure, pourront les Officiers presens rendre la Justice, en l'absence de ceux qui ne s'y trouveront pas, conformément aux Ordonnances & Arrests de Réglement ; condamne ledit Dollier au tiers des dépens, faits tant à Longwy, Parlement de Metz, Bailliage d'Estain, qu'en la Cour ; & Me Chardin en sadite qualité, aux deux autres tiers des dépens ; & sur les Interventions, a mis les Parties hors de Cour. FAIT à Nancy le 8 Janvier 1712. *Signé*, Par la Cour, VAULTRIN.

ARREST,

Qui décide que la Réduction portée par l'Edit de S. A. R. sur les secondes Nopces, n'a lieu pour les Donations faites au profit des enfans communs.

Au Rapport de Monsieur Protin.

Du 23 Juin 1714.

VEU par la Cour Souveraine de Lorraine & Barrois, le Procés d'entre Charles Hocquart, Maître Orfévre à S. Nicolas,

en qualité d'heritier, & comme representant Marguerite la Traye
sa mere ; & Claude-Gabriel Bailly, aussi Maître Orfèvre, demeurant à Mircourt, au nom & comme Pere & Tuteur d'Augustin
& Françoise Bailly, ses enfans mineurs, issus de son mariage ; Dominique Bailly, fils majeur dudit Gabriel Bailly avec feuë Marie-
Anne la Traye sa femme, Appellans d'une Sentence renduë au
Bailliage de Vosges le 19 Juillet dernier, & de tout ce qui s'en est
ensuivi, d'une part ; Mᵉ Charles-Alexis la Traye Prêtre, Curé de
Totainville, le Sieur Claude-André de Torrés, Escuyer, Lieutenant de Roy à Final, à cause de Dame Marie-Françoise la Traye
son épouse ; Jean la Traye, Nicolas Didiot, à cause de Marie la
Traye sa femme, Marchands, Bourgeois de Mircourt ; & Nicolas
Georget, Maître Chirurgien, aussi Bourgeois de Mircourt, en qualité de Tuteur de François Georget son fils & de feuë Anne la
Traye sa femme, Intimez, d'autre part : Et encore entre ledit
Charles Hocquart & ledit Claude-Gabriel Bailly, en ladite qua-
lité ; à eux joint Dominique Bailly ; incidemment Appellans
d'une autre Sentence renduë audit Bailliage de Vosges le 20 De-
cembre 1712, & de tout ce qui s'en est ensuivi, & Demandeurs,
d'une part ; Claude-François la Traye, Marchand Tanneur à
Vitel, Défendeur, d'autre ; Et lesdits Charles-Alexis la Traye,
André de Torrés, Jean la Traye, Nicolas Didiot, & Nicolas
Georget, en ladite qualité, aussi Intimez sur ledit appel incident.
Sçavoir la Sentence du 19 Juillet dernier, par laquelle le Decret
obtenu des graces de S. A. R. le 13 Novembre précedent par les
Appellans, a été entheriné ; Ce faisant, les Parties remises en tel
& semblable état qu'elles étoient avant les Contrats de Mariage
des 31 Juillet 1683, & 16 Novembre 1690 ; en consequence, leur
ont été abandonnez les 3500 francs de dot portez à chacun desdits Contrats, pour leur part & portion des effets mobiliers de la
premiere Communauté, mentionnez dans l'Inventaire en fait en
l'année 1676, sans interests, compensez les 539 francs un gros deux
blancs, qui leur avenoient à un chacun au par-de là des 3500,
avec les dettes inexigibles dudit Inventaire ; ordonné que ledit
Mᵉ la Traye & Consors abandonneroient aux Appellans la moitié

des acquefts faits pendant la premiere Communauté ; & la totalité des anciens, à eux avenus, tant par le decés de Marie Huffon,
leur ayeule & belle-mere, que de celui de Catherine Henry,
femme de Claude Huffon, compenfé le revenu defdits biens,
tant d'acquefts que d'anciens, avec les impenfes & méliorations
qui pouvoient y avoir été faits ; que les enfans du fecond lit de
Charles la Traye rapporteroient, fuivant leurs offres, dans la maffe
de la premiere Communauté, la moitié de leur dot de Mariage,
de même que la moitié des autres avantages nuptiaux, auffi fans
interefts ; à l'effet de quoy ledit Me la Traye, comme Procureur
fondé de la Dame de Torrés fa fœur, reprefenteroit fon Contract
de Mariage dans fix femaines : Et en ce qui regarde la demande
formée contre Nicolas Didiot, au fujet du rapport de deux facs
d'argent par lui touchez, en affirmant par lui & fa femme qu'ils
provenoient des 4500 francs à lui promis pour dot en fon Contract de Mariage, les Parties mifes à cet égard hors de Cour ; que
les frais funeraires de Barbe Huffon, de même que les habits de
deuil délivrez à fes heritiers, fe prendroient moitié fur fa Communauté, & l'autre fur celle dudit Charles la Traye : Et en ce qui
concerne le Teftament olographe dudit la Traye, du 14 Juillet
1704, icelui omologué, pour être fuivi & executé felon fa forme
& teneur ; & que toutes les charges acquittées, la moitié des effets
de la feconde Communauté appartiendroit aux enfans du fecond
lit ; & l'autre repartagée entre les huit enfans, tant du premier
que du fecond lit, tous dépens compenfez ; à la réferve de la
Vifion, qui demeurera à la charge de l'une & l'autre fucceffion
par moitié : ladite Sentence düement fignifiée à Parties le 24 du
même mois de Juillet. Les Piéces & Productions fur lefquelles
elle eft intervenuë. Le Relief d'appel, & Decret au bas du 21 dudit
mois. Exploit d'intimation donné à Jean la Traye, avec injonction
d'avertir, en datte du 24. Signé J. C. Papigny le jeune, Huiffier
audit Bailliage, bien & düement controllé par Gaucher à Mircourt le même jour. Acte de la Barre du 12 Aouft fuivant, par lequel la Cour fur l'appel principal, a appointé les Parties à fournir
griefs & réponfes de quinzaine à autre, fignifié le 14. Autre Sentence

tence dudit Bailliage dudit jour 20 Decembre 1712, par laquelle
les Parties ouïes, enſemble Mᵉ Dumat Subſtitut, a été donné Acte
de la déclaration faite par Claude-Gabriel Bailly, en ladite qualité,
& Charles Hocquart, de vouloir conteſter le Teſtament dont
s'agit ; & pour y faire droit, la Cauſe continuée à la huitaine ;
pour lequel jour les Parties auroient Audiance ſur le tout ; & Acte
donné de la déclaration faite par Claude-François la Traye, &
Dominique Bailly, de conſentir à l'execution du même Teſtament, ſans préjudice à leurs droits, encouruë pour l'Executeur
Teſtamentaire Mᵉ Dauphin, au lieu & place de Mᵉ Vigneron,
entre les mains duquel ſeroient mis les Titres des Biens léguez à
la Charité, & des deniers, pour execution des legs pieux,
ſignifié le 31 dudit mois de Decembre. Requête preſentée par les
Appellans le 10 Octobre auſſi dernier, tendante à ce qu'il plût à
la Cour les recevoir incidemment Appellans de ladite Sentence
dudit jour 20 Decembre 1712, & leur permettre de faire aſſigner
leſdits Claude-François la Traye & Dominique Bailly, en qualité
d'enfans du premier lit, en aſſiſtance de Cauſe, pour ſe joindre à
eux, & faire infirmer conjointement la Sentence dud. jour 19 Juillet dernier ; & pour cet effet contribuer aux fraits faits & à faire,
ſi mieux n'aimoient abandonner leurs cottes héréditaires en la
ſucceſſion dont s'agit : & en outre ledit Claude-François la Traye,
en ſon particulier, pour rendre compte des deniers qui lui ont
été mis és mains, pour faire prier Dieu pour le repos de l'ame de
Charles la Traye, pere & ayeul commun des Parties ; & pour
leur refus & conteſtations, ſe voir condamner aux dépens, tant
des Cauſes principale que d'appel, actifs & paſſifs, ſans préjudice
de tous autres droits, prétentions, noms, raiſons & actions. Decret au bas dudit jour, par lequel la Cour les a reçus Appellans ;
& tant ſur l'appel que ſur les demandes, a permis de faire intimer
& aſſigner qui bon leur ſemblera. Exploits d'intimations & aſſignations en conſequence, des 7 & 13 Novembre ſuivant, ſignez
Louis Meuret, Huiſſier audit Bailliage, & D. Baſoil, Sergent ordinaire à Vitel, y demeurant, duëment controllez auſdits Mircourt
& Vitel, par Gaucher & D. Felix les mêmes jours. Acte de Barre

P p

.du 18 dudit mois de Novembre, par lequel la Cour a appointé les Parties au Conseil sur l'appel & sur la demande en droit & joint ; a donné Acte de la déclaration faite par Dominique Bailly fils, qu'il est Appellant, tant de la Sentence du 19 Juillet 1713, que de celle du 10 Decembre précedent, & qu'il adhere aux fins desdits Hocquart & Bailly pere ; en consequence, a déclaré le present Appointement, ensemble celui dudit jour 12 Aoust dernier, commun avec lui, & le tout joint. Ledit Appointement signifié le 22. Requête pour les Appellans, employée pour griefs sur l'appel principal, pour causes & moyens d'appel, sur l'appel incident, & contenant production nouvelle, & trois Piéces y jointes ; & Decret au bas du 20 dudit mois de Novembre , par lequel la Cour a reçu l'appel incident, sur lequel elle a appointé les Parties au Conseil à fournir causes & moyens d'appel & réponses de huitaine à autre, & joint. A reçu pareillement la production nouvelle ; ordonné qu'elle seroit contredite & sauvée dans pareil délay ; & donné Acte de l'employ, à charge de signification , signifié le 25. Requête pour ledit Me Charles-Alexis la Traye, & Consors, servant de réponses à griefs , & contenant production nouvelle, & six Piéces jointes ; & le Decret au bas d'icelle, en datte du 24 Janvier 1714, par lequel la Cour a reçu ladite production nouvelle, ordonné qu'elle seroit contredite & sauvée de trois jours à autre ; & donné Acte de l'employ, à charge de signification, signifié le même jour. Requête pour Claude-François la Traye, tendante à ce qu'il fût déclaré follement Intimé ; en consequence, renvoyé de la folle Intimation, avec dépens ; & protestation que si dans la suite on prenoit quelques conclusions contre lui, d'y défendre ainsi qu'il appartiendra. Ladite Requête signifiée le 8 Février. Autre Requête des Appellans, employée pour réponses, pour contredits de production nouvelle, & contenant aussi production nouvelle, & trois Piéces jointes ; & Decret au bas du 10 Mars, par lequel la Cour a reçu ladite production nouvelle, ordonné qu'elle seroit contredite & sauvée de trois jours à autre ; & donné Acte de l'employ, à charge de signification , signifié le même jour. Autre Requête dudit Me Alexis la Traye, & Consors, fervant de Salvations, de production nouvelle, & de contredits de celle faite par les Appellans, fignifiée le 13 Avril. Requête d'employ pour ledit Claude-François la Traye, fignifiée le 24 May. Autre Requête pour ledit Me Alexis la Traye, & Confors, contenant production nouvelle, & trois Piéces jointes ; & le Decret au bas du 16 du prefent mois, portant que la Cour a reçu ladite production nouvelle, ordonné qu'elle feroit contredite & fauvée dans le jour peremptoirement, attendu l'état du Procés, & fans retardation du Jugement d'icelui ; & donné Acte de l'employ, à charge de fignification, fignifiée ledit jour 16. Autre Requête des Appellans, employée pour contredits de production nouvelle, fignifiée le 18. Autre dudit Me Alexis la Traye, & Confors, fervant de Salvations de ladite production nouvelle, fignifiée le 19. Autre Requête d'employ pour ledit Alexis la Traye, & Confors ; & Decret au bas du 21, portant Acte de l'employ, à charge de fignification, fignifiée le même jour. Conclufions du Procureur General. Acte fignifié, portant que le Procés étoit diftribué au Sieur Protin Confeiller ; & tout ce qui étoit à voir au contenu de l'Inventaire du Procés, veu & confideré.

LA COUR a mis les appellations & Sentences dont eft appel au néant ; émendant, faifant droit fur toutes les demandes & conteftations des Parties, ordonne que le Teftament olographe fait par Charles la Traye le 14 Juillet 1704, fera fuivi & executé fuivant fa forme & teneur ; en confequence, qu'il fera mis entre les mains de Claude-François la Traye des deniers en fuffifance, pour l'execution des legs pieux y portez, de même que les Titres du Gagnage d'Agecourt, légué à la Chapelle de l'Hôpital de Mircourt, pour être par lui délivrez aux Directeurs dudit Hôpital : Que les frais funéraires dudit Charles la Traye & de Barbe Hufon, & les habits de deuil fournis lors de leurs decés, feront payez fur les effets de la feconde Communauté d'entre lefdits Charles la Traye & Barbe Hufon, avant le partage d'icelle : Que les legs pieux faits par ledit la Traye feront pris fur la part & moitié qui lui appartenoit en ladite Communauté. Ayant égard aux Lettres obtenuës le 13 Novembre 1712, par Charles Hocquart, Gabriel Bailly, en la qualité qu'il agit, & Dominique Bailly son fils majeur, & icelles enterinant, ordonne qu'outre les trois mille cinq cens francs que ledit Charles la Traye a délivrez à chacun des trois enfans du premier Mariage d'entre lui & Marie Husson, pour leur dot de Mariage, il sera parfourny par préciput sur la masse des effets de ladite seconde Communauté, à chacun desdits trois enfans du premier lit, ou aux representans d'iceux, la somme de cinq cens trente-neuf francs un gros deux blancs, pour faire celle de quatre mille trente-neuf francs un gros deux blancs, qui avenoit à chacun desdits trois enfans, pour leurs tiers en celle de douze mille cent dix-sept francs quatre gros huit deniers, faisant le montant de la moitié des effets de la premiere Communauté d'entre lesd. Charles la Traye & Marie Husson leur mere, suivant l'estimation & calcul portez en l'Inventaire fait le 24 Juillet 1676, avec les interests desdites sommes de cinq cens trente-neuf francs un gros deux blancs, à chacun desdits trois enfans, depuis leur Mariage seulement, à prendre pareillement par préciput sur les effets de ladite seconde Communauté ; condamne ledit Charles-Alexis la Traye, & Consors, d'abandonner ausdits trois enfans du premier Mariage de Charles la Traye, ou à leurs representans, la moitié des immeubles & acquests pendant ladite premiere Communauté ; & la totalité, tant des propres de ladite Marie Husson leur mere, que des autres immeubles à eux obvenus par le décés de Catherine Henry, femme de Claude Husson, leur ayeule, avec restitution des fruits échus depuis leurs Mariages, qui se prendront pareillement par préciput sur ladite seconde Communauté ; en faisant néanmoins par eux état à la même Communauté des impenses & améliorations qui peuvent avoir été faites esdits immeubles depuis le second Mariage dudit Charles la Traye, suivant qu'elles seront estimées par Experts, dont les Parties conviendront pardevant le Substitut du Procureur General au Bailliage de Vosges, si non en sera par lui nommé d'Office. Ordonne que les enfans du second lit dudit Charles la Traye rapporteront à la masse des biens de sa succession, la moitié des

fommes des autres fucceſſions qu'ils ont reçuës de lui en vertu de
leurs Contraûts de Mariage , ſans intereſts néanmoins ; a donné
Aûte auſdits Hocquard & Bailly de la produûtion faite d'une copie en Langue Italienne, du Contraûl de Mariage de la Dame de
Torrés ; condamne Claude-François la Traye de payer ſa cotte-
part des dépens aûtifs, ſupportez par leſdits Hocquart & Bailly en
la preſente Inſtance, & de rendre compte des deniers qui lui ont
été mis és mains, pour faire dire des Meſſes pour le repos de l'ame
dudit Charles la Traye ; a renvoyé Nicolas Didiot de la demande contre lui formée du rapport de deux ſacs d'argent trouvez
en la chambre où il réſidoit, chez ledit la Traye pere, lors de ſon
décés, en affirmant par lui & par Marie la Traye ſa femme,
qu'ils proviennent des deniers qui lui ont été donnez par George-
François Didiot ſon pere, ſur la ſomme à lui promiſe par ſon Con-
traût de Mariage : Et aprés toutes les charges acquittées de la ſeconde Communauté , les effets d'icelle ſeront partagez en deux
parts par moitié, dont l'une appartiendra aux enfans du ſecond
lit dudit Charles la Traye, & l'autre ſera partagée entre ſes huit
enfans, tant du premier lit, que du ſecond lit : Et ſur le ſurplus des
demandes, fins & concluſions des Parties, a mis icelles hors de
Cour, tous dépens entre elles compenſez ; à la réferve des Epices
& couſt tant du preſent Arreſt, que de la Sentence du 19 Juillet
1713, dont eſt appel, qui ſe prendront par préciput ſur la maſſe des
effets de la ſeconde Communauté. Fait à Nancy le 23 Juin 1714.

　　Signé, Par la Cour, VAULTRIN.

ARREST,

Qui juge qu'en la Coutume de Lorraine le délit du Mary emporte confiscation de toute la Communauté, sauf les pactions matrimoniales de la femme, pour lesquelles elle est payée par privilege.

Du 17 May 1714.

ENTRE Marguerite Reinat, femme separée quant aux biens, de Jean-Baptiste Darbois, ci-devant Limonadier, Bourgeois de Nancy, presentement fugitif, Appellante des deux derniers chefs de la Sentence contr'elle renduë au Bailliage de Lunéville le 30 Avril dernier, par laquelle Parties ouïes, on auroit ordonné que les Piéces seroient mises sur le Bureau, pour en déliberer : Et du depuis icelles vuës, faisant droit sur le premier chef de sa demande, on l'auroit authorisée à la poursuite de ses droits : Sur le second, on l'auroit separée de biens d'avec ledit Jean-Baptiste Darbois son mary : Et en ce qui concerne les deux autres chefs de ladite demande, l'auroit mis les Parties hors de Cour, suivant les fins de son Relief du trois du courant mois de May. Exploit du lendemain, controllé à Lunéville le même jour ; comparante par Pecheur son Procureur, d'une part ; Et Mᵉ le Procureur General, comme prenant le fait & cause en défense de Mᵉ Mariot, son Substitut au Bailliage de Lunéville, Intimé : Et Mᵉ Jean-François Chardin, Avocat à la Cour, Curateur en Titre ; & en cette qualité audit Jean-Baptiste Darbois, absent, pareillement Intimé, d'autre part. Vigneron Avocat de l'Appellante, assisté de Pecheur son Procureur, a conclu à ce qu'il plût à la Cour mettre l'appellation & Sentence dont est appel au néant, en ce que par icelle on auroit sur les deux derniers chefs de demande mis les Parties hors de Cour ; émendant quant à ce, qu'il lui fera permis de prendre moitié des meubles & effets en la Communauté d'entr'elle & ledit Darbois : Enfin qu'elle fera privilegiée fur l'autre moitié appartenante à fon mary , pour fes pactions matrimoniales , fuivant que le tout eft réglé par fon Contract de Mariage , paffé à Dijon le 16 Aouft 1706 ; enfemble pour les frais de la prefente Inftance, tant de Caufe principale que d'appel. Ouï Chardin en fa qualité de Curateur en Titre, qui a dit, qu'aprés avoir examiné le doffier de l'Appellante, il n'avoit moyen d'empêcher les fins & conclufions par elle prifes , & s'en rapporte à la prudence de la Cour. Ouï pareillement le Procureur General, pour fon Subftitut au Bailliage de Lunéville.

LA COUR ordonne qu'il en fera délibéré fur le Regiftre : Et du depuis icelles vuës ;

LA COUR ayant aucunement égard à l'appel, ordonne que fur le prix des meubles & effets mobiliers de la Communauté d'entre ladite Marguerite Reinat & ledit Jean-Baptifte Darbois, il fera payé à ladite Reinat par privilege , pour toutes fes pactions matrimoniales, la fomme de 200 livres, dont ledit Darbois lui a fait donation entre-vifs, par le Contract de Mariage dudit jour 16 Aouft 1706 ; une autre fomme d'onze cens quatre-vingt livres, à elle ftipulée propre par le même Contrat ; deux cens livres par forme de douaire ; foixante livres pour fes Bagues & Joyaux ; & cent vingt livres pour une Chambre garnie ; & en outre, que les habits & linges à l'ufage de ladite Reinat, lui feront rendus ; & a condamné Chardin, és noms & qualitez qu'il agit, à la moitié des dépens, tant de Caufe principale que d'appel, à prendre fur les meubles de ladite Communauté , l'autre moitié compenfée. FAIT à Nancy le dix-feptiéme jour du mois de May mil fept cens quatorze. *Signé*, Par la Cour, VAULTRIN.

ARREST,

Portant Réglement contre les Charivaris.

Du 17 Janvier 1715.

VEU par la Cour la Requête presentée par le Procureur General ; Expofitive, qu'il a reçu de grandes plaintes, qu'en divers endroits du Reffort de la Cour, il fe commet des défordres fcandaleux, à l'occafion des Mariages, foit en premieres, foit en fecondes nopces, en ce que la plufpart des jeunes gens des lieux, particuliérement du nombre des Artifans, & gens de Boutique, s'attroupent de jour & de nuit, pour infulter les nouveaux mariez ; foit fous prétexte de feconds Mariages, en faifant des Charivaris nocturnes, avec des huées infolentes, & des inftrumens bruyans ; foit même au fujet des premiers Mariages, pour fe faire payer des droits qu'ils prétendent leur être dûs ; ce qui aboutit à de fi grands excés, que fouvent il en naît des querelles violentes, avec bleffures d'armes à feu, ou à coups d'épée ; ce qui oblige plufieurs nouveaux mariez de fe dérober à cette fureur, en fe retirant à la Campagne pour quelques jours, au retour defquels ils font fouvent expofez aux mêmes infultes, qu'ils ne peuvent éviter, qu'en donnant beaucoup d'argent à cette jeuneffe licentieufe, qui va le dépenfer au Cabaret, & dont elle ne fort qu'avec grand bruit, qui trouble la tranquillité publique, & fcandalife les honnêtes gens; notamment les Charivaris, que l'Eglife a défendus en divers Conciles, à peine des plus fortes Cenfures ; & que les Princes & les Magiftrats ont auffi réprimé par des peines févéres, dans les Eftats bien policez, non feulement comme rejailliffant au mépris & à l'opprobre du Mariage, qui eft le fondement de la focieté civile ; mais auffi comme tendant à Affemblées illicites & émotions populaires, & qui l'oblige de fe pourvoir : Requerant qu'il plaife à la Cour

faire

faire tres-exprelles inhibitions & défenfes à toutes perfonnes, de quelque état, qualité & condition qu'elles foient, de s'attrouper de jour ou de nuit, pour infulter par paroles ou par voyes de fait, fous quelque prétexte que ce foit, les nouveaux mariez, foit en premieres, foit en fecondes nopces, ou exiger d'eux aucuns droits, foit en argent, foit en vin, ou autres effets, même les étrangers, qui feroient venus époufer une fille ou veuve du lieu, à peine d'ê-tre procedé extraordinairement contre les coupables ; enjoindre aux Officiers des lieux de faire informer inceffamment contre les contrevenans, fans attendre aucune plainte ni dénonciation, & de faire punir ceux qui feront convaincus de contravention, tant par prifon, que par condamnation d'amende, dont ils feront te-nus folidairement, fauf leur recours les uns contre les autres ; ordonner que les Peres, Meres, & Maîtres, demeureront refpon-fables civilement des contraventions de leurs enfans & domefti-ques, de l'un & de l'autre fexe ; & que l'Arreft qui interviendra fera leu, publié, affiché, & regiftré par tout où befoin fera, à ce qu'aucun n'en prétende caufe d'ignorance. Ouï le Sieur de Barret Confeiller, en fon Rapport.   Tout veu & confideré.

LA COUR fait tres-exprelles inhibitions & défenfes à tou-tes perfonnes, de quelque qualité, état, & condition qu'elles foient, de s'attrouper de jour ou de nuit, pour infulter par paroles, ou par voyes de fait, fous quelque prétexte que ce foit, les nouveaux mariez, foit en premieres, foit en fecondes nopces, ou exiger d'eux aucuns droits, foit en argent, foit en vin, ou autres effets, même les étrangers, qui feroient venus époufer une fille, ou veuve du lieu, à peine d'être procedé extraordinairement contre les coupables ; Enjoint aux Officiers des lieux de faire informer in-ceffamment contre les contrevenans, fans attendre autre plainte ni dénonciation, & de faire punir ceux qui feront convaincus de contravention, tant par prifon, que par condamnation d'a-mende, dont ils feront tenus folidairement, fauf leur recours les uns contre les autres ; ordonne que les Peres, Meres, & Maî-tres, demeureront refpon fables civilement des contraventions de

Q q

leurs enfans, & de leurs domeſtiques, de l'un & de l'autre ſexe : ordonne en outre que le preſent Arreſt ſera leu, publié, affiché & regiſtré par tout où beſoin ſera, à ce qu'aucun n'en prétende cauſe d'ignorance. FAIT à Nancy le 17 Janvier 1715. *Signé*, Par la Cour, VAULTRIN.

ARREST,

Portant défenſes aux Notaires & Tabellions, à tous Particuliers, & aux Juifs, de prêter, ou faire prêter de l'argent aux Enfans de Famille, ſous les peines y portées.

Du 17 Aouſt 1715.

VEU par la Cour la Requête preſentée par le Procureur General ; Contenant, qu'encore que par les Edits & Ordonnances ſur le fait des Notaires & Tabellions, il leur ſoit défendu de recevoir aucuns Contracts uſuraires & illicites, ou faits contre les bonnes mœurs ; néanmoins il a reçu de grandes plaintes, qu'aucuns de ceux établis en cette Ville, oublians leur devoir, & l'obligation qui leur eſt impoſée, de ne prêter leur miniſtere que pour des conventions licites, & reçuës dans le commerce ordinaire de la ſocieté humaine, ſe mêlent de faire prêter de l'argent aux Enfans de famille, à l'inſçu de leurs Peres, Meres, Tuteurs ou Curateurs, & par là fomentent leur débauche, en leur fourniſſant les moyens de l'entretenir, par les Contracts de prêt qu'ils leur font paſſer à intereſt pardevant eux, au profit de ceux qui ont la facilité de prêter leurs deniers à cet effet ; le tout ſous l'appas d'une rétribution ſecrette au profit deſdits Tabellions, plus forte que les Droits qui leur ſont deus, & qui fait ſouvent partie de la ſomme prêtée, qu'ils partagent avec leſdits Fils de famille : Et pour induire les Creanciers à prêter facilement leurs deniers, ils leur produiſent des Cautions, ordinairement gens de

néant, & insolvables, ou quelquefois même d'autres Enfans de
famille, qui entrent en partage de la somme prêtée : Que ce
désordre a toujours été estimé si pernicieux dans la République,
qu'on voit par les Loix Romaines, qu'il se fit un Senatus-consulte
exprés, vulgairement appellé Macedonien, pour le réprimer, &
qui annulla tous lesdits Contracts de prêts, & dénia toute action
aux Créanciers, même aprés la mort des Peres. Et comme il est
important, pour le repos des Familles, de ne point souffrir un abus
qui leur est si préjudiciable,& qui interesse tous les Peres & Meres,
qui n'ont rien de plus cher que la bonne conduite de leurs enfans,
& d'empêcher qu'ils ne tombent dans le dereglement & dans la
dissipation de leurs facultez, même avant qu'elles leur soient
échuës : A CES CAUSES, Requeroit tres-expresses inhibitions
& défenses être faites,tant aux Notaires & Tabellions établis dans
cette Ville, & dans le reste du Ressort de la Cour, qu'aux Juifs &
autres Particuliers, de prêter, ou faire prêter aucuns deniers aux
Enfans de famille,à l'insçu & sans le consentement exprés de leurs
Peres, Meres, Tuteurs, ou Curateurs, à peine contre lesdits Notaires & Tabellions d'amende arbitraire, d'interdiction & suspension de leurs Offices, même de privation, en cas de récidive,& de
contravention réïtérée ; & contre les Particuliers de punition
exemplaire, suivant la nature du fait : Ordonné qu'à la diligence
des Substituts du Remontrant, il sera informé des contraventions
qui pourroient y être faites, & le Procés fait aux coupables, ainsi
qu'il appartiendra; le tout sans préjudice de la nullité desdits prêts,
résultante de la disposition des Loix, suivant les circonstances du
fait,& la qualité des personnes, à l'arbitrage néanmoins des Juges;
sauf l'appel à la Cour des Jugemens qui seront rendus à cet égard.
Ordonné que l'Arrest qui interviendra, sera leu, publié & affiché
par tout où besoin sera, à ce qu'aucun n'en prétende cause d'ignorance. La matiere mise en déliberation. Ouï le Rapport du Sieur
Parisot Conseiller. Tout veu & consideré.

LA COUR fait tres-expresses inhibitions & défenses, tant
aux Notaires & Tabellions établis dans la Ville de Nancy, &

dans le reste du Ressort de la Cour, qu'aux Juifs & autres Particuliers, de prêter, ou faire prêter aucuns deniers aux Enfans de
famille, à l'insçu & sans le consentement exprés de leurs Peres &
Meres, Tuteurs, ou Curateurs, à peine contre lesdits Notaires
& Tabellions d'amende arbitraire, d'interdiction & suspension
de leurs Offices, même de privation, en cas de récidive, & de contravention réïtérée ; & contre les Particuliers d'amende arbitraire, ou autre punition plus grande, suivant la nature du fait : Ordonne qu'à la diligence des Substituts du Procureur General, il
sera informé des contraventions qui pourroient y être faites, & le
Procés fait aux coupables ainsi qu'il appartiendra ; le tout sans
préjudice de la nullité desdits prêts, résultante de la disposition
des Loix, suivant les circonstances du fait, & la qualité des personnes, à l'arbitrage néanmoins des Juges ; sauf l'appel à la Cour des
Jugemens qui seront rendus à cet égard ; & ordonné que le present Arrest sera leu, publié & affiché par tout où besoin sera, pour
que personne n'en prétende cause d'ignorance. FAIT à Nancy
en la Chambre du Conseil, le dix-septiéme jour d'Aoust mil sept
cens quinze. *Signé*, Par la Cour, VAULTRIN.

ARREST,

Portant Réglement pour empêcher de passer les
Contrats publics pardevant autres que les
Notaires & Tabellions.

Du 6 May 1715.

VEU par la Cour la Requête presentée par le Procureur
General ; Contenant, qu'il a reçu plainte qu'en plusieurs
Prevôtez & Jurisdictions du Duché de Bar, notamment
en la Prevôté de Longuyon ; il s'y glisse un abus contraire aux
Ordonnances & au Droit du Domaine de S. A. R. en ce que,

quoy que par pluſieurs deſdites Ordonnances, notamment celle
du Duc Robert de l'an 1408 , & celle du Duc Charles III. l'un
& l'autre d'heureuſe memoire, du premier Avril 1571 , & du premier Mars 1605 , il ſoit fait défenſes aux Officiers , Maire, & Gens
de Juſtice des lieux, de recevoir & paſſer pardevant eux tous
Contrats tranſlatifs de priorité d'immeubles & autres , quels ils
ſoient, à peine de nullité, de vingt francs d'amende ; ains ſoit
enjoint aux Parties de les paſſer pardevant Notaires , pour être
enſuite mis en Groſſes , & portez au Fermier du Sceau, pour les
ſceller ; néanmoins pluſieurs Officiers, Maires, & Gens de Juſtice,
notamment ceux du Ban de Vivier, & autres Hautes Juſtices, dépendantes de ladite Prevôté de Longuyon , autres voiſins, même
les Procureurs d'Office & Praticiens, contreviennent formellement auſdites Ordonnances , s'ingerant de rédiger par écrit, recevoir & paſſer toutes ſortes de Contracts & Conventions tranſla-
tives de proprieté d'immeubles, ou autres de toute eſpece; faiſant
entendre aux Parties , que les Actes ainſi paſſez pardevant eux,
ont la même force & authorité, hypoteque & execution parée,
que ceux paſſez pardevant Notaires ; ce qui rend non ſeulement
les Offices de Notaires preſque inutiles & ſans fonctions, quoy
qu'ils ſoient les veritables Officiers munis de l'authorité du Prince,
& caracteriſez, pour recevoir & rédiger par écrit, & garder dans
leurs Minutes & Regiſtres toutes Conventions & Marchez, à l'excluſion de tous autres ; mais encore tend à la diminution ou
anéantiſſement des Droits du Sceau, qui eſt un Droit Domanial,
étably de tout temps , & qu'il eſt important de conſerver : De
tout quoy ayant été fait Remontrance, pour y être pourvû à ſa
diligence ; A ces causes, Requeroit qu'en execution des Ordonnances, il plût à la Cour faire tres-expreſſes inhibitions & défenſes à tous Officiers, Maire , & Gens de Juſtice, Procureurs
d'Office & autres, de recevoir & paſſer pardevant eux aucunes
Obligations, Conſtitutions, ou autres Conventions , ſoit perſonnelles, ſoit réelles, portant tranſlation de proprieté d'immeubles,
même par forme de condamnation volontaire, ſinon ſur Procés
qui pourroient être pendans pardevant eux, à peine de nullité

Qq iij

desdits Contracts, & de vingt francs d'amende solidairement, contre les Juges & Greffiers qui les auront rédigez par écrit, & des dépens, dommages & interests des Parties, ainsi que de raison. Enjoint aux Parties de passer les Contracts, Conventions & Marchez qu'elles voudront être authentiques, pardevant les Notaires établis par S. A. R. dans chaque Office, pour être ensuite les Actes qui en auront été passez, grossoyez, & portez au Sceau, pour y être scellez du Sceau de Sadite A. R. en la maniere accoutumée. Ordonné que l'Arrest qui interviendra sera publié & regiftré au Siége de la Prevôté de Longuyon, & en tous autres qu'il appartiendra : Enjoint à ses Substituts sur les lieux d'y tenir la main, & de poursuivre les contrevenans au payement des Amendes qu'ils auront encouruës , sans préjudice des poursuites que les Notaires en pourront faire de leur chef pour les dommages & interests. Veu lesdites Ordonnances, laissées sur le Bureau ; la matiere mise en déliberation. Tout consideré.

LA COUR faisant droit sur les réquisitions du Procureur General, a fait tres-expresses inhibitions & défenses à tous Officiers, Maires & Gens de Justice, Procureurs d'Office & autres, de recevoir & passer pardevant eux aucunes Obligations, Constitutions, ou autres Conventions, soit personnelles, soit réelles, portant translation de proprieté d'immeubles, même par forme de condamnation volontaire, sinon sur Procés qui pourroient être pendans pardevant eux, à peine de nullité desdits Contracts, & de cent francs d'amende solidairement, contre les Juges & Greffiers qui les auront rédigez par écrit , & des dépens, dommages & interests des Parties, ainsi que de raison. Enjoint aux Parties de passer les Contracts, Conventions & Marchez qu'elles voudront être authentiques, pardevant les Notaires établis par S. A. R. dans chaque Office ; pour être ensuite les Actes qui en auront été passez, grossoyez, & portez au Sceau , pour y être scellez du Sceau de S. A. R. en la maniere accoutumée. Ordonne que le present Arrest sera publié & regiftré au Siége de la Prevôté de Longuyon, & en tous autres qu'il appartiendra : Enjoint aux

Subſtituts des lieux d'y tenir la main, & de pourſuivre les contrevenans au payement des Amendes qu'ils auront encouruës,
ſans préjudice des pourſuites que les Notaires en pourront faire
de leur chef pour leurs dommages & intereſts. FAIT à Nancy
le ſix May 1715. *Signé*, Par la Cour, VAULTRIN.

ARREST,

Portant Réglement entre les Avocats & Procureurs
de la Cour, pour l'élection des Officiers de la
Confrairie de la Miſericorde.

Au Rapport de Monſieur Abram.

Du 2 Decembre 1715.

VEU par la Cour les Piéces de l'Inſtance d'entre la Communauté de ſes Avocats, Demandeurs aux fins de leur
Requête introductive de ladite Inſtance du 31 May dernier, d'une part; Et les Procureurs de ladite Cour, de la Chambre des Comptes, & du Bailliage de Nancy, Défendeurs, d'autre
part: Encore entre leſdits Procureurs, incidemment Demandeurs,
ſuivant les fins de leur Requête du 11 Juillet auſſi dernier, d'une
part; & ladite Communauté des Avocats, Défendeurs, d'autre
part. Sçavoir la Requête des Avocats dudit jour 31 May, tendante
à ce que ſans avoir égard à la prétenduë élection faite par cabale
par leſdits Procureurs le 19 May dernier, en nommant trois d'entr'eux pour remplir les trois premieres Dignitez de la Confrairie
de la Miſericorde, il plût à la Cour ordonner que la nomination
& élection faite par leſdits Avocats des perſonnes de Me Thomaſſin pour Maître, de Me Marcol pour premier Conſeiller,
de Me Renauldin pour ſecond Conſeiller, de Me de Viray pour
Avocat de la Miſericorde, de Me Parmentier pour Receveur,
& de Me Pecheur pour Secretaire, tiendra & ſera executée, avec

défenses aux Procureurs de plus à l'avenir cabaler, à peine d'amende, applicable au pain des Prisonniers. Le Decret au bas, portant que ladite Requête seroit signifiée ausdits Procureurs, en la personne du plus ancien, pour y répondre dans la huitaine, à compter du jour de la signification, & que les Piéces y jointes seroient déposées au Greffe de la Cour, pour en être par eux pris communication ; pour ce fait communiqué au Procureur General, & rapporté, être ordonné ce que de raison. L'Exploit de signification au bas, faite ausdits Procureurs, en parlant à Mes Pecheur, Barail, & Renauldin, leurs Syndics, pour lesdites trois Jurisdictions. La Requête desdits Procureurs, contenant leurs défenses, & par laquelle ils ont conclu à ce que l'élection par eux faite des personnes de Me Pecheur pour Maître, & de Me Barail pour premier Conseiller de ladite Confrairie, fût suivie & executée ; & à ce que faisant droit sur la demande incidente par eux formée par ladite Requête, il plût à la Cour ordonner qu'à l'avenir, ou jour, ou le lendemain du décés d'un Procureur, il sera dit & celebré la Messe accoutumée en la Chapelle ordinaire, pour le repos de son ame, à laquelle les Confreres seront invitez d'assister. Le Decret au bas du 11 dudit mois de Juillet, portant que ladite Requête seroit signifiée & communiquée ausdits Avocats, en parlant à leur Syndic, pour y être répondu dans la huitaine. L'Exploit de signification à Me Petitdidier, Syndic desdits Avocats, du 20 du même mois. Requête d'employ desdits Avocats, contenant défenses sur ladite demande incidente, signifiée à Me Pecheur le 17 Aoust aussi dernier. Autre Requête d'employ fournie par lesdits Procureurs audit Me Petitdidier le 10 Septembre suivant. Les Statuts de ladite Confrairie, du 4 Decembre 1613, avec toutes les Piéces, Productions des Parties. Les Conclusions du Procureur General. L'Acte signifié le 18 Novembre de la part desdits Avocats, ausdits Procureurs, en parlant audit Me Pecheur, l'un d'eux, portant que les Piéces de ladite Instance avoient été distribuées au sieur Abram Conseiller. Ouï ledit sieur Abram en son Rapport. Tout veu & consideré.

LA COUR faisant droit sur toutes les demandes & contestations

tions des Parties, ſans s'arrêter à l'élection faite le 19 May dernier, des Officiers de ladite Confrairie de la Miſericorde par leſdits Procureurs; laquelle élection elle a déclaré nulle; ordonne que celle faite par leſdits Avocats, des perſonnes de Thomaſſin Avocat, pour Maître; Marcol le jeune, pour premier Conſeiller; Renauldin pour ſecond Conſeiller; de Viray pour Avocat de la Miſericorde; Parmentier pour Receveur, & Pecheur pour Secretaire, ſera executée; & en conſequence, que leſdits Officiers continueront leurs fonctions juſqu'au jour & Fête de S. Yves de l'année prochaine 1716. Ordonne pareillement que lors qu'un Procureur ſera décedé, il ſera celebré, pour le repos de ſon ame, au jour, ou le lendemain de ſon décés, en la Chapelle de ladite Confrairie, une Meſſe de *Requiem*, avec les Ornemens noirs, (ainſi que pour les Avocats) avec invitation à tous les Confreres d'y aſſiſter : Et faiſant droit ſur les Réquiſitions du Procureur General, ordonne que les Statuts de ladite Confrairie ſeront executez ſuivant leur forme & teneur; & en y ajoutant, qu'il ne pourra être élu à l'avenir pour Maître de ladite Confrairie, qu'un Avocat; & qu'en procedant annuellement à l'élection deſdits Officiers, l'on choiſira un Procureur de la Miſericorde dans chacune des trois Juriſdictions; Sçavoir un pour la Cour, un pour la Chambre des Comptes, & un pour le Bailliage de Nancy, avec un ſeul Avocat de la Miſericorde pour leſdites Juriſdictions : Qu'il ne pourra être délivré aucuns deniers du fonds de ladite Confrairie, que de l'Ordonnance du Maître, & des deux Conſeillers, qui ſigneront ladite Ordonnance, ſur laquelle le Receveur délivrera leſdits deniers, dont il rapportera les Mandemens & Quittances à la reddition des Comptes, qui ſe fera auſſi tous les ans audit jour & Fête de S. Yves : à laquelle reddition des Comptes tous leſdits Officiers aſſiſteront, avec tous les autres Confreres qui voudront y aſſiſter. Qu'au ſurplus le preſent Arreſt ſera regiſtré au Regiſtre de ladite Confrairie, pour y avoir recours, le cas échéant; tous dépens compenſez. FAIT à Nancy le deuxiéme jour du mois de Decembre mil ſept cens quinze. *Signé*, Par la Cour, VAULTRIN.

ARREST,

Portant Réglement contre ceux qui se disent Bohemiens & Egyptiens.

Du 20 Septembre 1713.

VEU par la Cour la Remontrance à Elle faite par le Procureur General ; Qu'encore que par Ordonnance de S. A. R. du 14 Février 1700, regiſtrée en la Cour le premier Mars ſuivant, il ait été enjoint à tous ceux qui ſe diſent Egyptiens ou Bohemiens, & autres gens de pareille qualité, de vuider inceſſamment des Eſtats, Terres & Pays de ſon obéïſſance, avec leurs femmes, enfans & attirails, à peine, s'ils s'y trouveront quinzaine aprés ladite Ordonnance, d'être eux & leurs femmes fuſtigez par l'Executeur, en vertu des Sentences des Juges des lieux, renduës au nombre de ſept Graduez, aprés l'audition ſommaire deſdits Accuſez : & en cas de récidive, fuſtigez, marquez & bannis, & les Sentences executées en dernier Reſſort & ſans appel : Enjoint auſſi aux Prevôts des Maréchaux de Lorraine & Barrois, leurs Lieutenans, Exempts & Archers, de courir ſus aprés ledit temps de quinzaine auſdits Bohemiens & Egyptiens, & gens de pareille qualité ; les arrêter, & les faire condamner au plus prochain Bailliage, auſſi en dernier Reſſort, aux mêmes peines ; avec défenſes à tous Sujets de S. A. R. de quelque état & condition qu'ils ſoient, de leur donner aucune retraite, à peine d'être punis arbitrairement, comme complices & fauteurs d'iceux. Et quoy que cette Ordonnance dût être executée avec la même rigueur & exactitude que ſi elle étoit nouvellement publiée, néanmoins il eſt informé qu'il ſe trouve preſentement en divers lieux du Reſſort de la Cour un grand nombre de ces prétendus Egyptiens & Bohemiens, qui vont en troupe, & qui cauſent beaucoup de défordres dans les Villages, par les larcins qu'ils y exercent impunément ; entrant dans les maifons des Habitans , qu'ils furprennent par leurs artifices, & leur dérobent tout ce qu'ils peuvent , fe rendant auffi formidables par leur nombre, qui intimide lefdits Habitans, & les contraint de les fouffrir , plutôt que de fe mettre en devoir de les chaffer. Et comme il importe au repos & à la tranquillité publique de purger l'Eftat de ces dangereux vagabonds, & mettre les Voyageurs & les Villageois à l'abry de leurs infultes ; ce qui ne fe peut faire que par l'execution fevere de ladite Ordonnance de Son Alteffe Royale;

A CES CAUSES, il requiert qu'il plaife à la Cour ordonner que ladite Ordonnance de S. A. R. du 14 Février 1700, fera executée felon fa forme & teneur ; & en confequence, que lefdits prétendus Bohemiens & Egyptiens, eux, leurs femmes, enfans,& fuites, feront tenus de vuider inceffamment des Eftats de S. A. R. dans le Reffort de la Cour; fi non & à faute de ce faire, & huitaine aprés la publication du prefent Arreft , enjoint aux Juges des lieux de les faire arrêter , & les condamner fommairement & fans figure de procés à être fuftigez par l'Executeur ; fçavoir les hommes & les femmes : & en cas de récidive, fuftigez, flétris, & bannis des Eftats de Sadite Alteffe Royale. Enjoint aux Prevôts des Maréchaux de Lorraine & Barrois, leurs Lieutenans, Exempts & Archers, de courir fus aufdits Bohemiens & Egyptiens; les arrêter, & les conduire au plus prochain Bailliage,pour y être condamnez aux mêmes peines; le tout, en l'un & en l'autre cas , au nombre de fept Graduez, en dernier Reffort, & fans appel : Enjoint pareillement aux Maires & Habitans des lieux de prêter main-forte pour l'execution des Ordonnances des Juges, tant pour faire arrêter, qu'executer les Bohemiens, à peine d'en répondre ; avec défenfes à toutes perfonnes, de quelque état & qualité qu'elles foient, de leur donner retraite, à peine de punition arbitraire ; & que l'Arreft qui interviendra, fera leu, publié & affiché par tout où befoin fera, à la diligence des Subftituts dudit Procureur General. Ouï le Sieur Reboucher Confeiller, en fon Rapport. Tout veu & confideré.

R r ij

LA COUR ordonne que ladite Ordonnance de S. A. R. du 14 Février de l'année 1700, sera executée selon sa forme & teneur; & en consequence, que lesdits prétendus Bohemiens & Egyptiens, eux, leurs femmes, enfans, & suites, seront tenus de vuider incessamment des Estats de Sadite Altesse Royale dans le Ressort de la Cour; sinon & à faute de ce faire, & huitaine aprés la publication du present Arrest, enjoint aux Juges des lieux de les faire arrêter, & les condamner sommairement, & sans figure de procés, à être fustigez par l'Executeur; sçavoir les hommes & femmes : & en cas de récidive, fustigez, flétris, & bannis des Estats de Sadite Altesse Royale. Enjoint aux Prevôts des Maréchaux de Lorraine & Barrois, leurs Lieutenans, Exempts & Archers, de courir sus ausdits Bohemiens; les arrêter, & les conduire au plus prochain Bailliage, pour y être condamnez aux mêmes peines; le tout en l'un & en l'autre cas, au nombre de sept Graduez, en dernier Ressort, & sans appel : Enjoint pareillement aux Maires & Habitans des lieux de prêter main-forte pour l'execution des Ordonnances des Juges, tant pour faire arrêter, qu'executer lesdits Bohemiens, à peine d'en répondre; fait défenses à toutes personnes, de quelque état & qualité qu'elles soient, de leur donner aucune retraite, à peine de punition arbitraire; & que le present Arrest sera leu, publié, & affiché par tout où besoin sera, à la diligence des Substituts dudit Procureur General. FAIT à Nancy le vingtiéme jour du mois de Septembre mil sept cens treize. *Signé*, Par la Cour, VAULTRIN.

JUGEMENT

Du Duc René II. pour fait de Gage de Bataille.

Du 22 Octobre 1482.

RENE' par la grace de Dieu, Duc de Lorraine, de Bar, & de Calabre, Marquis du Pont, Comte de Vaudémont & d'Harcourt : A tous qui ces presentes verront, Salut. Comme Plaid & Procés, en cas de deshonneur & de Gage de Bataille, eut été déduit & démené pardevant Nous en nôtre Grand Conseil, comme Juge competent en cette Partie : Entre Baptiste de Roquelor, Homme d'Armes d'Ordonnances, Appellant & requerant, à l'encontre de Jeannon de Bidots, nôtre Pannetier, Homme Sujet & Féodal Défendeur ; par soumissions faites par icelles Parties, & d'une chacune d'elles, Nous requerant & suppliant prendre & accepter la charge & jugement de leursdits differends ; en eux soumettant & obligeant avoir & le tenir à toujours mais ferme & stable, sans aller au contraire, ce que par Nous & nôtredit Conseil en seroit dit, sententié, & déterminé ; icelles Parties comparans pardevant Nous en nôtredite Ville de Nancy, le 17 jour de Juillet, l'an 1482, sur ce que de la Partie dudit Roquelor, comme Appellant, fut faite demande audit Jeannon, d'être reparti de sa part & portion de tout ce qu'il avoit gagné à la journée que Nous eûmes dernierement devant nôtre Ville de Nancy, à l'encontre de feu nôtre Cousin le Duc Charles de Bourgogne, lors nôtre Ennemi ; pour ce que audit jour ils étoient à Butin jusques au fer, d'une égalité, par foy & serment qu'ils avoient ensemble ; disant icelui Roquelor, que si ledit Jeannon le vouloit connoître, il connoîtroit verité ; & que s'il le vouloit nier, offroit de lui prouver comme Gentilhomme, par sa personne contre la sienne, en le lui faisant connoître par sa bouche, le tuer ou

R r iij

champ, ou le mettant hors des Lices, en prenant Dieu, Nôtre-Dame, & Monseigneur Saint George à son aide : concluant, que veu qu'il ne le pouvoit autrement prouver, devoit bien être à ce reçu, en offrant & presentant de quitter son Gage pour ce faire, si nôtre Grace lui vouloit permettre, en prenant droit que ainsi se devroit bien faire. Et de la part dudit Jeannon fut répondu, qu'il nioit audit Roquelor sadite demande, ainsi & par la maniere qu'il l'avoit faite, & pour ce mêmement en ce qu'il le requeroit de foy & de promesse, & prétendoit de jurer du contraire d'icelle demande ; disant suffisamment répondre selon le cas, qui ne touche que chose civile & mobiliaire, ainsi qu'il lui semble, à quoy n'y échet Gage, & que à ce devoit bien être reçu comme Défendeur ; & que ledit Roquelor devoit bien autrement prouver icelle sa demande, en prenant pareillement droit, que ainsi faire se devoit : & toutefois s'il étoit trouvé par droit & jugement que ainsi se dût faire, comme requiert ledit Roquelor, offroit icelui Jeannon soutenir sadite défense contre sa demande de sa personne contre la sienne, en lui faisant connoître le contraire, le tuer ou mettre hors du champ ; prenant Dieu, Nôtre-Dame, & Monseigneur Saint George pour son aide en ses bons droits : Pour lesquels droits vuider, & sur iceux Nous conseiller, dire & juger ce que par bon conseil en trouverions, assignâmes journée ausdites Parties au quinziéme jour d'Aoust ensuivant ; auquel jour lesdites Parties derechef comparantes en leurs personnes, pardevant Nous en nôtre Ville de Vezelise, pource que à icelui jour n'avions encore eu ne reçu les avis & opinions de plusieurs Seigneurs, Chevaliers, Capitaines, & autres notables Gens, devers lesquels avions envoyé consulter lesdits droits & Procés, continuâmes & mîmes avant icelle journée jusques au dixiéme jour du mois de Septembre aprés ensuivant, & à icelui jour assignâmes journée ausdites Parties, en l'état que ladite Cause étoit : auquel jour à eux assigné, qui fut, comme dit est, ledit dixiéme jour de Septembre, Nous étant en nôtre Ville de Nancy, derechef comparans pardevant Nous icelles Parties en leurs personnes, & Nous requerans leur

faire droit, & rendre Jugement sur lesdits droits par eux couchez ;
ausquelles Parties, pource que desirions la pacification d'icelles,
fimes remontrer par plusieurs & réïteratives fois, qu'elles se vou-
sissent appointer & accorder ; & à ce faire, commîmes certain
nombre de nos Conseillers, par lesquels furent faites plusieurs
ouvertures & remontrances, tendantes induire icelles Parties à
pacification, ce à quoy ne voulurent condescendre, ainçois con-
tinuerent, & Nous demanderent justice leur être faite sur leurdit
Plaidoyé, & droit par eux couché : Par quoy Nous voulant faire
à chacun justice, en ensuivant les avis & opinions de plusieurs
Comtes, Seigneurs, Chevaliers, Capitaines, Gens de Guerre &
autres, tant des Parties & Pays de France, que d'Allemagne, dans
lesquels Nous avons envoyé le Procés desdites Parties ; par l'avis
aussi de plusieurs nos Conseillers Vassaux, étant pour lors en nôtre
Conseil & à ladite Journée en bien grand nombre, dîmes & déclarâmes, que veu que en la demande que faisoit ledit Roquelor
audit Jeannon, en laquelle il le requeroit de foy & promesse,
que c'étoit fait de Guerre, & qu'il ne le pouvoit prouver par témoins ne écritures, fors seulement par sa personne contre celle
dudit Jeannon ; & que tout ce consideré audit cas & demande,
il échéoit & avoit Gage de Bataille : aprés laquelle nôtre Sentence ainsi proferée, ledit Roquelar tenant en sa main un gand,
aprés ce qu'il eut réïteré sadite demande, jetta icelui gand pour
gage ; disant audit Jeannon qu'il vouloit soutenir sadite demande,
ainsi qu'il l'avoit posée, & la foy & promesse qu'ils avoient euë
ensemble d'être à Butin au jour de ladite journée de Nancy, jusques au fer, d'une égalité ; & de ce l'en vouloit combattre, en
le lui faisant confesser, le tuer, ou le mettre hors du Champ.
Lequel gand ainsi quitté, icelui Jeannon aprés ce qu'il eut demandé congé & licence, se couvrit d'un sien Bonnet, disant audit
Roquelar, que faussement & comme lâche Gentilhomme, lui
faisoit icelle demande, ainsi qu'elle étoit posée, en laquelle il le
requeroit de foy & de promesse ; & que en soy défendant, le
vouloit combattre : prenant Dieu, Nôtre-Dame, & Monseigneur

Saint George, avecque son bon droit, à son aide. Lesquels gages
fimes prendre & lever par un de nos Huissiers d'Armes, & iceux
mettre en garde & dépôt en nos Coffres ; & ce fait, pour accomplir ce que par lesdites Parties avoit été dit , & satisfaire au gage
par eux jetté , Nous fut presenté & baillé pour seureté, de la part
dudit Roquelor, nôtre tres-cher & féal Thirion de Lenoncourt
le jeune, Sieur de Harouel, lequel se constitua pleige & seureté,
& promit en nos mains Nous rendre & amener icelui Roquelor
vif ou mort, à la journée qui lui seroit assignée pour combattre,
& satisfaire audit gage jetté ; & s'il étoit vaincu, pour rendre
& restituer à la Partie adverse les dépens, dommages & interests par lui soutenus, ainsi que par Nous seroit avisé & taxé :
Et de la part dudit Jeannon, Nous fut aussi baillé & presenté
pour seureté Messire Henry de Ligniville , Chevalier , lequel
semblablement demeura & se constitua pleige pour icelui
Jeannon, de le rendre à ladite journée à eux assignée, vif ou
mort, & satisfaire au surplus , ainsi que par Nous seroit avisé :
Aprés lesquelles seuretez ainsi faites & baillées , iceux Roquelor
& Jeannon, & chacun d'eux, Nous promirent par la foy &
serment de leurs corps, donnée en nôtre main, de comparoir
à la Journée, Lices & Places, que leur assignâmes pour combattre ; lequel jour leur donnâmes & assignâmes en presence
de nôtredit Conseil, au vingt-deuxiéme jour du mois d'Octobre aprés ensuivant, audit an , qui seroit jour de Mardy, en
nôtredite Ville de Nancy ; lequel jour, lieu, & place icelles
Parties eurent pour agréable , & l'accepterent ; & en cette
même heure & lieu , icelui Roquelor presenta audit Jeannon,
qu'il élût & nommât, comme il entendoit & vouloit icelui
Combat être fait , & à queuls Armes ; lequel Jeannon déclara , qu'il entendoit combattre à cheval & en harnois de
Guerre ; à Palastron, Lances, Epées, Dagues & Masses pareilles , & de même mesure & longueur , dont ledit Roquelor fut
content , & à tant se partirent icelles Parties de nôtre presence.
Pendant lequel jour de Combat à venir , fimes , & ordonnâmes
faire

faire en nôtre Ville de Nancey , au lieu dit le Château , un Champ à doubles Lices , fermé de deux Portes ; & aux quatre bouts d'icelui Champ , Tournelles ou petits Chauffaux , pour être les Rois d'Armés ou Herauts affiſtans audit Champ ; & tout à l'entour deſdites Lices étoit revêtu & plein de Chauffaux , ainſi qu'il eſt accoutumé faire en tel cas : Et advenant ledit vingt-deuxiéme jour d'Octobre , qui étoit le jour aſſigné auſdites Parties pour faire ledit Combat , environ dix heures devant midy ; Nous accompagnez de pluſieurs Comtes, Seigneurs, Chevaliers , Eſcuyers , & autres notables Perſonnes , comparûmes ſur ladite Place & ou Chaffaux por Nous ordonné , & par nôtre Maréchal ou ſon Lieutenant , fut fait & ordonné icelui Champ , & le circuiment deſdites Lices fourni & environné de Gentilshommes , Chevaliers , Eſcuyers , & autres Gens de Guerre armez & embâtonnez , comme il appartenoit à garder ledit Champ ; & on dedans d'icelui furent mis quatre notables Chevaliers ; à ſçavoir nos tres-chers & feaux Meſſires Didier de Landres , Joffroy de Baſſompierre , Philippes de Ragecour , & Jehan de Bande , armez de toutes piéces , & la tête couverte par eſtoutez , qui firent le ſerment en tel cas accoutumé ; & ce fait , par Lorraine nôtre Héraut , furent faites les Proclamations à ce ſtatuées & ordonnées : Et environ les douze heures , & heure de midy dudit jour , ledit Jeannon de Bidotz monté ſur un Cheval bardé , & armé de toutes armes , tenant une Lance en ſon poing , & ayant l'Epée & la Dague ceints , & la Maſſe à l'arçon de la Selle , s'en vint preſenter à l'entrée des portes dudit Champ , de couſté ſeneſtre , diſant y avoir jour à l'encontre de Baptiſte de Roquelor , pour combattre & défendre ſon honneur , à la charge & demande qu'il lui avoit faite pardevant Nous , ſoy preſentant de ſa part y ſatisfaire ; & lui étant à ladite porte , par nôtre Ordonnance & Commandement , fut envoyé à icelle Meſſire Hardouin de la Faille , Chevalier , Lieutenant , & par Nous commis au lieu de nôtre Maréchal , accompagné

de deux Chevaliers ; à fçavoir Meffire Thomas de Paffenhof-
fen , Bailly de Vaudémont , Simon des Armoifes , Bailly de
Saint Michel , Lorraine nôtre Héraut , Guillaume Duret nôtre
Secretaire ; lequel Meffire Hardouin demanda audit Jeannon
ce qu'il queroit & demandoit : à quoy icelui Jeannon , par
un fien Procureur & avoué , fit réponfe ; difant qu'il fe venoit
prefenter pardevant Nous comme fon Juge competent , pour
fatisfaire au jour , lieu , & heure par Nous à lui affignée à
l'encontre de Baptifte de Roquelor , pour foy combattre comme défendant , fur la charge & demande que lui en avoit
été faite par ledit Roquelor pardevant Nous ; requerant que
la porte dudit Champ lui fût ouverte , & qu'il fût reparty
de fa portion dudit Champ , du Vent , du Souleil , & de tout
ce qui lui étoit convenable & néceffaire pour faire fondit
combat ; en proteftant qu'il peut icelui faire à cheval ou à
pied , ainfi que mieux lui femblera : Et fi ledit Roquelor fon
adverfaire ne comparoiffoit , ou n'étoit venu au jour & heure
que faire devoit , qu'il fût déchû , & convaincu , & ne fût de
là en avant reçu , veu qu'il étoit Appellant & Demandeur :
Et s'il comparoiffoit , & portoit d'autres Armes audit Champ,
qu'il ne dût porter , & qu'elles avoient été devifées , qu'elles
lui fuffent ôtées , & en lieu d'icelles n'en pût autres porter ni
avoir : Pareillement proteftoit que fi ledit Roquelor fon Ennemi avoit Armes forgées par mauvais arts , charmes , ou in-
vocations , de même qu'elles lui fuffent ôtées , & qu'il fût
puni comme faux & mauvais ennemi de Dieu , avec autres
proteftations par lui faites en tels cas accoutumez. Outre
plus , requeroit icelui Jeannon , que congié & licence lui fût
par Nous donnée de porter foin & avoine audit Champ pour
fon cheval , fi befoin lui faifoit , & que avecque lui en icelui
Champ fuffent , c'eft à fçavoir nôtre Coufin Jean Comte de
Saulme , le Sieur de Citain , Meffire Achilles de Beauvau , le
grand Bertrand , & Meffire Henry de Ligniville , fa feureté ,
avec fon Avocat ou avoué ; & que en entrant oudit Champ,

il pût haulier la vifiere, & dedans fon Pavillon foi défarmer
de fon Armet & Gardebras, pour foy refrefchir : Et que veu
qu'il comparoiffoit & fatisfaifoit à la Journée, que ledit de
Ligniville fa feureté, fût par Nous tenu quitte & déchargé ; &
de toutes icelles Preftations & Requêtes, en demanda inftru-
ment : Et ce fait, retourna ledit Meffire Hardoüin pardevant
Nous, Nous fignifia la venuë & prétention dudit Jeannon de
Bidotz, & la requête par lui faite, telle que deffus : Sur quoy
par Nous fut ordonné audit Meffire Hardoüin lui faire ouverture dudit Champ, & en icelui le laiffer entrer avec fefdits Confeillers & Pleige, ce qu'il fit ; & pardevant Nous ledit Jeannon fe vint prefenter monté & armé comme il appartenoit ; & par fondit Avocat ou avoué, Nous fit dire,
qu'il fe prefentoit pardevant Nous, comme fon Juge competent, & étoit venu au jour & heure à lui affignée, pour faire
fon devoir à l'encontre de Baptifte de Roquelor, pour foy
défendre des charges à lui baillées, le chargeant de fon honneur, & de fa foy & promeffe, ainfi que plus à plein étoit
déclaré au Procés & Jugement de Gage de Bataille par Nous
baillé ; lefquelles paroles il Nous bailla en un petit Billet plus
amplement, & à tant par nôtre Congié & Licence, s'en retourna avec fefdits Confeillers en fon Pavillon & Tente :
Aprés lefquelles chofes ainfi faites & avenuës, en attendant
la venuë & prefentation dudit Roquelor, comme faire fe devoit, attendîmes & demeurâmes en nôtre Siége environ l'efpace d'une heure ; & fur le point d'une heure aprés midy,
ou peu aprés, voyant que ledit Roquelor ne venoit ni ne fe
comparoiffoit aucunement, à l'inftance & requête dudit
Jeannon & de fefdits Confeillers, fut ledit Roquelor cité &
proclamé pour la premiere fois, à haute voix, par ledit Lorraine nôtre Héraut, en trois parties dudit Champ ; fçavoir,
fur les deux portes d'icelui, & au milieu, s'il étoit point illec,
pour fatisfaire à la Journée à lui affignée à aujourd'hui pardevant Nous, comme Appellant & Requerant, à l'encontre du-

dit Jeannon , défendant ; lequel Roquelor ne se presenta ne
comparut aucunement : Et néanmoins ne fut pour lors procedé ne baillé défaut à l'encontre de lui , ainçois differâmes
en icelui , attendant encore par l'espace d'une autre heure ;
laquelle heure passée & expirée , qui pouvoit être environ
deux heures aprés midy , derechef fimes proclamer , à haute
voix & intelligible , pour la seconde fois , icelui Roquelor , par
ledit Lorraine nôtre Héraut , aux lieux & en la forme & maniere que dessus , lequel semblablement ne vint , ne comparut ; & derechief attendîmes icelui Roquelor par une autre
heure , esperant qu'il viendroit ; & icelle heure passée , &
qu'il étoit sur le point de trois heures aprés midy , encore
une autre fois , & pour la troisiéme , le fimes crier & proclamer hautement & publiquement par icelui nôtre Héraut , és
trois lieux que dessus , lequel ne vint ne comparut ; & peu
aprés icelles trois Criées faites , icelui Jeannon avec sesdits
Conseillers , vint pardevant Nous , & Nous requit incessamment , que veu la journée assignée audit Roquelor , & les
Criées & Proclamations contre lui faites , à laquelle il ne
comparoissoit , que défaut lui fût octroyé contre lui , portant
tel profit que par Nous il fût dit & déclaré Récréant , &
convaincu de la requête & demande qu'il lui avoit faite , &
lui d'icelle tant quitte & absoult , & les seuretez dudit Roquelar condamnées à lui satisfaire de toutes pertes , dommages & interests qu'il avoit eus , soutenus & supportez à la
Cause dessusdite , & pour l'occasion d'icelle ; & que icelui
Messire Henry son Pleige , fût tenu quitte & déchargé entié-
rement de la promesse & seureté par lui faite , veu le devoir
en quoy il s'étoit mis : sur laquelle demande & requête prî-
mes avis & consultation avec plusieurs de nos Vassaux &
Conseillers , & par leur avis fimes venir pardevant Nous ledit
Thierry de Lenoncour , Sieur de Haroüel , auquel fimes dire
& remontrer la requête que faisoit contre lui ledit Jeannon ,
comme seureté & pleige dudit Roquelor , en lui demandant

qu'il vouloit répondre & dire fur la demande d'icelui Jeannon :
lequel Sieur de Haroüel demanda être reparty de confeil, qui
lui fut octroyé ; & au retour de fon confeil , dit & fit dire,
que verité étoit qu'il s'étoit conftitué feureté & pleige pour
ledit Roquelor, d'être & comparoir à ladite journée par Nous
affignée ; & que ce qu'il en avoit fait, l'avoit fait pour l'amour
& honneur de Nous & de nôtre Duché , & afin qu'il ne fût dit
que ledit Roquelor, qui étoit d'étrange Pays, & non de nôtredit
Duché , par défaut de feureté, dût perdre le droit & querelle
par lui prétenduë , & ne l'avoit fait au contempt & malveil-
lance dudit Jeannon ; & tenoit & réputoit icelui Roquelor fi
homme de bien , que s'il n'avoit extrême exoine de fon corps,
comme de mort , de vilaine & étrange provifion, qu'il comparoîtroit par tout le jour & fufdite journée, lequel jour devoit
avoir tous fes membres ; à fçavoir dés Lundy jufqu'au lendemain enfuivant à ladite heure de midy ; requerant avoir dila-
tion jufqu'à icelle heure de midy ; & que fi dans ledit temps
il ne venoit , il étoit prêt & appareillé d'en faire tout ce que
à raifon appartiendroit , & que par Nous en feroit jugé : laquelle réponfe fut déclarée & notifiée audit Jeannon , & fon
Confeil , & demandé qu'il vouloit dire à l'encontre ; lequel
Jeannon fit dire par fondit Avocat, que ledit Sieur de Haroüel
n'étoit recevable à dire & demander délay jufqu'audit lendemain, mais lui devoit être octroyé defaut par lui requis : La raifon étoit, parce que la journée étoit audit Roquelor à lui affignée
ce jourd'huy , & que icelui Roquelor étoit Appellant & Demandeur , lequel de raifon, & felon tout droit d'Armes, devoit
premier comparoir , & du plus tard dedans l'heure de midy ,
ce qu'il n'avoit fait ; & néanmoins que l'avions attendu jufqu'à
l'heure devant quatre à cinq heures aprés midy, & ne s'étoit
comparu ni prefenté lui folemnellement, par trois fois crié &
proclamé, & par grand intervalle de temps ; par quoy icelui
défaut lui devant être octroyé , & ledit Seigneur de Haroüel
comme Pleige & feureté, condamné en fes dépens, dommages

& interefts : Sur quoy fut repliqué par ledit Sieur de Haroüel, difant, comme deffus, qu'il fçavoit & connoiffoit ledit Roquelor fi homme de bien, que s'il n'avoit leale exoine, comme de mort, ou de vilaine provifion, qu'il comparoîtroit ledit jour à fadite Journée, & qu'il devoit avoir vingt-quatre heures d'efpace & d'induces, dedans lequel temps il efperoit qu'il viendroit pour faire fon devoir : Et fi dedans ledit temps il ne venoit, fe foûmet de faire ce que tenu en étoit, felon l'obligation où il s'eft foûmis : Et toutefois fi Nous trouvions par confeil qu'ainfi il ne fe dût faire, il s'en foumettoit du tout à ce qu'il Nous plairoit ordonner.

Et de la part dudit Jeannon fut fur ce dit & repliqué, en requerant toujours défaut, comme deffus ; difant icelui de Haroüel non être recevable à dire & requerir avoir temps de vingt-quatre heures d'induces, pour les raifons par lui alléguées ; en Nous requerant icelui de Haroüel être condamné & contraint à lui rendre & payer, comme feureté dudit Roquelor, les dépens, dommages & interefts par lui faits & foutenus à cette Caufe, prenant droit fur ce, ainfi que le devons dire & jugier.

Et par ledit de Haroüel fut dit au contraire, foutenant ce que deffus il avoit allégué ; requerant toujours avoir le temps & efpace de vingt-quatre heures d'attenduë dudit Roquelor, lequel il efperoit venir & comparoir à fadite Journée, s'appointant en droit, que ainfi le devons-nous bailler & octroyer.

Aprés toutes lefquelles chofes ainfi faites & advenuës, & les Parties étant en droit, comme dit eft, par l'avis, confeil, & meure délibération de plufieurs Comtes, Barons, Chevaliers, Efcuyers, & autres Gens de nôtre Confeil, en grand nombre, fut par Nous donnée & renduë Sentence & Jugement fur les chofes deffufdites, en la forme & maniere qui fuit.

C'E s t à fçavoir, que veuë l'Affignation de journée par Nous faite aufdites Parties à ce jourd'huy en cette nôtre Ville de Nancey, fur le Gage jetté par ledit Roquelor, & couvert par ledit Jeannon, la prefentation & devoir fait par icelui Jeannon ; & que ledit Roquelor, qui étoit Appellant & Requerant, n'eft venu comparoir, comme faire devoit, lui fufdit attendu, crié & proclamé à haute voix intelligible, par trois fois, & trois intervalles de temps, qui a été d'heure à autre, & que ledit jour eft comme expiré, ou peu s'en faut, pource qu'il eft entre cinq & fix heures, & le Souleil fur le point de fe coucher, & autres raifons & confiderations à ce Nous mouvans; que Défaut feroit octroyé & baillé audit Jeannon, & le lui donnâmes & octroyâmes à l'encontre dudit Roquelor, portant tel proufit, que au moyen dudit Défaut, Nous déclarâmes & déclarons icelui Baptifte de Roquelor être Récréant, & convaincu, & totalement déchu de la demande, querelle, & petition par lui faite audit Jeannon, & pour laquelle il l'avoit chargé de fon honneur, & jetté fon Gage, fans jamais aucune chofe lui en pouvoir demander; en quittant & abfolvant icelui Jeannon de ladite demande & charge à lui donnée, & le rétabliffant à fon honneur, & ainfi qu'il étoit auparavant ledit Gage, fans jamais aucune chofe lui en pouvoir demander ; en quittant & abfolvant icelui Jeannon de ladite demande & charge à lui donnée, & le rétabliffant à fon honneur, ainfi qu'il étoit auparavant ledit Gage jetté : Et outre plus, déclarâmes & déclarons ledit Meffire Henry de Ligniville, comme Pleige & feureté dudit Jeannon, quitte & déchargé totalement d'icelle Pleigerie ; & donnâmes & avons donné congié & licence audit Jeannon foy partir dudit Champ, & retirer à fon logis, ou que bon lui femblera d'aller, comme celui qui bien & fuffifamment s'eft acquitté & fatisfait à ladite Journée par Nous affignée pour le cas deffufdit, à l'encontre dudit Roquelor : Et fi condamnons icelui Thierry de Lenoncour, Sieur de Haroüel, comme Pleige & feureté dudit Roquelor, de payer & fatisfaire icelui Jeannon des dépens, dommages & interefts qu'il a eus & encourus à l'occafion de la pourfuite contre lui faite par ledit Roquelor, felon ce qu'il fera trouvé par le droit

& raifon que faire fe devra ; La taxation & modération d'iceux, dépens & interefts à Nous réfervez. De toutes lefquelles chofes ledit Jeannon nous requit avoir nos Lettres de Sentence, que lui octroyâmes, pour lui valoir ce que de raifon. En témoin de ce, Nous avons à cefdites Prefentes fait mettre & appofer nôtre Scel. Donné en nôtre Ville de Nancey ledit vingt-deuxiéme jour d'Octobre, l'an de grace mil quatre cens quatre-vingt deux. Ainfi figné à la marge, R E N E'. *Et au reply*, Par Monfeigneur le Duc, Meffieurs les Comtes Philippes de Linanges, Bailly d'Allemagne, Federic de Bifche, & Waucaire de Linanges, le Sieur de Mornay, Meffire Jean Ruffe fon frere, Jehan Wiffe de Gerbevillers, Chevalier, Bailly de Nancey; Philippes de Lenoncour, Sieur de Chamby, Monfieur Jacques Mernant, Procureur General de Lorraine, & plufieurs autres prefens, & du Secretaire Guillaume Duret.

Signé, CHATEAUNEUF.

Le Jugement ci-deffus eft rapporté par curiofité, pour faire connoître l'ufage abufif de ce temps-là, & la forme finguliere de ces Jugemens.

ACTES PUBLICS
POUR LES DUCHEZ
DE LORRAINE
ET DE BAR.

INDVLTVM

Sanctisima memoriæ Domini Leonis Papæ X. in favorem claræ memoriæ Antonii Lotharingiæ & Barri Ducis, & Successorum ejus.

XIMIÆ devotionis affectus, & fidei constantia, quæ dilectus Filius nobilis Vir Antonius, Lotharingiæ & Barri Dux, ad nos, & Romanam Ecclesiam gerere comprobatur, promerentur, ut illa sibi favorabiliter concedantur, per quæ subditorum suorum indemnitatibus indebitisque vexationibus valeat salubriter provideri, & in eis nostri Pastoralis officii partes favorabiliter impendantur, prout personarum, ac locorum, & aliis qualitatibus diligenter consideratis conspicimus in Domino salubriter expedire. Sanè pro parte dicti Antonii Ducis, Nobis nuper exhibita petitio continebat, quòd licet de omnibus & singulis tam forensibus, quam ejus Vassallis, & subditis, Justitiæ complementum ministrari faciebat tam ipse , quam ejus Vassalli sub-

T t

diti prædicti, nec non familiares, & Curiales parati sint omnibus
de se conquerentibus coram Judicibus, aliisque idoneis compe-
tentibus, & ordinariis, in Ducatibus Lotharingiæ & Barriducis,
ac aliis Dominiis temporalibus ipsius Antonii Ducis constitutis
in Justitia respondere ; nihilominùs quamplures, tam ex Vassallis
& subditis prædicti Ducis, Vassallos, & subditos pro causis in quibus possent coram Judicibus ordinariis in Dominio temporali
ejusdem Ducis consequi justitiæ complementum, tam prætextu
Litterarum, Commissionum Apostolicarum, quàm aliàs, non
solùm ex Diœcesi ipsorum subditorum ; sed etiam extra Dominium temporale prædicti Ducis, & plerumque in Romana Curia
faciunt ad judicium evocari; proptereaque subditi & Vassalli prædicti sic extra eorum Diœcesim, ac etiam Dominium ejusdem
Ducis ad judicium tracti, laboribus & expensis fatigantur, &
sæpius gravia pericula rerum & personarum incurrunt, & non-
nulli execrandâ ambitione dominati, personas Ecclesiasticas in
Ducatibus, & Dominiis prædictis beneficia Ecclesiastica obtinen-
tes, præsertim valetudinarios, & senes, etiam postquam illa per
annum, & aliquando per triennium, & ultra pacificè possederunt,
nunc titulos fingendo, nunc crimina impingendo, in eorum beneficiis inquietant & molestant; unde sæpenumerò possessores
vexationem redimere coguntur, aliquando autem destituti, &
desperati, in anxietate decedunt ; Quare pro parte ejusdem Antonii Ducis Nobis fuit humiliter supplicatum, ut ejus honesto
desiderio annuere, & aliis in præmissis opportunè providere de
benignitate Apostolicâ dignaremur. Nos igitur eundem Antonium Ducem, qui & dilecti filii nostri Joannis Sancti Onophrii
Diaconi Cardinalis frater Germanus existit, à quibusvis excommunicationis, aliisque ecclesiasticis sententiis, & censuris, &
pœnis, si quibus quomodo libet innodatus existit, ad effectum
Præsentium dumtaxat consequendum harum serie absolven-
tes, & absolutum fore censentes, supplicationibus inclinati.
Quod ipsius Ducis Vassalli, & subditi mediati, vel immediati,
nec non communitates, Universitates, & singulares personæ,
tam Laïci, quam Clerici sæculares, & regulares Ducatûs, & Domi-

niorum prædictorum pro quibufcunque caufis , tam fpiritualibus, quam civilibus & mixtis forum Ecclefiafticum quomodo libet concernentibus, ac etiam beneficialibus, exceptis majoribus, per Confervatores ac alios quofcunque Judices, & in Romana Curia deputatos, etiam Caufarum Palatii Apoftolici Auditores, & eorum locum tenentes , quavis auctoritate fungentes quarumcumque Litterarum , & Commiffionum Apoftolicarum vigore , quafcunque etiam efficaciffimas , & infolitas , etiam derogatoriarum derogatorias claufulas in fe continentium, nunc, & pro tempore impetratarum, extra Ducatum & Dominium , feu Civitatem, terras, caftra, & loca eidem Duci mediatè , vel immediatè fubjecta , & ad Romanam Curiam ad quarumvis perfonarum , Univerfitatum , Collegiorum , tam Ecclefiafticorum , quam fæcularium perfonarum inftantiam citari , aut aliàs quomodolibet ad judicium evocari non poffint, nec debeant, fed hujufmodi caufæ in partibus coram Judicibus ad quos illorum cognitio de jure, vel præfcripta confuetudine , feu privilegio Apoftolico pertinere dignofcitur, in prima dumtaxat inftantia ufque ad diffinitivam fententiam inclufive dignofcantur & decidantur, & quòd nulli ante latam' diffinitivam Sententiam appellare liceat, nec appellatio fi fuerit interpofita admitti debeat, nifi ab interlocutoria, vel gravamine, negotium principale minimè concernente, quod per appellationem ac diffinitivam reparari nequeat; ita tamen quòd in aliis inftantiis caufæ ipfæ in dicta Romana Curia decidi poffint , & quod quidem Judices in partibus caufas eafdem eorum in prima inftantia pendentes fub excommunicationis & privationis beneficiorum per eos obtentorum eo ipfo incurrendæ pœnâ, infra annum à die motæ litis terminare, ac partes diffugientes , & expeditiones caufarum hujufmodi màlitiosè impedientes , debitis pœnis, & ad juris in hujufmodi caufis , feu rebus fuper quibus agitur propofitis, fi eis videbitur, privationem mulctare debeant, & teneantur auctoritate Apoftolicâ, Tenore Præfentium perpetuò ftatuimus , & ordinamus , decernentes , omnes & fingulos proceffus, fententias & cenfuras, quos, & quas contra Præfentium tenorem quâvis etiã Apoftolicâ auctoritate, abfque earumdem Præſentium allegatione, & exhibitione, ſeu productione ullam vim habere, nec non quidquid aliàs ſecùs à quocumque & per Nos, & Sedem prædictam, etiàm motu proprio & ex certa ſcientia, ac de Apoſtolicæ poteſtatis plenitudine, & de conſenſu Fratrum noſtrorum S.R.E. Cardinalium factum fuerit, nullo modo derogari poſſe, neque eis derogatum cenſeri, niſi id per Nuncium, & Litteras Apoſtolicas ſub plumbo trinis vicibus, ita ut ſemper, & qualibet vice trimeſtre intercedat, eidem Antonio, & pro tempore exiſtenti Lotharingiæ & Barriducis Duci ſignificatum fuerit, & non aliàs, aliter, nec alio modo, ſicque per quoſcunque Judices, & Commiſſarios, & Conſ. S. R. E. Cardinales tum Palatii Auditores in dicta Curia, vel extra eam judicari, ſententiari, interpretari, & definiri debere, ſublatâ eis quavis aliter judicandi, ſeu ſententiandi, interpretandi, & definiendi facultate, & auctoritate, ſcienter, vel ignoranter, per Nos, aut Sedem prædictam contigerit attentari. Quò circa dilectis filiis Archidiacono de Riparia in Eccleſia Virdunenſi, & Remenſi, ac Cathalaunenſi Officialibus mandamus, quatenus ipſi, vel duo, aut unus per ſe, vel alium, ſeu alios, prædicto Antonio, & pro tempore Lotharingiæ & Barriducis Duce inſtante, ordinatione & decreto præſenti pacifice frui, & gaudere non permittentes, eoſque deſuper quomodolibet moleſtari, aut perturbari, contradictores compeſcendo, non obſtantibus Conſtitutionibus, & Ordinationibus Apoſtolicis contrariis quibuſcunque, aut ſi aliquibus communiter, vel diviſim ab eadem ſit Sede indultum, quod interdici, ſuſpendi, vel excommunicari non poſſint per Litteras Apoſtolicas, non facientes plenariam, & expreſſam, ac de verbo ad verbum de indulto hujuſmodi mentionem. Nulli ergo omninò hominum, &c.

Datum Romæ apud S. Petrum, ſexto Kalendas Junii, Pontificatûs noſtri anno nono.

TRAITE'

Entre l'Empereur Charles-Quint, & Antoine Duc de Lorraine & de Bar.

Du 14 May 1522.

CHARLES par la divine Clemence, élû Empereur des Romains, toujours Augufte, Roy de Germanie, des Efpaignes, d'Arragon, de Navarre, des deux Siciles, de Jerufalem, de Hongrie, de Dalmatie, de Croatie, &c. Archiduc d'Auftriche, Duc de Bourgongne, de Lothier, de Brabant, de Stier, de Carinte, de Carniole, de Lembourg, de Luxembourg, & de Gheldres; Comte de Habfbourg, de Flandres, de Tirol, d'Artois, de Bourgongne; Palatin de Haynaut, Lantgrave d'Elfats, Prince de Zwane; Marquis de Burgau & du Saint Empire, de Hollande, de Zeelande, de Ferrette, de Kiburg, de Namur & de Zutphen; Comte Seigneur de Frife, des Marches d'Efclavonie, de Portenau, de Salins, & de Malines. A tous ceux qui ces prefentes Lettres verront, Salut. Comme n'aguaires fur les Remontrances faites de la part de nôtre Coufin le Duc de Lorraine & de Bar, &c. par fes Ambaffadeurs étans lors vers Nous en nôtre Ville de Bruxelles, des attentats & entreprinfes qu'ils difoient & maintenoient avoir été faites & commifes fur les Sujets de nôtredit Coufin de Lorraine, contre & au préjudice des Traitez étans entre Nous & lui, & mêmement de celui de l'an mil cinq cens & ung, entre feurent le Roy Dom Philippe de Caftille mon Seigneur & Pere, lors Archiduc; & René, lors Duc de Lorraine & de Bar, Pere de nôtredit Coufin le Duc de Lorraine moderne, aufquels Dieu faffe mercy, pour eulx & leurs Succeffeurs, Nous euffions commis & député aucuns de nos privez Confeillers, pour faire traiter & convenir avec lefdits Ambaffadeurs de Lorraine; lefquels Ambaffadeurs & Députez pour l'obfervation du

T t iij

dit Traité & réparations des choses attentées, aprés avoir sur ce communiqué par ensemble, ayent fait, traité, convenu & accordé certain appointement & département, dont la teneur s'ensuit. Comme les Ambassadeurs de Monseigneur le Duc de Lorraine & de Bar, &c. étans presentement vers la Majesté de l'Empereur, lui ayant entr'autres choses fait remontrance des attentats & entreprinses faites & commises depuis aucun temps en ça, sous ombre de la Guerre, & autrement, sur les Sujets desdits Pays de Lorraine & de Bar, par aucuns Capitaines & Gens de Guerre tenans Garnison pour ledit Seigneur Empereur, en ses Villes & Places de la Frontiere du Duché de Luxembourg, contre & au préjudice du Traité fait, accordé & conclu en l'an 1501, entre feuz le Roy Dom Philippe, lors Archiduc d'Austriche, &c. & René Duc de Lorraine & de Bar, &c. contenant entr'autres choses en substance, les Points & Articles que s'ensuivent.

Premierement, que lesdits Princes, ne leurs hoirs, ne pourroient, ne devroient jamais faire ne inferer guerre l'un contre l'autre pour les choses passées ; & si pour l'avenir aucunes entrefaites surviennent par eux, leurs Serviteurs & Sujets, ja pour ce ne se pourroient ou devroient plus avant adommager ou guerroyer, ains se devroit l'entrefaite mettre à néant ; les gaiges & prinses faites rendre à caution, ou autrement mettre à délivre, en se soumettant quant ausdits Seigneurs Princes, à quelques Juges neutres, pour les questions & differends oyz d'une part & d'autre, y appointer amiablement, ou par voye de Justice & de raison, ainsi que seroit vû appartenir : & quant aux autres leurs Sujets, iceux seroient par lesdits Seigneurs contraints à faire restitution & réparation des attentats & executions faites, & de leurs questions principales, l'acteur poursuivroit le défendeur pardevant son Juge, selon la nature & condition des cas, en suivant les Droits & Coutumes des Pays. Item, que lesdits Seigneurs ne pourroient ne devroient en leursdits Pays, Terres & Seigneuries, recepter aucuns des Ennemis de l'autre, ne iceux garder, soutenir, porter ou défendre à l'encontre de lui, ses Pays & Seigneuries : mais aprés ce que l'un d'eux en auroit été notifié & requis, seroit tenu celui en qui Pays ils feroient, de les chaffer, ou du moins les arrêter & détenir fur voye de Droit, fi faire fe pouvoient, pour y être fait & procedé comme à Juftice appartiendroit. Item, que les Nobles, Bourgeois, Marchands, & autres Sujets defdits Seigneurs, pourroient feurement aller, venir, paffer, & repaffer par les Pays d'iceux, de jour & de nuit, marchandement & au- trement, fans armes, en tous leurs négoces, en payant leurs dépens, paffages & droits accoutumez, fans les oppreffer ne exi- ger d'eux plus que leur deu. Seront auffi tenus en bonne feureté de tous leurs hommes & fujets, & autres, fans fouffrir par iceux leur faire force, violence ou oultraige en leurs perfonnes, ne en leurs biens ; & fi aucuns defdits Pays étoient trouvez faifans le contraire, en détrouffant ou adommaigeant lefdits paffans & repaffans, le Seigneur en qui Pays fe feroit fait, feroit tenu faire reftitution, d'autant que les biens des délinquans étant en leur puiffance, fe pourroient extendre, fans malengin. Item, que fi pour l'avenir quelques-uns defdits Princes, ou leurs hommes, pré- tendoient aucunes querelles ou actions l'un contre l'autre, pour chofes avenües depuis cette prefente Paix & Appointement, & dont ils ne fe pourroient accorder amiablement, ja pourtant ils ne devroient entrer en guerre ou remife de fait l'un envers l'autre, ains feroit tenu le défendeur incontinent, à la requête de l'Acteur, nommer & députer deux de fes Confeillers, pour avec deux autres étant de la part de l'Acteur, en être décidé & définy par droit, tout ainfi & en la maniere qu'il eft dit deffus. Mais fi quelques- uns des Sujets de l'un defdits Seigneurs faifoit action à l'autre, icelui ne pourroit ne devroit pourfuyr par autre façon, fors par la Juftice ordinaire des Pays dudit Défendeur, & felon le Stil, Ufaige & Coutume d'icelui Pays. Lefdits Ambaffadeurs ou nom de leurdit Seigneur & Maître, requerant audit Seigneur Empe- reur, qu'en ayant regard aux chofes deffufdites, & que ce Traité & Articles deffus mentionnez, ont été corroborez, ratifiez & ap- prouvez par lefdits Seigneurs Empereur & Duc moderne, fon plaifir foit faire réparer ces attentats & entrefaites deffufdits, & pourvoir à ce que le contenu efdits Articles foit obfervé & entretenu pour l'avenir. Icelui Seigneur Empereur ayant entendu lesdites Remontrance & Requête, a commis & député aucuns de ses privez Conseillers, pour sur ce communiquer avec lesdits Ambassadeurs & Députez de Lorraine ; lesquels aprés aucunes communications sur ce tenuës, ont avisé, convenu & accordé par ensemble, ou nom de leursdits Maîtres, ce que s'ensuit.

A sçavoir, que Information & Enquêtes seront faites & tenuës des attentats & entrefaites qui peuvent avoir été commises d'une part & d'autre contre & au préjudice des Traitez & Articles dessus déclarez : Que iceux attentats, s'aucuns en sont trouvez, seront réparez ; & que pour l'avenir icelui Traité, & mêmement lesdits Articles seront gardez, observez & entretenus selon leur forme & teneur ; & qu'à cette fin Lettres Patentes seront dépêchées d'une part & d'autre en bonne & ample forme, par lesquelles sera mandé à tous Capitaines, Justiciers & Officiers desdits Princes, chacun en son endroit, de observer & entretenir, & faire garder & observer ledit Traité, & proceder contre les transgresseurs selon le contenu desdits Articles ; & que icelles Lettres se délivreront l'un & l'autre en dedans un mois prouchain venant. Fait à Bruxelles, sous les signes manuels des Ambassadeurs deputez dessusdits, le vingtiéme jour de Mars, l'an mil cinq cens vingt & un. Sous-signé N. Henin, de Patth, Caulier, Laurent Hannson, Thomas de Saint Chamond, C. de Haraucourt, C. Saintillier. Sçavoir faisons, que Nous ayant ledit Appointement & Departement pour agreable, & le voulant faire sortir effet, & de nôtre part finir & accomplir ce que par icelui a été traité, convenu & accordé entre nos Députez & les Ambassadeurs dessusdits, tous ledit Appointement & Département dessus inseré, & tout le contenu en icelles, avons loué, gréé, ratifié, émologué & approuvé, louons, gréons, ratifions, émologons & approuvons par ces Presentes, sans toutes uoyes aucunement préjudicier aux Traitez par ci-devant faits entre lesdits feurent Seigneurs le Roy mon Seigneur & Pere, & le Duc René de Lorraine & de Bar. Si donnons en mandement à nos amez & feaulx les Lieutenant, Gouverneur, & Gens de nôtre Conseil de Luxembourg, Prevôts

de

de Luxembourg , de Thionville , d'Arlon , de Baftongne, de
Marche , d'Ivoix, de Danvillers, de Verron , de Marville, & à
tous nos autres Jufticiers & Officiers cui ce regarde, leurs Lieutenans, & à chacun d'eux en droit foy , & fi comme à lui appartiendra , que ledit Appointement & Département , & tout le
contenu en cefdites Prefentes , ils publient ou faffent publier
chacun és mettes & limites de fon Office , où l'on eft accoutumé faire cris & publications , tellement que nul n'en puiffe prétendre caufe d'ignorance : Et ce fait, ils & tous nos autres Jufticiers , Officiers & Sujets cui fe peut & pourra toucher & regarder , gardent & obfervent , & faffent garder & obferver étroite-
ment tout le contenu en cefdites Prefentes & Articles deffufdits ;
en faifant exprés commandement , inhibitions & défenfes de par
Nous, à tous nos Capitaines, Gens de guerre & Sujets, de quelque
état ou condition qu'ils foient, qu'ils & chacun d'eux, en fon endroit , fe gardent de faire attenter ou entreprendre, ou fouffrir
attenter ou entreprendre aucune chofe contre les Sujets de nôtredit Coufin de Lorraine , au préjudice des Traité , Articles &
Appointement deffufdits : ains fi aucune chofe leur veulent que-
reller & demander , qu'ils le faffent felon la forme & teneur d'i-
ceux Traité & Articles, & non autrement : Et fi aucune chofe
étoit faite , attentée ou innovée au contraire , la réparent & re-
mettent , ou faffent réparer & remettre incontinent & fans délay,
au premier état & deu , procedant & faifant proceder à l'appré-
henfion , punition & correction des tranfgreffeurs & defobéiffans,
quelque part qu'ils foient, ou pourront être trouvez, & appréhen-
dez rigoureufement & fans déport , à l'exemple de tous, nonobftant oppofition ou appellation faite ou à faire ; pour lefquelles ne voulons l'execution & obfervation de cefdites Prefentes
être differée ou délayée en aucune maniere : Car ainfi Nous plaift.
En témoin de ce , Nous avons fait mettre nôtre Scel à ces Prefentes. Donné en nôtre Ville de Bruges le quatorziéme jour de
May , l'an de grace mil cinq cens vingt-deux , & de nos Régnes,
à fçavoir de celuy des Romains & de Hongrie, le troifiéme ;& des
Efpaignes, le feptiéme. Ainfi figné, CHARLES. *Et au reply*
V u

desdites Lettres, Par l'Empereur, Madame, Monseigneur le Car-
dinal de Liége, le Seigneur de Ravestein, le Comte de Nassou,
Grand Chambellan, Vons l'Archevêque de Pallerme, l'Evêque de
Pallen, les Comtes de Bremen, Capitaine general de Hoochstrate,
& Chief des Finances, & Dupont de Vaulx, Maréchal de Bour-
gongne ; le Seigneur de Samzell, Vice-Roy de Naples, & Grand
Escuyer ; le Seigneur de Berghes, Messire Jehan Raimffoult,
Chevalier, Treforier general des Finances, & autres presens.
Q. Dubliont. Collation est faite. *Visa, &c.*

TRANSACTIO NORIMBERGICA.

Nos CAROLUS QUINTUS Dei gratiâ Roma-
norum Imperator semper Augustus, Rex Germaniæ,
Castellæ, Arragoniæ, Legionis, Utriusque Siciliæ, Hie-
rusalem, Hungariæ, Dalmatiæ, Croatiæ, Navarræ, Granatæ,
Toleti, Valentiæ, Gallitiæ, Majoricarum, Hispalis, Sardiniæ,
Cordubæ, Corsicæ, Murciæ, Giennis, Algeroniæ, Algericæ,
Gibraltarii, Insularum Canariæ, Balearium, & Indiarum, ac Terræ
Firmæ Maris Oceani, Archidux Austriæ, Dux Burgundiæ, Lo-
tharingiæ, Brabantiæ, Stiriæ, Carinthiæ, Carniolæ, Limburgiæ,
Luxemburgiæ, Geldriæ, Calabriæ, Athenarum, Neopatriæ, &
Wittembergæ, Comes Habspurgi, Flandriæ, Tyrolis, Goriciæ,
Barcinonæ, Artesiæ, Burgundiæ, Palatinus Hannoniæ, Hollandiæ,
Zelandiæ, Ferreti, Kiburgi, Namurci, Rossilionis, Cerinthaniæ
& Zutphaniæ, Landgravius Alfatiæ, Marchio Burgoviæ, Oristani
& Gotziani ; Princeps Sacri Romani Imperii, Sueviæ, Cataloniæ,
Asturiæ, Dominus Frisiæ, Marchiæ Sclavonicæ, Portus Naonis,
Biscayæ, Molinæ, Salinarum, Tripolis & Mechlimæ, &c. Cer-
tificamus per Præsentes pro Nobis & nostris in Imperio Succes-
soribus, & notum facimus Universis, quòd cùm Illustrissimus
DUX LOTHARINGIÆ ANTONIUS, Consanguineus &
Princeps noster, nobis repræsentasset Pactum & Tractatum per-

petuum, qui (poſt multas propoſitiones, allegationes, & negotiationes ratione eorum quæ Nos & Sacrum Romanum Imperium tangunt in Ducatu Lotharingiæ, & in ejus dependentiis,
veluti, Albomonte, Muſſiponte , & ſimilibus) initus fuit, adæ-
quatus, & concluſus in ultimis Comitiis anni M. DXLII. in noſtra
& Imperiali Civitate Norimbergâ inter ſereniſſimum & poten-
tiſſimum Principem Dominum FERDINANDUM , Romanorum, Hungariæ, & Bohemiæ Regem, Archiducem Auſtriæ, &
Comitem Tyrolis, noſtrum Fratrem dilectiſſimum , noſtro nomine ex unâ, & dictum noſtrum Conſanguineum Ducem Lotharingiæ ANTONIUM, ex alterâ partibus, de ſcientiâ, conſi-
lio, & aſſenſu noſtrorum, & Sacri Imperii Electorum Principum,
& Ordinum in dictis Comitiis congregatorum , nec non Am-
baſciatorum eorum, qui abſunt; in eo quod in poſterum debebit
obſervari, cum dilectione ſuâ ejus hæredibus, & Ducatu Lotharingiæ cum ſuis dependentiis (uti ſupra dictum eſt) in futuris
taxis, negotiationibus, & cauſis tam fiſcalibus quàm aliis , qui
Tractatus de verbo ad verbum eſt tenoris ſequentis.

FERDINANDUS I. ROMANORUM REX.

NOs FERDINANDUS, Dei gratiâ Rex Romanorum
ſemper Auguſtus, Rex Germaniæ , Hungariæ, Bohemiæ,
Dalmatiæ, Croatiæ & Sclavoniæ, Archidux Auſtriæ, Dux Burgundiæ , Brabantiæ , Stiryæ , Carinthiæ , Carniolæ , Princeps
Wittembergæ, Sueviæ, Marchio Sacri Imperii Romani, Burgoviæ,
Moraviæ, Superioris & Inferioris Luſatiæ, Vicecomes Habſpurgi,
Tirolis, Ferreti, Kiburgi & Goriciæ , Landgravius Abſatiæ, Dominus Marchiæ Sclavonicæ , Portus Naonis, & Salinarum, &c.
Certificamus per Præſentes, & notum facimus Univerſis, quòd
cùm Illuſtriſſimus Dux Lotharingiæ per ſuos Legatos repræſen-
taſſet Sacræ Cæſareæ Majeſtati Dilecto Fratri noſtro ac Domino,
nec non & Electoribus , Principibus & Ordinibus Sacri Imperii
in quibuſdam præteritis Comitiis , & nominatim in poſtremis
Ratiſbonæ & Spiræ celebratis ; quòd non obſtante quod ejus

Ducatus Lotharingiæ , eſſet Status liber , & nemini ſubjectus, tantùm quòd ipſe feudatarius erat, & ad ſuam Majeſtatem Cæſaream , & Sacrum Imperium attinebat ratione quarumdam Ditionum particularium ſui Ducatûs ; ipſe tamen & ſubditi ejus frequenter moleſtabantur collectis Imperialibus , & litibus fiſcalibus Judicum & Aſſeſſorum Cameræ Imperialis, in cauſis Appellationum , Mandatorum, & aliis : Id quod nunquam antea fuerat factum , ut ipſe confidebat ſe poſſe ſufficienter oſtendere, ſi eſſet neceſſarium , quod illo non obſtante, atque ut Sua Majeſtas Cæſarea , Electores , Principes, & Ordines Imperii manifeſte cognoſcerent, quòd ipſe magis cupiebat vivere in quiete & pace cum Suâ Majeſtate , & Statibus Sacri Romani Imperii, quàm in diſcordia ; rogabat ut ipſe cum Cæſarea Majeſtate, Electoribus, Principibus , & Ordinibus Sacri Imperii ad pactionem & rerum adæquationem admitteretur, etſi nullâ obligatione obſtrictus eſſet ; offerebatque quòd ratione feudorum particularium , quæ pauca erant, conſentiret annis ſingulis juſtam & congruentem ſummam pro ſuſtentatione Cameræ Imperialis perſolvere ; nec non & alias taxationes, & Collectas ; quæ inter S. R. I. Ordines generales exæquari ſolent ; cum ea tamen conditione, quòd ipſe volebat illud onus ſupra ſe ſuſcipere, & illud perferre non tantùm ratione feudorum particularium , ſed & propterea quòd illa incorporata erant in ſuo Ducatu , ut etiam ipſe, & totus Lotharingiæ Ducatus protegerentur & defenderentur eodem modo & formâ quo cæteri Ducatus, & Status Sacri Imperii protegi ac defendi ſolent ; ſub conditione etiam , quòd ratæ partes quas deberet ipſe perſolvere, moderatæ eſſent, ita ut ipſe & ejus hæredes illas ferre & pati poſſent; cum terræ ipſius feudales, quas relevabat à Sacro Imperio ex feudo & feudo ſubalterno, tam tenuis annui redditûs eſſent, ut in multis annis non poſſent adæquari cum ratâ parte unius Principis Electoris.

Contra quæ fuit replicatum , quòd Nos & Ordines Imperii Generales ex facta inquiſitione credebamus & exiſtimabamus, Ducatum Lotharingiæ eſſe & de jure eſſe debere ſubditum Sacro Imperio , habitâ ratione , quòd Duces Lotharingiæ temporibus

præteritis & huc ufque comprehenfi funt & fuerunt in taxationi-
bus Imperii, quemadmodum probari poffet, præter alia in hanc
rem haud minimi momenti argumenta.

Nihilominùs visâ & cognitâ bonâ & propensâ voluntate quam
dictus Illuftriffimus Dux habet erga Sacrum Imperium, Nos ex
parte Suæ Majeftatis Cæfareæ, Dilecti noftri Fratris & Domini,
& pro nobis ipfis ad ulteriorem conferentiam tranfivimus, cum
ejus Legatis, fcilicet Claudio de Piliers Baillivo Spinalli, Domino
de Jandelencourt, Dominico Champenoys Jurium Doctore,
fupplicum Libellorum Magiftro, Nicolao de Lefcut, & Joachimo
Groninger Jurium Doctore ; & illi reciprocè Nobifcum, nomine
fui dicti heri Ducis Lotharingiæ, virtute Litterarum credentiæ
& poteftatis fufficientis, quas in hunc effectum producebant,
cum fcientiâ, confilio & confenfu Electorum Principum, Ordinum, & pro abfentibus Legatorum, poftque multas propofitio-
nes, allegationes, & negotiationes ex utrâque parte, tandem inter nos convenimus virtute præfentis inftrumenti, meliori formâ,
pactione, & modo quo id fieri debet & poteft, ita ut dictus nofter
Confanguineus Dux Lotharingiæ Antonius, & ipfius hæredes,
non tantùm cum membris aut ftatibus particularibus depen-
dentibus ex feudo & feudo fubalterno ab Imperio, verùm etiam
cum Ducatu Lotharingiæ, & iis quæ ad illum pertinent, tan-
quam ad Ducatum nempe, Album-Montem, Muffipontem, &
fimilia, manere debeant in pofterum & in perpetuum fub tutelâ
& defenfione Imperatoris, Regis Romanorum & Sacri Imperii, uti
virtute præfentis Pacti ex parte Cæfareæ Majeftatis per Nos ipfos
recipimus Dictum noftrum Confanguineum Ducem Antonium,
& ejus hæredes, nec non & Ducatum Lotharingiæ, fub pro-
tectione, tutelâ & defenfione Cæfareæ Majeftatis, noftrâ, & Sacri
Imperii. Cujus rei causâ offert Dux Antonius, pro fe, & fuis hæredibus, ferre & perfolvere ratam fuam portionem de omnibus
& qualibufcunque taxis & contributionibus quæ imponentur &
concedentur à Statibus generalibus Sacri Imperii, quod eft tertiâ
parte minus eo quod uni Principi Electori imponitur ; ita ut fi
alicui Electori trecenti Floreni Collectæ loco imponuntur, præ-

V u iij

dictus Dux Antonius ejufque hæredes ducentos florenos folvant, atque etiam ita in majoribus & minoribus collectis computando. Præterea pro folutione talium Collectarum & contributionum pro confervatione publicæ Pacis erectæ in Imperio, pro fecuritate & falvo conductu Cæfareæ Majeftati & nobis Romanis Imperatoribus, & Regibus qui quoquo tempore erunt, Sacro Romano Imperio, ejufdemque Jurifdictioni fuberunt, & ad id fpectabunt. Aliàs autem ipfi, cum Ducatu Lotharingiæ, ejufdemque fubditis, ab omnibus proceffibus, mandatis, citationibus & Judiciis Sacri Romani Imperii, tam in primâ quam aliis inftantiis, liberi & exempti erunt; nullifque proceffibus, mandatis, citationibus, appellationibus acceptandis, aliifque negotiis, quocumque fub titulo, nullo excepto, nifi iis quæ ad folutionem Collectarum & Impofitionum ad manutentiam Pacis publicæ, & ad fecuritatem & falvum conductum, uti prædictum eft, fpectabunt, relinquentur immunes, Ducatufque Lotharingiæ, cum fuis appertinentiis, liber & non incorporabilis Ducatus erit, & manebit femper, & à Cæfareâ Majeftate, Nobis & Electoribus, Principibus, atque Statibus Sacri Imperii, pro libero & non incorporabili Ducatu, Superioritate & Principatu recognofcetur, nominabitur, & habebitur. Quidquid autem prædicti noftri Confanguinei Ducis Antonii Majores Lotharingiæ Duces, & ipfe hactenus à Romanis Imperatoribus, Regibus, & Sacro Romano Imperio aliàs in feudum habuerunt, receperunt, ac tulerunt, ipfe Dux Antonius, ejufque Succeffores in futurum eodem modo in feudum habebunt, & decenti modo recipient & ferent; in hoc tamen excepto Lotharingiæ Ducatu, qui liber & non incorporabilis erit Ducatus, & manebit femper. Et quia prætactus Dux Antonius, pro fe, fuifque hæredibus, iftum Tractatum & Compofitionem agnovit & acceptavit, promittimus & affecuramus nomine Romanæ Cæfareæ Majeftatis, & pro Nobis ipfis, vigore harum Litterarum, quòd Sua Majeftas, uti Romanus Imperator, Nos, omnefque noftri Succeffores in Imperio, prædictum Ducem Antonium, ejufque & Ducatûs Lotharingiæ Succeffores, ad inftar aliorum Sacri Romani Imperii Ducatuum & Statuum tue-

bimur & defenfabimus, neque ulteriùs quàm pro iis quæ fpeɗant
ad Impofitionem, Pacem publicam, fecuritatem & falvum con-
duɗum, ut fupra, in noftram & Sacri Imperii fubjeɗionem &
Jurifdiɗionem trahemus aut cogemus.

Cujus accommodationis gratiâ ex parte Cæfareæ Majeftatis,
& noftrâ abfolutâ poteftate Imperiali & Regia, omnibus & quibufcumque Eleɗoribus, Principibus, Prælatis, Ecclefiafticis &
Sæcularibus, Comitibus, Baronibus, Militibus, Nobilibus, Præ-
feɗis Civitatum & Oppidorum Judicibus, maximè Affeſſoribus
Cæfareis, & noftris in Camerâ Imperiali Aulicis Confiliariis,
Juftitiæ Rotwillenfi, & cunɗis aliis Judicibus, Tribunalibus,
Burgenfibus, Communitatibus, omnibufque fubditis & fidelibus
noftris, & Sacri Imperii, cujufcumque dignitatis, ftatûs aut conditionis exiftant, feriò mandamus & jubemus, ne in pofterum
moleftent, vel perturbent diɗum Confanguineum noftrum Antonium, ejus hæredes aut fubditos, vel Ducatum Lotharingiæ
contra hunc noftrum Traɗatum, Paɗionem & Tranfaɗionem,
imò quòd illos in ea manuteneant, tueantur & protegant ex
parte Cæfareæ Majeftatis, noftrâ, & Sacri Imperii ; permittendo
illis libertate & conceffione iftâ penitùs gaudere ; ita ut iis non
fiat, aut fieri permittatur quidvis in contrarium. Pari modo ex
fupradiɗâ poteftate, mens noftra, ordo, & voluntas eft, ut in
pofterum diɗus Dux Antonius, ejus hæredes & fucceffores Duces
Lotharingiæ, & fubditi eorum, tam partiatim, quam generatim
nullâ moleftiâ afficiantur, neque per fifcalem Cæfareæ Majeftatis in Camerâ Spirenfi, neque per ullum alium, ratione taxatio-
num & contributionum, quæ ante diem harum Litterarum effla-
gitatæ fuerint, vel conceffæ in Sacro Imperio, neque pro trium
annorum fubfidio, quod ad refiftendum Turco conceffum fuit
in ultimis Comitiis Auguftæ, Ratifponæ, & Spiræ, ita ut nullo
modo pro eo moleftia iis inferatur, neque procedatur aut for-
metur ulla prætenfio contra illos, five in judicio, five extra :
Quando quidem illos, & eorum hæredes declaramus omnimodò
ab eo liberos, immunes, & exemptos. Annullamus, harum
virtute Litterarum, omnes lites, fententias, & judicationes,

quæ ob hanc cauſam & in hanc uſque diem factæ fuerunt vel declaratæ.

Declaramus inſuper, & jubemus, & volumus ex certâ ſcientiâ & ex prædictâ poteſtate, ut quidquid fuerit intentatum, factum vel obtentum contra præſens pactum noſtrum & capitulationem, aut in poſterum facturum ſit vel intentaturum, nullius ſit effectûs, quemadmodum hiſce litteris ex parte Cæſareæ Majeſtatis, & Nobiſmetipſis, poteſtate Cæſareâ, ac motu noſtro proprio pro nullo habemus, quodque valorem nullum habeat aut vigorem. Volumuſque ut ſit & maneat integrè conſervatus in hoc Tractatu noſtro, Tranſactione & Pacto, & quod præcisè & ſine fraude obſervetur. In cujus rei fidem Regium noſtrum ſigillum hiſce Litteris apponi mandavimus.

PRINCIPES ELECTORES.

ET Nos ALBERTUS Dei gratiâ Sanctæ Romanæ Eccleſiæ Preſbyter Cardinalis Tituli Sancti Petri ad Vincula,& Sanctæ Eccleſiæ Apoſtolicæ Legatus natus in Moguntiâ & in Epiſcopatu Magdeburgenſi Archiepiſcopus Moguntinus, Primas, Adminiſtrator Halberſtadienſis, Marchio Brandeburgi, Dux Stetini, Pomeraniæ, Caſſuborum & Wandalorum, Burgravius Norimbergæ, Princeps Rugiæ, Sacri Romani Imperii Archi-cancellarius per Germaniam; JOANNES LUDOVICUS, Electus & Confirmatus Archiepiſcopus Trevirenſis, S. R. I. Archi-cancellarius per Galliam, & Regnum Arelatenſe; HERMANNUS Archiepiſcopus Colonienſis, Dux Weſtphaliæ & Angriæ, Adminiſtrator Paderbornenſis, S. R. I. Archi-cancellarius per Italiam; LUDOVICUS Comes Palatinus Rheni, Dux Bavariæ, S. R. I. Archidapifer, omnes Electores, fatemur virtute harum Litterarum, quòd ſupra dicta omnis Negotiatio, Tranſactio, & Pactio jam ante ventilatæ fuerant in Imperialibus Comitiis Spirenſibus per Suam Majeſtatem, Romanorum Regem Dominum noſtrum Clementiſſimum nomine, & ex parte Cæſareæ Majeſtatis, noſtri item Domini Clementiſſimi, & nunc iterùm tractatæ fuerunt & concluſæ in his ultimis Comitiis Norimbergenſibus, cum

ſupra

supra dictis Consiliariis & Legatis Illustrissimi Principis ANTONII
DUCIS LOTHARINGIÆ nostri dilectissimi avunculi, cognati,
& amici, coram nostris Consiliariis, & aliorum Principum Electorum, cum maturo consilio, bonâ notitiâ, & voluntate illorum,
nec non aliôrum Principum & Ordinum Imperii, ac Legatorum
pro absentibus, ad dicta Comitia Norimbergensia congregatorum.
Cui Pacto nos consentimus, illud ratificamus, & confirmamus
per Præsentes, in omnibus & quibuscumque punctis suis & articulis, pro Nobis, nostris successoribus, & hæredibus. In cujus rei
fidem Nos & Collegæ nostri, & absentium Legati, in hac Norimbergensi Civitate congregati, ad instantiam & requisitionem
Legatorum dicti Ducis, singuli nostra sigilla præsentibus Litteris
apposuimus, cum sigillo suæ Majestatis Romanæ. ACTUM in
nostrâ & Imperiali Civitate Norimbergensi, die XXVI. mensis
Augusti, anni gratiæ M. D. XLII. Regnorum nostrorum, Romani
duodecimo, aliorum decimo sexto.

CAROLUS QUINTUS IMPERATOR.

CUm autem nobis humiliter postulasset DUX ANTONIUS,
ut nobis placêret confirmare & ratificare Transactionem
istam secundùm suam formam & tenorem, prout supra descripta
est, attentâ humili ejus petitione, continuoque amore & affectu,
quo sua Dilectio fertur erga Nos, & Sacrum Imperium, confirma-
vimus & ratificavimus ex certâ scientiâ, animo deliberato, & maturo consilio, supradictum Tractatum in omnibus suis punctis,
clausulis, & articulis, juxta suum tenorem, Partium intentionem,
& contenta in illo, confirmamus illum & ratificamus plenariâ
potestate Cæsareâ per Præsentes; estque nostra intentio, declaratio
& voluntas, ut dicta Transactio exactè observetur, & vigorem habeat in omnibus suis punctis, ut ante est dictum, & quòd dictus
Antonius, ejusque hæredes, & subditi illorum, Ducatus Lotharingiæ & dependentiæ illius, eâ in posterum uti, frui, & gaudere pos-
sint, absque ullo impedimento, per Nos aut Successores nostros,
aut quemvis alium. Promittimus etiam, ut ante dictum est, virtute
Præsentium, quòd dictum Ducem Antonium, ejus hæredes, &

X x

eorum fubditos, Ducatum Lotharingiæ, & ejus dependentias finemus illâ gaudere & frui, & quòd manebunt integrè cum illâ fine impedimento noftro, fucceftorum noftrorum, & hæredum, & quorumvis aliorum, & quod illum confervabimus, tuebimur, & defenfabimus in hac Tranfactione & Pacto ; in quo fi inveniatur aliquis error aut defectus, fuppleri volumus, & emendari fupradictâ noftrâ Cæfareâ & plenariâ poteftate, non obftantibus quibufvis mandatis, confuetudinibus, ufibus aut exemptionibus in contrarium, quibus omnibus in hoc cafu volumus effe derogatum. Et idcirco omnibus & quibufcumque Electoribus, Principibus, Ecclefiafticis & Sæcularibus, Comitibus, Baronibus, Militibus, Nobilibus, Capitaneis, & aliis Officialibus, Præfectis Civitatum, & Oppidorum, Judicibus & Juftitiis, præfertim verò Judici noftro, & Affefforibus Cameræ noftræ Imperialis Rotwillenfis, & aliis omnibus Judicibus, Juftitiis, Confiliariis, Burgenfibus, Communitatibus, aliifque noftris & Imperii fidelibus fubditis, cujufcumque ftatûs, qualitatis & conditionis exiftant, feriò injungimus, ne dicto Duci Antonio, ejus hæredibus, aut eorum fubditis, neque etiam Ducatui Lotharingiæ, cum ejus dependentiis, ullum impedimentum afferant in ifta Tranfactione & Pacto, neque in hac noftrâ illius confirmatione; quin immò illos tueantur & defendant ex noftrâ & Imperii parte, finendo illos in fuâ fruitione confuetâ; abfque ullâ re in contrarium attentatâ, nec attentari permifsâ; neque nofter Cameræ Procurator Generalis Cæfareus, nec alius, in rebus contentis in prædicto Pacto lites movere poffit contra dictum Ducem Antonium, ejus hæredes, & eorum fubditos, & Ducatum Lotharingiæ, neque procedere, aut actum ullum contra illos formare in judicio, aut extra, neque gravare aut moleftiam illi quovis modo inferre : Quia talis eft expreffa noftra voluntas harum teftimonio Litterarum, manu noftrâ propriâ fubfcriptarum, & figillo noftro Imperiali munitarum. ACTUM in noftrâ & Imperiali Civitate Spirenfi, XXVIII die menfis Julii M. DLIII. Regnorum noftrorum XXVIII.

TRAITE' ET CONCORDAT
Fait entre le Roy Charles I X. & Charles I I I.
Duc de Lorraine & de Bar.

Du 25 Janvier 1571.

A Tous ceux qui ces prefentes Lettres verront : Antoine
du Prat, Chevalier de l'Ordre du Roy, Seigneur de Nan-
toüillet, Precy, Rozoy, & de Fournieres, Baron de Thiert,
Thourry & de Viteaux, Confeiller de Sa Majefté, fon Chambellan ordinaire, & Garde de fa Prevôté de Paris, SALUT. Sçavoir
faifons, fur ce que tres-haut & tres-puiffant Prince Charles Duc
de Calabre, Lorraine, Bar, Gueldres, Marchis, Marquis du
Pont-à-Mouffon, & Comte de Vaudémont, difoit & maintenoit,
qu'à Lui & fes Prédeceffeurs Ducs de Bar, appartenoient les
droits de Régale & de Souveraineté, à caufe du Duché de Bar
& Terres ci-aprés déclarées, dont tant Lui que fes Prédeceffeurs
auroient joüi de tout temps & ancienneté, paifiblement & fans
contredits, fuivant leurs anciens Titres, Chartres & Pancartes ;
Toutefois le Procureur General du Roy & fes Subftituts és Siéges
ordinaires de Sens & de Chaumont en Baffigny, lui auroient
voulu révoquer en doute lefdits droits ; ce qui auroit fait mouvoir entre fes Sujets plufieurs procés & differends, tant civils que
criminels, en la plufpart defquels il auroit été contraint de fe
rendre partie, tant pour le foutenement de fes droits, que fup-
port de fes pauvres Sujets : Aufquels differends ledit Sieur Duc
defirant trouver quelque réglement & accord, il auroit plufieurs
fois interpellé défunt de bonne mémoire, le Roy Henry, que
Dieu abfolve, de lui en faire raifon ; ce qu'il lui auroit volontairement accordé, donnant charge à fes Avocats & Procureurs
Generaux d'y entendre & s'en inftruire, tant par conference ver-
bale, que communication de Titres & Enfeignemens ; ce qu'ayant
été commencé dés-lors, n'auroit pû recevoir fa perfection, au

X x ij

moyen des mutations & affaires refpectivement furvenuës ; tellement que les chofes feroient demeurées en état jufqu'à ce temps ; auquel voyant les chofes rétablies, & une pacification générale, il fe feroit prefenté au Roy, fuppliant tres-humblement Sa Majefté, que fon bon plaifir fût d'acheminer tous ces differends à quelques fins & affurances, tant pour lui que pour fa poftérité : chofe que ledit Seigneur Roy auroit eu pour agréable ; & pour cette caufe, auroit ordonné que toutes les Piéces concernant ledit differend, fuffent derechef refpectivement communiquées, tant à fon Procureur General, qu'aux Gens & Confeil dudit Sieur Duc, ce qui auroit été amplement fait d'une part & d'autre : Et fur la communication defdites Piéces, auroit ledit Seigneur Roy par une & deux fois ouï tant ledit Procureur & fes Avocats Generaux, que le Confeil dudit Sieur Duc, en la prefence de la Reine fa Mere, Meffieurs les Ducs d'Anjou & d'Alençon fes Freres, Meffieurs le Cardinal de Bourbon, Duc de Montpenfier, Prince Dauphin & de Nevers, les Sieurs de Morvilliers & de Limoges, & autres plufieurs Seigneurs de fon Confeil Privé ; avec lefquels ayant amplement conféré des perplexitez & molefties réfultantes defdits differends : Et ouï mêmement audit Confeil ledit Procureur General, affifté de deux Avocats dudit Seigneur Roy, lequel lui en auroit fait fidel rapport fur toutes lefdites Piéces ; finalement le tout veu & meurement pefé, fe feroit ledit Seigneur Roy condefcendu à faire le prefent Contract, en la forme & maniere qui s'enfuit.

Pour ce eft-il, que ce jourd'huy, datte de ces Prefentes, font comparus perfonnellement pardevant Martin Rouffel & Claude Barreau, Notaires établis dudit Seigneur Roy, en fon Châtelet de Paris, Tres-Chrétien, Tres-Haut, Tres-Puiffant & Tres-Excellent Prince Charles IX. par la grace de Dieu, Roy de France, en la prefence & affifté de la Reine fa Mere, Monfeigneur le Duc d'Anjou Frere du Roy, Monfeigneur le Cardinal de Lorraine, Meffeigneurs les Ducs de Nemours, de Nevers & de Montmorency, Meffieurs de Morvilliers, de Limoges, de Valance, de Birague, de Lanfac, de Foix, & plufieurs autres

Seigneurs de fon Confeil Privé, d'une part : Et Tres-Haut & Tres-Puiffant Prince Charles Duc de Calabre, Lorraine, Bar, &c. d'autre part. Lefquelles Parties ont reconnu & confeffé avoir fait le Traité & Accord qui enfuit.

C'eft à fçavoir, que pour pacifier & mettre fin à tous procés & differends, tant meus qu'à mouvoir, à raifon defdits droits de Régale & Souveraineté ; ledit Seigneur Roy a accordé & octroyé, accorde & octroye pour lui & fes fucceffeurs Rois de France, audit Sieur Duc de Lorraine & de Bar fon Beaufrere, que tant lui que tous fes defcendans, qui tiendront les Piéces ci-aprés décla-rées, foient mâles ou femelles, puiffent jouïr & ufer librement & paifiblement de tous droits de Régale & Souveraineté, és Ter-res du Bailliage de Bar, Prevôté de la Marche, Châtillon, Con-flans & Gondrecourt, tenus & mouvans dudit Seigneur Roy, & dont ledit Sieur Duc lui en a fait la foy & hommage-lige, fors toutesfois & excepté, que pour le regard des Sentences & Juge-mens donnez par le Bailly de Bar, ou par le Bailly du Baffigny, efdites Terres mouvantes dudit Seigneur Roy, les appellations reffortiront immédiatement en la Cour de Parlement de Paris, finon que pour les petites Caufes n'excedantes la fomme dont les Juges Prefidiaux ont accoutumé de connoître ; lefquelles ap-pellations, foit dudit Bailly de Bar, ou dudit Bailly de Baffigny, en ce qui eft mouvant dudit Seigneur Roy, reffortiront au Bail-liage & Siége Préfidial de Sens, nonobftant que celles qui prove-noient ci-devant de la Prevôté de Gondrecourt, reffortiffent au-paravant audit Bailliage de Chaumont, dont la connoiffance & reffort lui eft ôtée, & attribuée aufdits Juges de Sens ; finon qu'aufdites appellations, ledit Sieur Duc, ou fon Procureur d'Of-fice, fût en qualité & inftance ; auquel cas ledit Seigneur Roy ac-corde, que lefdites appellations reffortiffent immédiatement en ladite Cour de Parlement, nonobftant que lefdites appellations fuffent difpofées d'être terminées & jugées audit Sens : Promet-tant ledit Seigneur Roy faire décerner audit Sieur Duc fes Paten-tes en forme de Chartres, & icelles faire homologuer en fa Cour de Parlement : Et moyennant les chofes fufdites, font tous lefdits

X x iij

procés & differends meus & à mouvoir, demeurez & demeureront terminez & aſſoupis : Et à l'entretenement de ce preſent
Contract, ſe ſont leſdits Seigneurs Roy & Duc volontairement
condeſcendus, & promis icelui executer ſelon ſa forme & teneur,
pour eux & leurs ſucceſſeurs. Leſquels preſens Traité & Accord,
& choſes ſuſdites, leſdits Seigneurs Roy & Duc promirent ; Sçavoir ledit Seigneur Roy, en parole de Roy, & ledit Sieur Duc, en
parole de Prince, avoir pour bien agréable, ferme & ſtable à toujours, ſans jamais aller ni venir au contraire, ains rendre & payer
tous couſts, frais, miſes, dépens, dommages & intereſts, qui faits,
ſoufferts, ſoutenus & encourus ſeroient par l'un d'eux, par le fait
& coulpe de l'autre, par défaut des choſes ſuſdites, ou d'aucunes
d'icelles, non faites & accomplies, par la forme & maniere que
dit eſt, ſous l'obligation ; Sçavoir eſt, de la part dudit Seigneur
Roy, de tous & un chacun les biens de ſa Couronne ; & ledit
Sieur Duc, de tous & un chacun ſes biens & ceux de ſes hoirs,
meubles & immeubles, preſens & à venir, qu'ils & chacun d'eux,
d'une part & d'autre, ont ſubmis & ſubmettent pour ce du tout à
la Juſtice, Juriſdiction & Contrainte de la Prevôté de Paris, &
de toutes autres Juſtices & Juriſdictions où ſçus & trouvez ſeront :
Renonçant par eux à toutes choſes generalement quelconques à
ceſdites preſentes Lettres contraires, leur effet, contenu & execution , & au droit diſant generale renonciation non valoir.
En témoin de ce, Nous, à la relation deſdits Notaires, avons fait
mettre le Scel de la Prevôté de Paris à ceſdites preſentes Lettres,
qui furent faites & paſſées au Château de Boulogne lés Paris,
l'an 1571, le Jeudy vingt-cinquiéme jour de Janvier : Et ont leſdits Seigneurs Roy & Duc, ſigné la Minute ſut laquelle les Preſentes ont été groſſoyées. *Signé*, ROUSSEL & BARREAU.
Et ſcellé de cire verte en lacs de ſoye bleuë.

LETTRES PATENTES ADRESSE'ES

par le Roy au Parlement, à la Chambre des Comptes, à la Cour des Aydes, aux Baillifs de Sens & de Chaumont, pour qu'ils ayent à faire lire, publier, enregiſtrer & executer le Concordat du 25 Janvier 1571, tranſcrit cy-devant.

CHARLES par la grace de Dieu, Roy de France : A nos amez & feaulx les Gens tenans nôtre Cour de Parlement de Paris, les Gens de nos Comptes, Conſeillers & Generaux de nôtre Cour des Aydes audit Paris, Baillifs de Sens & de Chaumont, ou leurs Lieutenans Generaux & Particuliers, & à chacun d'eux en droit ſoy, & ſi comme à lui appartiendra, Salut & dilection. Comme dés le 25 du mois de Janvier dernier, pour certaines bonnes cauſes & conſiderations à ce Nous mouvans, & même pour mettre fin au differend ci-devant, par pluſieurs fois intervenu, ſur les droits de Régale & Souveraineté, prétendus par nôtre tres-cher & tres-amé Frere le Duc de Calabre, Lorraine, de Bar & de Gueldres, Marchis, Marquis du Pont-à-Mouſſon, & Comte de Vaudémont, à lui appartenir és Terres du Bailliage de Bar, Prevôté de la Marche, Chatillon, Conflans & Gondrecourt ; Nous ayant fait avec icelui nôtre Frere les Concordat & Accord ci-attachez ſous le contre-ſcel de nôtre Chancellerie : Sçavoir vous faiſons, Que nous deſirant iceux être entretenus & obſervez, Nous voulons, vous mandons, & tres-expreſſément enjoignons, que leſdits Concordat & Accord, enſemble ces Preſentes, vous ayez à faire lire, publier & enregiſtrer en chacun de vos Siéges & Greffes, & du contenu en iceux faire jouïr & uſer nôtre Frere & les ſiens paiſiblement, ſans lui mettre ou donner, ni ſouffrir lui être fait, mis ou donné aucun empêchement ; lequel, ſi fait, mis ou donné lui étoit, faites incontinent réparer au premier état & dû : CAR tel eſt nôtre plaiſir, nonobſtant oppoſitions ou appellations, qu'aucuns de nos Officiers eſdits Siéges de Sens & de Chaumont, ou autres Particuliers pourroient former & interjetter, deſquelles Nous nous ſommes réſervé & à nôtre Perſonne, toute Cour , Juriſdiction & connoiſſance, privativement à tous autres ; & pour leſquelles oppoſitions ou appellations n'y voulons ni entendons être differé de paſſer outre à ladite Publication, ni nôtre Frere & ſes Officiers être cependant troublez ni empêchez à la jouïſſance du contenu en iceux Contrat & Accord. Donné au Château de Boulogne le ſeptiéme jour de Février, l'an de grace 1571 , & de nôtre Régne l'onziéme. *Signé*, CHARLES. *Et plus bas*, Par le Roy, la Reine ſa Mere, Monſeigneur le Duc, & pluſieurs autres Princes & Seigneurs de ſon Conſeil Privé, preſens. *Signé*, BRULART.

Et à côté eſt écrit, *Leu , publié & enregiſtré : Ouï ſur ce le Procureur General du Roy. A Paris en Parlement, le Roy y ſéant, le 13 Mars 1571.* Signé, DU TILLET.

Leuës , publiées & enregiſtrées en la Chambre des Comptes ; Ouï le Procureur General du Roy , ſelon & enſuivant la publication d'icelles , faite en la Cour de Parlement le 27 Mars 1571. Signé, DAVES.

Leuës , publiées & enregiſtrées en la Cour des Aydes à Paris ; Ouï ſur ce le Procureur General du Roy , le ſix Avril 1571. Signé, LE SUEUR.

DECLARATION DONNE'E PAR

le Roy Charles IX. le 13 Février 1573 , pour l'éclairciſſement du Concordat précedent , fait entre ledit Seigneur Roy , & Charles III. Duc de Lorraine & de Bar, le 25 Janvier 1571.

CHARLES par la grace de Dieu, Roy de France : A tous ceux qui ces preſentes Lettres verront, Salut. Comme par le Traité par Nous fait le 25 du mois de Janvier 1571, avec nôtre tres-

tres-cher & tres-amé Beau-frere le Duc de Lorraine & de Bar,
pour raison des differends de la Souveraineté du Bailliage de Bar
& Terres de la mouvance ; Nous aurions accordé qu'il jouît de
tous Droits Régaliens & de Souveraineté, sans rien excepter, retenir, ni réserver, fors la Foy & Hommage Lige, & Ressort par
appel : Et depuis par nos Lettres de Déclaration expédiées à nôtredit Beau-frere, dont les Vidimus sont ci-attachez, Nous aurions entr'autres choses, dit & déclaré, que suivant ledit Traité,
nôtredit Beau-frere connoîtroit en premiere Instance, de toutes
complaintes entre ses Sujets dudit Bailliage de Barrois & Terres
de la Mouvance, privativement à tous autres Juges, ausquels
Nous en aurions interdit & défendu toute Cour, Jurisdiction
& connoissance, nonobstant la prévention par eux prétenduë,
& tous autres Droits & Privileges, tant de Committimus, que
Mandemens de Scholarité, & autres quelconques ; Défendant
pareillement à nosdits Juges & Officiers, Gardes des Sceaux, de
n'expédier aucunes Lettres de Graces ou Pardons aux Habitans
dudit Pays de Barrois, par prévention ou autrement, si ce n'est
lorsque nos Juges seront saisis des Procés par appel : Néanmoins
le Substitut de nôtre Procureur General en nôtre Bailliage &
Siége Présidial de Sens, contrevenant aux susdits Traité & Déclaration, auroit voulu révoquer en doute, en une Cause pendante
pardevant eux, entre Jean Pigeart Appellant, d'une part, & De-
mange Jennin d'autre, que nôtredit Beau-frere eût pouvoir de
donner des Lettres de restitution en entier ; & auroit appellé de
l'Octroy desdites Lettres, par lesquelles nôtredit Beau-frere auroit fait mander, recevoir ledit Jennin à se désister & départir de
l'usage de certaine piéce maintenuë fausse, nonobstant les Déclarations par lui imprudemment & erronnement faites, qu'il
vouloit & entendoit se servir de ladite Piéce. Et en autre Instance,
auroit aussi débatu, qu'il n'étoit loisible à nôtredit Beau-frere, de
bailler aux Appellans reliefs d'Illico (ce qui toutefois ne peut être
justement controversé à nôtredit Beau-frere, en consequence dudit Traité) ou autres Lettres de Grace ou de Justice, selon l'exigence des cas : Contre la teneur duquel Traité, sont sesdits Sujets

Y y

attirez en premiere Inftance, pardevant le Grand-Maître Enquêteur & General Réformateur, ou fon Lieutenant en fon Siége
de la Table de Marbre de nôtre Palais à Paris, pour le fait &
réglement des Eaux & Forefts fituées audit Bailliage, & autres
Droits & connoiffances à lui appartenantes en toutes matiéres
fur fefdits Sujets, fi par Nous n'y étoit pourvû. Nous, à ces caufes,
defirant ledit Traité & Accord par Nous fait avec nôtredit Beau-
frere, & Déclaration fur icelui, fortir effet, & être obfervées de
point en point, felon leur forme & teneur ; avons, fuivant icelui,
dit & déclaré, difons & déclarons, voulons & Nous plaift ;

Que nôtredit Beau-frere & fes Officiers ayent la connoiffance
en premiére Inftance, de toutes Caufes & matiéres fur fes Sujets
dudit Bailliage & Terres de la Mouvance, fans que pour quel privilege que ce foit, ils puiffent être tirez ni diftraits hors dudit Bailliage, foit pardevant nos amez & feaux les Gens tenans nos Requêtes du Palais, ou pardevant nôtredit Grand-Maître Enquêteur
& General Réformateur des Eaux & Forefts à la Table de Marbre de nôtredit Palais à Paris ; nôtre Prevoft de Paris, ou fon
Lieutenant, Confervateur, Bailly de Sens, ou fon Lieutenant ;
aufquels, & à tous autres Officiers & Jufticiers, Nous avons interdit & défendu d'entreprendre aucune Jurifdiction, ou retenir la
connoiffance en premiere Inftance, pour quelque caufe que ce
foit, fur les Sujets de nôtredit Beau-frere dudit Bailliage de Bar,
& Terres de la Mouvance, dont Nous voulons, nonobftant lefdits Privileges & qualité des matiéres, la connoiffance être dé-
laiffée à nôtredit Beau-frere en premiére Inftance ; réfervant à
Nous toutesfois le Reffort par appel.

Enfemble voulons & entendons que nôtredit Beau-frere puiffe
& lui foit loifible d'octroyer toutes Lettres de Refcifions de Contracts, Reftitutions en entier, Reliefs d'Illico, & autres quelconques, Lettres de Grace ou de Juftice qui font requifes, felon
l'exigence des cas, fans qu'ils y puiffent être troublez ni empêchez par nôtredit Subftitut audit Bailliage de Sens, auquel Nous
avons impofé filence perpétuel quant à ce : Et à cette fin, avons
de nôtre certaine fcience, pleine puiffance & autorité Royale,

évoqué & évoquons à nôtre Perſonne, les appellations par ledit
Subſtitut & Partie privée, interjettées pour le fait ſuſdit.

Pareillement avons évoqué & évoquons à Nous, toutes &
chacunes les Inſtances pendantes pardevant nôtredit Grand-
Maître Enquêteur & General Réformateur, introduites depuis
ledit Traité, contre les Sujets de nôtredit Beau-frere ; enſemble
les Inſtances pendantes pardevant nôtre Prevoſt de Paris, ou ſon
Lieutenant, contre iceux Sujets, leſquels Nous avons renvoyé
& renvoyons pardevant ledit Bailly de Bar, ou ſon Lieutenant,
ou autres Juges ordinaires des Parties, pour y être fait droit ainſi
qu'il appartiendra par raiſon.

Outre ce, voulons & Nous plaiſt, les Stils anciens & uſitez, &
invetérez aux Prevôtez & Bailliages de nôtredit Beau-frere, mêmement touchant le temps de relever les appellations interjettées des Prevôtez, & reſſortiſſantes pardevant les Baillis de nôtredit Beau-frere, être inviolablement gardées, ſans que par aucuns
de noſdits Officiers ils puiſſent être réformez.

Sɪ ᴅᴏɴɴᴏɴs ᴇɴ ᴍᴀɴᴅᴇᴍᴇɴᴛ à nos amez & feaux les Gens tenans les Requêtes de nôtre Palais, Grand-Maître Réformateur
des Eaux & Foreſts, ou ſon Lieutenant en la Table de Marbre
de nôtre Palais, au Prevoſt de Paris, ou ſon Lieutenant, Bailly
de Sens, & à tous autres Juſticiers & Officiers qu'il appartiendra,
que nôtre preſente Déclaration, vouloir & intention, ils faſſent
lire, publier & enregiſtrer, & du contenu en icelles jouir nôtredit Beau-frere pleinement, ſelon leur forme & teneur, ſans y
contrevenir, ni permettre qu'il y ſoit contrevenu en aucune ſorte
& maniére que ce ſoit ; lequel, ſi fait, mis ou donné y étoit, voulons les choſes être remiſes en leur premier état : Et dés à preſent,
nonobſtant quelconques Reliefs d'appel, Mandemens, Défenſes,
& Lettres au contraire. Mandons au premier nôtre Huiſſier ou
Sergent, faire tous Exploits néceſſaires, ſans prendre Placet, Viſa
ni Pareatis ; Car tel eſt nôtre plaiſir. Donné à Paris le treiziéme
jour de Février, l'an de grace 1573, & de nôtre Régne le treiziéme.
Signé, C H A R L E S. *Et plus bas*, B ʀ ᴜ ʟ ᴀ ʀ ᴛ.

Y y ij

DECLARATION DONNE'E PAR

le Roy Henry III. le huit Aouft 1575. pour l'éclairciffe-
ment du Concordat fait entre le Roy Charles IX.
& Charles III. Duc de Lorraine & de Bar, le vingt-
cinq Janvier 1571.

HENRY par la grace de Dieu, Roy de France & de Pologne : A tous ceux qui ces prefentes Lettres verront, Salut. Nôtre tres-cher & tres-amé Frere le Duc de Lorraine & de Bar, Nous a fait dire & remontrer, que combien que par Traité & Accord fait entre nôtre tres-honoré Sieur & Frere le feu Roy Charles, que Dieu abfolve, & Lui ; leu, publié & enregiftré en nôtre Cour de Parlement à Paris, le 12 Mars 1571, & ailleurs où befoin a été, touchant le fait de Souveraineté, Droits de Régale & Jurifdiction au Bailliage de Bar, Prevôté de la Marche, Châtillons, Conflans & Gondrecourt, mouvans de Nous en Fiefs : Néanmoins depuis icelui Traité, fe font de nouveau fufcitez plufieurs difficultez & differends par nos Officiers, empêchans nôtredit Frere & fes Sujets en ladite jouïffance ; pource, peut-être, que ledit Traité eft conçu en termes généraux, & qu'il n'y a ample déclaration defdits cas de Régale & Droits de Jurifdiction ; A quoy nôtredit Frere Nous auroit fait tres-humblement fupplier pourvoir : Sçavoir faifons, que nous defirant icelui Traité & Accord fortir fon plein & entier effet, & ôter toutes caufes & occafions de difficultez, débats & contentions, afin qu'il n'y ait plus à l'avenir caufes ou raifons d'en douter : Aprés avoir derechef & d'abondant entendu en nôtre Confeil Privé, les droits, raifons & moyens refpectivement alléguez, tant par nôtre Procureur General, que les Gens de nôtredit Frere ; & veu tant les fufdits Traitez que Lettres de déclaration octroyées fur icelui par nôtredit feu Sieur & Frere, le tout attaché fous le contre-fcel de nôtre Chancellerie , avons par bonne & meure Délibération des Gens de nôtredit Conſeil, dit & déclaré, diſons & déclarons ;

Que n'avons entendu & n'entendons, ſous la réſervation de Fief & Reſſort, portée, & à Nous réſervée par le ſuſdit Traité, Nous prétendre autres Droits que de féodalité & connoiſſance des Cauſes d'appel tant ſeulement, & non autre choſe ; ſans aucunement entreprendre ſur les Droits , Us, Statuts & Coûtumes deſdits Bailliages de Bar & de la Mouvance , dont les Jugemens ſeront émanez.

Eſtant au pardeſſus de nôtre volonté & intention , que nôtredit Frere, & ſes Succeſſeurs, deſcendans de lui, ſeſdits Officiers, Vaſſaux & Sujets qui ſont de la Mouvance & Reſſort de nôtredite Cour de Parlement, ſoient conſervez en leurs libertez , franchiſes & immunitez.

Et que ſuivant le ſuſdit Traité & Accord, il jouïſſe ſur ſes Sujets de tous Droits de Régale & Souveraineté, & lui ſoit loiſible de faire en ſondit Bailliage & Terres ſuſdites, toutes Loix , Ordonnances & Conſtitutions, pour lier & obliger ſes Sujets à les garder & entretenir.

D'établir Coutumes générales, locales & particuliéres , Us & Stiles Judiciaires, ſuivant leſquels les Procés & Cauſes de Lui & de ſes Sujets ſeront jugez & terminez , à peine de nullité : Qu'il puiſſe faire donner Réglemens de ſes Officiers , Juſtice & Juriſdictions.

Convoquer Etats.

Impoſer toutes Tailles & Subſides.

Conceder auſſi & octroyer à ſeſdits Sujets toutes ſortes de Lettres de Relief d'Illico, des appellations interjettées des Prevoſts au Bailly de Bar , Benefices d'âge , Reſciſions de Contracts, Reſtitutions en entier, toutes Graces , Pardons, Rémiſſions, Annobliſſemens, Amortiſſemens , & tous autres Reliefs & Proviſions de Juſtice ; & qu'à icelles par lui décernées , l'on aura égard en jugeant les Procés & Cauſes d'apel.

Et ne ſeront les Procés & Inſtances de Lui & de ſes Sujets, ſous prétexte des Apellations interjettées par l'une ou l'autre des

Y y iij

Parties fur quelques incidens, évoquées au principal en nôtre Cour de Parlement, & Bailliage de Sens, finon en cas de droit, & que nôtredite Cour connoiffe qu'il y ait caufe néceffaire.

Pourra auffi nôtredit Frere faire forger Monnoye, & y donner cours en fondit Bailliage de Bar & Terres de la Mouvance, de telles fortes & efpeces, prix & valeur que bon lui femblera.

Et contraindre tous fefdits Sujets dudit Bailliage de Bar & fufdites Terres de la Mouvance, à fe fournir de Sel en fes Salines, en les faifant punir & corriger, s'ils faifoient au contraire; fans que Nous ou nofdits Succeffeurs les en puiffions empêcher.

Que lefdits Juges puiffent connoître en premiére Inftance de tous cas privilégiez, en toutes complaintes & poffeffoires de Benefices, & autres matiéres quelconques.

Et que fuivant ce qui a été de tout temps obfervé, fondit Bailly de Bar foit Réformateur de toutes les Sentences données par les Prevofts, Juges & Officiers de fes Vaffaux, tant en matiéres Civiles que Criminelles.

Et que fes Sujets ne puiffent être diftraits hors de leurs Jurifdictions ordinaires, par *Committimus*, Mandemens de Scholarité, Gardes gardiennes, ni autres Priviléges quelconques, pour être attirez en premiere Inftance, tant aux Requêtes du Palais, Siége de la Pierre de Marbre, aux Eaux & Forefts, qu'ailleurs.

Et que nos Sergens ne pourront exploiter ou executer aucunes Commiffions fans *Pareatis*, fi ce n'eft en cas de Reffort.

Et generalement, qu'il lui laiffe jouïr & ufer de toutes autres Régales & Droits de Souveraineté; en confirmant par Nous en tous points, autres Lettres de Déclarations ja fur ce accordées & octroyées par nôtredit feu Sieur Frere, dés le dix-huitiéme jour de Novembre 1572, & treiziéme Février 1573.

Si donnons en mandement à nos amez & feaux les Gens tenans nôtre Cour de Parlement à Paris, Chambre des Comptes, Cour des Aydes & Requêtes du Palais, Bailly de Sens, de Vitry & de Chaumont, & à tous nos autres Jufticiers & Officiers qu'il appartiendra, que nos prefentes Lettres de Déclaration, vouloir & intention, ils faffent lire, publier & enregiftrer, & du contenu en icelles laiſſer joüir & uſer nôtredit Frere & ſes Succeſſeurs pleinement & paiſiblement ; & à nôtre Procureur General d'en conſentir la publication & vérification à nôtredite Cour de Parlement : Car tel eſt nôtre plaiſir. En témoin de quoy Nous avons ſigné les Preſentes de nôtre propre main, & à icelles fait mettre & appoſer nôtre Scel. Donné à Paris le huitiéme jour d'Aouſt, l'an de grace 1575, & de nôtre Régne le deuxiéme. *Signé,* HENRY. *Et ſur le reply,* Par le Roy étant en ſon Conſeil, BRULART : Et ſcellé ſur double queuë du grand Scel de cire jaune.

Sur le reply eſt écrit ce qui s'enſuit. *Leuës , publiées , enregiſtrées ; Ouï ſur ce le Procureur General du Roy. A Paris en Parlement, le Roy y ſeant , le vingt-ſeptiéme jour d'Aouſt 1575.* Signé, DU TILLET.

Et encore eſt écrit ce qui s'enſuit. *Leuës , publiées & enregiſtrées ; Ouï le Procureur General du Roy en la Chambre des Comptes , en conſequence de la publication d'icelles faite en ladite Cour de Parlement de Paris , le vingt-uniéme jour de Novembre 1575.* Signé, DE LA FONTAINE.

Et depuis eſt encore écrit ce qui s'enſuit. *Luës , publiées & enregiſtrées en la Cour des Aydes de Paris ; Ouï le Procureur General du Roy , en conſequence de la vérification d'icelles faite en la Cour de Parlement , le Roy y ſeant , le cinquiéme jour de Février , l'an 1575.* Signé, LE SUEUR.

LETTRES PATENTES DU ROY HENRY III.

du 3 May 1578, confirmatives de la Déclaration don-
née par le Roy Charles IXe le 13 Février 1573, par
laquelle il est défendu à tous Huissiers & Sergens
Royaux de faire aucuns Exploits de Saisie, Arrests,
Executions, ni Adjournemens quelconques, dans le
Bailliage de Bar & Terres de la Mouvance, fors &
excepté les cas de Ressort par Appel.

HENRY par la grace de Dieu, Roy de France & de
Pologne : Aux Baillifs de Vitry, Sens & Chaumont, ou
leurs Lieutenans, & à tous autres Justiciers & Officiers
qu'il appartiendra, Salut. Nôtre tres-cher & bien amé Beau-frere
le Duc de Lorraine & de Bar, Nous a fait dire & remontrer,
que suivant le Traité & Accord fait entre nôtre tres-cher Seigneur & Frere, le feu Roy Charles, que Dieu absolve, & nôtredit Beau-frere, il auroit ordonné que par Lettres de Déclarations, ci-attachées sous le contre-scel de nôtre Chancellerie,
du 13 Février 1573, aucuns de nos Huissiers ou Sergens n'ex-
ploitassent au Bailliage de Bar, & autres Terres de la Mouvance
à lui appartenantes, par voye de Saisie, Arrests & Executions,
ne fassent Exploits ou Adjournemens quelconques, fors & excepté le cas de Ressort par Appel, en ce qu'il leur auroit tres-
expressément inhibé & défendu, à peine de nullité : Néanmoins
lesdits Sergens ne laissent de tourmenter les Sujets de nôtredit
Beau-frere, par plusieurs sortes d'executions, du tout contre ledit
Traité & Accord ; A quoy il Nous auroit supplié de pourvoir.
POUR CE EST-IL, que Nous, en confirmant lesdites Lettres cy,
comme dit est, attachées ; Vous mandons & tres-expressément
enjoignons, que vous ayez à faire lire & publier lesdites Lettres

de

de Déclarations, & du contenu en icelles faire jouïr nôtredit Beau-frere pleinement & paisiblement ; défendant à tous nos Huissiers ou Sergens de n'y contrevenir en aucune sorte & maniére que ce soit, à peine de nullité & d'amende arbitraire ; Car tel est nôtre plaisir : nonobstant quelconques Mandemens, Défenses, & Lettres à ce contraires. DONNE' à Paris le vingt-troisiéme jour de May, l'an de grace mil cinq cens soixante-dix-huit, & de nôtre Régne le quatriéme. *Au dessous desquelles Lettres est écrit*, Par le Roy, Signé, BRULART : Et scellé d'un grand Scel de cire blanche sur simple queuë.

TRAITE' DE NOMMENY,

Avec les Maître Eschevin, Treize, & Communauté de la Ville de Metz.

Du 18 Juin 1604.

CHARLES par la grace de Dieu, Duc de Calabre, Lorraine, Bar, Gueldres, Marquis de Pont-à-Mousson, d'une part ; Et Gergonne Feriet, Bourgeois, Citain, & Conseiller de Metz, au nom des Sieurs Maître Eschevin, & Gens des trois Etats & Communauté de ladite Ville de Metz, suivant leur résolution prise par écrit, en leur Assemblée générale, sur ce faite & tenuë audit Metz le 25 du mois de May dernier, sous la signature dudit sieur Maître Eschevin, principaux desdits Sieurs des Estats, Scel commun de ladite Ville en Placart ; promettant leur faire approuver & ratifier le present Traité dedans un mois de la datte d'icelui, d'autre. Sçavoir faisons, à tous ceux qui ces presentes Lettres verront, que dés l'an 1560, s'étans meus & suscitez plusieurs differends entre les Procureurs Generaux de Lorraine

Zz

& de Bar esdits Duchez, d'une part ; & lesdits de la Ville de Metz, d'autre ; sur les Droits de Régale & Souveraineté diversement prétendus de part & d'autre, és Villages de Marly, Jouy, Corny, Louvigny, Saulny, Pange, Mont, Colligny, Pornoy-la-Chetifve, Cuvry, Ban de S. Martin, & Fremelcourt ; aussi le Droit de Forfuyance, par la Coutume dudit Barrois, au Bailliage de S. Mihiel ; par vertu de laquelle lesdits Procureurs Generaux maintenoient lesdits de Metz & Sujets du Pays Messin ne pouvoir acquerir, succeder, ni autrement posseder bien audit Barrois, sans la permission de Nous Duc, sinon au danger de lui être acquis, ou à ses Vassaux, sous les hautes Justices desquels lesdits Biens se trouveroient assis : Lesdits de Metz soutenans au contraire, lesdits Droits de Régale & autres leur appartenir esdits Villages ; & davantage, que suivant les anciens Traitez de Paix autrefois faits entre les Ducs de Lorraine & de Bar, & eux, & notamment par celui de l'an 1325, ils avoient pouvoir d'acquerir audit Duché de Bar Fiefs, avec la permission des Seigneurs desdits Fiefs,& Terres de Poté & de Roture, en satisfaisant aux charges desquelles ils pouvoient être chargez envers Nous & les Hauts Justiciers ; & de plus, y pouvoir aussi succeder à leurs parens, sans tomber en danger de ladite Coutume, sinon pour le regard des originaires du Barrois, résidans esdits lieux de Metz & Pays Messin. Prétendoient davantage lesdits Procureurs, droits de Bourgeoisie, Entrecour & de Marché sur lesdits de Metz & Pays Messin, dont lesdits de Metz se disent exempts.

Sur lesquels differends, & pour régler & terminer à l'amiable, le feu Roy Charles IX. que Dieu absolve, auroit commis Mᵉ Antoine Senneton, Conseiller au Parlement de Paris,& Président de Metz : Et Nous Duc de Lorraine & de Bar, de la nôtre, feu Mᵉ Thierry de la Mothe, Conseiller des nôtres, & Lieutenant General au Bailliage de Bar ; lesquels Commissaires se seroient assemblez à Nommeny, lieu neutre, accordé par les Parties audit an 1560 & 63 suivant, où pardevant eux ayant les Parties déduit leurs Droits, Faits & Moyens, & sur iceux fourni de quelque preuve, tant par Titres, que par Témoins, elles auroient été réglées au principal ; & cependant auroient aucuns Articles été réglez par provifion : à l'execution defquels étans furvenuës nouvelles contentions, lefdits Maître Efchevin, & Communauté de Metz, pour les affoupir & éteindre, auroient fupplié le Roy leur vouloir permettre une autre Conférence mutuelle ; & à cet effet auroit été commis le fieur Viart, Confeiller de fes Confeils d'Etat & Privé, & Préfident dudit Metz, par Lettres Patentes du feize Mars 1602. Et par Nous Duc, par les nôtres du 13 Juin audit an, auroient auffi été commis Mᵉ Jacques Bournon, Confeiller d'Etat des nôtres, & Préfident aux Grands Jours de S. Mihiel, & George Maimbourg, auffi Confeiller des nôtres, & Maître des Requêtes ordinaire de nôtre Hôtel ; lefquels Commiffaires fe feroient affemblez és mois de Juin & Juillet de ladite année 1602, en la Ville de Toul ; & les Parties ouïes en leurs demandes & défenfes, les auroient appointées à bailler & articuler par écrit leurs faits au principal, & fur iceux contefter : & néanmoins pour cette confidération, ladite Affemblée auroit été remife au lieu de Nommeny, où s'étans derechef lefdits Commiffaires affemblez és mois de May, Juin & Juillet 1603, auroient repris les derniers erremens des précedentes Conférences, & derechef ouï lefdites Parties, & veu leurs demandes & défenfes, lettres, titres, & productions, & icelles bien confidérées, s'étans lefdits Commiffaires trouvez contraires en leurs opinions, auroit été avifé, qu'il n'y avoit moyen plus expédient pour compofer les differends, & maintenir une bonne Paix entre les Sujets defdits Pays, que de faire, par un mutuel Accord & Traité abfolu, divifion & partage defdits Villages, & régler les autres chofes contentieufes à l'amiable, fous le bon plaifir & confentement du Roy & de Nous Duc ; ce que Sa Majefté & Nous aurions eu pour agréable ; comme auffi les Maître Efchevin, Treize, & Communauté de Metz, par les fieurs Nicolas Maguin, n'agueres Maître Efchevin dudit Metz, & premier Treize en la Juftice dudit lieu, Charles Sertorius, Nous Feriet Confeiller, & Goullon Secretaire de ladite Cité, leurs Députez, fondez de Pouvoir & Procuration expreffe, du 13 Avril dernier,

& depuis confirmée par autre Délibération prife en leur Affemblée pour la réfolution particuliére de la difficulté avenuë fur la
ceffion & délaiffement du lieu de Corny, fuivant l'Acte & Procuration fur ce paffée à nous Feriet, du 25ᵉ jour de May dernier:
Pour l'effet duquel accord,& divifion defdits Villages, fuivant les
Articles fur ce propofez de part & d'autre ; Nous Duc,d'une part,
& Feriet efdits noms, fous l'authorité de Sa Majefté, d'autre, en
avons tranfigé & accordé ainfi qu'il s'enfuit.

Sçavoir eft, qu'à Nous Duc,& à nos Succeffeurs Ducs de Lorraine
& de Bar, privativement des Maître Efchevin, Eftats & Communauté de Metz, & ainfi nous Feriet en leurs noms, & de l'authorité que deffus, lui en avons fait ceffion, quittance & tranfport ;
Seront, appartiendront,& demeureront en tous droits de Régale,
Souveraineté, Reffort & Jurifdiction, les Châteaux, baffe-Cour,
Maifons , Villages , Bans & Finages entierement de Pange,
Mont & Coligny déchargez de Fiefs, & autres chofes prétenduës
par l'Abbé de S. Vincent, dont ils font tenus ; & a ledit Feriet
promis Nous en faire la ceffion, quittance & tranfport par ledit
Abbé dedans fix femaines aprés la datte des Prefentes : Encore
Nous appartiendront & demeureront en mémes Droits les Villages de Corny , Saulny , Ban de Fremecour , avec toutes leurs
appartenances & dépendances, fans aucune chofe retenir ni réferver : Et aufdits Sieurs Maître Efchevin, Trois Eftats & Communauté dudit Metz, nous Feriet, l'acceptant ainfi en leurs noms,
feront, appartiendront, & demeureront du tout à toujours, &
paifiblement & perpétuellement en tous Droits de Régale, Fief
& Jurifdiction, les Châteaux, baffe-Cour, Maifons, Bans & Finages entierement de Louvigny , Jouy , Marly , Pornoy-la-Chetifve, Cuvry, Ban S. Martin lés Metz , avec ce qui en dépend à
Sainte Ruffine, Vigneulle, Moulins, & autre part. Et outre ce,
Nous Duc, avons aufdits Maître Efchevin, Eftats & Communauté de Metz, cedé & tranfporté, tant pour Nous que pour nos Succeffeurs Ducs de Bar, du tout, dés maintenant & à toujours, tous
les Fiefs, Devoirs, Jurifdictions féodales, & Serment de fidelité,
defquels nos Vaffaux defdits lieux & Villages Nous étoient &

font encore de prefent tenus & obligez ; les déchargeant à cet
effet de leur Serment de fidelité, devoir & Jurifdiction féodale,
que Nous avons efdits lieux & Villages, fans aucune chofe réferver. Et fi aucuns defdits Vaffaux & Détenteurs defdits Fiefs étoient
refufans de rendre lefdits hommage & fidelité aufdits de Metz,
Nous Duc, avons promis & promettons les y faire contraindre
par toutes voyes duës & requifes. Et pour récompenfe defdits
Fiefs, Devoirs, Serment de fidélité & Jurifdiction féodale, Nous
Feriet efdits noms que deffus, & de l'authorité & confentement
de Sadite Majefté, avons cedé, quitté, délaiffé & tranfporté auffi
dés maintenant, du tout à toujours, audit Seigneur Duc, pour lui
& fes Succeffeurs, tous les Droits de Régale & Jurifdiction que
lefdits Maître Efchevin, Eftats & Communauté de Metz ont &
leur appartiennent au Village de Morville, fur le Ban de S. Arnould, & Sujets y réfidans fous la Haute, Moyenne & baffe Juftice dudit Sieur Abbé dudit S. Arnould, dont lefdits de Metz ont
la jouïffance, qui leur eft adjugée à la Conférence tenuë audit
Nommeny en ladite année 1563, pour en jouïr comme ci-deffus,
par Nous Duc & nofdits Succeffeurs, pleinement, paifiblement
& perpétuellement : A laquelle ceffion lefdits Sieurs Maître Efchevin, Eftats & Communauté de Metz, & ainfi Nous Feriet,
le promettons, feront tenus faire confentir lefdits Sieur Abbé &
Religieux dudit S. Arnould. Avons auffi convenu & accordé de
part & d'autre, que les Châteaux de Pange & celui de Louvigny,
ne fe pourront aucunement fortifier, & demeureront en l'état
auquel ils font à prefent ; fauf toutefois aux Proprietaires d'iceux
d'y dreffer autres Edifices & Bâtimens propres & commodes à
leurs habitations & ufages, pourvû qu'ils ne foient de défenfe
contre le canon. Pourront auffi efdits lieux & Villages partagez,
& refpectivement cedez & délaiffez par le prefent Traité, établir
& ftatuer pour l'avenir telles Loix, Coutumes & Ordonnances
que bon femblera, à Nous Duc & aufdits de Metz ; & à la charge
que pour le paffé, tant pour fucceffions que pour autres droits
échus & acquis ci-devant, avant la datte des Prefentes, les Particuliers feront réglez felon les Coutumes générales & locales, juf-

Z z iij

ques ici obſervées eſdits lieux ; auſquels droits n'eſt aucunement dérogé par ces Preſentes. Et pour aſſurer de plus en plus l'amitié, bonne voiſinance & familiarité telle qu'elle a été par le paſſé de part & d'autre, avons accordé que la liberté du commerce & communication entre les Sujets deſdits Pays & Duché, ſera maintenuë & continuée librement pour les Marchandiſes, Vivres & Denrées partans de nos Terres & Seigneuries, & de celles dudit Metz & Pays Meſſin, & y paſſans, en payant les Droits des anciens Péages & autres droitures, telles qu'elles ſe payoient dix ans avant ladite Conférence tenuë à Nommeny l'an 1560, tant ſeulement ; à charge toutefois de n'y commettre fraude ni abus : Et que pour y obvier de part & d'autre, nos Sujets, ſelon les occurrences, ſeront tenus de bailler gages & cautions ſur les lieux auſquels les Impôts ſe payent, d'envoyer certification valable, que le tout deſdites Marchandiſes & Denrées aura été mené eſdits lieux, & diſtribué ſans fraude ; & qu'y étans menez, s'ils ſont aprés tranſportez & conduits hors, en ce cas tous droits de Paſſage & Impôts devront être acquittez en chacun lieu. Sera auſſi loiſible à Nous Duc, & à nos Sujets de noſdits Duché & Pays, comme auſſi auſdits de Metz & Pays Meſſin, tant Eccleſiaſtiques que Séculiers, de tranſporter & mener hors librement toutes les Rentes & Revenus, que Nous, eux & noſdits Sujets de part & d'autre y avons & poſſedons, en payant les anciens Péages impoſez dix ans avant ledit an 1560 : Seront néanmoins leſdits de Metz ſujets pour les biens & revenus ſituez eſdits Duchez à toutes Aydes & Impoſitions générales qui ſeront faites ſur les Biens, Terres, Rentes & Revenus aſſis eſdits Pays, ainſi que les naturels Sujets d'iceux. Et entant que touche le droit de forfuyance & repreſentations d'heritiers abſens, Nous Duc, avons accordé & octroyé, que leſdits de Metz & ceux du Pays Meſſin, qui poſſedent bien preſentement au Duché de Barrois, par acquêt fait de nôtre permiſſion, en jouïſſent eux & leurs heritiers *ab inteſtat*, tant en ligne directe, que collaterale ; & au cas que ci-aprés ils de Metz & Pays Meſſin, preſens & à venir, y veüillent acquerir ou ſucceder à aucuns, ſeront tenus en obtenir nôtre permiſſion, ſous les charges & condi-

tions qu'il Nous plaira & à nos Successeurs ; & sans laquelle Permission ils ne pourront posseder aucuns biens audit Duché de
Barrois, que sujets à ladite Coutume : Et néanmoins ayans une
fois obtenu ladite Permission, elle servira tant pour eux que pour
leurs heritiers, sans plus être sujets à ladite forfuyance, pource
qu'ils en auroient une fois obtenu, faisant apparoir desdites Permissions, & satisfaisant aux charges & conditions d'icelles. Et quant
aux prétenduës Bourgeoisies, Droits de Marché & d'Entrecours,
Nous Duc, Nous nous en sommes pareillement démis & dépor-
tez par ledit Traité ; par le moyen duquel, ainsi fait & accordé,
sous l'authorité, pouvoir & consentement de Sa Majesté, à l'égard
desdits de Metz, demeurent tous lesdits differends déduits par les
précedentes Conférences, du tout assoupis & terminez : Promet-
tant de part & d'autre, Nous Duc, tant pour Nous, que pour nos
Successeurs, & Nous Feriet esdits noms, sous ladite authorité &
consentement de Sa Majesté, de garder, entretenir & observer
inviolablement chacun de droit, Nous le present Traité, lequel
Nous Feriet avons d'abondant promis & nous sommes expressément chargez & obligez faire ratifier par lesdits Sieurs de Metz
dedans lesdites six semaines en tous ses points & articles, selon
la presente forme & teneur : Et pour plus grande assurance de ce
que dessus, Nous Duc, avons icelui signé & fait contre-signer par
l'un de nos Secretaires d'Estat, & y fait mettre & appendre nôtre
grand Scel ; Et Nous Feriet, icelui aussi signé és noms que dessus,
desdits Maître Eschevin, Estat & Communauté de Metz, & y fait
mettre & appendre le Scel Commun de ladite Ville, & le fait
contre-signer du Secretaire d'icelle. A Nommeny le dix-huitiéme jour de Juin mil six cens quatre.

RATIFICATION

Du Traité fait avec la Ville de Metz, verifiée en la Chambre des Comptes de Lorraine le premier Juin 1701.

Du 17 Février 1701.

LEOPOLD par la grace de Dieu, Duc de Lorraine, Marchis, Duc de Calabre, Bar, Gueldres, Roy de Jerusalem, Marquis de Pont-à-Mousson & de Nommeny, Comte de Provence, Vaudémont, Blamont, Zutphen, Sarwerden, Salm, Falkenstein, &c. A tous ceux qui ces presentes verront, Salut. Les Maître Eschevin, & Gens des trois Ordres de la Ville de Metz, ayant prétendu qu'on auroit fait depuis peu dans nos Etats une Imposition sur les Vins étrangers, qui donnoit atteinte à la liberté du Commerce réciproque, établi entre nos Prédecesseurs Ducs, & lesdits Maître Eschevin, & Gens des trois Ordres de la Ville de Metz & Pays Messin, par les anciens Traitez, & notamment par celui fait à Nommeny le 18 Juin 1604. Et en ayant fait leurs Remontrances à Sa Majesté Tres-Chrétienne, elles auroient été communiquées à nos Envoyez en Cour de France, lesquels ayant prétendu que lesdits Maître Eschevin & Gens des trois Ordres de la Ville de Metz & Pays Messin, avoient eux-mêmes commencé par l'Imposition qu'ils avoient auparavant faite sur l'entrée des Vins de nos Pays dans la Ville de Metz, de contrevenir ausdits anciens Traitez; ils auroient offert de nôtre part d'en venir à une Conférence, pour terminer tous differends : De sorte que les Parties ayant également recherché les moyens de rétablir la bonne correspondance & liberté du Commerce, lesdits Maître Eschevin & Gens des trois Ordres de la Ville de Metz, aprés en avoir obtenu permission de Sadite Majesté, auroient

pour

pour cet effet envoyé en nôtre bonne Ville de Nancy leurs Députez, lesquels avec les Commissaires par Nous nommez, ont le dix-septiéme Février dernier, arrêté, conclu & signé en nôtredite Ville de Nancy, un nouveau Traité pour le rétablissement de la bonne correspondance, & liberté du Commerce réciproque entre nos Sujets, & ceux desdites Ville de Metz & Pays Messin ; lequel a été ratifié par lesdits Maître Eschevin, & Gens des trois Ordres dudit Metz, le vingt-deuxiéme dudit mois de Février, & même confirmé par les Lettres Patentes au grand Scel de Sa Majesté, du 22 Mars dernier. Et d'autant que pour avoir son plein & entier effet, il doit aussi être par Nous confirmé ; Sçavoir faisons, qu'ayant duëment veu & examiné en nôtre Conseil ledit Traité, dont Copie authentique est ci-attachée sous nôtre Contre-scel, Nous l'avons permis, consenti, approuvé, validé, authorisé, confirmé & ratifié ; permettons, consentons, approuvons, validons, authorisons, confirmons & ratifions par ces Presentes, signées de nôtre main ; Voulons, Ordonnons & Nous plaist, qu'il sorte son plein & entier effet, & que de la part de nos Sujets il soit gardé, entretenu, suivi & observé de point en point selon sa forme & teneur. Si donnons en mandement à nos tres-chers & feaux les Présidens, Conseillers & Gens tenans nôtre Cour Souveraine de Lorraine & Barrois, Président, Conseillers & Auditeurs de nôtre Chambre des Comptes de Lorraine, & à tous autres nos Officiers & Justiciers, chacun ainsi qu'il appartiendra, que ces Presentes, avec ledit Traité, dont Copie est ci-jointe, ils fassent lire, publier, enregistrer, garder, suivre, effectuer & executer, & de leur contenu faire jouïr & user les Bourgeois & Habitans de la Ville de Metz & Pays Messin, pleinement & paisiblement ; cessant & faisant cesser tous troubles & empêchemens au contraire ; à condition qu'ils laisseront jouïr réciproquement de pareils Droits sur eux, tous les Sujets de nos Duchez de Lorraine & Barrois, & Terres de nôtre obéïssance : Car tel est nôtre plaisir. En témoin de quoy Nous avons aux Presentes fait mettre & appendre nôtre grand Scel. Donné en nôtre Ville de Nancy le vingt-cinquiéme Avril, l'an de grace mil sept cens un. *Signé*, LEOPOLD.

Aaa

Et sur le reply, Par Son Alteſſe Royale, Mahuet. *Regiſtrata*, S. de la Falloize.

S'enſuivent les Articles contenus au preſent Traité.

SUr ce qu'en l'année derniere Meſſieurs les Maître Eſchevin, & Gens des trois Ordres de la Ville & Cité de Metz, preſenterent leur Requête au Roy, par laquelle ils expoſerent à Sa Majeſté, que les anciens Traitez paſſez les années 1370, 1490, 1493, 1532, 1563, 1576, 1585, 1590, & 1594, entre les Ducs Prédeceſſeurs de S. A. R. & eux, notamment celui qui eſt vulgairement appellé le Traité de Nommeny, du 18 Juin 1604, maintenoient la liberté du Commerce & communication entre les Sujets des Pays & Duchez de Sadite A. R. & de la Ville de Metz & Pays Meſſin, pour les Marchandiſes, Vivres & Denrées partans deſdits Duchez & Pays, & dudit Metz & Pays Meſſin, & y paſſant, en payant ſeulement les Droits des anciens Péages & autres droitures, telles que l'on payoit dix ans auparavant l'année 1560; & qu'au préjudice deſdits Traitez S. A. R. avoit par ſon Ordonnance du huit Novembre 1699, impoſé un Droit de ſix francs Barrois ſur chacune meſure de Vin étranger, qui ſeroit amené dans ſes Etats, pour y être conſommé, ſans en excepter les Vins de Metz & Pays Meſſin, dont l'entrée doit être libre, même des droits de Haut-Conduits, pour ce qui eſt du cru & concru deſdits Habitans de Metz & Pays Meſſin.

Que le même Traité de 1604, vouloit encore, que pour obvier aux fraudes qui pourroient être commiſes de part & d'autre contre ſes diſpoſitions, les Sujets, ſelon les occurrences, fuſſent tenus de bailler gages & cautions ſur les lieux où les Impôts devroient être payez, pour aſſurance qu'ils y renvoyeroient certifications valables, que leſdites Marchandiſes & Denrées qu'ils y feroient paſſer, auroient été menées & diſtribuées ſans fraude aux lieux de leurs deſtinations.

Que néanmoins un Juif de Metz venant par Bâteau de Tréves audit Metz, a été contraint par le Commis du Bureau de Nittel, d'y faire décharger ſes Habits, Hardes & Effets, où ce Commis les retint ſaiſis, pour l'obliger d'acquitter les droits d'Entrée, n'ayant pas voulu ſe contenter des ſoûmiſſions que ledit Juif lui faiſoit d'y prendre un Acquit à Caution, & de le lui.rapporter certifié, que leſdits Effets auroient été conduits audit Metz.

Que quoi que les Marchands & Habitans de la Ville de Metz ne doivent aucun Droit pour l'Entrée ni pour la Traverſe des Marchandiſes qu'ils tirent pour Metz de Lyon, Languedoc, & autres Provinces, les Commis des Bureaux qui ſont établis aux Entrées de Lorraine & Barrois, où ils devroient ſeulement pren-dre des Acquits à Caution d'y rapporter Certificats valables, que les Marchandiſes qu'ils y auront fait paſſer, auroient été condui-tes à Metz, pour y être diſtribuées ſans fraude; ne laiſſent pas d'obliger ceux qui les conduiſent, d'acquitter leſdits droits d'En-trées & de Traverſes, & de prendre eſdits Bureaux des Acquits de Paye, qu'ils affectent de donner ſous les noms de Conducteurs & Voituriers; au lieu qu'ils devroient les donner ſous les noms des Marchands pour le compte deſquels les Voitures ſont faites.

Que lors que leurs Marchandiſes ſont arrivées ſur le Port prés de Nancy, pour y être embarquées, le Fermier du Croſne leur fait payer des Droits extraordinaires, & a exigé vingt & un ſols ſix deniers par cent peſant deſdites Marchandiſes, au lieu de trois gros Barrois qu'ils avoient accoûtumé de payer.

Et enfin, qu'encore que Sa Majeſté ait accordé à la Ville de Metz le cours de la Moſelle dans l'étenduë de Metz & du Pays Meſſin, néanmoins la Chambre des Comptes de Lorraine a ſeule établi un Coche par Eau, de Nancy à Metz, qu'elle a affermé au profit ſeul du Domaine de Lorraine.

Cette Requête ayant été communiquée à Mr. le Marquis de Torcy, Miniſtre & Secretaire d'Etat, à Mrs. les Envoyez de S. A. R. en Cour de France, & le Député que la Ville de Metz avoit à Paris, en ayant conferé avec eux, ils lui firent entendre que la Ville de Metz avoit été la premiere à contrevenir aux an-ciens Traitez & Concordats, par l'Impoſition qu'elle avoit ci-devant miſe, de quinze ſols tournois ſur chaque piéce de Vin qui

y entreroit, venant de Lorraine & Barrois : Et par les défenses
qu'elle avoit fait du depuis d'y laisser entrer aucuns Vins venans
des Pays & Etats de S. A. R. Et encore par quantité d'autres nouveautez contraires aux anciens Usages, & à la disposition dudit
Traité de 1604, qui établit une liberté de Commerce de toutes
sortes de Vivres, Denrées & Marchandises : Mais que si Messieurs
de Metz le desiroient, leurs plaintes & prétentions réciproques
pourroient être réglées à l'amiable, sans que Sa Majesté en fût
davantage importunée ; cela pouvant être fait, en supprimant de
part & d'autre toutes les nouveautez dont on se plaignoit respectivement : Ce qui auroit porté le Député de la Ville de Metz d'en
donner avis à Messieurs les Maître Eschevin & Gens des trois Ordres de ladite Ville. Ensuite de quoi, l'affaire ayant été mise en
négociation avec Messieurs les Ministres de S. A. R. & les Parties
ayant également recherché les moyens de rétablir entre les Sujets
des deux Etats, la bonne correspondance, & la liberté de Commerce, qui y avoit été si utilement établie par lesdits Traitez &
Concordats, mesdits Sieurs les Maître Eschevin, & Gens des
trois Ordres, en ont rendu compte à Monsieur de S. Contest,
Conseiller du Roy en ses Conseils, Maître des Requêtes ordinaire
de son Hôtel, Intendant en la Généralité de Metz ; & ayant obtenu de Sa Majesté la permission d'envoyer leurs Députez en
cette Ville, pour traiter & transiger desdits differends, circonstances & dépendances, avec les Commissaires qu'il plairoit à S. A. R.
de nommer, ils ont, par Acte fait en leur Assemblée générale
tenuë en l'Hôtel de la Ville de Metz, le 21 Decembre dernier, approuvé de mondit Sr. de S. Contest, commis & député
Me. Antoine Geoffroy Prêtre, Chanoine de l'Eglise Cathedrale
de Metz, Messire Mathias Dorthe, Chevalier, Seigneur de Gri-
gnon, & autres lieux, Me. François Georgin, Seigneur de Mardigny, Conseiller du Roy, Procureur de S. M. & de la Ville de
Metz, & Me. Louis Lançon, Seigneur de Sainte Catherine, Conseiller du Roy au Bailliage & Siége Présidial de la même Ville, &
l'un des anciens Magistrats d'icelle. A cet effet, lesdits Sieurs
Députez de la part de Messieurs les Maître Eschevin, & Gens des

trois Ordres de la Ville & Cité de Metz, fondez du Pouvoir qui leur est donné par le Résultat dudit jour 21 Decembre dernier, dont Copie collationnée par le Secretaire, & scellée du grand Scel de ladite Ville, est demeurée jointe aux Presentes, comparans en personnes, d'une part : Et Messire Marc-Antoine de Mahuet „Baron, Seigneur de Lupcour, Coyviller, & autres lieux, Conseiller & Secretaire d'Etat de S. A. R. Intendant de sa Maison & de ses Finances ; Messire Jean-Baptiste de Mahuet, Chevalier, Seigneur de Saulcy, &c. Conseiller d'Etat de Sadite A. R. & Premier Président de la Cour Souveraine de Lorraine & Barrois ; Messire Gabriel François d'Armur, Chevalier, Seigneur de Gerbéville, aussi Conseiller d'Etat de S. A. R. Maître des Requêtes ordinaire de son Hôtel, & Messire Charles Arnould Vignolles, aussi Chevalier, Conseiller d'Etat de S. A. R. Procureur General en ses Chambres des Comptes de Lorraine & Barrois, Commissaires nommez par S. A. R. d'autre part ; sont convenus, sous le bon plaisir de Sa Majesté, & de Son Altesse Royale ; Sçavoir,

Que Messieurs les Maître Eschevin, & Gens des trois Ordres de la Ville & Cité de Metz, supprimeront, si ja n'est fait, les Droits qu'ils avoient imposez sur l'Entrée des Vins provenans des Pays & Etats de S. A. R. & leveront lesdites Défenses qu'ils avoient faites d'en laisser entrer dans Metz & le Pays Messin, sans qu'elles puissent être rétablies à l'avenir ; en sorte que suivant les anciens Traitez & Concordats, l'Entrée, Vente & Débit en soit libre dans leur Ville & Pays, de même que celui qui est de leur cru & concru, pour lequel l'on ne paye depuis la Saint Martin de chacune année, jusques au commencement des Vendanges suivantes, pour tous droits d'Entrée dans Metz, qu'un gros Messin, faisant huit deniers tournois, pour chacune Piéce de huit à neuf Hottes.

Moyennant quoy S. A. R. conformément ausdits Traitez & Concordats, affranchira l'Entrée, Vente & Débit des Vins de Mets & Pays Messin dans ses Pays & Etats, des Droits qu'elle a imposez & pourra imposer à l'avenir sur l'Entrée, Vente & consommation des Vins étrangers ; en sorte que lesdits Vins de Metz & Pays Messin puissent y être amenez, vendus & débitez avec

A a a iij

les mêmes libertez, franchises & exemptions, que ceux qui sont
du cru & concru de ses Pays & Etats.

Convenu néanmoins que conformément ausdits Traitez &
Concordats, ceux qui feront entrer ou sortir desdits Etats & Pays
de S. A. R. des Vins, Vivres, Marchandises & Denrées provenans même de leur cru & concru, seront tenus d'acquitter les
anciens Péages dans les lieux & Bureaux de leurs passages ; lesquels anciens Péages ont été reconnus consister aux droits de
Hauts-Conduits, dont les Tarifs seront joints aux Présentes, pour
servir à l'acquit desdits Droits, par rapport aux differens lieux où
ils sont établis, & où ils étoient en 1670. Et qu'outre ce, ils seront
tenus d'acquitter les Droits établis par le Tarif du mois de Decembre 1604, sur l'Entrée des Vins étrangers, Chevaux, Bestiaux,
&c. ainsi & de même que les Sujets de S. A. R. sont obligez de
le faire.

Les Habitans, Marchands & Négocians de la Ville de Metz,
& Pays Messin, qui tireront des Vivres, Denrées & Marchandises
des Pays & Etats de S. A. R. ou qui y en feront traverser, pour
être menez, distribuez, débitez & consommez dans Metz ou
Pays Messin, ne seront tenus d'acquitter aucun autre droit d'Entrée ni de Traverse.

Ils seront seulement obligez de prendre des Acquits à Caution, lesquels leur seront délivrez sans débaler, par les Commis
des Bureaux établis pour la perception des Droits portez par les
Ordonnances & Tarif de Lorraine. Seront lesdits Acquits à Caution expédiez sur les noms des Marchands qui les feront entrer
& passer, ou qui sont dénommez dans les Lettres de Voitures,
& non sur les noms des Voituriers qui les conduiront seulement ;
en donnant néanmoins par eux Gages & Cautions, conformément aux Concordats de 1604, de renvoyer dans quinze jours au
plus tard lesdits Acquits à Caution certifiez, dans les Bureaux où
ils les auront pris, ou au Bureau Général, établi à Nancy ; à faute
de quoi ils seront tenus d'acquitter lesdits Droits, comme les Sujets de Son Altesse Royale.

Et parce que par lesdits Traitez & Concordats, & notamment

par celui du 18 Juin 1604, il eſt expreſſément porté, qu'au cas que les Marchandiſes, Vivres & Denrées qui ſeront paſſées pour Metz & Pays Meſſin, ſur Gages & Cautions, ſeroient en aprés tranſportées hors ladite Ville & Pays Meſſin, tous droits de Paſſages & Impôts devront être indiſtinctement acquittez en chacun lieu, pour éviter les fraudes qui pourroient être commiſes à cet égard, en faiſant paſſer ailleurs les Marchandiſes & Denrées, tant du Pays qu'Etrangeres, que l'on aura tirées, fait entrer ou traverſer pour Metz & Pays Meſſin.

Il a été convenu, que Meſſieurs de l'Hôtel de Ville de Metz commettront un Eſchevin dudit Hôtel de Ville, pour certifier les Acquits à Caution, que leurs Marchands ou Négocians prendront dans les lieux & Bureaux de leurs paſſages : & qu'au cas qu'aprés qu'ils les auront reçus, & fait décharger dans Metz, ils les faſſent dans la ſuite paſſer en tout ou en partie, dans les Pays étrangers, comme Thionville, Luxembourg, & autres lieux, ils ſeront tenus de donner au même Eſchevin qui aura certifié leurs Acquits à Caution, une déclaration exacte de tout ce qu'ils feront ſortir, ou vendront en gros pour leſdits Pays étrangers, avec les Droits qu'ils en auroient dû acquitter, ſuivant les Ordonnances & Tarifs de Lorraine : leſquels Droits ſeront par lui remis à celui ou ceux qui ſeront prépoſez par les Fermiers de Lorraine, ſauf à informer du recelé : Et en cas qu'il s'y trouveroit de la fraude & contravention, leſdits Fermiers de Lorraine pourront pourſuivre les contrevenans pardevant Meſſieurs les Maître Eſchevin & Eſchevins de la Ville de Metz, qui ſeront obligez de les juger ſuivant la diſpoſition & rigueur des Ordonnances & Tarifs de Lorraine.

Pour prévenir & terminer les difficultez qui ſont nées, & pourroient naître dans Metz, au ſujet des paſſages & traverſes des Sels de Lorraine, tant par Eau que par Terre, il eſt convenu, qu'en ſuivant le Tarif de la Ville de Metz, du 18 Octobre 1505, le Char chargé de Sel, payera ſeulement pour tous Droits, douze deniers Meſſins, faiſant huit deniers tournois ; la Charette ſix deniers Meſſins, faiſant quatre deniers tournois ; & que le Muid ou Tonneau de Sel paſſant par Eau, payera ſeulement douze deniers Meſſins, faiſant huit deniers tournois.

Quant aux arrêts & ſaiſies que le Commis du Bureau de Nittel a fait des Habits, Hardes & Effets qu'un Juif, venant de Tréves, y faiſoit paſſer pour Metz, pour être payé des droits d'Entrée, ladite ſaiſie a été reconnuë bonne, attendu que ce Juif n'étoit pas Habitant de la Ville de Metz, mais un Juif étranger.

Reconnu pareillement que la plainte que meſdits Sieurs les Maître Eſchevin, & Gens des trois Ordres avoient fait au ſujet de la perception des Droits qu'ils ont dit que le Fermier du Croſne faiſoit payer à leurs Marchands, étoit mal fondée ; parce qu'il a été vérifié que les vingt un ſols ſix deniers que leurs Marchands ont payé, ont été pour raiſon du millier peſant des Marchandiſes qu'ils y ont fait embarquer, & non pas du quintal, ainſi qu'ils l'avoient expoſé ; le Tarif & Réglement fait pour la perception des droits du Croſne, juſtifiant qu'en l'année 1666, & ſuivantes, il y étoit payé trois gros par cent peſant des Marchandiſes qui y étoient embarquées : lequel Tarif ſera pareillement joint aux Preſentes : ayant été convenu que les Bourgeois & Habitans de Metz, & Pays Meſſin, ne peuvent ſe diſpenſer d'y payer les mêmes Droits qui y ſont payez & acquittez par les Sujets mêmes de Son Alteſſe Royale.

Quant à ce qui touche l'Adjudication faite en la Chambre des Comptes, du Coche par Eau de Nancy à Metz, il a été reconnu que ce n'étoit point une nouveauté, & que le prix de cette Ferme devoit appartenir au Domaine de Lorraine ; ſauf à Meſſieurs les Maître Eſchevin, & Gens des trois Ordres de la Ville de Metz, d'en établir un de leur part, pour venir de ladite Ville à Nancy : Et ſeront les Fermiers dudit Coche d'Eau conſervez & maintenus réciproquement dans la liberté de conduire toutes perſonnes & marchandiſes, & de charger librement pour leur retour dans l'une & l'autre deſdites Villes.

Et ſur ce que meſdits Sieurs les Députez de la Ville de Metz ont repreſenté, qu'il ſeroit de l'utilité commune des deux Etats, d'établir que les Actes & Contracts qui ſeront paſſez pardevant

Notaires

Notaires Royaux réfidans à Metz, ayent hypotéque en Lorraine & Barrois ; & réciproquement que les Actes & Contracts qui feront paffez en Lorraine & Barrois, Terres & Seigneuries de l'obéiffance de S. A. R. par les Tabellions Généraux & Notaires Garde-nottes defdits Pays, portent hypotéque dans la Ville de Metz, & Pays Meffin ; il a été réfolu, fous le bon plaifir du Roy & de S. A. R. que les Actes & Contrats qui feront à l'avenir reçus & paffez pardevant lefdits Notaires Royaux, & Tabellions Généraux, Notaires & Garde-nottes de Lorraine & Barrois, & Terres & Seigneuries y annexées, porteront refpectivement hypotéque efdits Pays & Etats ; à charge & condition néanmoins que les droits de Bullette, Sceaux & Tabellionnage des Contracts Réels, feront portez & acquittez dans les lieux où ils devoient être paffez naturellement.

Si ont promis lefdits Sieurs Députez pour la Ville de Metz & Pays Meffin, de fuivre & faire fuivre le prefent Traité, & d'en apporter dans fix femaines la Ratification de Meffieurs les Maître Efchevin, & Gens des trois Ordres de ladite Ville, & de faire toutes les diligences néceffaires vers Sa Majefté pour en obtenir la confirmation ; & lefdits Sieurs Commiffaires de S. A. R. de faire les mêmes diligences à leur égard, pour en obtenir la confirmation de Sadite Alteffe Royale. Fait double, & paffé à Nancy le dix-feptiéme jour de Février mil fept cens un.

Et à l'inftant il a été mis és mains de mefdits Sieurs les Députez des trois Ordres de la Ville de Metz, les Tarifs énoncez au prefent Traité, en huit Piéces, cottées & paraphées par première & derniére, par Mr. de Mahuet Premier Préfident ; & és mains de mefdits Sieurs les Commiffaires de Lorraine, Copie du Réfultat defdits trois Ordres, du vingt & un Decembre dernier, portant leur Pouvoir, figné du Secretaire, & fcellé du grand Scel de ladite Ville. *Signé*, Jeoffroy, avec paraphe, Dorthe, Georgin de Mardigny, Lançon, M. A. Mahuet, avec paraphe, J. B. Mahuet, d'Armur, & Vignolles. *Collationné à l'Original.* Signé, MAHUET.

Le Traité ci-deffus a été enregiftré, tant en la Cour Souveraine, qu'en la Chambre des Comptes de Lorraine.

Bbb

TRAITÉ

Fait par M. le Marquis de Barbesieux, Secretaire d'Estat & des Commandemens du Roy Tres-Chrétien au Département de la Guerre, & Chancelier de ses Ordres, de la part de Sa Majesté ; Et par M. Mahuet, Conseiller d'Estat, & Premier Président en la Cour de Lorraine, Envoyé Ordinaire en celle de France, de la part de Monseigneur le Duc de Lorraine son Maître, pour se rendre réciproquement & de bonne foy les Deserteurs.

Du premier Novembre 1699.

NO u s sous-signez Louis François Marie le Tellier, Secretaire d'Estat & des Commandemens du Roy Tres-Chrétien au Département de la Guerre, & Chancelier de ses Ordres, ayant ordre & pouvoir de Sa Majesté ; Et Jean-Baptiste Mahuet, Conseiller d'Estat, & Premier Président en la Cour Souveraine de Lorraine, Envoyé Ordinaire en celle de France, ayant ordre & pouvoir de Monseigneur le Duc de Lorraine mon Maître ; pour traiter ensemble des conditions sous lesquelles on pourroit, pour un bien commun, se rendre réciproquement les Deserteurs de part & d'autre ; Sommes convenus de ce qui suit, & en avons dressé le present Traité, pour être observé de bonne foy à l'avenir. SÇAVOIR,

Qu'il sera incessamment donné ordre de part & d'autre aux Commandans ou principaux Officiers des Places, Villes & Bourgs, de faire arrêter les Deserteurs qui viendront, & de donner avis de leur détention au Commandant ou principal Officier de la Ville la plus prochaine de France, si les Deserteurs sont des Troupes du Roy ; & de Lorraine, si les Deserteurs sont des Troupes de mondit Seigneur le Duc de Lorraine.

Que le Commandant ou principal Officier de la Ville où l'avis aura été donné, sera tenu d'envoyer incessamment querir lesdits Deserteurs, & en même tems d'envoyer de l'argent pour payer leur dépenfe ; ce qui ne doit pourtant s'entendre que de la fimple fubfiftance.

Les Deferteurs feront tenus de part & d'autre en prifon auffi long-tems qu'il faudra pour en donner avis, & les envoyer querir.

On ne fera point obligé de la part de Sa Majefté de rendre les Deferteurs des Troupes de Monfeigneur le Duc de Lorraine qui fe trouveront être Sujets du Roy ; de même qu'on ne fera point tenu de la part de mondit Seigneur le Duc de Lorraine, de rendre les Deferteurs qui fe trouveront être nez fes Sujets.

Convenu néanmoins que de part & d'autre on rendra les Armes, Equipages & Chevaux.

Il fera réciproquement défendu aux Officiers de part & d'autre, de pourfuivre & enlever les Deferteurs de leurs Troupes hors des Terres de l'obéïffance de leurs Maîtres.

Il eft convenu que tous ceux qui ont deferté de part & d'autre avant le prefent Traité, ne pourront être répétez. Fait double à Fontainebleau, le 14 Octobre 1699. *Signé,* LE TELLIER, & J. B. MAHUET.

LEOPOLD par la grace de Dieu, Duc de Lorraine, Marchis, Duc de Calabre, Bar, Gueldres, Roy de Jerufalem, Marquis du Pont-à-Mouffon & de Nommeny, Comte de Provence, Vaudémont, Blamont, Zutphen, Sarwerden, Salm, Falkenftein, &c. A tous ceux qui ces Prefentes verront, Salut. Ayant eu communication du Traité ci-deffus fait, touchant les Deferteurs des Troupes du Roy Tres-Chrétien, & ceux de nos Troupes, Nous l'avons confirmé & ratifié en tous fes points. Mandons & ordonnons à nos tres-chers & feaux les Préfidens, Confeillers, & Gens tenans nôtre Cour Souveraine de Lorraine & Barrois, Procureur General en icelle, Baillifs, Lieutenans Generaux, Prevôts des Maréchaux, leurs Lieutenans, Magiftrats des Villes & Bourgs de nos Eftats, & à tous autres nos Officiers qu'il appartiendra, qu'ils ayent à le faire lire, publier & regiftrer, le contenu en icelui garder & obferver, faire garder & obferver, fans permettre qu'il y foit contrevenu directement ou indirecte-

ment. Voulons qu'aux Copies des Preſentes duëment collation-
nées par l'un de nos tres-chers & feaux Conſeillers-Secretaires
d'Eſtat, Commandemens & Finances, foy ſoit ajoutée comme
à l'Original ; CAR ainſi Nous plaiſt. En foy de quoy Nous avons
ſigné ces Preſentes de nôtre main, & à icelles fait appoſer nôtre
Scel ſecret. Donné en nôtre Ville de Nancy le premier Novembre 1699. *Signé*, LEOPOLD. *Et plus bas*, A. D. MAHUET.

ORDONNANCE

De SON ALTESSE ROYALE, portant extinction du Droit d'Aubaine avec la France.

Vérifiée en la Cour Souveraine le trois Avril 1702.

LEOPOLD par la grace de Dieu, Duc de Lorraine & de
Bar, Roy de Jeruſalem, Marchis, Duc de Calabre & de
Gueldres, Marquis de Pont-à-Mouſſon & de Nommeny,
Comte de Provence, Vaudémont, Blamont, Zutphen, Sarwerden, Salm, Falkenſtein, &c. A tous ceux qui ces Preſentes verront, Salut. Ayant jugé à propos pour le bien & l'avantage de
nos Sujets, de convenir avec le Roy Tres-Chrétien, des conditions ſous leſquelles on pourroit éteindre & ſupprimer le Droit
d'Aubaine, qui juſques à preſent a eu lieu dans le Royaume de
France ſur nos Sujets, & dans nos Eſtats ſur les Sujets de Sa M.
T. C. à l'exception néanmoins de ceux qui ſont nez dans les
trois Evêchez de Metz, Toul & Verdun, Pays Meſſin, & autres
lieux, qui faiſoient ci-devant partie du Duché de Luxembourg,
du Comté de Chiny, de la Lorraine & du Barrois, qui ont été
cedez à Sa M. T. C. par les Traitez des années 1661, 1663, & 1697,
leſquels font leur réſidence dans nos Eſtats, ou qui y poſſedent
des biens, leſquels ſont reſpectivement exempts des Droits d'Aubaine, ainſi qu'il eſt plus au long porté par la Déclaration de Sa
M. T. C. du 14 May 1701, & par la Nôtre donnée en conſequen-

ce le 28 du même mois : Il a été pour cet effet conclu, arrêté, &
signé un Traité le 24 Janvier dernier, tant au nom de Sa M. T. C.
qu'au nôtre, dont les Ratifications ont été échangées de part &
d'autre, en la maniere dont il avoit été convenu.

Et comme par un des Articles dudit Traité il est porté, qu'aussi-
tôt aprés la Ratification il sera expédié des Lettres de Déclaration,
pour faire connoître la volonté de Sa M. T. C. & la Nôtre, par-
tout où besoin sera : Pour ces causes, & autres à ce Nous mouvantes, de nôtre grace speciale, pleine puissance, & authorité Souveraine, Nous avons dit, déclaré & ordonné , & par ces Presentes disons, déclarons & ordonnons, voulons & Nous plaist, conformément audit Traité, que pour l'utilité des Sujets communs,
& pour leur procurer les avantages & les facilitez de pouvoir
vivre ensemble avec une parfaite union & correspondance , il
n'y aura plus à l'avenir de Droit d'Aubaine entre les Sujets de Sa
M. T. C. & les Nôtres ; lequel Droit demeurera éteint & suppri-
mé de part & d'autre : en sorte que les Sujets de Sa M. T. C. & les
Nôtres pourront en toute seureté & liberté commercer ensemble,
contracter entr'eux des mariages & alliances , jouïr des biens qui
leur appartiennent, ou qui leur appartiendront ci-aprés, en quelques Estats & Pays qu'ils soient situez, y en acquerir, de quelque
nature & qualité qu'ils puissent être, les posseder, & en disposer
ainsi que bon leur semblera, soit qu'ils résident dans les lieux où
lesdits biens se trouveront situez, ou qu'ils n'y résident pas ; y recueillir toutes Donations, Legs, ou Successions , avec pleine &
entiere liberté de transferer leurs domiciles, & de s'y habituer ;
sans que pour raison de ce, & pour conserver leurs biens & effets
à leurs heritiers naturels & légitimes , demeurans hors des Estats
de Sa M. T. C. & des Nôtres, où lesdits biens seront situez, il soit
besoin aux uns ni aux autres, d'obtenir Lettres de Naturalité, ni de
payer aucunes charges, finances, indemnité, ni autres Droits, que
ceux que les Sujets naturels dudit Pays sont ou seront tenus d'acquitter ; en observant & se conformant néanmoins pour la possession & jouïssance desdits biens, aux Us & Coutumes des lieux
où ils se trouveront situez. SI DONNONS EN MANDEMENT à nos tres-

B b b iij

chers & feaux les Préſidens, Conſeillers, & Gens tenans nôtre Cour Souveraine de Lorraine & Barrois, Préſident, Conſeillers & Auditeurs de nos Chambres des Comptes de Lorraine & de Bar, & à tous autres nos Officiers, Juſticiers, Hommes & Sujets qu'il appartiendra, que ces Preſentes ils faſſent lire, publier & regiſtrer partout où beſoin ſera, & le contenu en icelles garder & executer, faire garder & executer pleinement & paiſiblement, ſans permettre qu'il ſoit allé directement ni indirectement au contraire, ceſſant & faiſant ceſſer tous troubles & empêchemens; nonobſtant tous Edits, Ordonnances, Loix, Us, Coutumes, & autres choſes à ce contraires; auſquelles & aux dérogatoires des dérogatoires, Nous avons dérogé & dérogeons par ces Preſentes, pour ce regard ſeulement, & ſans tirer à conſequence : Car tel eſt nôtre plaiſir. En foy de quoy Nous avons à ceſdites Preſentes, ſignées de nôtre main, & contre-ſignées par l'un de nos Conſeillers-Secretaires d'Eſtat, Commandemens & Finances, fait mettre & appendre nôtre grand Scel. Donné en nôtre bonne Ville de Nancy le 13 Mars 1702. *Signé,* LEOPOLD. *Et plus bas,* LE BEGUE. Et ſcellé du grand Sceau.

DECLARATION

De Son Altesse Royale, au ſujet des Pourvûs de Benefices dans le Royaume de France.

Donnée à Lunéville le 27 Juin 1713.

Verifiée en la Cour Souveraine de Lorraine & Barrois le 30 Juin 1713.

LEOPOLD par la grace de Dieu, Duc de Lorraine & de Bar, Roy de Jeruſalem, Marchis, Duc de Calabre, Gueldres, Montferrat, Charleville, Marquis de Pont-à-Mouſſon & de Nommeny, Comte de Provence, Vaudémont, Blamont, Zutphen, Sarwerden, Salm, Falkenſtein, &c. A tous ceux qui ces preſentes verront, Salut. Sur l'avis qui Nous a été donné, que depuis quelque temps il eſt ſurvenu pluſieurs difficultez entre nos Sujets, pourvûs de quelques Abbayes, Prieurez, ou autres Bene-

fices, dont les chefs-lieux sont situez dans nos Estats, & dont il dépend quelques biens & revenus, situez dans les Estats du Roy Tres-
Chrêtien ; & les Sujets dudit Seigneur Roy, pareillement pourvûs de
quelques Abbayes, Prieurez, ou autres Benefices, dont les chefs-lieux
sont dans ses Estats, & dont il dépend pareillement quelques biens &
revenus situez dans les Nôtres ; en ce que ceux qui ont dessein de
mouvoir quelques contestations aux Pourvûs desdits Benefices, soit
sur le Titre, soit sur la possession qu'ils en ont, lesquelles devroient
être naturellement portées pardevant les Juges sous le Ressort de la
Jurisdiction desquels les chefs-lieux desdits Benefices se trouvent établis, cherchent, par un esprit de vexation, à en dévoyer l'ordre, par
quelques saisies qu'ils trouvent le moyen de faire interposer sur quelques biens & revenus qui en dépendent, lesquels se rencontrent situez
sous une autre Souveraineté, dans la veuë qu'à l'occasion de la main-
levée que les Pourvûs desdits Benefices auront interest d'en obtenir
de l'autorité des Juges qui les auront permises, ils pourront trouver
lieu de les engager à subir Jurisdiction pardevant eux, sur les contestations principales qu'ils ont intention de leur faire sur le Titre &
sur la possession de leurs Benefices ; ce qui cause un déreglement sen-
sible, auquel il est à propos de remédier. Et comme Nous desirons
de faire cesser les difficultez qui sont muës sur ces sortes de matiéres,
& prévenir celles qui pourroient être formées à l'avenir en pareilles
occasions entre nos Sujets & ceux de Sa M. T. C. & que Nous sommes informez qu'Elle est dans les mêmes dispositions, afin de maintenir respectivement entre nos Sujets le bon ordre & la bonne intelligence, qui peut contribuer à leur tranquillité commune, & à leur
avantage réciproque : Pour ces causes, & autres à ce Nous
mouvantes, de l'avis de nôtre Conseil, & de nôtre certaine science,
pleine puissance, & authorité Souveraine, Nous avons dit, déclaré
& ordonné ; & par ces Presentes, signées de nôtre main, disons, déclarons, ordonnons, voulons & Nous plaist, que les Sujets de Sa
M. T. C. qui seront pourvûs de quelques Abbayes, Prieurez, ou autres Benefices, dont les chefs-lieux seront situez dans ses Etats, &
Terres de son obéïssance, jouïssent pleinement & paisiblement des
biens & revenus dépendans desdits Benefices, qui se trouveront situez

dans nos Eſtats, ſans qu'ils puiſſent être troublez ni inquiétez en leur paiſible jouïſſance, ni en la perception des fruits & revenus qui en dépendent, de la part de ceux qui pourroient prétendre avoir droit de leur en conteſter le Titre ou la poſſeſſion; ſauf à eux à ſe pourvoir par les voyes de droit, ainſi qu'ils trouveront à faire, pardevant les Juges ſous la Juriſdiction deſquels les chefs-lieux deſdits Benefices ſe trouveront établis. Ordonnons que les Arreſts & Jugemens concernans leſdits Benefices, qui auront été obtenus dans les Parlemens & autres Cours du Royaume de France, par ceux qui en ſont pourvûs, ſoient executez dans nos Eſtats & Terres de nôtre obéïſſance, ſous les *Pareatis* qui leur feront accordez par les Gens tenans nôtre Cour Souveraine de Lorraine & Barrois; pourvu néanmoins qu'ils contiennent clauſe rogatoire, & qu'ils ſoient ſcellez du Sceau dudit Seigneur Roy : Et en conſequence, enjoignons à nôtredite Cour Souveraine de permettre aux Peres de la Miſſion, Directeurs du Seminaire, établi dans la Ville de Toul, d'entrer dans la poſſeſſion & jouïſſance de tous les biens & revenus ſituez dans nos Eſtats, qui dépendoient ci-devant du Chapitre de l'Egliſe Collégiale établie à Liverdun, dont la ſuppreſſion & l'union des Revenus d'icelle, au profit dudit Seminaire, a été confirmée par Arreſt contradictoire du Parlement de Paris, du mois de Mars 1711, en lui repreſentant par leſdits Religieux de la Miſſion, ledit Arreſt en bonne & duë forme, contenant ladite clauſe rogatoire. Si DONNONS EN MANDEMENT à nos treschers & feaux les Préſidens, Conſeillers, & Gens tenans nôtre Cour Souveraine de Lorraine & Barrois, & à tous autres nos Officiers & Juſticiers qu'il appartiendra, que ces Preſentes ils faſſent lire, publier, regiſtrer & afficher où beſoin ſera, & le contenu en icelles garder & obſerver, ſans permettre qu'il y ſoit contrevenu directement ou indirectement; CAR ainſi Nous plaiſt. En foy de quoy Nous avons aux Preſentes, ſignées de nôtre main, & contre-ſignées par l'un de nos Conſeillers-Secretaires d'Eſtat, Commandemens & Finances, fait mettre & appendre nôtre grand Scel. Donné en nôtre Ville de Lunéville le 27 Juin 1713. *Signé*, LEOPOLD. *Et plus bas*, Par Son Alteſſe Royale, S. M. L'ABBE'. *Regiſtrata*, D. PIERRE. *Pro* G. PERRIN.

F I N.